应用写作教程

第/七/版

丘国新　陈少夫　编著

·广州·

图书在版编目（CIP）数据

应用写作教程/丘国新，陈少夫编著．—7版．—广州：中山大学出版社，2018.1
ISBN 978-7-306-06041-9

Ⅰ.①应…　Ⅱ.①丘…②陈…　Ⅲ.①汉语—应用文—写作—教材　Ⅳ.①H152.3

中国版本图书馆CIP数据核字（2017）第090124号

出 版 人：徐　劲
策划编辑：邹岚萍
责任编辑：邹岚萍
封面设计：曾　斌
责任校对：陈　霞　赵　婷
责任技编：何雅涛
出版发行：中山大学出版社
电　　话：编辑部 020-84111996，84113349，84111997，84110779
　　　　　发行部 020-84111998，84111981，84111160
地　　址：广州市新港西路135号
邮　　编：510275　　传　　真：020-84036565
网　　址：http://www.zsup.com.cn　E-mail:zdcbs@mail.sysu.edu.cn
印 刷 者：佛山市浩文彩色印刷有限公司
规　　格：787mm×1092mm　1/16　23.75印张　578千字
版次印次：1990年9月第1版　2018年1月第7版　2019年3月第42次印刷
印　　数：376000～378000册
定　　价：48.00元

作者合影于中山大学康乐园（潘银红摄影）

第七版编者说明

社会在发展，人们对一些事物的认识却总是滞后。应用写作就是一个实例。应用文早在商周时代便产生了，但是“应用文”这个概念却未被认识，直到清代才“半睡半醒”地被提出来。迟至1979年，上海辞书出版社出版的《辞海》对“应用文”的释义是：“应用文，指人们在日常生活、工作和学习中所应用的简易通俗文字，包括书信、公文、契约、单据等”。这种解释，就当时人们的认识而言或许是对的，但是到了今天，人们的认识已有所发展、有所前进，因而对概念的表述亦应与时俱进。

本书认为，应用文是指人们在生产、工作、生活中，在办理公私事务、沟通关系时，应己实用之需，使用惯用格式、惯用写法，完成其具有实用价值写作的成文的文书。这种文书单篇不叫应用文，往往有别的称谓，只有在人们对文书进行分类并将具有应用文文体特征的文书归入一类时，才称它们为应用文。

在我国的典籍中，存在着大量优秀的应用文，但是，人们尚未认识到它们就是应用文，而是常常把它们当成“欣赏之文”。

清代，人们把“简易通俗文字”，没有文采，没有复杂性、欣赏性的单据、契约、便条、书信认为是应用文，于是，现代的人们便误以为只有那些简单、通俗的条据、告启、契约、书信、公文才是应用文，而像李斯《谏逐客书》、贾谊《论积贮疏》、晁错《论贵粟疏》、李密《陈情表》、魏征《谏太宗十思疏》、海瑞《治安疏》、毛泽东《将革命进行到底》等名篇被排除在应用文之外，因此，制约了人们对应用写作学的研究与探索。

随着改革开放的实行，社会发展的变化快速，应用文的应用、应用写作的兴起，新事物、新文种、新制度不断涌现，使曾经被认为是“雕虫小技”的应用写作派上了大用场，各高校也纷纷开设应用写作课程。

然而，还是跟不上发展的形势！

到底什么才是应用文，什么是应用写作，应用文应该怎样去分类，应当分成几类；什么是公文，什么是公务文书；公务文书应该怎样分类，应分为哪几类，这些基础性的问题在应用写作学界却仍未得到解决，并且阻碍了应用写作在理论上的探索与提高。更令人不安的是，现有的教材囿于陈说，让年轻人走了不少弯路。

本书于1990年9月在中山大学出版社出版。自此之后，我们潜心学习，与我们的读者一起不断吐故纳新，每一次的修订都得到有关单位、领导同志、校友和师生的帮助，本书在理论上一步一步加深，质量也一步一步提高。

此次改版，我们重新权衡了应用写作每个类的分量以及写作技能的应用，调整了一些内容和篇幅。

1. 在内容上、体例上均有变化。教学内容安排依次为：①机关对外处理公务的公文；②机关对内处理公务的机关事务文书；③机关的职能部门处理专业业务的业务文书；④机关为规范全员而制定的法纪规范性文书；⑤机关为处理日常事务的日常应用文。这样，更符合应用写作产生、发展、应用的规律，也有利于引导学生正确认识公务应用文。公文是引领初学者入门的“引子”，容易激发其学习兴趣，从写作上看是“小块头文章”，易学、易入门，有利于过渡到学习写作“大块头文章”。日常应用文可以不安排课时，读者可以靠自学完成。

2. 为“应用文”“应用写作”“公务文书”“公文”正名，明确了应用文的分类、公文的分类。

3. 将法纪规范性文书列入应用写作之列，为一大类，并依《中华人民共和国立法法》对法律文书的界定，将这类文书分为法律性文书（法律、法规、规章）、纪律性文书（党纪、政纪）、制度规范三种。这有利于分清法纪界限，有利于发挥具体文书的作用，同时，也拓展了“公务应用文书”的外延，使应用写作（公务）的分类齐全了。

4. 注重应用写作技能上的训练。在公文和机关事务文书、专业业务文书方面增添了不少练习。

本书自第一版问世以来，得到了社会各界的大力支持，除历次“编者说明”中提到的致谢单位以外，还有很多的领导、行家、读者都在关注、爱护本书。本书能有所提高、有所进步，同大家的支持和帮助密不可分。如时任广东省人事厅厅长的谭璋球同志，在接到我们需要入选他的述职报告为例文的请求后，及时来电表示支持；时任梅州市市长的魏潘尧同志亲自给我们写了热情洋溢的复信，不仅同意将他的总结给我们作例文，而且还邀请我们到梅州参观考察；河南洛阳大学焦振亚先生几次打电话给编著者提出自己的看法；河源市农业局的甘桂强同志，特地绕道至作者家对本书的修订提出宝贵建议；景德镇高等专科学校的黄河浪先生，多次写信指出书中的谬误并提出建设性意见；浙江大学信息学院的一班学生，来信探讨学习中出现的问题，并提出十分有益的建议；广州市财贸干部学院周俊玲老师、北京市张晖老师，发现了书中的印刷错误立即来电告知；山东理工大学孙科同学，千里迢迢来到广州，面谈了他的学习心得和收获，并提出了很多有见地的意见和建议。

此外，梅州市公安局钟育英，梅州市商校钟清焕，兴宁市委办刁伟生、何伟忠，兴宁市检察院罗茂湘，兴宁市人大邹新茂，广州市人事局邓号起，等等，对本书的出版均给予了热情的支持。

中山大学中文系陈培湛教授对本书的充实和提高十分关心；张振林教授为本书题写了封面。

特别是陈绍儒、吴行赐、莫晓春、罗幸球、杨文龙、潘新潮、蔡家华、郭跃文、余立钢、李兴文、尹远兴、潘雁、曾尚忠、高涌涛等诸位师长、校友，给予了真诚的帮助。

在此，我们谨表感谢。

为使本书能精益求精，不断充实提高，欢迎读者、教者、行家来电来函建立直接联系。联系方式是：

丘国新　电子邮箱：hssQGX@ mail. sysu. edu. cn

陈少夫　电子邮箱：chenshaofu2@ 163. com

编著者

2017 年 8 月 29 日

于中山大学中文堂 813 室

目　　录

第三编　机关和机关各职能部门的专业业务文书

第四编　法纪规范性文书

第五编　机关日常事务文书

绪　　论

第一节　应用文概述

一、应用文的概念

应用文，也称应用文书、文书。

上海辞书出版社 1979 年版《辞海》“应用文”条的释义是：“指人们在日常生活、工作和学习中所应用的简易通俗文字，包括书信、公文、契约、单据等”。

应用文，是同记叙文、说明文、议论文相并列的一种文体，它是党政机关、企事业单位、社会团体以及人民群众在日常工作、生产和学习中办理公务及个人事务，或沟通关系所使用的具有直接实用价值、使用惯用格式的文书。应用文必须成文，能表达出完整的意思，不会产生歧义，能据以办理实事。

文书是为处理事务、交流信息而使用的各种载体，包括文字、图表、声像等材料。

上海辞书出版社 1979 年版《辞海》对“文书”的释义是“各种公文的统称”。《汉书刑法志》曰：“文书盈于几阁。”

上海档案局编著的《文书工作手册》的表述是：文书学上所讲的文书，是文件材料的总称，是在工作和生活活动中形成的，记载事物、表达意志、交流信息的书面材料。

又说，文书是指用文字写成的具实用价值的书面材料。

……

实际上，文书指的就是应用文。应用文就是文书。为了凭证、记载、公布、传递的需要，在一定载体材料上表达思想意图的一种信息记录。凡具有直接实用价值、使用惯用格式的文书都是应用文。

应用文分私务应用文和公务应用文两大类。

私务应用文，是指民间族群、人民群众个体在社会交往中，使用约定俗成、惯用写法、惯用格式，能据以办理实事的、具有实用价值的文书。如书信、请柬、告启、日记、账本、单据、家谱、契约等。

本教程主要阐述公务应用文，私务文书在日常应用文中会有所涉及。

公务应用文就是公务文书，即党政机关、人民团体、企事业单位在处理公务中所形成的文字材料。

以下所称应用文，均为公务应用文，也可以称为公务文书。

二、应用文的形成

人类在社会生活中，产生了思想，产生了语言，产生了知识，于是也就产生了记忆事务和传授知识的方法。最初是“传说”，后来是“结绳记事”和“刻木记事”。随着人类文明的发展，人们模仿事物，进行绘画，用图画表形表意、记载事务。后来，为了便于书写，把图画简化为线条，成为图画文字，再经过加工改造，便产生了文字。有了文字，便产生了文字记录的文书。

一切文书均由实践产生，由实践不断完善，应用文也不例外。而公务应用文书则是在公务活动中形成，并在不断的实践、改进中完善的。没有公务活动，便没有公务应用文书；当需要应用公务文书时，必然有了公务活动，所以人们常说：“公务文书姓公，与私务文书相对。”人们在处理公务的活动中，必然地会形成并使用作用不同的各式公务文书。比如，要将一件公务活动记录下来，相关的人物、事情发生的时间、地点、缘由，发生、发展、变化、结果，等等，就会有不同的记载、记录、勘查、核实、分析，就会形成各种不同用途的公务文书。

但是，这些不同形式的公务文书，不可能全是公文，大部分是各种不同类型的公务文书。在古代，因文种少，将全部的为公之文称为公文问题不大，现在，公务文书群体庞大，如果不将“公文”（国家机关公文）与“公务文书”（所有的“为公之文”）严格区分开来，则不利于及时、正确地记载公务、处理公务，“公文”仅指国家机关公文，“公务文书”是所有为公之文的统称。

公务应用文书的形成是由机关的公务所决定的，它形成于机关，运用于机关，为机关服务，记录机关的工作，也记载了整个公务活动；机关有什么工作，就会形成与之相适应的公务文书；机关工作有什么类型，也会形成与该公务类型相适用的公务文书，这是公务文书形成的不以人们意志为转移的规律。

三、应用文的应用

随着社会的发展和进步，应用文成了管理国家、处理政务、传递信息、组织生产、推广成果、发展科学，以及人们社会交往、思想交流使用的重要工具。人们无论从事何种工作，都离不开应用文。一般工作人员要撰写计划、总结、工作或生产学习方面的汇报；搞行政工作，要撰写报告、请示、通知、通报；搞经济工作，要懂得写市场调查、市场预测、合同、产品说明、经济活动分析。各行各业都有各自不同的专业业务文书，就是在日常生活中，也往往要用到书信、电报、笔记、启事、海报、请柬、条据等。总之，应用文的使用范围十分广泛，大至整个社会翻天覆地的变革，小至个人生活琐事，无所不包。因此，学习和掌握好应用文，已成为人们从事社会各种活动必须具备的基本功。

然而，我们学习应用文时，切莫忘记自己是在学习应用写作，既要学会规范地写作，又要学会正确地应用。

什么是应用文的“应用”？应用文的“应用”就是强调人们在使用应用文办理事务、沟通关系时，注意行文是否符合行文规则、行文关系；文种是否得当；格式是否得体；行文是否符合实际需要，是否符合本机关职能权限，是否符合法律法规和规章的规定，是否为本机关立言，其言是否符合党的方针政策；等等。

要做到这些，学习应用写作者必须了解社会、熟悉社会。比如，要懂得国家机关的设置规定与运作程序，懂得国家机关所形成的“条块”关系，懂得国家法律、法规、规章和方针政策的制定程序以及权威效力，懂得社会各个行业的产生、发展，各行业之间的相互关系，懂得如何交往、沟通，等等。

初学应用写作者由于对社会情况不够了解，而应用写作学正是社会写作学，不了解社会、不熟悉社会，随着学习的深入，困难便会越来越多。为了能正确、得当地处理应用写作，学习者应重视社会实践，将自己所学同社会实践紧密结合。

应用文需要建立起一门应用写作学来进行指导、研究和提高，而应用写作学也需要将实际使用应用文的应用依据、应用方法以及成功的、规范的应用文实例作为研究、指导的对象。在学习和模拟使用应用文的过程中，要注意将三者紧密联系起来，既要把握文体知识，又要充分利用案例、例文引路，做到理论联系实际，相辅相成，相得益彰。

四、应用文与应用写作的关系

应用文是指一种文书，所强调的是在文书体式上是否符合它的特征特性，是否符合它的规范写作要求。符合规范要求了便是应用文。但是，所写应用文实用与否、能不能拿去办理实事，则是应用写作的应用问题。

什么是应用写作？应用写作就是指对应用文的正确应用和规范的写作。要求两者完美结合，成为一篇能据以办理实事、具有实用价值的文书。

过去，我们将学习应用写作和学习应用文等同起来，似乎掌握了应用文的写作就完成了学习应用写作的任务，便万事大吉，往往忽略了“据以办理实事、具有实用价值”这个至关重要的问题，因而认为只是写的问题、是应用文格式问题，其实不然。应用文的“应用”和“写作”是一个事物的两个方面，掌握应用文的规范写作是一个方面，能掌握应用文的正确应用却又是另一回事。

下面这个案例很发人深思：

> 1986年2月初，中共某县县委向该县人大常委会党组和县人民政府党组织，提交了19个乡长、镇长任职和免职的建议名单。县人民政府随即据此将这19个乡长、镇长进行任免，并以县人民政府“红头文件”的形式，发至县直属各单位、各乡镇人民政府和有关国家机关。该县人大常委会收到此任免文件后，认为该文件违背了宪法、地方各级人大和人民政府组织法的有关规定，遂建议县政府予以纠正。但县政府并未引起重视。事隔不久，县人大常委会主要负责人又向县委作了专门汇报，县委亦未明确表态。在这种情况下，县人大常委会专门召开会议，就县政府的这一任免文件进行专题审议。会上，常委们一致认为县人民政府这一任免决定事先未经各乡、镇人大通过，不符合法律规定，故通过了将其撤销的决定。
>
> （引自张学忠主编：《综合知识》，中国林业出版社1997年版，第204页）

这个案例中的县政府，其应用文的写作有错误吗？没有。但是，其行文是错的，错就错在他们在处理这些应用文时，没有做到依法行政，因而导致了“红头文件”被撤销的结果。

从当今社会的实际需要来看，对于各种应用文，在各种不同的情况下能做到正确应用、得当处理不是容易的事。只有做到了既能正确地应用应用文，同时又能规范地写作应用文，才能使应用文成为办理好公私事务、沟通关系的工具。

第二节　公务应用文的分类

公务应用文，形成于机关，运作于机关，为机关工作服务而受机关工作支配；机关有什么样的工作，就会形成什么样的公务应用文；机关有什么类型的工作，就会产生什么类型的公务应用文。

国家机关是由宪法赋予职能并依法选举产生的，必须依法履行其职，因而也就形成了它的各项职能职责，并在履行公务中形成了它为各种不同类型工作服务的公务文书。

一、国家机关公文

机关，是指由国家宪法赋予职能的国家机关，有执政党机关、权力机关、国家主席机关、国家行政机关、解放军机关、人民法院机关、人民检察院机关，亦称政权机关。

机关对外处理公务，是宪法和法律赋予机关的职能。如，对自己的上级机关，或汇报工作，或提出请示或请求，或就某个重大问题提出自己的见解和处理办法；对自己的下级机关部署工作，发出指令，或传达上级指示，周知事项；与横向不相隶属机关沟通联系，开展友好合作；等等。机关开展这类工作，公文法规规定其必须使用本系统公文法规所规范的机关公文。

由于这种公文是由各个系统的中央国家机关用公文法规或规范进行规范的，适用于各类各级国家机关依法治国、依法行政，并对外处理公务，具有行政效能和规范体式的公务文书，所以称为国家机关公文。

依照公文法规的规定，凡对外处理公务工作的行文，必须使用本系统公文法规或规范所规定的机关公文，即依据行文关系、遵循行文规则、使用公文文种及其格式、遵循公文的制发程序等一系列的规定，将能体现特定行政效能和规范体式的公文格式、公文要素分布在公文的版头、主体、版记，让受文机关能一目了然地了解发文机关的意图，及时按要求处理好公务。

为了将对外公务处理工作的文书与对内处理公务的文书、业务工作的文书、其他的应用文书相区别，各中央国家机关特别设计了包括公文文种、公文格式、行文规则、公文拟制、公文管理等方面在内的公文处理工作规范。符合公文法规规范行文的则为机关公文，凡不符合的则不是公文，应退回重新办理。

机关公文是国家机关公文的简称，由于不属国家机关序列的人民团体、企事业单位没有立法权限，不能制定公文法规，没有自己的公文体系，中共中央办公厅和国务院办公厅规定其可以参照《党政机关公文处理工作条例》执行。这类行文不属于国家机关公文，可简称为公文。

国家机关公文有党政机关公文、国家主席机关公文、人大机关公文、解放军机关公文、人民法院机关公文、人民检察院机关公文。

此外，不属于国家机关系列的其他机关和企事业单位，参照《党政机关公文处理工作条例》执行的“其他机关、单位公文”。

二、机关事务文书

机关事务文书是机关专门用于对本机关内部工作事务的公务文书。文书体式没有法律法规的规范，但在运作上由本机关的内部纪律进行约束。特点是仅为本机关工作服务，不对外行文，所以又称为“机关内部文件”，用于对本机关内部在日常公务活动中为处理事务、实施管理、沟通信息、记录机关活动、指导工作而制作和使用的法定公文之外的各种具有实用性、事务性和某种约定俗成的格式的文书。

这类文书很多，诸如文字材料（包括汇报材料、典型材料）、计划（包括规划、设想、规划、方案、安排、预案等）、总结、调查报告、会议主持词、会议报告、会议总结、简报、工作研究、签报、信息、会议记录、公示、大事记、讲话稿、述职报告等。

人民团体、企事业单位也使用这种机关事务文书。

机关事务文书不属于公文，公文是机关用于对外处理公务的文书，机关事务文书则是机关内部使用的工作事务性公务文书。这些公务文书记载了该机关公务活动的实际情况，为上级领导机关了解情况提供了现实资料，也为本机关做好其他工作提供了很好的参考资料。如果下级机关或不相隶属机关需要借鉴的话，还可以提供作参考性资料。所以，机关（包括企事业单位）在处理日常公务的活动过程中少不了它，其使用频率很高，具有极为广泛的适用性。

三、专业业务文书

专业性文书是指社会各行各业的业务专用文书。各行各业为了适应本行业的业务工作需要，在经过无数次的社会实践之后，便形成了约定俗成的、为本行业所认同的、能够表述行业内业务往来内容的文字、符号、图表等书写形式。这种书写形式比较固定、规范，其语言文字、符号、图表往往使用较多的行规、行话（专业术语），业内人士容易明白其内容，并且不会产生歧义，因而形成行业内办理业务往来的专业业务文书。

随着依法治国、依法行政建设的日臻完善，我国各个行业凡重要的专业文书，均已经由国家机关用法律或法规进行规范，如合同，有《中华人民共和国合同法》进行规范；招标与投标，有《中华人民共和国招标与投标法》进行规范；广告，有《中华人民共和国广告法》进行规范；还有如商标法、会计法、公司法等很多法律法规对各行各业的业务工作和专业文书进行了规范。有的由国家机关的职能部门用规章进行规范，如电报格式，信封格式，合同格式，银行账户、表册的格式，财务账簿的格式，票证、票据的格式，等等；有的由社会约定俗成，如书信的书写格式、会议记录的书写格式等。

四、法纪规范性文书

法纪规范性文书是指从中央到地方各级国家机关，依据《中华人民共和国宪法》（以下简称《宪法》)、《中华人民共和国立法法》（以下简称《立法法》）等法律的规定，依据各自的职权范围，对全员进行规范的工作，即立法、建章立制工作所形成的法纪规范性文书，包括宪法、法律、法规、章程、规章以及规范性文件和各种制度规范。

立法、建章立制的工作，必须依照各个不同机关的职能和责权范围，依照宪法和相关法律的规定制定相适应的法纪规范性文书：

全国人大及其常委会，可以制定法律规范全国、全社会的人员。法律是社会规则的一种，通常指由全国人大及其常委会制定公布并由国家强制力（即军队、警察、法庭、监狱等）保证实施的，以规定当事人权利和义务为内容的，具有普遍约束力的社会规范。

国务院可依据全国人大及其常委会的授权，依据国家宪法、《立法法》和《行政法规制定程序条例》制定行政法规，规范其所属及全员。

省、自治区、直辖市、省会市、经国务院批准的较大的市的人大及其常委会，可以依据法律法规制定地方性法规，报省、自治区的人大及其常委会批准后施行；规范其各所属及全员。

国务院各部门可依据《规章制定程序条例》制定部门规章规范其部门及其所属全员。

省、自治区、直辖市、省会市、经国务院批准的较大的市的人民政府可以根据法律、行政法规和本省、自治区、直辖市的地方法规制定地方政府规章，规范其所属及全员。

执政党的中央机关，依据本党的章程制定各种党内法规，在党内严格执行，规范全体党员。

中央和地方各具有立法权限的机关，在法律范畴以外制定具有约束力的非立法性文件的规范性文件①规范其所属及全员。

各个不具备立法权限的机关、企事业单位，为规范、约束本机关、本单位全员，可以根据法律法规和规章，依据本机关单位的实际情况，制定出各种制度规范②文书，其制度规范文书适用对本机关、本企事业单位及全员的规范。

五、日常应用文

机关除了对外处理公务使用机关公文、对内处理公务使用机关事务文书、职能部门处理专业业务使用专业业务文书、建章立制使用法纪规范性文书之外，机关在日常生活中还

---

① 立法性文件与非立法性文件。立法性文件是指中央和地方各具有立法权限的机关，在法律范畴内依《立法法》的各项规定制定、公布的法律文书；非立法性文件，是指中央和地方各具有立法权限的机关和不具立法权限的机关，不是依照《立法法》的规定，而是在法律范畴以外制定具约束力的、非立法性文件的规范性文件。“规范性文件”不属于法律范畴，但也是制发机关约束力要求执行的文件。

② 2009年以前一般将法规、规章和制度等合称为“规章制度”。自2000年7月1日《中华人民共和国立法法》（以下简称《立法法》）生效实施之后，“规章制度”一说已不合时宜。法规和规章属于法律范畴，其制定和公布由《立法法》所规范；而制度则是非法律范畴，属纪律性质，是具内部约束力的行政规范性文书，这两者法律地位迥然不同，如果仍放在一起称谓，显然会混淆法纪界限。根据广东省委、省政府有关文件汇编的分类称谓，将制度、规范等冠以“制度规范”类，本书也采用此说。

“制度规范”是法律法规和规章的延伸，虽然不属法律范畴，却是具有强力约束力的文书，因此，应列入规范类文书中。

需要与外界联系，处理一般性的事务，也会使用到机关日常应用文。

所谓日常应用文，就是指机关在处理日常生活事务中所使用的简便、非特定格式的公务文书，如便函、海报、启事、条据、书信、申请书、声明、电报、社交礼仪等。

这部分文书，多为机关的生活保障部门、物资供应部门、后勤部门使用。

日常应用文，其中有些文种有跨类的现象，即它既可归入日常应用文一类，又可以归入机关事务文书类。其分类原则是：凡用于机关对内处理事务的为机关事务文书；凡是机关用于对外界联系、处理一般性事务的则为日常应用文。

上述五种不同类型的公务文书，其称谓、性质、特点、功能、用法、写法诸方面均有不同，并且，不同类型的公务文书，分别由不同的法律、法规、规章及纪律来规范、约束。我们不仅要正确区分其不同的称谓、性质、特点、功能、用法、写法，而且还必须严格遵循不同类型文书适用的相关法律、法规、规章，从而正确掌握不同类型的各种公务文书的应用与写作。

第三节　公务应用文书的特征特性

应用文的写作，不仅是写文的问题，同时存在着应用的问题。因此，应用文的“写”和“用”是合一的，其文体特点与对应用文的应用联系在一起。

应用文写作同记叙文、说明文、议论文相比较，有其独特的地方，主要表现在如下四个方面。

一、内容上具有明确的公务性、实用性和工具性

应用文不同于文学作品，不同于动人以情的记叙文，也不同于给人以知、教人以用的说明文，不同于晓人以理、导人以行的议论文，它是为了处理事务、沟通关系、办理实事而写的文书。而公务应用文与私务应用文书的根本分界线就是为公、为公务服务，因此具有同其他应用文不同的公务性。

公务文书是为处理公务而产生的，其内容务实，对象具体，要求明确，讲求实效。例如，规划未来，总结过去，表达愿望，申述理由，告晓事项，作出决定，反映情况，交流信息，上传下达，等等，这些就是公务应用写作的公务性、实用性、工具性的表现。

二、形式上表现为规范的格式性

文学作品、记叙文、说明文、议论文，除了要具备各文体的基本特点和要素之外，没有任何固定的写作格式和处理程序，而应用文的写作却有特别的格式和处理程序规定（其中有一些是法定的）。

写作格式，是指应用文的写作应按照一定的体式规范。这种体式规范是文学作品、记叙文、说明文、议论文所没有的，是由社会长期以来约定俗成的，有的已由行业作出规定，有的则是由法规进行规定的。如党政机关公文的格式，应按照中共中央办公厅和国务院办公厅发布的《党政机关公文处理工作条例》和《党政机关公文格式》的规定；合同，要按照《中华人民共和国合同法》（以下简称《合同法》）的规定；账册、票证、单据等，

需要依据财政部相关法规规定制作，不得随意更改格式规范；就是日常写信封或条据也必须依照邮政部门的规定或约定俗成的规范进行写作。如果不按规定的格式写作，各搞一套，便会造成理解上的不一、执行上的不一等情况，导致紊乱，影响办事甚至造成损失。

三、使用上具有严肃的法纪性

文学作品、记叙文、说明文、议论文，从作者、写作，到印发、阅读，都没有对作者身份、制发程序、阅读对象等的特别规定。只要你具有写作能力，情之所至，便可动笔写作；发表出来的作品，谁都可以阅读。反之，只要你不想写，便可以不写，如果你不想阅读，便可以不阅读。

但是，应用写作则不然，它从写作到阅读，都有特别的规定——作者的规定、制发程序的规定、阅读对象的规定、阅读对象阅读后应如何办理的规定等。并且这些规定是严格的、严肃的，有的还是法定论，若有违反，轻则受到社会的谴责，重则受到行政上的制裁。公务文书，其规定往往是由法律、法规或规章所赋予的，必须严格遵照执行。比如，规范性文书，必须依照法定的权限和程序，从提出议案到立案、起草、讨论、审议、表决、通过、公布，具有一套完整的程序；公文的制发和处理也有一套完整的交拟、拟稿、核稿、会签、签发等程序；合同也经《合同法》规定，须经要约、谈判、拟稿、公证等步骤；招标与投标也由《招标投标法》作了一系列规定；即使是个人日记、书信，也不允许无关人员偷看、不得侵犯隐私。

特别要指出的是，应用写作必须依法律、法规、规章的规定，依据法定权限，依据有效的法律、法规或规章，做到依法行政，依法行文，依法处事，依法办文。

四、在语言运用上使用事务语体的特殊性

公务文书的语言，与记叙文、说明文、议论文相比较，有着明显不同的特点，就是把以明确性、简要性、程式性为特征，以语言风格平易、朴实、庄重为应用标准的事务语体作为语言体式。

它的语言特点是：

（1）用词准确规范，有明确的单义性，一般不用语气词、感叹词、儿化词，不用描绘性、形象性词语，排斥口语词语和方言词语。

（2）句式严密，介宾短语较为常用，普遍使用陈述句、祈使句，一般不用倒装句。

（3）要求语气恰当，切合文种和对象，即要区分是给上级、平级、下级的，或是给长辈、平辈、晚辈的，不同对象要有不同语气。语气要切合行文的目的，如祝贺的口气要热烈、哀悼的语气要沉痛、申请要恳切、商洽要委婉等；此外，事务语体还有特有的程式化语言、惯用语言，如公文各种结尾用语等。

（4）常常使用文言词语、专业术语、特定用语。公务文书为使语言简约，往往会在行文中使用文言词语、专业术语和专用词语。如“兹将”“业经”“悉”“特此”“届时”“为荷”“莅临”等，又如开端用语、称谓用语、递送用语、引叙用语、拟办用语等。

第四节　应用文的写作要求

应用文是人们据以办事的工具。对应用文的写作要求，实质上是指对应用写作的要求，也就是上文提到的对应用文的正确应用和规范写作。

对应用文的正确应用，是指在该应用文写作之前、写作之中或写作之后的处理，要符合法律、法规、规章和上级指示，即有所依据，所据正确（后面各章有详细介绍，此处从略）。

对应用文的规范写作，是指行文观点正确、鲜明；材料真实、得当；格式规范，结构合理；语言明确、平实、简约、得体。

一、观点正确、鲜明

应用文的观点必须正确，否则便不能据以办事；如果强行办事，便会导致失误，或犯下大错。观点正确，一是指所确立的观点符合党的方针、政策、法律、法令和规章制度；二是指符合文中介绍的实际情况。因此，我们撰写应用文，应该从客观存在的事实出发，详细地占有材料，用辩证唯物主义的观点和方法进行分析、综合，从这些材料中引出正确的观点。

应用文的观点还必须鲜明。鲜明，是指提法要明确，切忌似是而非、模棱两可。文中反映出来的基本思想、基本态度明确，赞成什么、反对什么，肯定什么、否定什么，哪些应该表扬、哪些应该批评，都要表述得清清楚楚，毫不含糊。

二、材料真实、得当

材料是应用文的具体内容，是作者为了表明观点，从客观现实中搜集、摄取并写入文章的一系列事实或论据，如具体的事例、数据、引语等。

材料与观点的关系十分密切。观点要借助材料来体现，材料必须依据观点来组织，这就是观点和材料的统一。

但是，材料必须真实。应用文的实用性决定了其写作必须实事求是、文实相符。就是说，所使用的材料，包括数字、事例、引文都必须真实可靠、准确无误，完全符合实际。因此，要求在使用材料时，认真地查证、核实并严格选择，不能粗心大意，更不得凭空想象。

选用材料，还要注意得当。得当，就是不偏不倚、不多不少，刚刚合适。选用材料是否得当，应从三个方面去衡量：一是材料是否具有典型性；二是材料是否具有代表性；三是材料能否为观点服务。

所谓典型性的材料，就是指那些最能说明客观事物本质和特点、具有最强说服力的材料。这是选用材料在质的方面的要求。

所谓代表性的材料，就是说选材贵精，凡是用一个材料能说明问题的，就不用两个，以避免重复、冗长。这是选用材料在量的方面的要求。

所谓为观点服务，是指作者应先充分占有材料，而后形成观点，但是，观点一经形成，则要根据观点的需要来决定材料的取舍，所选材料均能支撑观点。因此，取舍材料的原则是：必须选取能表现观点、支撑观点的材料，凡是与观点无关或关系不大的材料，应坚决舍弃。

三、格式规范，结构合理

应用文的格式是应用文的外部特征，由于种类繁多，故其具体格式各有不同要求。有的是在长期使用中形成的约定俗成的惯用格式，有的是国家用法规规定的格式。我们撰写应用文必须依照规定的格式，符合规范要求，以提高办事的准确性和办事的效率。

应用文的结构是应用文内部的组织形式。为了表达观点，将材料依一定的顺序组织起来，形成“文章架子”。应用文结构的方式多种多样，有的同于一般文章，有开头和结尾、层次和段落、过渡和照应、详写与略写，有的却不同于一般文章，而是有其特殊的结构内容，即标题、正文（分引据、主体、结尾）、落款。

所谓结构合理，就是依据行文的实际需要，采用相适应的结构方式。

四、语言要明确、平实、简约、得体

应用文在长期的使用过程中，逐步形成了自己独特的朴素文风，叙事求实、周全，说理平实、严谨，说明质朴、明快，贵用直笔，风格庄重，朴实自然，在语言运用上形成了一种独特的体式，叫作“事务语体”。它以记述为特征，以实用为目的，不着意追求语言的艺术化，也不以语言的生动为主要标准，而是把语言的明确、平实、简约、得体当作最基本的要求，因而也就形成了不同于记叙文、说明文和议论文的语言特点。

1. **明确**。明确就是表达明白清楚，准确贴切，数字运用精确、规范，做到不产生歧义，不引起误解，能够使人一看就懂，并可以付诸实践。叶圣陶先生曾经说过这样一段话：“公文不一定要好文章，可是必须写得一清二楚，十分明确，句稳词稳，通体通顺，让人家不折不扣地了解你所说的是什么。”

例如，有份通知这样写的：“今天下午在学校舞厅举行卡拉 OK 总决赛，请参赛者准时参加。”通知上的时间就不明确，“下午”，13—18 点都可以算下午，却要求参赛者“准时”，岂不成了笑话。因此，为了做到明确，对内容有关的时间、地点、范围、条件等，必须表述准确、周密，例如：

> 合营企业有限公司。双方投资比例为 7∶3，即甲方占 70%，乙方占 30%。总投资 140 万美元，其中：甲方 98 万美元，乙方 42 万美元。

> 技术工人按初级、中级、高级顺序考核晋升（实行八级制的行业工种，逐级考核晋升）。初级工晋升中级工，实践期为四年，中级工晋升高级工，实践期为五年，技术能力明显高于本等级的优秀者可提前考核晋升。

这样表述，就使要说的内容清楚、明白、无歧义地说出来了，办起事来便不至于引起误解。

为使语言明确，一般排斥口语词语和方言词语，不滥用简称、略语，句式严密，使用陈述句、祈使句，而不用倒装句、感叹句和省略句。还要注意正确运用各种数量的概念。应用文写作会涉及许多数量方面的概念，如基数、序数、分数、倍数、确数、概数、绝对数、相对数、平均数、对比数、百分数以及表示各种程度、范围、频率、时间、条件等的概念，对这些数量概念的运用与表达，既要准确，又要规范。国家语言文字工作委员会等七个单位公布了《关于出版物上数字用法的试行规定》，为数字书写的规范化提供了依据。另外，有些量的概念要注意符合国际通用标准，使用时必须遵照《中华人民共和国法定计量单位》的有关规定。

2. **平实**。平实就是所使用的句子平淡无奇，实实在在，朴实不虚浮。其特点是不用或少用形容词之类的附加成分，不用或少用比喻、夸张、渲染、烘托之类的积极修辞方式，而是实实在在地叙述事实、铺陈景物、解剖事理。

古人历来推崇平实的语言风格。老子说："信言不美，美言不信。"用现代的话来说，就是办实事的语言，不必追求华美，而华美的语言不落实、不实在，容易引起不同的理解，产生歧义。一般地说，应用文都采用平实的语言。例如：

遵守劳动纪律，严守操作规程，坚持文明生产，完成生产实习任务。

举止文明、礼貌，态度和蔼，谈吐文雅。

这样的表述，不事藻饰铺陈、浓妆艳抹，不追求结构新颖、波澜起伏、穿插呼应等技巧，而着力于通俗易懂，庄重大方，恰如其分，公正平和，意尽言止。

古人说："文章不难于巧，而难于拙（朴实无华）；不难于细，而难于粗（抽象概括）；不难于曲，而难于直（直截了当）；不难于华，而难于质（内容质朴）。"可以说，这是事务语体平实风格的概括。

3. **简约**。简约就是叙事简明完备，约而不失一词；说理精辟透彻，简而不遗不缺；既不能冗长累赘，又不能言不及义。这就是开门见山，直截了当，实话实说，不绕弯子，不"穿靴戴帽"，不短话长说，不故弄玄虚，不矫揉造作，而是力求言辞简明扼要，不蔓不枝，干净利索地表达。例如：

我公司经市计委〔1987〕83号文件批准，兴建一幢办公营业大楼。……

我站最近同东方村签订了协议书，解决了长期遗留的山地及树木归属问题。现将情况报告如下：……

这样的语言确实简约，无一字多余，意思表达清楚、干净利索。

简约的风格，在我国历来是极受推崇的。清人刘大魁说："文贵简。凡文笔老则简，意真则简，辞切则简，理当则简，味淡则简，气蕴则简，品贵则简，神远而含藏不尽则简，故简为文章尽境。"为使语言趋于简约，一般应遵循"直截了当，用直笔而不用曲笔，要开门见山而不要转弯抹角”的原则，从特定的目的、特定的对象出发，把可以不说的话统统删除。删除繁文，使用短句，注意习惯使用的语言模式。

为适应言简意赅的要求，应用文往往使用某些文言词语和特定用语。如“兹将”“业经”“悉”“特此”“届时”“为荷”“莅临”等。切实弄清这些文言词语的含义和用法，正确地使用它们，不仅能收到白话达不到的表达效果，而且给应用文平添了几分凝重的色彩。正确地使用这些术语，首先是行业内容的需要，同时也是做到语言精简的一个条件。

4. **得体**。得体，就是行文要根据不同的对象和场合，掌握好恰当的分寸，语言要能体现作者处理事务的立场和态度，要能为特定的需要服务。写什么、不写什么，怎样措辞，用什么语气，都要与特定的目的、特定的对象和谐一致，使阅文者获得应有的印象，从而收到发文的预期效果。

得体，有两个方面的要求：一是正确选用适合的文体和与这种文体相适应的语体；二是行文语言要与行文目的、语言环境相适应。

国务院1956年2月18日发出的《关于今后在行文中和书报杂志里一律不用“满清”的称谓的通知》，是一篇语言得体的范例。原文如下：

> “满清”这个名词是在清朝末年中国人民反对当时封建统治者这一段历史上遗留下来的称谓。在目前我国各民族已经团结成一个自由平等的民族大家庭的情况下，如果继续使用，可能使满族人民在情绪上引起不愉快的感觉。为了增进各民族间的团结，今后各级国家机关、学校、企业、各民主党派、各人民团体，在各种文件、著作和报纸、刊物中，除了引用历史文献不便改动外，一律不要用“满清”这个名称。特此通知。

通知里的“为了增进各民族间的团结……特此通知”这一段话，似乎已经把目的、要求说清楚了。但通知并未这样简单地处理问题，它还说明了“满清”这个名词的历史来源以及为什么在新的历史条件下不宜再继续使用的原因，这对于各族人民正确地理解这个通知和保持各民族的友好关系是必要的，也利于各族人民根据通知的精神处理各种有关问题。

意思上周全了，还要斟酌采用什么说法、什么词句、什么语气。例如通知中的第一句，能否写成“‘满清’这个名词是在清朝末年中国人民反对当时封建统治者这一段斗争中遗留下来的”呢？这样写也很通顺，和原文基本意思也差不多，但显然不如原文好。虽然只是“斗争中”和“历史上”这样三个字的区别，但强调的侧重点不同。又如“可能使满族人民在情绪上引起不愉快的感觉”这一句，能否简化为“可能使满族人民不愉快”呢？这样写，基本意思相同，也似乎更简明些，但并不好，因为前者语气委婉，更能体现兄弟民族之间互相尊重的情谊。

俗话说：“到什么山上唱什么歌”“看菜吃饭、量体裁衣”，这些都是强调语言运用要受内容、目的、对象、条件的制约，要适应需要。正如列宁所说：“文体应与内容相呼应，文章的语言和口气应适合文章的主旨。”例如，内容是下达指标的，要庄重严肃；通报错误的，要说理严正；报喜祝捷的，要热烈欢快；商洽问题的，要谦诚相待；申请要求的，要恳切委婉；等等。从行文对象来说，上行文要侧重陈述事实，少讲道理，语气要诚挚谦恭；下行文应有明确的要求，又要给下级留有一定的机动权，用词肯定平和；平行文则应尊重对方，使用平等协商的口气。在系统内行文可以用行话、术语，对系统外行文要力求浅显、通俗。

第五节　怎样学习和驾驭应用写作

一、明确学习目的，端正学习态度

应用写作是社会的写作，学习应用写作，目的全在于应用。因此，学习应用写作必须抓住“应用”二字，一切从实际出发，弄懂社会现实，弄懂国家机构及其运作的制度、办事的规则，弄懂应用写作的“用”应该往哪里“用”、怎样“用”。

就是说，我们学习应用写作的时候，要带着实际应用的目的、需求，以实际使用人的身份去探索“应该怎样去应用”：应用的依据是什么，于法于理于实际情况是否符合，行文的对象、行文的目的、行文的内容、行文的方式以及表达的方式方法等是否得体得当。只有于法于理于实际相符合，行文对象正确，行文目的明确，行文内容得当，行文的方式以及表达的方式方法等得体得当，才能实现行文的预期目的。

二、掌握正确的学习方法

学习方法是为达到学习目的而选取的方式方法。学习应用写作，不是死读教程就能奏效的；只有结合社会实际才能知道应用得如何。在校学生怎样才能将学习《应用写作教程》（以下简称《教程》）同社会实践相结合呢？这就要求我们在阅读、思考上大做文章。

阅读相关的法律、法规、规章以及相关的制度规范，阅读相关的应用文例文，可以让我们接触社会、接触实际。《教程》中指出的法律法规和应用文例文，都是社会现实中已经使用过而且是比较成功的范例，其中不少例文还具有现实效用，是正在使用中的实例。我们通过大量的阅读，自然会产生对现实社会的感知，从而认识社会现实情况，如果能时时处处设身处地，便会生成对事物的认知，他人的实践便会转化为自己的实践；感知、体验积累多了，便会将间接的经验转变为自己的体验。如果能常常将事物发生的状况同党的路线、方针、政策和国家的法律、法规、规章联系起来，对事物作出相应判断，累积多了，就会使自己的阅历丰富起来。

学习党的路线、方针、政策和相关的法律、法规、规章规范以及各种制度规范，就是要将这些规范拿到社会上去检验。例文是多方面、多角度反映应用文应用状态的，每一种实际发生的状态，都必须找到相对应的规范去检验，检测多了，经验也便积累了。

三、缜密思考每一道练习题

在《教程》的重要章节后面均设置了一定数量的思考与练习，这是《教程》的一大特色。习题前的导语，提示思考与练习的方向与重点。第一大题往往是概念题，可不必条条注释，只是提醒弄懂。如果暂不明白，可阅读《教程》自解。第二大题是阅读题。包括例文及相关法律法规、相关参考文件等。学习应用写作，就是在大量的阅读中提升的，大手笔是“读”出来的。其余题目是关于知识和技能的训练，重在“思”字，切勿以完成作业为上，应缜密思考每一道题，以“思”为要领；每一个文种，都要“思”其释义、功能、用途、分类、用法、写法。

要领会事务语体的风范，提高遣词造句的能力、分析事物的能力、辨断是非的水平、处理事务的本领。

每次作业，必须模拟情境、模拟实践，以“用”字检验，勤学苦练。“不动笔墨不读书”，多动笔，多记多写，每写必一丝不苟，练就成为应用写作高手。

四、循序渐进，扎实打基础，刻苦练技能

学习应用写作，需要语文知识，也需要一定的写作技能。但是，仅有语文知识和写作技能是远远不够的。写作应用文，必然会有“小块头文章”和“大块头文章”的机缘，因此必须具有一定的政治、经济、历史、哲学、文化、教育、法律乃至宗教、涉外、军事、保密、统战等多方面的知识，每一门知识又包括方针政策、专业术语、不同时期的任务与要求等大量具体的知识。如果缺乏这方面的知识，到了关键时刻就会写不下去，甚至会出错。

《教程》依据学生掌握应用写作的规律，安排机关公文的学习为登堂初阶。这是“小块头文章”，较易学、较易掌握，只要能进入模拟境况，用“法理”检验“情境”，定会产生学习兴趣、钻研劲头。当学习机关公文、“小块头文章”过关后，再学习“大块头文章”即进入机关事务文书的学习和训练了。

机关事务文书是“大块头文章”，难度大一些。有了机关公文一个阶段的学习和训练，即已有了一定的基础，再依《教程》安排，将几个“大块头文章”一举攻下，也就可以顺利攻克应用写作了。

五、利用《教程》目录总揽全局

《教程》的目录，限于篇幅，只依次按“编”“章”“节”列出。当学习完一章内容时，可通过目录帮助自己抓住整章内容，有利于抓住重点和主要环节。每当要了解下一章节内容时，目录又可以帮助自己温故而知新。每学完一编，更要抓住全编重点，分清脉络。如果学完全书，则更可利用目录抓住全书重点内容，亦有利于记忆所学内容。

【思考与练习】

导语：学习应用写作，目的在于应用。学习绪论，就是通过绪论的介绍，认识应用写作的性质、作用，掌握应用写作的意义以及学习应用写作的方法，为后面展开对应用写作的学习开辟道路。为了更好地学习应用写作，建议学习者对绪论介绍的内容重点掌握，以利于后面的学习。

一、概念题

掌握下列名词术语。

党政机关　人民团体　企事业单位　惯用格式　特定阅读对象　法定公文　党的机关

公文　行政机关公文　人大机关公文　军队机关公文　规范性文书　法律　法规　行政法规　公约　机关事务文书　计划　总结　调查报告　专业文书　司法文书　外交文书　军事文书　财经文书　商贸文书　学术文书　日用类文书　条据　书信　告启　海报　声明　讣告　唁电　贺信　祝词　语体　文艺语体　科技语体　政论语体　事务语体　数量概念

二、阅读题

要切实掌握应用写作，就必须进行大量的阅读，不仅要阅读很多的法纪规范性文书，同时还要阅读大量的应用文例文。

（一）党纪文书

1. 中国共产党章程
2. 中国共产党廉洁自律准则
3. 关于党内政治生活的若干准则
4. 中国共产党纪律处分条例
5. 党政领导干部选拔任用工作条例

（二）法律文书

1. 中华人民共和国宪法
2. 中华人民共和国立法法
3. 中华人民共和国全国人民代表大会和地方各级人民代表大会选举法
4. 中华人民共和国全国人民代表大会组织法
5. 中华人民共和国地方各级人民代表大会和地方各级人民政府组织法
6. 中华人民共和国全国人民代表大会和地方各级人民代表大会代表法
7. 中华人民共和国国务院组织法
8. 中华人民共和国人民法院组织法
9. 中华人民共和国人民检察院组织法
10. 行政法规制定程序条例（2001 年 11 月 16 日 321 号国务院令公布）
11. 规章制定程序条例（2001 年 11 月 16 日 322 号国务院令公布）
12. 中华人民共和国公务员法
13. 中华人民共和国行政监察法

三、简答题

1. 什么是应用文？什么是应用写作？
2. 应用文（公务应用文）分为哪五种类型？
3. 请说出应用文的特征特性有哪些。
4. 请依据《教程》谈谈你对应用文写作要求和写作方法的理解。

四、训练题

写作应用文，必须使用与应用文相适应的语言体式，即“事务语体”。为帮助读者学习、掌握事务语体，请逐一、认真地思考以下题目。如有必要，可自行寻找相关习题进行训练，务求掌握事务语体以利于以后的学习。

1. 下面是一位学生在实习后写的一篇调查报告习作的开头，文字通顺，交代了调查的时间、地点、人物、事件，但这样写行吗？请从语体方面分析其不对之处，并予以修正。

阳春三月，风和日丽。我们省××学校物价班的45名同学从广州乘船，在15日天朦朦亮时就到达肇庆市。啊，肇庆！美丽的肇庆！你是南粤的旅游胜地，多少个日日夜夜啊，同学们梦寐以求，要来领略你的风采，今天如愿以偿了。但是，这次我们是要到你的农村——大湾、碌步的食品站，作为期一个月的生猪收购成本调查。因此，尽管大家都想借此机会痛快地玩它一玩，但是想到这是实习调查，必须把学好专业放在首位。这样，在实习老师的带领下，到达肇庆的当天，听完肇庆市食品公司经理对情况的介绍后，下午就分为两个小组奔赴实习调查点了。

2. 下面的一段话是从某工业局干部所写的工作总结中摘录的，句子不仅通顺，而且还颇为生动，但是，该局的局长看过后说这样写不对。请你说出理由。

我局所属××工厂去年借助外部东风，生产一度像穿云燕子，飞向百尺竿头。曾几何时，今春以来，却又像冰山开花似的，一泻千里。

3. 下面的话是某县粮库检查报告中的摘录，你读了之后，能看出它所反映的事实、程度、范围等方面的情况吗？

蜘蛛在张灯结彩，老鼠在游行示威，麻雀在唱歌跳舞，蛀虫在优哉地散步。

4. 下面是1981年10月20日《××日报》发的一则消息，请从语体方面进行评论，指出错误所在，并予以改正。

昨日下午三时许，由司警司署督察欧××、副队长沙××率领一批警员抵达新口岸码头。四时整，“火星号”喷射翼船泊岸，当全体旅客上岸后，身穿白色机恤、蓝色牛仔裤、黑色皮鞋的疑犯李××，单手拿着一件白色机恤盖着头部，两手分别用手镣扣在港警特别罪案调查科警员冯××、探员钟×的手部，在香港国际刑警帮办粤××及澳门司警员监视下步出“火星号”。

身材健硕的李××在警员押解下，神态镇静，虽然头部用机恤盖着，但他在码头走廊及门口，曾多次将头部的机恤拉高，露出少许脸部向外张望。步出码头后，随即被押上一部黑色汽车，开往司警司署扣押。

5. 下面这封信，有的说此信写得好，也有人说此信写得不好，请思考以下问题：

（1）任何文章均有作者的写作目的，本文作者的写作目的是什么呢？是总结经验，或是做检讨，抑或请假？

（2）不同的文体有不同的语体。请代这位作者改写成请假条，然后对照本文，谈谈你发现了什么，对语体有什么认识。

××老师：

我惭愧地提起笔，写信给您。

昨天，当我放学回家的时候，本来烈日当空，不料走到中途，突然下了一场大雨，我不能及时避雨，雨水把我淋得浑身湿透。回家以后，就觉得有点儿冷，妈说我着了凉，吃过晚饭，我开始咳嗽了，医生说我患了流行性感冒，要好好休息。

我知道这一次的病是由于抵抗力太弱引来的，我后悔平时没有听从老师教导，好好锻炼身体，今天我暂时不能到学校上课了。希望过两天之后我能够痊愈，就回校补课。而且，我今后要更认真地做早操了。

现在妈妈叫我向学校请假两天，希望你能够批准。

学生××谨上

×月×日

6. 应用文的语言，要求明确、平实、简约、得体，因此在实践中逐步形成了一套固定的常用词语。我们必须掌握这些常用词语。

（1）请认真阅读《应用写作常用特定词语简表》，领会并试用这些惯用词语。

应用写作常用特定词语简表

用语名称	作　用	常用特定词语
开端用语	主要用于文章开头，表示发语、引据	为、为了、为着、查、接、顷接、根据、据、遵照、依照、按照、按、鉴于、关于、兹、兹定于、今、随着、由于
称谓用语	用于表示人称或对单位的称谓	第一人称：我、我单位、本人、本公司、我们 第二人称：你、你局、贵公司、你单位 第三人称：他、该公司、该项目
递送用语	用于表示文、物的递送方式	上行：报、呈 平行：送 下行：发、颁发、发布、下达、印发
对象范围用语	表示对象或所指范围	关于、对、对于、从、将、除了、除……之外、在、在……下、凡、凡属、自、截至、截至……止、至于
引叙用语	用于复文或文中答复	前接、近接、现接、顷接、鉴于、收悉、惊悉、欣悉、谨悉、阅悉、悉
目的用语	表示目的指向	为、为了、为使、由于、在于、至于、遵照、依照、遵循、依据、通过、基于、随着、兹因
拟办用语	用于审批拟办	拟办：责成、交办、试办、办理、执行 审批：同意、照办、批准、可行、原则同意

续上表

用语名称	作　用	常用特定词语
表态用语	用于表示态度	表明确无疑：应、应该、同意、不同意、不宜、不可、不应、不予、准予、批准、遵照执行 留有余地：拟应、拟同意、拟原则同意、原则批准
经办用语	用于表明进程	经、业经、兹经、已经、曾经、报经、并经、均经、未经、前经、迭经、经向、经由、业已、早已、久已、业于
结尾用语	用于结尾表示收束	上行：当否，请批示；可否，请指示；如无不当，请批转；如无不妥，请批准；特此报告；以上报告，请审核 平行：此致 敬礼；为盼；为荷；特此函达；特此证明；尚望函复 下行：为要；为宜；为妥；希遵照执行；特此通知；此复；为……而努力；祝……；现予公布
过渡用语	用于承上启下	为此、对此、特此、专此、谨此、借此、据此、综上所述、观、总之、有鉴于此、致使、则、但
祈使执行用语	用于表示指令要求	着、着令、特命、责成、令其、着即、切切、毋违 实行、实施、施行、试行、贯彻、贯彻执行、贯彻实施
期请用语	用于表示期望请求	上行：请、恳请、拟请、特请 平行：请、拟请、特请、务请、如蒙 下行：希望、望、尚望、希予、勿误
追叙用语		业经、前经、均经、即经、复经、迳经
谦敬用语	用于表示谦敬	承蒙惠允；不胜感激；鼎力相助
征询用语	用于征询对方意见	当否；妥否

（2）下面列出20组“应用写作常用词”，请你细心体会，以充实自己的语感、词汇，并从中悟出应用写作常用词语的特点和用法，激励自己积极地积累常用词语。

此致　此令　此复　特此

颁布　颁发

查照　查收　查复　查询　查对　追查

核准　核实　核示

届时　准时　临时

鉴于　鉴戒　鉴别

就绪　就地　就业

拟订　拟于　拟稿

批示　批复　批转

为此　为妥　为宜　为荷　为盼

悉　收悉　已悉　阅悉　电悉　谨悉

必需　必须　均须　务须
滥用　乱用　挪用
业经　已经
兹　兹有　兹派　兹介绍　兹将　兹就　兹因
以资　以此　以利
制定　制订　拟定　拟订
签发　签署　署名　署时　签章
案　在案　议案　破案　备案　立案　结案
审定　审批　审发　审核

第一编　机关公文

温故知新

我们从绪论已知公务文书有五种类型，其一便是机关对外处理公务行文的机关公文。

机关公文是公务文书的一种，是依法治国、依法行政的工具。公文有党政机关公文（有时也可以分别称为党的机关公文、行政机关公文）、人大机关公文、国家主席机关公文、人民法院机关公文、人民检察院机关公文、解放军机关公文。上述六个系列的公文，合称为“国家机关公文”，简称为“机关公文”，因为一些参政党、政协机关、人民团体、企事业单位需要参照党政机关公文使用，故又简称为“公文”。

本编分三章引导同学们深入探讨机关公文。

第一章　机关公文概述

第一节　公文的概念

一、公文概念的内涵

公文，是国家机关公文的简称。国家机关公文就是中央国家机关，依据宪法、法律所赋予的职能，为实行领导、履行职能，对外机关处理公务、使用公文法规或规范规定的具有特定效力、规范体式的公务文书。

这种公务文书是国家机关依法治国、依法行政的工具。

（一）公文，是国家机关[①]公文的简称

过去，人们对“公文”这个概念无论是做解释或者下定义，都是说“公文就是公务文件”，“公文就是为公之文”，“公文就是公务文书的简称”，等等。这是传统的说法。这在过去或许是正确的，因为那时候的人们将具有实用价值一类的文章统称为“文书”。“文书”一词包揽了全部的应用文，没有像现在这样将“文书”“文件”“公文”分辨开来。所以，《辞海》、大家的论著都沿袭这一种说法。

但是，历史发展到了今天，产生了这样一个不争的事实，就是各个系统的中央国家机关都已发布了本系统的公文法规，既对本系统的机关公文处理工作进行了规范，同时也对本系统的机关公文进行了释义，以致使当今的“公文”概念发生了巨大的变化：从“为公之文”转变成为“国家机关公文”这个特定的含义了。

现在的各类各级国家机关，所有上报的、下发的、横传的公务文书都是各系统的机关公文或由公文载运的各种文件。所谓机关公文，就是机关对机关的行文。只有机关公文才能向外机关行文，非公文不能直接向外机关发送，如果需要发送则必须使用公文中的某文种为载体，经公文制发程序赋予特定效能和规范体式，才能成为国家机关公文行文。

发布公文法规的是国家机关；使用公文的主体机关是国家机关；公文传递的对象还是

---

① 国家机关是指从事国家管理和行使国家权力的机关，包括权力机关、国家元首、行政机关、审判机关、检察机关和军事机关。中央国家机关是指上述机关的中央机关和执政党的中央机关。

我国的国家机关，有执政党机关、权力机关、国家元首、行政机关、人民法院机关、人民检察院机关、解放军机关，国家机关，实质上指的就是这些机关，亦称政权机关。

在我国，中国共产党是执政党。我国宪法明文规定了党领导全国各族人民建国治国的事实，党的领导地位已经确认，因此，中国共产党机关是国家机关，而且是领导机关。

国家机关，当然其称谓就应该是“国家机关公文”。因此，我们现在讲的“公文”便不应再是“公务文书的简称”“公文就是公务文件”“公文就是公务文书”中的“公文”，而应该是“国家机关公文”的公文。

中共中央办公厅、国务院办公厅、全国人大常委会办公厅、最高人民法院、最高人民检察院、中央军委等各个中央国家机关，依据国家宪法赋予的立法主体资格权限、职责范围和本系统的工作特点，制定出包括公文文种、公文格式、行文规则、公文拟制、公文办理、公文管理等在内的公文处理工作规范，要求本系统内的各个机关严格遵照执行；在对外机关处理公务的活动中，依规定必须制发出为本机关立言、具有特定行政效能和规范体式、从此机关运行到彼机关、受文机关在收文后必须作出应有反应的公务文书，这种公务文书就称为国家机关公文，而没有经公文法规规范的文书就不是国家机关公文，而是一般公务文书，或者称“非公文公务文书”。

国家机关公文，是公务文书的一种，可以简称为公文。

（二）公文，是国家机关履行职能公务的公务文书

依法履行职能公务，是国家机关的法律责任。或向自己的上级机关报告、请示，或就某重大问题发表意见或提出解决问题的办法，或向自己的下级机关进行部署、发布策令、传达、批准、批转、转发，或是向不相隶属机关沟通联系、发展友好合作，等等。这就是国家机关的“为实行领导、履行职能，对外机关处理公务”。

根据《党政机关公文处理工作条例》《人大机关公文处理办法》《人民法院公文处理办法》《人民检察院公文处理办法》《中国人民解放军机关公文处理条例》等公文法规的规定，符合从“公文文种”到“公文格式”“行文规则”“公文拟制”“公文办理”“公文管理”等一系列规定的公务文书才是公文。反之不能称为公文，而应当称为“公务文书”或“非公文公务文书”。

（三）公文，是具有特定效力和规范体式的公务文书

中共中央办公厅和国务院办公厅发布的《党政机关公文处理工作条例》明确指出：“党政机关公文是党政机关实施领导、履行职能、处理公务的具有特定效力和规范体式的文书，是传达贯彻党和国家方针政策，公布法规和规章，指导、布置和商洽工作，请示和答复问题，报告、通报和交流情况等的重要工具。”

全国人大常委会办公厅发布的《人大机关公文处理办法》、最高人民法院发布的《人民法院公文处理办法》、最高人民检察院发布的《人民检察院公文处理办法》、中央军委发布的《中国人民解放军机关公文处理条例》等公文法规或规范，亦同样强调了各自系统的公文是“具有特定效力和规范体式的文书”，并规定了具体的公文格式和公文的制发程序。

党政机关、人大机关、人民检察院机关、人民法院机关、解放军机关等系统，已分别颁行了各自的公文法规。其共同点是：法定的机关、法定的作者、法定的读者、凡机关对外处理公务便必须使用本系统公文法规所规定的机关公文为工具，为本机关立言，依照特定的行文关系，遵循行文规则，正确选择公文文种、公文的格式，依规定将公文要素分布

在公文的版头、主体、版记等各个部位，通过规定的制发程序，使公文形成具有特定行政效能、规范体式的公务文书。其特定的行政效能正是从其规范的体式——依据行文关系、使用规范的公文格式体现不同的权威与指令，并由此机关运行到彼机关，受文机关在收文后必须作出应有的反应，并在任务完成后将全部相关文字材料整理归档。因之，使政令畅顺，指挥系统灵敏，上情下达，下情上输，使国家机器运转自如。

各个国家机关都以机关公文为处理公务的工具，使上下沟通、左右沟联，全国一盘棋，能运作自如。

人民团体、企事业单位在依法处理公务的过程中，需要使用公文来处理公务。由于不具立法权限，不能制定自己系统的公文规范。所以，《党政机关公文处理工作条例》中明确指出："其他机关和单位的公文处理工作，可以参照本条例执行。"

是"参照执行"，不是"照此执行"。过去，有人将行政机关公文称为"通用公文"，据此看来，通用之说不能成立，因为各个不同系统的机关都使用各自系统的机关公文，并非通用。

凡是按照本系统公文法规进行规范、符合规范的公务文书便是公文，凡是没有使用本系统公文法规进行规范的文书，则不能称为公文，而应称为其他公务文书。

（四）公文，是国家机关依法治国、依法行政的工具

国家机关是由宪法赋予职能并依法选举产生的，必须依法履行其职，因而，在其履行职能的各项职责中，都必须事事依据法律、法规，依据自身职能权限办理，这才叫依法治国、依法行政。

公文不像一般文章可以随时随地有感而发，而是国家机关针对公务活动中的具体实际，依据法律、法规、规章，依据自身职能权限适时地提出解决问题的意见、方案、办法或明确的规定，以使公务活动能沿着正确的轨道顺利进行。

公文的形成有主动形成和被动形成两种。所谓主动形成，就是指在公务活动中产生了状况（有了进展，有了群众反映，有了经验或教训，有了困难，有了新情况，等等），需要进行研究，采取应对措施，或向上级机关报告、请示，或提出处理意见而形成公文；所谓被动形成，就是当上级机关颁发了法规规章，有了新的指示、部署，下达了新的工作任务之后，必须依据上级指示精神进行学习、消化、贯彻执行，或拟订执行方案，或制订落实计划，或采取有效措施，因而形成公文。

无论是指导工作、布置任务，还是反映情况、报告工作、请求批准、联系事务，每一种公文的制作都是工作的需要，都有实际的效用，从命令、决定到通知、函、会议纪要，都有其现实的效用，都必须依法。

公文是机关工作的工具，而且是具有行政效力的工具。上级机关下发的公文，对下级机关具有行政约束力。一个命令发出，有关下级必须执行，一个决定下达，有关下级就必须贯彻，一个通知下来，有关下级也要照办；同样，下级机关上报的公文，对上级机关来说也具有某种行政约束力。因为国家对每一级机关不仅赋予了一定的职能和权限，同时也规定了一定的义务。下级的请示，上级机关有责任和义务给予批复；下级的报告，上级机关有责任和义务予以审阅，而且这类公文往往是上级机关作出正确决策的依据。这就是依

法治国、依法行政。

二、公文概念的外延

概念的内涵指的是概念所反映的事物的本质，外延指的是概念的范围。

公文概念的本质是“国家机关的公文”，那么，其外延也应当反映出国家机关公文的种类。因此，应以公文法规制定的机关系统为线，将国家机关公文划分为党政机关公文（也可以划分为党的机关公文、行政机关公文）、人大机关公文、国家主席机关公文、人民法院机关公文、人民检察院机关公文、解放军机关公文。

此外，还有参照《党政机关公文处理条例》执行的“其他机关和单位的公文”。

这就是公文概念所反映出来的概念外延的范围。

公文的划分还可以依据需要去设立其他标准，以便从更多的侧面了解事物的本质，但是内涵不能改变。比如，从认识公文的特征特性出发，还可以行文的方向去划分，因为机关公文有“上报”“下发”“横传”（送）的行文方向，这个特性是其他公务文书所没有的，因此可将“公文”与“非公文”区分开来。机关公文有下行文（决议、决定、命令、通知、通报、意见、批复、纪要）；上行文（报告、请示、意见）；平行文（函、议案①、意见）；广行文（公报、公告、通告）。

还可以按公文办理时间的要求划分，有特急公文、急办公文、常规公文，简称为特急件、平件；了解这一特性，可以提醒自己注意急缓，以便处理好公文。

按公文的机密程度分，有绝密公文、机密公文、秘密公文和普通公文，简称为绝密件、机密件、秘密件和平件；了解这一特性，可以提醒自己注意做好保密工作。

按公文的收发分，有收文和发文。

第二节　公文的文体特点

要理解并掌握公文的文体特点，就要将众多的公务文书集中起来，将国家机关公文放在众多的公务文书中去比较、鉴别，既要展示其共性，又要在其共性中抓住公文的独特之处，即其特性。

公文与其他公务文书的共性主要表现为：①内容上具有明确的公务性、实用性和工具性；②形式上表现为规范的格式性；③使用上具有严肃的法纪性；④语言文字应用上使用事务语体。

公文的文体特点是什么呢？国家机关公文与其他公务文书相比，可以从内容上、体式上、后果上三个方面去找出它的不同特点。

---

① 议案是平行文。人大机关是“一府两院”的监督机关，通过运用法律手段进行监督，并非直接领导。提交议案由人大会议审议通过，并非机关批准。“批准”是由机关领导直接批示；审议是参加审议的与会人员一人一票表决，过半数即为通过。

一、内容上，履行本机关的职能公务，以机关的名义，为机关立言，对外行文

国家机关是指国家为行使其职能而设立的各种机构，是专司国家权力和国家管理职能的组织，包括中央和地方各级组织。从国家学说上讲，国家机关，即国家政权机关，它包括各级权力机关、行政机关、审判机关、检察机关和军队中的各级机关。

在我国，中国共产党是执政党，宪法明文确定了共产党在国家事务中居于领导一切的地位。因此，中国共产党的各级机关应纳入国家机关的范畴。

国家机关，依照宪法的规定，由各级人民代表大会自下而上逐级选举产生。执政党的各级机关按照中国共产党章程由各级代表大会自下而上逐级选举产生。

政协机关由宪法规定，是参政议政机关。

各类、各级国家机关由宪法赋予国家职能使命，对国家负责、对上级机关负责、对法定工作负责，在完成职能使命的过程中，必须向自己的上级机关报告、请示，或就重要问题提出自己的意见、看法和处理意见；或向自己的下级机关发布策令、布置、部署、传达、批准、批示、转发，或向不相隶属机关协商、建议，做好横向联系。所有的行文都是机关之间发送公文，从而达到处理公务的目的。

凡发送公文都必须以本机关的名义或以法定代表人的名义代表机关行文。公文的作者是发文机关，但具体责任人是拟稿人、审核人、签发人。所制发的公文必须为机关立言；所立之言是本机关之言，是领导层已经形成的共识之言，是能代表本机关的意志之言，是符合党的路线、方针、政策和国家法律、法规、规章的符合本机关职权范围的决策之言。

制发的公文只有符合法律法规、符合机关职能职权才具有权威性，才具有法定的行政效力。如果法定的作者在制发公文时，不按法定的权限和法定的程序制发公文（包括法律、法规、规章和规范性文件），那么他所制发的公文便是非法的、无效的“公文”，其上级机关将有权予以废除。

其他各种类型的公务文书不能直接对外行文。这是机关公文与其他公务文书的根本区别。

二、体式上，通过公文的格式体现特定效能和规范体式

一般的文章，其内容是通过文章的结构形式表现出来的，其要素是：①材料，即用来表现主题、组成文章本体内容的基本成分；②主题，即文章在反映生活、阐述道理、说明事物时所表达出来的基本思想，是内容的核心成分；③结构，即文章的组织形式和内部构造；④语言，即构成文章的物质形式；⑤表达方式、文章体式；等等。

公文则不然，它除了通过其文种的结构形式表现内容以外，还必须使用公文格式，即通过公文独有的载体格式（文件格式、信函格式、纪要格式、命令格式、白头文件格式）和构成公文的 18 个要素的特别安排来表现。

“公文的格式”是指是公文独有的载体和它的形式标志。所谓的载体，就是指用来载运公文的媒体；具体指“文件格式”“信函格式”“纪要格式”“命令（令）格式”“公告格式”“白头文件格式”“电报格式”这一类表明公文身份地位的公文格式。所谓形式标

志，就是指上述公文格式的布局安排，即对18个公文要素作出规定，使它固定在某个位置上，形成稳定的格式，使公文醒目有序，彰显不同身份地位，警醒公务人员安全、准确、高效地处理。

公文的制发必须遵循本系统公文法规的规范，在符合行文关系、行文规则的条件下，按照特定的处理程序制发和按照特定的格式布局，并通过这种安排使公文具有特定的行政效能和规范的体式。

公文格式不仅是公文在文面形式上的表现，也是它具有法定的权威性和组织约束力的效能标识，更是区别公文与一般公务文书的标志，同时还是保证公文的质量和提高办文效率的重要手段。

公文要求具有特定的格式，而且要成文。从标题到签署、从正文到各种附加标记、从文面到用纸，都有特定的要求。

三、后果上，受文机关必须作出应有反应，并将公文处理工作记录在案、整理归档

制发公文是为了解决在公务活动中的实际问题，即为了完成特定的现实任务而制发；每一份公文都必须有明确的制发意图和实际效用，因而，所有制发的公文都要求受文机关能及时、有效地作出反应并做好记录，并在公文失去时效后，将具有查考价值的文书整理立卷归档保存，转化为档案。

所谓“公文三态”，就是指公文从拟制到签收再到整理归档这个公文运转全过程中三种不同的时态的称谓。我们可以从这“三态”中看到公文、文件、文书的运动过程，只有完成这“三态”的公文才能完成发文机关赋予的使命。

公文在发文机关的“制”“发”阶段称“公文”；收文机关签收后启封、登记后，从附上公文处理单后起，便将来文（公文）和处理单一起称为“文件”。因为该件已被逐步处理，学习、研究，提出对策、举措，提出处理意见，这已不是原来的“公文”，但整个处理工作不能离开原公文的精神，原公文成了指导工作的指南，故称为“文件”；经分办、传送、批办、拟办、承办、催办、注办、归卷，整个办文任务完成。再将全部经办过程整理归卷成为档案，这时又从“文件”转变成了“档案文书”。

公文从发到收、从机关到机关，这就是公文运行的轨迹；离开机关，公文这个工具就失去归宿而没有存在的价值。受文机关在收文后必须作出应有的反应，从而使公文成为这次公务活动的凭借并记录下了此次公务活动的结果，这才成为公文。

其他的公务文书，其后续效果无法与公文相比较。只有当它经过了使用公文载体并经历公文制发的程序随同公文一起送出，才能从此机关运行到彼机关。经公文载运发出的文件，按公文所发出的指令执行，执行记录及办理情况在任务完成后同公文一起整理归档。

第三节　文书、文件、公文辨析

“文书”“文件”“公文”，这三个词语原本就是指“文书”，随着实际应用产生变化，多裂变出“文件”“公文”两个概念，演变成“文书”“文件”“公文”三者概念同源、

意义相近的不同词语。这三个词在公文处理工作中往往会有交叉，如果不能准确区分，将会影响公文处理工作的准确、规范。

准确区分的方法就是“抓住同源裂变的裂变处”，找到其裂变处就找到了区分处。既不能因“同源相近”而不察其异，也不能因其“不同”而否定其相似之处。

辨析清楚这三个概念，也是进一步认识公文本质的有效方法，可从上文提到的“公文三态”的演变阐述中得到启示。

一、文书

（一）文书就是应用文书

什么是文书？文书是为处理事务、交流信息而使用的各种载体，包括文字、图表、声像等材料。

《辞海》的释义是“各种公文的统称”，这里的“公文”其实是指“公务文书”。

依现代国家行政学的概念，对文书的解释应当是：“文书是指为处理事务、交流信息而使用的各种载体的文字、图表、声像等的材料。”

实际上，文书指的就是应用文。应用文就是文书，其定义为：为了凭证、记载、公布、传递的需要，在一定载体材料上表达思想意图的一种信息记录。所以，应用文也称应用文书。

文书，有私务文书和公务文书两大类。

（二）文书是大概念，包括文件、公文

在文章学的分类中，“文章”只分为“文学作品”和“非文学作品”两大类。在“非文学作品”这一类之中，又分为“记叙文”“说明文”“议论文”“应用文”四种。但是，“记叙文”“说明文”“议论文”这三种文体不称文书，而称“文章”，如称“一篇文章”；只有“应用文”凭其实用性而称为文书。因此，凡具有实用性的文字材料，均可称为文书。

文书是指用文字写成的具实用价值的书面材料，它包括公务文书和私务文书，当然也包括“文件”“公文”在内，是大概念。我们这里讲的“文书”，是指“公务文书”。

有人说，“公务文书就是公文”，这种说法是传统的说法。古人将所有具实用性、实用价值的文书、文件、公文统称文书。如《木兰辞》“军书十二卷，卷卷有爷名”，这里的“书”就是“公文”“文书”。但是今天，中央国家机关已发布了公文法规，明确了我们现在的“公文”是“国家机关公文”，我们必须与时俱进，将“文书”“文件”“公文”三者区分开来，以利于公文处理公工作。

现在的“文书”含义，并不指代“公文”，而是将“公文”和“文件”从文书中分离出来，使之成为文书之一种。因此，“文书”包括“公文”和“文件”，“文书”是属，“公文”和“文件”是种。文书与公文之间具有了属种关系。

文书，又是一个名词，往往会以大喻小，指代另外一种较小的事物。如“他还在整理他的文书资料”，“他任文书之职”，这里的“文书”是语言文字运用上的变化，同原来的

“文书”概念不一样，文书资料是指某一文书性质的资料，文书之职是指一种具体的负责文书工作的职务，要注意区分，以免误导。

二、文件

（一）文件含有“重要的”之义

文件，是某些文书在特定环境中的特定概念，意思是“重要的文书”，无论是公务文书或私务文书，只要其存在重要作用，便可称为“文件”，如遗嘱、信件、契约之类，在需要使用时它便是“文件”。

“文件”所指代的面比公文广泛，但比“文书”小，应是文书之一种，曾经指代过党的公文，但不能理解为“文件等于公文”。如“中国共产党各级领导机关文件处理条例”，这里的“文件”就是指党的公文，但也含有“重要的”之意，因其“文件”之中也包括“非公文”的条例、规定。

（二）词义指代具变化性，但万变不离其宗

“文件”又指具有行政效力、执行性的文书。比如，文件格式的公文，其版头套红印刷，称“×××××文件”，成为机关公文的标识，称为“红头文件”。载明“文件”标识的公文，具有行政效力、执行性。

现在的党政机关公文，上行公文版头不用“文件”二字，这就表明上行的公文不能称为“文件”，不能说上级要执行下级的指令，即使是部门对其分管理业务发出部署的文件，也只有在经领导机关批准之后才能成为新收文机关的“文件”；信函不具指令性、执行性，也不能说是“文件”，纪要也不具指令性、执行性，因而不是文件，故凡是需要贯彻执行内容的纪要，须使用文件格式、由公文通知载运才能有效。下行的公文版头加“文件”二字，成为“文件格式”，这表明“文件”显示“重要”这一含义。

但是，“文件”的概念并不等同于“公文”。有的公文是文件，但是文件却不等于公文，这是语言文字历经社会实践演变的结果。如“中共中央文件”，其“文件”二字不等于公文，而是公文的标识，指的是文件格式，是标识其为“重要的公务文书”的含义，与信函格式、纪要格式等相区别。说“文件”二字就等于公文，那是误解，因为公文仅仅指由公文法规所规范的公务文书，即包括由文件格式、信函格式、纪要格式、命令格式等所载运的公务文书。那么多载体所载运的都是公文，可见“文件”并非仅指公文，而是表示其为“重要的公务文书”。

过去有一说法，“党内文件”“政府公文”，这里的“文件”一词彰显了“文件是重要的公务文书”之意。党内文件并不只是公文，还包括党内规定、办法、领导人讲话、新华社重要社论等。《党政机关公文处理工作条例》删去了原“条例”规定的公文文种“条例”“规定”“指示”，正好说明“文件不等于公文”，而是彰显其文书的“重要”之义。

“文件”也可以指正在形成、有待完善的重要文书。比如，一个会议所使用的相关文书都可以称为“会议文件”，因为与会者必须使用它、学习它、研究它；又如，《李克强同梅德韦杰夫共同主持中俄总理第十九次定期会晤中俄签署近40项重要合作文件》这一

报道中，“文件”二字就是“重要的公务文书”之意。这样的表述，我们能清楚地分辨出“文件”一词含有“重要的公务文书”之意。

“文件”的称谓亦有时效性。如一部法律文稿，当它在人大会议审议时，称它为文件，不能称为法律文书，只有当它经人大会议通过并公布之后，才可以称为法律文书，当然，也可以称为法律文件。

正在使用中的文书也可以称为“文件”，如“法律文件”“诉讼文件”“佐证文件”，是指在使用中的“文书”，但不能称其为“公文”。如果说成“法律公文”“诉讼公文”“佐证公文”，便闹笑话了。

实际上，“文件”除了在公文的格式中有一个“文件格式”、具有一个实体形态之外，并无其他的实体形态，总是分别依附在别的文书形态上，如“会议文件”“学习文件”“证明文件”“诉讼文件”等。

三、公文

（一）公文就是国家机关公文

公文是机关为对外处理公务而产生的文书，是公务文书之一种。是中央国家机关用公文法规进行规范的公务文书，其规范包括公文种类、公文格式、行文规则、公文拟制、公文办理、公文管理等，要求在本系统内机关严格执行；具法纪性，具行政约束力；系统内机关凡对外行文，或向上级机关报告请示工作，或向下级机关作出部署、传达、发布，或横向联系，发文者以机关的名义，使用规定的公文文种、格式、版头，依照特定的制发程序制发，流通出机关大门，为本机关立言，从此机关运作到彼机关，受文机关在收文后必须作出应有的反应。

但是，“公文”与“文件”其义并非等同，如“学习文件”中的“文件”可以是某一公文，也可以是某一报纸的社论，还可以是某一领导人的讲话。

（二）公文不是公务文书的简称

公文不是公务文书的简称，而是国家机关公文的简称，与公务文书是种属关系，公文是公务文书中的一种。

文书、文件、公文，各有各自的概念，不能混淆。但是，它们在特定的语言环境中，其含义可以替代，但其本义不变。“文书”是大概念，包含了文件、文书。“文件”是“重要的公务文书”。

第四节　公文的作用

公文是国家管理政务的工具，它有着明确的现实目的和效用。一份公文有时仅起一种作用，有时也可以同时起几种作用，归纳起来，其作用大致有以下几种。

一、法规约束作用

由于公文是法定的作者在法定的范围内行使职权而制发的，因而其内容具有法定的权威性和法定的行政效力。党和国家的路线、方针、政策及法律、法令、行政法规等，均是以公文为载体而产生效力的。所以，公文的制发就是为了规范人们的行动，约束人们的行为，以此管理国家，维护社会的正常秩序，因此公文具有法规性和约束力。

公文是上级领导机关对下级机关进行领导与指导的一种工具。上级机关通过公文传达领导意图，贯彻党和国家的方针、政策，指导工作进行，使下级机关能够领会上级指示精神并认真贯彻执行，把工作做好，这就体现了公文所起的领导与指导的作用。

二、知照联系作用

公文是机关之间协商与联系工作、协调行动的重要手段。不同机关通过公文互相沟通情况，接洽工作，交流思想，得以保持联系，互通信息。

上级机关的通知、批复，下级机关的请示、报告，平级机关或不相隶属机关间的函以及会议纪要等都起到知照联系作用。有的公文，如通告、公告、通报等有晓谕、启示、动员的意味，实际上也是一种知照作用。公文的抄报与抄送单位主要起知照联系作用。

三、凭证依据作用

从总体上说，公文就是为阐明、传达制发机关的意图，使收受机关有据可依而制发的。也就是说，它本身就是用作凭证、依据而产生的。可以这样说，凭证依据作用是公文最基本的作用，没有这种作用，其他方面的作用就无从谈起。

公文为什么能起到凭证依据作用呢？①它不受时间限制，贯穿工作过程的始终，日后还可据此进行检验。②它不受空间的限制。比如，党中央和国务院联合发往全国范围的公文，从中央到地方，对党政军民各界都起作用。③它具有精确性。制发公文要求从内容到文字明确、简练，使收受公文单位准确无误地了解制文单位的意图、要求，公文的精确性才能使上下左右统一认识、统一行动。④它具有正规性。维系公务活动正常开展的各种工具之中，公文最为正规。因为只有见诸文字，形成公文，才具有法规作用、约束作用。不符合规格要求的公文，受文单位有权拒绝接受或退回，因为不正规的公文不具凭证依据作用。

四、宣传教育作用

公文在传达党和国家某一方针政策时，往往要说明为什么要这么做，以提高人们的思想认识，调动人们的积极性，保证党和国家的路线、方针、政策的贯彻落实，让人们明白事理，懂得做法，能自觉规范自己，这便是公文的宣传教育作用。

有保存价值的公文，存入档案，成为档案资料，也是在起着宣传教育作用。

【思考与练习】

导语：公文是依法治国、依法行政和进行公务活动的工具。我们学公文，目的是为将来能实际应用公文与写作公文。因此，我们必须从实际应用出发，掌握好基础知识，认真地阅读公文例文，增强感性认识、累积公文语感，进而逐步驾驭公文。

一、概念题

掌握如下名词术语。

机关公文　为实行领导　履行职能　对外处理公务　特定效力　规范体式　立法（或立规）权限　公文文种　公文格式　行文规则　公文拟制　公文办理　公文管理　为本机关立言　行政效能和执行效力　法纪性　政约束力　对外行文　部署　制发程序　法定的机关　法定的作者　法定的读者　法定的格式　法定的制发程序　发文机关标志　版式标志　成文标志　生效标志　文尾标志　载体　文件格式　信函格式　公告格式　命令格式　电报格式　起草　审核　签发　文书　文件　公文　党政机关公文　党内机关公文　行政机关公文

二、阅读题

检查自己的阅读成果，要养成阅读的习惯。读公文，读法纪规范性文书（可在互联网上找到，有条件的可在自己的电脑里建立文档，分类下载各种需要阅读的公文及其他资料以方便阅读）。

检查《教程》所列阅读目录，抓紧阅读以下法规：《党政机关公文工作处理条例》《党政机关公文格式》《人大机关公文处理办法》《人民法院机关公文处理办法》《人民检察院机关公文处理办法》《中国人民解放军机关公文处理条例》。

三、简答题

1. 只有认识到了公文三个方面的特点才能抓住公文的本质。请你结合自己的学习体会，说说公文在内容上、形式上、后果上的特点是什么。

2. 下面列出各个中央国家机关在公文法规中对公文的释义，请你认真逐条阅读、领会，然后思考《教程》对公文所下的定义并回答下列问题：

> 党政机关公文是党政机关实施领导、履行职能、处理公务的具有特定效力和规范体式的文书，是传达贯彻党和国家方针政策，公布法规和规章，指导、布置和商洽工作，请示和答复问题，报告、通报和交流情况等的重要工具。（党政机关公文）
>
> 人大机关的公文，是人大及其常委会在依法行使各项职权过程中形成的具有特定效力和规范格式的文书，是发布法律、地方性法规、决定、决议、公告，指导、布置和商洽工作，请示和答复问题，报告和交流情况的重要工具。（人大机关公文）
>
> 人民法院的公文（包括电子公文和传真电报）是人民法院在审判执行工作和司法行政工作过程中形成的具有特定效力和规范体式的公务文书，是传达贯彻党的路线、方针、政策，执行国家法律，发布司法解释，指导、部署和商洽工作，请示和答复问题．报告、通报和交流情况等的重要工具。（人民法院机关公文）
>
> 人民检察院公文（包括纸质公文、电子公文和传真电报）是为了人民检察院实施领导、履行职能、处理公务的具有特定效力和规范体式的文书，是传达贯彻党和国家的方针政策，执行国家法律，发布司法解释，部署、指导和商洽工作，请示和答复问题，报告、通报和交流情况等的重要工具。（人民检察院机关公文）

军队机关公文，是军队机关处理公务中形成的具有法定效力和规范体式的文书，是军队机关履行职能的重要工具。（军队机关公文）

（1）为什么说公文是国家机关公文的简称？

（2）为什么说公文是国家机关对外处理公务的公务文书？

（3）你是怎样理解“公文是具有特定效力、规范体式的公务文书”的？

（4）为什么要将“这种公务文书是国家机关依法治国、依法行政的工具”一语写进公文概念内涵之中？你是怎样理解的？

3. 请依据公文概念的外延回答下列问题。

（1）机关公文有哪几种？以什么标准来区分是什么机关的机关公文？

（3）机关公文同其他公务文书相比，在文体上有哪些特点？

4. 请先阅读下列材料，然后回答问题。

全国人民代表大会通过的法律由国家主席签署主席令予以公布；常务委员会通过的法律由国家主席签署主席令予以公布；行政法规由总理签署国务院令公布；部门规章由部门首长签署命令予以公布。

省、自治区、直辖市的人民代表大会及其常务委员会根据本行政区域的具体情况和实际需要，在不与宪法、法律、行政法规相抵触的前提下，可以制定地方性法规。地方法规由制定机关以公告公布实施。

省、自治区、直辖市和较大的市的人民政府，可以根据法律、行政法规和本省、自治区、直辖市的地方性法规，制定规章。政府规章以政府令颁布施行。

（1）为什么法律、法规、规章必须启用机关公文的公告、命令（令）作为载体颁行才发生行政效力？

（2）公文是在公务活动中形成并使用的。但是，并非所有在公务活动中产生的文字材料都是公文，因为没有经过公文制发程序的文章就不能算作公文。试以会议记录和会议纪要为例，说明前者不能算是公文而后者却是公文的原因。

（3）一份调查报告完成了，它算不算公文？它要成为公文，尚需经历怎样的程序？

四、训练题

1. 机关公文同其他公务文书相比较，有哪些不同的功能？

2. 请你以自己的认识给机关公文下定义，说说理由。

第二章　公文文种、公文的格式和公文的形成

第一节　公文文种

一、公文文种的概念

"文种"就是文书的名称。应用文的文种是人们在长期的实践中经约定俗成而被认可形成的；公文的文种则是由中央国家机关在诸文书中筛选出来、用公文法规进行定义所确立专门用作公文文书的名称称谓。

应用文书往往是一个名称为一个种类，所以，一个文书名称便是一个文种。

公文文种是由中央国家机关根据公文法规，给某一种为处理特定公务行文的文书命定一个能概括其性质、特点、用途的文种称谓，以利于同一类型工作的一致性的文书，以利于处理公务，记录公务，并为后来之鉴。这种名称是规范的、法定的；没有被中央国家机关用公文法规所确立的文种，不能成为公文文种；即使曾经是公文文种而现在已经明令停止执行的，亦不能称其为公文文种，并且不能当作公文文种使用；否则便是违规。

二、国家机关公文文种

现行国家机关公文文种共有70个，其中，党政机关公文有15个，人大机关公文有17个，人民法院机关公文有13个，人民检察院机关有13个，解放军机关公文有12个。其文种称谓如表2-1所示：

表2-1　现行国家机关公文文种

文种名称	党政机关	人大机关	法院机关	检院机关	军队机关
决议	※	※	—	—	—
决定	※	※	※	※	※
命令（令）	※	—	※	※	※
公报	※	—	—	—	—
公告	※	※	※	※	—
通告	※	—	※	※	—

续上表

文种名称	党政机关	人大机关	法院机关	检院机关	军队机关
意见	※	※	—	※	—
通知	※	※	※	※	※
通报	※	※	※	※	※
报告	※	※	※	※	※
请示	※	※	※	※	※
批复	※	※	※	※	※
议案	※	※	※	※	—
函	※	※	※	※	※
纪要	※	※	※	※	※
法	—	※	—	—	—
条例	—	※	—	—	—
规则	—	※	—	—	—
实施办法	—	※	—	—	—
建议批评和意见	—	※	—	—	—
规定	—	—	※	—	—
通令	—	—	—	—	※
指示	—	—	—	—	※

注：※表示已设置该文种；“—”表示未设置该文种。

在这70个公文文种中，共使用了23个不同的名称，有的公文使用了相同的文称，有的文称各异，这是机关的职能不同所致。有的公文文种名称纵使相同，其功能却并非等同，其中尚有差异，如公告、决定、条例、规定、议案、通知。

表格中的70个公文文种，是由各个具有立法权限的中央国家机关，以公文法规确立的。每一个公文名称都是公文法规所特定的，其名称、性质、功能、特点和分类都有相应的规定，是法定的公文文种，任何机关和个人都不允许变更、篡改。

公文法规就是中央国家机关为使本系统各机关的公文处理工作科学化、制度化、规范化，依据立法主体资格和立法权限制定的、要求本系统各机关必须遵照执行的公文处理工作法纪规范性文书。如《党政机关公文处理工作条例》《人大机关公文处理办法》《人民法院机关公文处理办法》《人民检察院机关公文处理办法》《人民解放军机关公文处理条例》。

目前仅《党政机关公文处理工作条例》和《人民解放军机关公文处理条例》是法规，其他的仍是规范性文件，属规范类，但这些制发机关均是中央国家机关，国家法律已赋予其立法主体资格和立法权限，即使是规范，该系统的各个机关也必须遵照执行。

机关公文，是国家机关对外处理公务的文书，从立意—撰写—审核—签发—制作—用印—传递等一系列过程，都必须受到本系统公文法规的制约、规范。

公文法规或公文规范，是中央国家机关分别依据国家宪法赋予自己的立法主体资格和立法权限，制定并发布的公文处理工作法规，其称谓不一，有的称条例，有的称办法，但其规范性毋庸置疑，各系统必须严格执行（为了表述方便，以下“公文法规或规范”一律简称为“公文法规”）。

三、公文文种的特点

要正确认识公文文种，就必须充分认识公文文种的特点。公文文种的特点是要将公文文种放在所有公务文书的文种中进行比较，比较出公文文种“与众不同的地方”，揭示它的本质特征特性。

（一）公文的文种具法定性

应用文书的文种，都是以其实用性、具有实用价值而成为应用文书的。其形成过程是人们在使用中的约定俗成，促使形成了表现形式、功能、特点、用法的稳定性，成为应用文书。而公文文种则是由各个中央国家机关在原有已经成为应用文书的文种中，经过认真筛选、确定，适宜用于处理某一类型公务、并使用公文法规赋予法定性，成为该机关系统的公文文种。

各系统公文法规的条文释义对各自的公文文种进行限定。公文文种一经公文法规确立、公布，就具有法定性，成为专门处理该系统机关公务的专用文书。

表2－1《现行国家机关公文文种》列出了现行国家机关公文文种名称，各国家机关使用的公文文种，由于机关职能不同而有异，各系列的机关公文法规有释义限定，有的文称不同，有的文称同、其功能亦同，有的则文称同而功能有小异，所以在理解上不能“一刀切”，而应以该系统公文法规的释义为准。

其他类型的公务文书文种，不得用作机关公文文种。

（二）公文文种的设置，由社会实践的检验而定废立

适应社会应用的文种可以保留，不适应的则可以变换，但变换必须经中央国家机关决定，并用公文法规或规范明确限定。这就是说，公文文种不是一成不变的，经过实践的检验是可以或废或立的。例如，原来党的机关公文文种设置了条例、规定、指示三个文种，2012年发布新条例时被删去。原来的行政机关公文中，曾设置了指示，后来不用了。原来的《国家行政机关公文处理办法》曾设置便函、签报、指令、指示、布告等文种，随着社会实践不断深入，废除了一些，又新设置了一些。

但是，条例、规定是法纪规范性文书，分开后仍然在规范性文书中使用，而且使公文和法纪规范性文书彰显得更为清楚明白，更有利于公务文书的科学分类。指示文种则由意见文种替代了。

（三）文种功能以机关职能不同而有异

不同的国家机关，国家宪法分别赋予不同的职能，因而在依法履职时便有不同职责、责任、职权。职责不同，在处理公务时也就形成了不同的公务文书。

因此，各个系统的国家机关，针对各自系统公文处理工作的需要确立了公文文种，所确立的公文文种中，有的名称相同，其功能有同有异或大同小异，有的则名称、功能各异。所以，即使同名文种也不能同样看待、使用，而必须依照该系统公文法规的条文释义加以区别，正确掌握、应用。

比如，行政机关用公告告晓重要事项和法定事项，人大机关使用公告是公布当选结果和公布地方法规，而公布法规在行政机关则必须使用命令（令）。

我们每认识一个公文文种，都必须依据公文法规对该文种的释义、限定。公文法规对公文文种的释义是法定的，不能因个人的理解差异而有任何的异说。应该做到如下几点：

（1）读懂文种概念。各系统的公文法规，均对本系统的公文文种首先正名（确定文种名称称谓），接着释义，限定该文种的功能、特点分类。

（2）认识文种的分类。文种的分类，在公文法规中有明确的规定，每一个文种均有定义诠释，我们可以从中弄清楚，切不可望文生义、添加分类。

（3）认识文种的功能、特点。文种的功能用途是特别规定的，我们不能错误地理解、错误地使用；不同的文种具有不同的文体功能，不同的功能必然地会呈现出不同的文体特征、特点。

（4）要辨识相近文种。就是将文体功能近似的文种进行比较、分析，辨明其相近的、相关联的地方，从而正确区分使用。

四、各类机关公文文种简介

（一）党政机关公文

我国的党政机关公文，首先是诞生了党的机关公文，它是伴随着 1921 年 7 月 1 日党的诞生而诞生的。党的第一任秘书就是毛泽东同志。我国的行政机关公文是 1931 年在中央苏区成立中央苏维埃政府时诞生的，当时的中央苏维埃政府主席是毛泽东。

新中国成立后，人民政府十分重视公文建设。1951 年 9 月 1 日政务院发布《公文处理暂行办法》，规定公文种类为 7 类 12 种，即：①报告、签报；②命令；③指示；④批复；⑤通报、通知；⑥布告、公告、通告；⑦公函、便函。以后国家机关公文程式进行了几次修改和修订。1957 年 10 月 3 日，国务院秘书厅发出《国务院秘书厅关于公文名称和体式问题的几点意见（稿）》。这次修订和调整后的公文种类仍为 7 类 12 种，即：①命令、令；②指示；③报告、请示；④批复、批示；⑤通知、通报；⑥布告、通告；⑦函。这次增加了令、请示和批示，去掉了签报、公告和便函。

1981 年 2 月 27 日，国务院办公厅颁发《国家行政机关公文处理暂行办法》，规定公文种类为 9 类 15 种，即：①命令、令、指令；②决定、决议；③指示；④布告、公告、通告；⑤通知；⑥通报；⑦报告、请示；⑧批复；⑨函。这次调整增加了决定、决议，将通报从通知类划出，单独成一类，增加了指令、公告，去掉了批示。

1987年2月18日，国务院办公厅发布《国家行政机关公文处理办法》（以下简称《处理办法》），规定公文种类为10类15种，即：①命令（令）、指令；②决定、决议；③指示；④布告、公告、通告；⑤通知；⑥通报；⑦报告、请示；⑧批复；⑨函；⑩会议纪要。这次调整主要是增加了会议纪要，将命令、令合为一个文种。《处理办法》于1993年11月21日进行了修订，规定文种为12类13种，即：①命令（令）；②议案；③决定；④指示；⑤公告、通告；⑥通知；⑦通报；⑧报告；⑨请示；⑩批复；⑪函；⑫会议纪要。这次修订减去了指令、决议、布告三种，增加了议案，并将请示、报告分开，各自独立。

2000年8月20日，国务院发布《国家行政机关公文处理办法》（以下简称《办法》），并于2001年1月1日起施行。《办法》在文种上主要是取消了指示，增加了意见，同时将公告和通告分开，各自独立，因而使文种成为13类13种。

党的机关公文，亦由中共中央办公厅数次发布《中国共产党机关公文处理条例》进行规范。

经过数十年的实践之后认为，应予党政机关公文统一的规范以实现公文处理科学化、制度化、规范化，于是在2012年4月16日，中共中央办公厅、国务院办公厅联合发布了《党政机关公文处理工作条例》（以下简称《条例》），将党和政府的机关公文处理工作规范统一起来，成为党政机关公文处理工作法规。从2012年7月1日起，党政机关公文文种、格式、行文规则、拟制、办理、管理诸方面均统一实施。

《条例》仅是对党政机关在公文处理工作上进行统一规范，当各自独立行文时仍分别称为党的机关公文和行政机关公文，而且有的公文文种还具有明显的党政之别。

党的机关公文，删去了条例、指示、规定三个文种。指示的功能已由意见、通知承担，可以删去；条例和规定是规范性文书（即是法规或规章），而公文处理法规所指的公文应当是可以独立行文的机关公文，应包括其他公务文书。条例和规定删去后，不以机关公文名义使用，但仍然可以作为法纪规范性文书而直接称为法规、规章。

党的机关实行民主集中制，十分重视决议文种，不使用议案；一般不单独使用命令、公告、通告，只是在与政府联合行文时才使用。

行政机关亦按原习惯使用决定文种，一般不使用决议文种，但其决定的事项，仍是经决策会议讨论研究后作出的（人大机关有许多的“决定”是经会议审议表决通过作出的“决议决定”）；使用议案，是依法律程序向人大机关提请审议事项，是行政机关接受人大机关法律监督的一种方式（人大机关使用议案，是其最基本的行使职能的工具）。

（二）人大机关公文

人大机关公文，是人大及其常委会在依法行使宪法赋予的各项职权过程中形成的具有特定效力和规范格式的文书，是形成法律，发布地方性法规、决定、决议、公告，指导、布置和商洽工作，请示和答复问题，以及报告和交流情况的重要工具。

人大机关公文，是人大众多公务文书中的一种。人大文书以其机关的性质、职权的特点，形成了一个庞大的公务文书群体，主要包括：人民代表大会的文书；人大常委会党组的文书；人大常委会的文书；人大常委会办公厅（室）的文书；人大专门委员会的文书；人民代表大会会议期间选举产生的计划，预算审查委员会、议案委员会、审判检察委员会等的文书；人大常委会工作委员会或科室的文书。也就是说，人大机关是立法机关，以其立法权限可以制定国家法律，形成法律文书；以机关名义对外处理公务，使用机关公文；机关内部处理公务则使用机关事务文书；机关各部门处理专业业务工作则使用专业业务文书；机关处理一般事务也会使用日常应用文。

人大机关公文种类主要有公告、决议、决定、法、条例、规则、实施办法、议案、建议、批评和意见、请示、批复、报告、通知、通报、函、意见、会议纪要等。

其中，法、条例、规则、实施办法，是人大及其常委会审议通过的法律、地方性法规；议案，是适用于提案人根据法律规定、依据法定程序向人大及其常委会提请审议的事项的法定公务文书；建议、批评和意见，是适用于人大代表向人大及其常委会提出，由常委会的办事机构交由有关机关、组织研究处理并负责答复事项的人大法定专用文书。

人大机关公文，充分显示了我国人民代表大会制度最广泛的人民性和最充分的民主性。议案，就是广泛采纳意见的渠道，其提案人法定为人民政府、人民法院、人民检察院、人民解放军机关和人大常委会、人大常委各委员会以及各代表团和法定份额代表。建议、批评和意见，更是体现了充分的民主性，多由人大代表向人大及其常委会提出，并由常委会的办事机构交由有关机关、组织研究并负责答复。议案和建议都是国家法律赋予的职权，是人大法定专用文书。

（三）国家主席机关公文

中华人民共和国主席不仅是职位，同时也是国家机构。依照宪法的规定，中华人民共和国主席根据全国人民代表大会的决定和全国人民代表大会常务委员会的决定，公布法律，任免国务院总理、副总理，国务委员，各部部长，各委员会主任，审计长，秘书长，授予国家的勋章和荣誉称号，发布特赦令，宣布进入紧急状态，宣布战争状态，发布动员令。

中华人民共和国主席代表中华人民共和国，进行国事活动，接受外国使节；根据全国人民代表大会常务委员会的决定，派遣和召回驻外全权代表，批准和废除同外国缔结的条约和重要协定。

国家主席公文不同于党政机关公文，也不同于人大机关公文，是国家主席这个机构专用的公文，是国家宪法特赋的使命。

（四）人民法院机关公文

人民法院所使用的公务文书，量大，品种多，如法律文书（如宪法、法律、法规、规章）、司法文书、诉讼文书。

受理诉讼、审判，是人民法院本专业的业务，应当依据法律文书（宪法、法律、法规、规章）使用司法专业业务文书①，具体包括：①司法文书；②诉讼文书。

人民法院的机关公文（包括电报，不含诉讼文书），法院机关与其他机关之间（本系统的上下级之间、不同系统的其他机关之间）的行文，是人民法院在审判工作和行政管理过程中形成的具有法定效力和规范体式的公务文书，是贯彻党的方针、政策，执行国家法律，发布司法解释，指导、布置和商洽工作，请示和答复问题，报告情况，交流经验的重要工具。种类主要有：

1. **命令（令）**。适用于授予司法警察警衔、奖励有关人员。

2. **议案**。适用于各级人民法院依照法律程序向同级人民代表大会及其常务委员会提请审议事项。

3. **报告**。适用于向同级人民代表大会及其常委会、上级机关汇报工作，反映情况，提出意见或者建议，答复上级机关的询问。

4. **决定**。适用于对重要事项或重大行动作出安排。

5. **规定**。适用于对特定范围内的工作制订带有规范性的措施。

6. **公告、通告**。公告，适用于向国内外宣布重要事项。通告适用于在一定范围内公布应当遵守或周知的事项。

7. **通知**。适用于发布规章，转发公文，要求下级法院办理和需要周知或共同执行的事项，任免和聘用干部。

---

① 司法专业业务文书，是侦查、检察、审判、公证等司法机关在处理各类案件的各个环节、步骤上形成与使用的专用文书。包括具有法律效力的文书，如判决书、裁定书等；也包括不直接发生法律效力，但对执行法律有切实保证作用的文书，如诉状等。

司法文书作为书面依据和凭证，代表国家意志，适用法律，惩罚罪犯，保护公民，调整国家、集体（团体）、个人之间的法律关系，保障社会秩序。

侦查机关，主要有控告、检举书，控告、检举笔录，自首书，讯问、勘验、检查、搜查笔录，立案报告，案件侦查终结报告，提请批准逮捕书、逮捕证、通缉令，等等。

检察机关，主要有起诉（免于起诉）决定，批准（不批准）逮捕决定，起诉书，抗诉书，补充侦查意见书，等等。

审判机关，主要有诉状，开庭通知书，案件审理终结报告，调解书，判决书，裁定书，执行通知书，审判庭笔录，合议庭评议笔录，宣判笔录，刑事判决布告，等等。

公证机关，有证明书、委托证明书等公证书。

还有许多的诉讼文书，如：

控告、检举书，为控告人、检举人提出的控告、检举事实的书面材料。

控告、检举笔录，为控告人、检举人以口头方式提出控告、检举事实，由司法机关工作人员所作的笔录。

自首书，为犯罪人对自己的犯罪行为向司法机关自首时写出的书面材料。

讯问笔录，为司法机关工作人员在讯问被告时，对被告人陈述的有罪和犯罪情况或者无罪的辩解等所做的笔录。

勘验、检查笔录，为侦查人员、法医师对与犯罪有关的场所、物品、人身、尸体等进行勘验、检查后，对有关情况所做的笔录。

搜查笔录，为侦查人员为搜集犯罪证据、查获犯罪人，对被害人和可能隐藏罪犯与犯罪证据的人身、物品、住处等进行搜查后，对有关情况所做的笔录。

8. **通报**。适用于表彰先进，批评错误，传达重要精神或情况。

9. **批复**。适用于答复下级人民法院的请示事项。

10. **请示**。适用于向上级机关请求指示或批准。

11. **函**。适用于法院之间或法院同其他机关商洽工作，询问或答复问题，向有关主管部门提出请求批准，等等。

12. **会议纪要**。适用于记载、传达会议精神和议定事项。

（五）人民检察院机关公文

人民检察院机关公文（包括纸质公文、电子公文和传真电报）是人民检察院实施领导、履行职能、处理公务的具有特定效力和规范体式的文书，是传达贯彻党和国家的方针政策，执行国家法律，发布司法解释，部署、指导和商洽工作，请示和答复问题，报告、通报和交流情况等的重要工具。

人民检察院机关公文种类主要有：

1. **决定**。适用于对重要事项作出决策和部署，奖惩有关单位和人员，变更或者撤销下级人民检察院不适当的决定事项。

2. **命令（令）**。适用于发布强制性的指令性文件，批准授予和晋升衔级，嘉奖有关单位和人员。

3. **公告**。适用于向国内外宣布重要事项或者法定事项。

4. **通告**。适用于在一定范围内公布应当遵守或者周知的事项。

5. **意见**。适用于对重要问题提出见解和处理办法。

6. **通知**。适用于发布、传达要求下级人民检察院执行和有关单位周知或者执行的事项，批转、转发公文。

7. **通报**。适用于表彰先进，批评错误，传达重要精神和告知重要情况。

8. **报告**。适用于向上级机关汇报工作、反映情况、回复询问。

9. **请示**。适用于向上级机关请求指示、批准。

10. **批复**。适用于答复下级人民检察院的请示事项。

11. **议案**。适用于各级人民检察院按照法律程序向同级人民代表大会或者人民代表大会常务委员会提请审议事项。

12. **函**。适用于不相隶属机关之间商洽工作、询问和答复问题、请求批准和答复审批事项。

13. **纪要**。适用于记载会议主要情况和议定事项。

人民检察院机关同人民法院机关一样，既要使用本系统的机关公文，同时也要使用本专业业务文书——司法文书。

（六）人民解放军机关公文

中国人民解放军机关公文（以下简称“军队机关公文”），是军队机关处理公务中形成的具有法定效力和规范体式的文书，是军队机关履行职能的重要工具。

军队机关公文种类分为：

1. **命令（令）**。适用于发布军事法规、军事规章，确定和调整体制编制，部署军事行动，调动部队，授予、变更和撤销部队番号，调配武器装备，任免干部，授予和晋升军衔，选取士官，授予荣誉称号，等等。

2. **通令**。适用于依据《中国人民解放军纪律条令》宣布奖惩事项（不含授予荣誉称号）。

3. **决定**。适用于对重要事项作出决策或者安排，变更或者撤销下级不适当的决定事项。

4. **指示**。适用于向下级布置工作，明确工作原则和要求。

5. **通知**。适用于传达需要下级执行和有关单位周知或者办理的事项，转发上级机关和不相隶属机关的公文，批转下级机关的公文。

6. **通报**。适用于表彰先进，批评错误，传达重要精神或者重要情况。

7. **报告**。适用于向上级机关汇报工作，反映情况和意见建议，回复询问。

8. **请示**。适用于请求上级机关指示、批准事项。

9. **批复**。适用于答复下级机关请示事项。

10. **函**。适用于无隶属关系的机关之间商洽工作，询问、答复问题，通报情况。

11. **通告**。适用于向社会公布应当遵守或者周知的事项。

12. **会议纪要**。适用于记载会议主要情况和议定事项。

五、党政机关公文文种

国家机关公文文种有70个，如果一开始便全面铺开学习，效果不一定很好，不如以党政机关公文为重点，首先掌握好党政机关公文，而后再有针对性地学习其他机关公文，以收到以点带面、事半功倍的效果。

（一）决议

1. **决议的概念**。《条例》规定：决议“适用于会议讨论通过的重大决策事项”。

一个组织就大家共同关心的问题或共同关心的某一重要事项（如代表组织批准重要事项，代表组织作出重要部署，代表组织对重大问题作出结论、总结），需要统一意志、达成共识，便需要通过一定的会议，经过充分的讨论，让与会者充分交流、沟通、理解，最后经过表决，过半数人赞成的为通过。经表决通过的决定就是决议。

人大机关公文也设置有决议文种，“适用于经会议审议或讨论通过的重要事项”。

决议必须成文，成文后经表决通过便成为该组织的共同意志。少数不赞成的与会者，必须遵照民主集中制“少数服从多数、下级服从上级、局部服从全局”的原则，意见可保留，但行动上必须积极执行决议。对不执行民主集中制又屡教不改的人，组织应采取措施劝令其退出组织。

党的机关就自己管辖范围内的重大决策事项，按照民主集中制的原则，通过一定的会议和程序，对事关全局的重大事项集体讨论而形成的立场、观点和行动方案，形成文字经表决通过后便成为决议。

决议是党的领导机关的重要下行公文，体现一级组织权威意志，机关和所属下级机关都必须认真贯彻执行。

如《中国共产党第十八次全国代表大会关于〈中国共产党章程（修正案）〉的决议》《中国共产党广东省第十届委员会第四次全体会议决议》等。

决议一般以会议通过的形式发布，独立成文。

2. **决议的功能、特点。**决议是针对重大问题和重大事项所作出的决策性文种，一经形成，就会在较大范围内对工作和生活产生重大影响。因此，其议决的事项是具有决策性的重大事项；决议的作出，必须是经决策性的会议表决且超过半数方为通过；决议必须成文，用准确规范的语言将会议议决的事项表述出来，提交会议后再字斟句酌地修改成精练、准确、规范的文字予以通过。其文体特点如下：

（1）议决事项具有决策性。决议是代表机关强力意志的行文，凡须经会议决议的事项，都必须是具有决策性的重大事项，或者是必须统一认识、统一意志的事项。

（2）决议的作出具有严格的程序性。程序性，是指决议的形成必须经过严格的决议程序：必须提出立项、列为议题、在具有权力性的会议上充分讨论并经表决通过。

会议的合法性（会议合法、程序合法、表决人数合法）、讨论的民主性和表决的合法性，充分展示了民主集中制的原则和精神，能最大限度地调动群众的积极性。

（3）决议通过后具有权威性。决议在决策性的会议表决通过后，便成为该组织的坚强意志，一经发布，其下属组织必须严格遵守，认真落实，不得违背，具有很强的权威性、法规性，对决议事项不允许有第二种声音。

3. **决议的类型。**凡决议均是该组织就重大决策事项的慎重行为。根据决议涉及内容范围的不同，可分为三大类型：

（1）审批性决议。一级组织就重大决策事项或重大问题，向组织的大会进行报告，然后经大会审议、批准。如，审议批准吸收新党员、审议批准党的章程、审议批准党的工作报告等重要文件形成的决议，并号召全体共产党员和各级党组织贯彻执行；人民代表大会审议批准本级常务委员会工作报告、政府工作报告、法院工作报告、检察院工作报告、国民经济和社会发展计划报告及草案、预算编制报告及草案，以及人民政府办理议案的结案报告，等等。

党的支部大会审议吸收新党员也必须履行规范的手续，经表决通过形成决议。这类决议是会议的必要程序，所以也称为程序性决议、审批性决议。决议通过后，便成为这级组织的共识，是集体的意志表现。如《中国共产党第十七次全国代表大会关于〈中国共产党章程（修正案）〉的决议》《关于十六届中央委员会报告的决议》《××党支部大会关于同意接收×××同志为预备党员的决议》。

（2）部署性决议。即通过决议对某一重大专项工作作出部署和安排。如党的十四届六中全会通过的《中共中央关于加强社会主义精神文明建设若干重要问题的决议》，对新时期社会主义精神文明建设作出专项部署；中国共产党广东省第十届委员会第七次全体会议决议（2010 年 7 月 17 日中国共产党广东省第十届委员会第七次全体会议通过）就广东省当前的工作，以“贯彻《广东省建设文化强省规划纲要（2011—2020 年）》为目标任务，以实施‘文化强省建设十项工程’为重要抓手，全面推动文化大发展大繁荣”作出部署。

（3）总结性决议。对历史和现实中存在争议的重大问题，通过会议讨论，统一思想，达成共识，形成决议。如党的十一届六中全会通过的《关于建国以来党的若干历史问题的决议》，实事求是地总结了新中国成立以来我党的基本经验和教训，科学地阐明了毛泽东同志和毛泽东思想的历史地位，进一步指明了适合我国国情的社会主义现代化建设的正确道路。

此外，还有如方针政策性的决议、专门问题的决议、公布号召性决议等。

4. **文种辨析**。公文中有些文种的性质、作用和特点是非常近似的，这就给我们在文种的选择、掌握与具体运用上造成一些难度，因此，要准确地使用公文就不能不注意对近似文种的辨析。

决议，原是党的机关公文文种，在 1993 年之前，国家行政机关公文中也有决议这种文体，国务院办公厅对其功能的表述是用于“经会议讨论通过并要求贯彻执行的事项”。1993 年《国家行政机关公文处理办法》进行修订时，删去了这一文种。《条例》规定决议为党政机关公文文种之一，但主要是党的机关使用。在国家机关中只有人大机关设置了决议文种。

决议文种与决定文种很近似，我们要认真辨别其差异处。

决定可以由首脑机关作出，决议则必须由法定会议作出；决定适用的是“对重要事项作出决策和部署”，而决议则适用于“会议讨论通过的重大决策事项”。

我们可以这样理解：凡事关党的路线、方针、政策，事关国家法律、法规的重大决策事项，必须由党的代表大会和人民代表大会审议决断，这种决断就必须经讨论、表决决议。

决议的内容必须是经过会议集体讨论并表决通过的；而决定则不一定，有的决定是经过会议集体讨论通过的，有的则是由某机关直接作出的。

按照民主集中制的原则，民主是指可充分发表意见，集中则要求少数服从多数，故一经表决通过就必须少数服从多数。

（二）决定

1. **决定的概念**。《条例》规定，决定“适用于对重要事项作出决策和部署、奖惩有关单位和人员、变更或者撤销下级机关不适当的决定事项”。

决定是一种重要的规范性公文，具有法规性和指令性。这一文种使用覆盖面很广，上至国务院，下至乡镇人民政府以及各个企事业单位、人民团体都可以使用。但是，必须注意，“非重大不用决定”。所谓“重大”，是指该事项或行动对行文单位具有全局性、普遍性而又具重大意义的决策或行动安排。

各个公文系列，均设置有决定这一文种。

决定必须是在能代表本组织意志的会议上作出。

2. **决定的功能、特点**。决定的文体特点主要表现在文种使用法规性、行文措辞规范性和贯彻执行指令性三个方面。

决定是党政机关对职责范围内的重要事项或重大行动作出安排时使用的公文：对重要的事项作出决策性的决定，对重大问题作出定论，对重大行动作出安排，对重要工作作出部署，对重大贡献者作出表彰决定，其决定的作出必须依据法律法规的规定：作出决定的机关是具有法定权力的机关，作出决定的决策人物必须是法定的代表人物，而且要达到法定有效的人数和票数，作出决定的会议必须是合法（会议动因合法、会议主持人合法、会议与会人合法）、有效（会议合法、与会人数要过半数）的会议，其程序必须符合法定的程序，其行文措辞严肃、庄重，规范，对所作出的安排、规定和结论，要求受文机关和个人必须执行。涉及法律法规或规章的决定，要依法使用命令（令）来颁布施行。决定一旦作出、公布，便令行禁止，坚决执行。

3. **决定的类型**。决定的分类可依照《条例》表述的定义去划分，可以分为三类六种：决策性决定和部署性决定；嘉奖性决定和惩戒性决定；变更性决定和撤销性决定。

第一类：决策性决定。包含两种：

一是对重要事项作出安排。如《中共广东省委、广东省人民政府关于表彰广东省精神文明建设先进单位和先进工作者的决定》《中共广东省委、广东省人民政府、广东省军区关于授予贾东亮同志“广东省模范军队复员干部”荣誉称号的决定》。

二是对重大行动作出安排。如《中共广东省委、广东省人民政府关于经济特区和沿海开放城市继续深化改革开放率先实现科学发展的决定》《广东省委、广东省人民政府关于加快建设现代化产业体系的决定》。

第二类：奖惩有关单位及人员的决定。包含两种：

一是嘉奖性决定。如《中共中央、国务院关于对我国驻南斯拉夫联盟共和国大使馆工作人员和驻南新闻工作者给予表彰的决定》。

二是惩戒性决定。如《广东省韶关市质量技术监督局关于对×××等四名同志违规执法的处分决定》。

第三类：变更或者撤销下级机关不适当决定的决定。这种决定也有两种：

一是修改或废止法规规章的变更性决定。如《国务院〈关于修改中华人民共和国外资企业法实施细则〉的决定》。

二是撤销下级机关不适当决定的决定。如《关于宝安县七届人大第一次会议选举县长的结果无效的决定》。

4. **文种辨析**。“决定”是一个词，可以用来表述一个人或者一个组织的某种意向。例如，某某学校作出决定，要在元旦搞一台文艺晚会，这就是一个决定；我们在撰写会议纪要时，也常常会用上“会议决定……”之类的词语，这个“决定”只是表明一个意向的词。

“决定”又是名称。根据《公务员法》的规定，对国家公务员有显著成绩的，可用“行政奖励决定”，相反地，对于违纪但尚未触犯刑律的，则可给予“行政处罚决定”。这个“决定”是在公务活动中形成的，但它不是公文，因为它没有经过公文制发的程序，也没有从此机关运行到彼机关，它在本机关只是作为公务文书，而不是公文。

作为公文文种的决定，在使用时必须注意《条例》限定的三个方面（适用于对重要事项作出决策和部署、奖惩有关单位和人员、变更或者撤销下级机关不适当的决定事项），其实这就限定了其只有领导机关才能使用。

我们试以例文《广东省韶关市质量技术监督局关于对×××等四名同志违规执法的处分决定》作为案例进行分析。

韶关市技监局对新丰县技监局违规执法的干部给予处分，为什么使用决定，并以决定行文？这是因为新丰县技监局违规执法的干部已成为“尚未达到追究刑事责任，但是严重触犯了法规规章，必须依据法规规章给予行政处分”的违规者。因其触犯法规规章的性质严重，所以必须用决定行文（如果情节轻，可以用通报批评），并将此决定报告上级机关，同时也送达有关的下级机关。这种运作方法是依据公文的行文原则、行文的方法进行的，属于行政机关公文。假如新丰县技监局违规执法干部的行为没有这么严重，又是新丰县技监局自己发现并主动对该干部进行处分，依据《公务员法》的规定给予“行政处罚决定”，这个决定就不是公文而是机关内部文书（因为这一文件并未从这个机关运行到另一个机关）。如果要将这个决定公布，则应该用通知为载体行文。

人大机关公文中也有“决定”这一文种，因人大机关依法享有对“一府两院”的重大事项的决定权，所以人大机关使用决定又有其特点。党政机关和其他机关，仅是对本机关的重大事项作出决定，而人大机关则可以对“一府两院”就重大事项作出的决定依法作出撤销的决定，对“一府两院”的领导人有权决定任免。

决议与决定的区别在于，决议是指一级组织对重大事项需作决策性批准，或对重大事项作出决策性部署，或对重要事项进行总结时，经该组织的决策性会议讨论、表决通过，成为该组织的共同意志的表述；决定则对职责范围内的重要事项或重大行动作出安排，如，对重要的事项作出决策性的决定，对重大问题作出定论，对重大行动作出安排，对重要工作作出部署，对重大贡献者作出表彰决定，对下级机关重大失误的决定予以撤销。

（三）命令（令）

1. 命令（令）的概念。《条例》规定，命令（令）“适用于公布行政法规和规章、宣布施行重大强制性措施、批准授予和晋升衔级、嘉奖有关单位和人员”。

什么是命令（令）？为什么要使用命令（令）？什么人、什么机关才有资格使用命令（令）？用命令（令）来干什么？怎样使用命令（令）？

命令（令）是指令性很强的公文文种，令行禁止，令之所至必须坚决执行，违令者惩处之。

行政机关公文、人民法院机关公文、人民检察院机关公文、军队机关公文，均设置有命令（令）这一公文文种。

2. 命令（令）的功能、特点。命令（令）的文体特点主要表现在使用上具有法定性、执行上具有强制性和表现形式上具有独特性这三个方面。

命令（令）的使用，规定很严，具有很强的权威性和约束力，普通的机关单位不能使用。根据国家法律规定，具有立法权限的国家机关和该机关领导人才能使用，如中华人民共和国主席，国务院，国务院总理，国务院各部、委、局及其首长，省人民政府、省长，省会市和较大的市人民政府及其首长，等等。县和一般的地级市人民政府可以发布命令（令），但不是用它来发布法规规章，而是管理本行政区域内的行政工作，它的令源来自宪法，是行政权而不是公文使用权。群众团体、社会团体、企事业单位及民间机构不得使用命令（令）。

人民法院、人民检察院、军队机关依公文法规规定有发令权机关，可以使用命令

（令）行文。

命令（令）一旦公布，令行禁止，所有相关者必须无条件执行。对违令者，必依法追究。

使用命令（令）行文，有特定的版式，行文篇幅简短，语言精练，配合行政措施，用词明确、坚定、庄重，祈使句多，措辞严峻，简短有力，不作议论，直叙规定做什么、怎么做。

3. **命令（令）的类型**。依据《条例》规定，命令（令）按其功用分为公布令、行政令、批准授予和晋升衔级令、嘉奖令四种。

（1）公布令，主要用于依照法律公布行政法规和规章。如例文二《中华人民共和国财政部令（第68号）》，就是公布政府部门规章的令。

依《立法法》规定，行政法规和规章必须以命令（令）的形式公布。所以，国务院公布行政法规须用国务院令，国务院各部门公布规章须用令，地方省人民政府、较大的市人民政府公布政府规章须用政府令。

（2）行政令，主要用于发布采取重大强制性行政措施，要求有关方面采取重大约束性行动等。如1989年3月7日《国务院关于在西藏自治区拉萨市实行戒严的命令》《广东省人民政府关于查禁公路上“三乱”行为的命令》。凡以命令（令）公布的行政措施，一定是重大强制性的，如戒严、抗灾、全民动员，而一般的行政措施不宜用命令（令），而适宜以通知公布。

（3）批准授予和晋升衔级令，是依据《中华人民共和国人民警察警衔条例》对武警批准授予和晋升衔级。中国人民武装警察部队隶属于国家公安系统，受国务院、中央军委双重领导。

如钱学森同志是军籍科学家，又是国务院部门领导人，为对作出杰出贡献的个人和集体予以殊荣，国务院、中央军委授予钱学森同志“国家杰出贡献科学家”荣誉称号，用命令（令）发布。

（4）嘉奖令，适用于依照法律法规规定嘉奖有关单位及人员，如1982年8月12日国务院对胜利粉碎劫机事件的民航杨继海机组的嘉奖令。一般性的先进事迹和个人，可以用通报，较为重要的奖励也可以用决定的形式行文。

4. **文种辨析**。

（1）中华人民共和国主席，常常使用命令（令）来处理国事，我们不能将“国家主席令”同“国家行政机关的行政令”混淆起来。这两个令，名称虽同，但是文种性质不一样，国家主席令是国家主席依据《中华人民共和国宪法》行使职权使用的“主席令”。《中华人民共和国宪法》第80条规定：“中华人民共和国主席根据全国人民代表大会的决定和全国人民代表大会常务委员会的决定，公布法律，任免国务院总理、副总理，国务委员，各部部长，各委员会主任，审计长，秘书长，授予国家的勋章和荣誉称号，发布特赦令，发布戒严令，宣布战争状态，发布动员令。”党政机关公文的命令（令）是行政令。前者由国家法律所确立，后者由党政机关公文法规所确立，是国务院和其他行政机关依法使用的公文文种。

还要注意，党的机关不使用命令（令）。在“适用于公布行政法规和规章、宣布施行重大强制性措施、批准授予和晋升衔级、嘉奖有关单位和人员”这五项功能中，党的机关会在特定情境下与行政机关联合行文颁发批准授予和晋升衔级、嘉奖有关单位和人员的令。

（2）过去的行政令，有任免和行文惩戒的功能，现在已将任免功能取消（应使用通知行文任免），惩戒功能转移给决定承担（没有惩戒令了）。因此，各级国家行政机关不能使用命令（令）来任免，也不能使用命令（令）来表述惩戒。

（3）公布令与公告的区别。命令（令），是行政机关依法公布法规、规章使用的载体，令行所至，发令机关所属必须令行禁止，因此，令文有主送机关，受令单位必须遵照执行。公告是广行文，是向全社会并国外公众宣布，没有主送机关，无受文单位，对公众而言，仅是知晓而已。人大公文的公告，有公布法律、法规的功能，其法律效力由所公布的法律、法规本身规定；公告仅是告知某法某规业已由人大通过，届时生效，完成一道法律程序，使之有效。

（4）行政法规和规章（部门规章和地方政府规章）使用命令（令）颁布，地方法规由人大公告公布。

（5）要注意分辨依法律规定是否拥有令的使用权限。只有依据法律规定具有发令权限的机关才能使用令，其令方能有效。违法发令，其令无效，上级机关应将其撤销。

（四）公报

1. **公报的概念。**《条例》规定，公报“适用于公布重要决定或者重大事项”。

公报是党政机关公开发布重大事件或重要决定事项的公开性公文。之前，公报只是党的机关公文，国家行政机关偶尔也使用，但不属于当时行政机关公文文种。现在公报被列为党政机关公文文种，只要是公布党和国家重要决定或者重大事项，就可用公报。

其他机关公文没有设置公报这一公文文种。

2. **公报的功能、特点。**公报是公布性文件，无密，通过新闻渠道刊登和播发，一般不另行文，无主送机关，也无指定的承办机关，因而形成了它在文体上的独特之处：

（1）具有新闻稿的特色。公开、无密，文稿真、新、实、短（简要）。

（2）内容庄重严肃。从公报文种的适用范围来看，它所涉及的内容有两项，一是重要决定；一是重大决策，这使得这一文种具有很强的庄重性和严肃性，一经发布，必将引起社会强烈反响。

（3）发布机关具有权威性。由于公报的使用者是党和国家高级管理机关，而且内容重大，因此，发布机构是党和国家的宣传媒体《人民日报》、中央人民广播电台、中央电视台，其他媒体只能转载、转发、转播。

3. **公报的类型。**

（1）会议公报。是用以报道重要会议或会谈的决定和情报的公报。如《中共中央纪律检查委员会第三次全体会议公报》（2004 年 1 月 13 日中国共产党中央纪律检查委员会第三次全体会议通过）、《中国共产党第十八届中央委员会第一次全体会议公报》。

（2）事项公报。是党政领导机关用以发布重大情况、重要事件的文件，如《中国—阿拉伯国家合作论坛关于成立“中国—阿拉伯国家合作论坛”的公报》《中华人民共和国水利部黄河水资源公报》。

（3）联合公报。联合公报是政党之间、国家之间、政府之间就某些重大事项或问题经过会谈、协商取得一致意见或达成谅解后，双方联合签署发布的文件。这类公报中含有一些双方认可、联合签署的条文，比一般的新闻公报有更多的务实性内容。但联合公报和新闻公报之间的界限是很模糊的，有时甚至可以合为一体，如《中国共产党总书记胡锦涛与亲民党主席宋楚瑜会谈公报》《中华人民共和国和哥斯达黎加共和国关于建立外交关系的联合公报》。

4. **文种辨析。**要注意公报与公告的区别。这两个文种近似在“公”字上，即均是党和国家用来向国内外公开宣布、告知某一重大事项的，是非常严肃、庄重的公文。不同点主要表现在：公报的内容比较详细，具体地报道某一重要会议或重要事项的内容。公告内容一般十分简要，但具行政性，其内容除具信息性以外还有应引起注意的因素。

公报“适用于公布重要决定或者重大事项”，由谁公布？党的中央机关。这个公文文种是特设给党的高级领导机关使用的，一般机关不会有需让国内外公众知晓的“重要决定或者重大事项”。

（五）公告

1. **公告的概念。**《条例》规定，公告“适用于向国内外宣布重要事项或者法定事项”。

公告属公布性公文，面向国内外社会公开发布。权力机关、行政机关、司法机关，在需要向国内外宣布重要事项或法定事项时使用公告公布。比如，《中华人民共和国海关总署公告》是海关总署向国内外有关业务往来者宣布重要事项的一则公告；广州市国土资源和房层管理局于2012年5月25日在《广州日报》上一连发出了产字〔2012〕28、29、30、33号公告，向社会告晓某块土地的产权问题，这是法定性公告。

2. **公告的功能、特点。**

（1）重要性。需要用公告形式公布的事项是关系到全局或在国内外都能产生重大影响的政治、经济、法律、军事、文化等事项，由于其内容重要，因而一定要在中央报纸《人民日报》上发表，并在中央人民广播电台广播，以便让全国乃至全世界知晓。

（2）法定性。是指国家法律法规规定需要用公告公布的事项。

（3）知照性。公告无密、公开，不仅要让全国人民广泛知晓，而且还要向全世界公开宣布。

（4）庄重性。是指公告内容重要，使用特定格式，行文时用词精练、得体、庄重。

3. **公告的类型。**

（1）宣布重要事项的公告。宣布重要事项的公告的使用一般有以下几种情况：一是国家权力机关的重要决策（如例文一《中华人民共和国海关总署公告》、例文二《广东省质量技术监督局稽查总队成立公告》）；二是国内外需要周知的事项（如例文三《国务院公告》）；三是对国内外有重大影响的庆吊或礼仪活动。这种公告的内容，必须是国内外关注的大事，而且是公开的。比如，公布国家领导人出访或者外国领导人来访；答谢外国政府、政党及著名人士对我国重大政治活动和重大庆典的祝贺；公布国家重要统计数据，颁布法律、法令，宣布诸如发射洲际导弹等重大的消息，宣布涉外经济合作的重要决定；等等。如《国务院关于宋庆龄副委员长病情的公告》《中共中央办公厅、中共中央对外联络部公告》等，均属于重要事项公告。

（2）宣布法定事项的公告。就是依照法律的规定，应向国内外宣布的事项，主要内容是国家机关，立法、司法以及监察机关向国内外宣布有关的处理事项。如，《中华人民共和国专利法》规定，确认发明专利的，须予以公告；《中华人民共和国企业破产法》规定，人民法院受理破产案件后，应发布公告；《中华人民共和国商标法》规定，确认、注册了商标之后，应予公告；等等。法律规定须用公告发布的事项还有不少，如破产公告、企业法人公告、房屋拆迁公告、通知权利人公告、送达公告等。

此外，还有国家授权新华社、中国人民银行、涉外机关、与外事活动密切的机关发表公告，宣布国家机关规定要办理的事项。

4. **文种辨析**。公告，是党政机关公文中很重要的文种，其含义不是“公开告诉”，而是“涉外”及“法定”，是“向超越了国界的公众告诉”和“依法规定必须告诉”之意。也就是说，改动了公告的内容是需要国外的人们知晓的和法定相关的。

在使用习惯上，党的机关要公开发布重大事件或重要决定事项时使用公报；国家行政机关则使用公告。公告具行政性。

在公告实际应用中，要注意与通告相区别，有时还要注意与启事相区别。比如，某银行公开招聘行长，虽然对该银行来说是“事关重要”，又是“公开告诉公众”，但是它既不是“法定必须”，也非“向国内外宣布”，因此不宜用公告。如果银行招考工作人员，则要使用公告。为什么银行公开招聘行长不用公告，而录用公务员却需要用公告？这与事件性质不同有关，招聘行长仅一人，专一；录用公务员数量较大，为防暗箱操作，法定须使用公告（报纸、电视、广播）公布。

《中央机关及其直属机构2007年考试录用公务员公告》《2009年国家公务员招考公告》，依法规规定必须用公告。

还要注意与命令（令）、决定、通知等文种的区别。公告是广行文，没有主送机关，而命令（令）、决定、通知是下行文，有主送机关，受文机关必须遵照执行。因此，行文要求不同，执行办理也不同。

（六）通告

1. **通告的概念**。《条例》规定，通告“适用于在一定范围内公布应当遵守或者周知的事项”。

通告的使用范围比较广，只要是“在自己的职权范围之内”便可以使用通告。人民法院机关公文、人民检察院机关公文亦设置有通告这一文种。

通告是施政过程中公布的应当遵守或者周知的事项，具行政管理功能，党的机关一般不用通告。

2. **通告的功能、特点**。通告的特点主要表现在通告对象的区域性（一定范围内）、通告内容的规定性（应当遵守或者周知）和通告形式的严肃性（使用特殊公文格式——公告格式）这三个方面。

通告是在一定范围内公布有关事项，比如对某一地区、某一部分人通告，不是向国内外宣告。但是，通告的适用范围却比较宽泛，除了行政、公安、司法等机关通常使用通告之外，其他团体、企事业单位往往也会使用通告向社会告晓。其行文形式类似公告，内容重要，在行文时用词精练、得体、庄重。

3. **通告的类型**。依照通告的适用范围，其文种可分为两种：一是公布应当遵守事项的通告，其通告内容带有明显的法制性、规定性，如例文一《关于将广州南沙开发区划为石矿粘土矿禁采区的通告》、例文二《关于对电动自行车和其他安装有动力装置的非机动车不予登记、不准上道路行驶的通告》；二是公布应当周知事项的通告，其通告内容只有告晓性，如例文三《关于防空警报试鸣及防空演习的通告》。

4. **文种辨析。**

（1）通告与公告的区别。

1）在告晓的内容上，公告所告晓的是“重要事项，而且涉外”（即国内重要事项须让国外人士知晓的）或者是由法律法规规定须使用公告形式公布的；通告所告晓的对象是“与内容相关的人员”，“须知晓而且必须遵从”的。

2）在使用范围上，公告是向国内国外宣布，而通告只是在局部地区或对某一部分人宣布。

3）在发布形式上，公告要登在《人民日报》上，要在中央人民广播电台广播，而通告可登在地方报纸上，在地方广播电台广播或张贴出来。

4）在公文的强制力上，通告有很强的强制力，不允许需周知者掉以轻心，而公告则仅仅是告知。

（2）通告与通知的区别。

1）行文对象不同。通告是广行文，没有主送机关，受文对象没有特指，所需告晓的公众是本区域内的所有人，包括不相隶属机关团体，只要其与所告晓内容有关便是受文对象。通知是下行文，有主送单位，受文对象特指其属下。因此，当需告知对象为不相隶属机关或公众时，宜选用通告。

2）告知方式不同。通告是公开张贴、公开登报，让须知对象知晓；通知是只对本机关下属行文，非本机关所辖人员则不能知晓。

3）监督执行的。情况不同。通告和通知都有执行要求，要么是“周知”，要么是“遵照执行”，但是在监督执行方面却不一样：通告的监督执行是由发文机关派出人员进行监督检查，而通知可以由受文单位监督执行。

（七）意见

1. **意见的概念。**《条例》规定，意见“适用于对重要问题提出见解和处理办法”。

意见属下行文，所有相对应的上级机关都可以使用。但是，意见的行文方向十分灵活，上级机关可以“对重要问题提出见解和处理办法”，下级机关也可以“对重要问题”向上级机关“提出见解和处理办法”，而且，平级机关和不相隶属机关之间，只要对方有要求，便可以“对重要问题提出见解和处理办法”。因此，本文种既可下行，也可以上行和平行。

《条例》规定“意见”为党政机关公文文种，其适用的范围较广。一方面，因为党政机关公文中去掉了指示文种，原来需要发指示的文件便要以意见下发。另一方面，对重要问题提出见解和处理办法，对于各级机关来说涵盖面也很广，需要使用意见发文的事项比较多，主要有：①为统一思想、统一认识，上级机关对有关党和国家的大政方针、治国方略、外交事宜等重要问题发表见解；②针对突发事件或带倾向性的问题，包括思想政治、经济运行、国家安全等问题，向下级提出见解和处理办法；③针对某项工作或局部性问题提出见解和处理办法；④对下级机关在开展工作进程中所出现的新情况、新问题提出带有指导性的意见；等等。

2. **意见的功能、特点**。意见，本来是下行文，是领导机关对下级机部署工作时，以说明性、指示性、建议性的语言，教导、指明、说服、启发下级理解、接受上级意图，并使下级单位能动地去执行。但在实践中，意见也可以上行，下级机关亦可就重要问题提出意见、看法和处理办法，让领导机关集思广益，作出正确决策；也可以平行，在不相隶属机关发出邀请时，可以提出意见、建议。因此形成了在文体上的特点，就是要依据其不同的行文方向来选择格式和措辞：上行的意见，依照请示的格式；平行的意见，依照信函格式；下行的意见，依照下行的公文格式。

3. **意见的类型**。意见的文种分类，最简单的办法就是按行文方向划分，即下行的意见、上行的意见和平行的意见三种。但是，从认识文种分类有利于正确处理和使用文种的角度看，我们还应从文种用途上对其进行划分。从目前行文的情况来看，意见在使用上有四种情况：

（1）上级领导机关用来提出规定性、部署性的工作意见，也即指示性意见，如例文《关于做好广州市区、县级市人民代表大会换届选举工作的意见》。

（2）职能部门为了开展某项工作，需要有关部门和机关配合进行，而指挥与调动其他部门或其他机关超过了职能部门的职权范围，因此，职能部门只能对某项工作提出见解和处理办法，经领导机关批转后便成为指导工作开展的意见，这种叫指导性意见。请求上级机关批转执行的意见，称为建议性意见。

（3）对重要问题向上级机关提出见解，供领导决策参考，此为上行意见。

（4）用来向兄弟地区、友邻单位、合作伙伴或不相隶属机关提出看法、主张或征求意见的意见，这是平行的意见。

4. **文种辨析**。

（1）要注意不同行文方向的不同用法、写法。意见行文方向十分灵活，既是下行文，又可以上行，也可以平行，但是，不同的行文方向却有不同的使用方法与要求：下行的意见，要对下级机关具有指示性、指导性；作为上行文时，其内容主要是“对重要问题提出意见或者建议”，应按请示性公文的程序和要求办理；作为平行文的意见，一般是在答复平行机关或不相隶属机关询问或征求意见时使用。

（2）要注意同一些相近却又有不同的文种的区别。作为下行文时，意见与决定、通知相近，但意见是以指示性、指导性、说明性、规范性为文体特征的行文，要注意其不同；作为平行文时，意见与复函相近。

下行的意见，与决定、通知有共同的职能，都是向下级部署工作，提出工作原则、方法、措施。但是，决定是“适用于对重要事项或重大行动作出安排”，或经过会议讨论，或经研究决断。决定讲的是该事项、该行动要怎么做，很少去讲大道理。而意见则要求“对重要问题提出见解和处理办法”，是讲“见解”，讲道理，以理服人。例文三《中共中央组织部关于推行党政领导干部任前公示制的意见》就是讲见解、讲道理，指导如何处理、如何具体运作诸方面，让下级明白无误、准确执行的范例。

通知与意见相近的职能是“传达要求下级机关办理和需要有关单位周知或者执行的事项”。意见是对“重要问题”提出见解和解决办法，而通知是传达需要下级办理、周知、执行的事项。

综观决定、通知和意见在这一职能上的区别，特别需要记住这样几个关键词语：决定是“重要事项或重大行动”；通知是一般“事项”；意见是“重要问题”。在具体使用上，决定与通知的区别应侧重在重要程度上，而这两者与意见的区别则应侧重在事项与问题上。

意见与函的区别。意见作为平行文时，与函相同，都具有商洽职能。但是，函作为平行文种，适用于不相隶属的机关行文，不分地区、系统、级别，也不分党、政、军、民、团体、企事业单位，只要有公务需要沟通、协调、答复、商洽，均可用函相互行文。函既可以商洽工作，也可以询问与答复问题，还可以请求批准和答复审批事项，使用范围很广。但是，意见作为平行文时，只有在对方来文征求意见、应对方的要求时才可以使用，如果是主动提出的，则以函行文为宜。

（3）与非法定公文意见的区别。非法定公文的意见，多出现在计划类文书中。长期的计划用规划、纲要、设想；短期的计划用安排、打算、方案和意见等。在短期计划中，安排、打算多用于较原则的方向性计划；方案多是专业性强的单项；工作的计划，内容具体；而法定公文的意见则是上级机关对下级机关的指导性计划。非法定公文的计划类的意见，从下行文角度看与法定公文的意见有相似之处，都具有指挥和指导性。但是，非法定公文的意见，主要用于指导性的计划；而法定公文的意见则主要用于对重要问题提出见解和处理办法。

（八）通知

1. **通知的概念。**《条例》规定，通知“适用于发布、传达要求下级机关执行和有关单位周知或者执行的事项，批转、转发公文”。

通知是种类繁多、使用频率很高的下行公文文种。

2. **通知的功能、特点。**通知的功能，就是“发布、传达要求下级机关执行和有关单位周知或者执行的事项，批转、转发公文”。

其文体特点就是对直属下级机关行文，属下行文，是典型的“红头文件”；使用下行文件格式；具有指挥性、指令性、指示性，受文机关必须遵照贯彻执行。

3. **通知的类型。**

（1）发布性通知。也叫公布性通知、印发通知，用于公布规范性文件、印发事务文书、领导讲话、一般制度规范等。

要注意印发、发布、颁布的区别。印发，指本机关制定的事务文书，如计划、总结、领导讲话等的发文；颁发，指省人大、省政府制定的较重要的规章，发给下级机关执行的发文（现在这类文件由“命令（令）”为载体颁发）；发布，指领导机关公布所制定的规范性文件，要下级执行的发文。例文一《浙江省人民政府关于印发〈浙江省人民政府工作规则〉的通知》是印发通知。

（2）传达性通知。用以传达要求下级机关办理和需要有关单位周知或者执行的事项。主要有以下几种情况：

1）要求下级机关办理或知晓的通知（即指挥性通知和知晓性通知）。这类通知包括：依据形势任务不同，对下级机关提出不同要求，进行工作部署，要求贯彻执行的指挥性通知、指示性通知；调整、撤销某个机构，启用印章需知晓的周知性通知；等等。

2）会议通知。各级机关需要召开各种会议，使用会议通知要求知晓执行。

3）任免通知。各级行政机关任命或者免去有关人员职务使用任免通知，如例文四《关于胡××等同志职务任免的通知》。企业事业单位聘用人员可以使用聘书。

任免类通知是公文中要求最规范的公文之一，不少机关均使用固定格式，内容要求严格，行文严肃庄重，无赘语，杜绝漏别误字。

（3）批转通知。用以批转下级机关公文。常见的有以下几种情况：

1）领导机关认为所属部门在主管或归口管理的业务活动中所确定的若干重要的行政措施，需要有关部门和下级机关贯彻执行的，可以批转通知下发。如例文五广东省人民政府《关于批转省工商局关于做好〈中华人民共和国合同法〉贯彻实施工作意见的通知》，因为省工商局是省人民政府的一个工作部门，是“条”状管理机关，不能直接对下面的“块”行文，但是该意见又必须让下面的“块”知悉并执行，于是必须经领导机关批转。

下级机关上报的报告也可以批转。例文六《国务院办公厅转发财政部关于 2001 年 11 月和 1—2 月上中旬地方企业所得税增长情况报告的紧急通知》就是一份很好、很及时的报告。

2）一个或几个同级机关，就自身业务范围内的有关重要事项的解决，提出处理意见，请求上级机关指示、批准，如上级机关认为问题重要，且带有普遍性，则不用批复回应，而使用批转通知告知所属机关遵照执行。如 2001 年 10 月 18 日，国务院就监察部、国务院法制办、国务院体改办、中央编办四个机关拟写的《关于行政审批制度改革工作的实施意见》，采用了批转通知的形式，要求各省、自治区、直辖市人民政府，国务院各部委、各直属机构认真贯彻执行，就属于这种情况。

3）上级机关对下级机关上报需要上级支持和协调的问题，以及上级机关认为下级机关上报的问题具有普遍指导意义，需要各地引起重视或执行的，也常用批转通知。这种批转通知使用较为普遍。例如，广州市城市规划局于 2001 年 1 月 4 日向广州市人民政府发出《关于城市道路、河涌等建设工程实施放线、验线和规划验收的请示》，就是因为涉及面广，需要上级支持和协调，不然不利于工作开展，所以需要市政府批转各有关单位贯彻执行，于是广州市政府便以“穗府〔2001〕11 号”文下发了《批转市规划局关于城市道路、河涌等建设工程实施放线、验线和规划验收请示的通知》，使该项工作得以顺利进行。

（4）转发通知。用以转发上级机关和不相隶属机关的公文。转发机关不受等级制约，只要符合有关规定，都可以使用转发通知。一般来说，需要转发的公文，不论是上级机关还是不相隶属机关的，都应当是对本机关、本地区、本部门或本系统有指导意义和借鉴意义的公文。本级机关应当有见贤思齐、虚怀若谷的气概，也要有慧眼识珠、求精勿滥的见识，以使所转发的公文确实起到相应的作用。

还有非文件格式的通知，即用信函格式给平级机关或不相隶属机关发通知。

使用信函格式发出通知有两种情况：一是办公部门受机关领导委托或授权，给平级机关传达事务性问题或日常工作中的一般事宜，或发出会议通知；二是由于横向联系的需要，或商议共同关心的事项，或探索学术问题，发起单位需要召开会议，而与会单位或人员是不相隶属的，所以发出的通知使用信函格式。一般情况下，发起单位首先用“邀请函”进行邀请，将所要商议、研讨的问题、运作方法、成果使用等告知受邀单位，其实这一邀请函就是“预通知”；待对方响应后，发起单位再拟定会议时间、地点，再发出“正式通知”，而这个“正式通知”就使用信函格式。

另外，机关还在使用一种非公文的通知，即机关内部文书的通知。机关内部文书，实际上就是机关事务文书，仅适用本机关内部，不能对外，如例文七《机关内部文书一组》。

4. **文种辨析**。通知是下行文，是典型的红头文件。通知所达，令行禁止，受文单位必须遵照执行。因此，在使用中必须严格遵守行文规则，依照行文关系向自己的下属机关发文；对平级机关、不相隶属机关不得以公文格式发出通知。如果需要向平级机关和不相隶属机关行文，则必须使用信函格式。这种形式灵活方便，既能表达通知的内容，又能表示对受文对象的尊重。

（九）通报

1. **通报的概念**。《条例》规定，通报“适用于表彰先进、批评错误、传达重要精神和告知重要情况”。

在公务活动中，通报是适用范围较广的公文文种，属下行文，各级党政机关都可以使用，用以表扬好人好事，批评错误，通过对正反典型事实的叙述、张扬，以点带面，以个别教育推动全局，使读者提高认识，从中吸取经验教训；向所属机关、单位传达重要精神或工作、学习情况，交流信息，以使其掌握全局，了解进程，推动工作。

（1）表彰先进，弘扬正气。对在本地区、单位发生的具有典型意义的好人好事和先进事迹，采取通报的形式进行表彰，进而总结、提炼出经验，树立起学习的榜样，达到弘扬正气、树立新风、推动工作、提高水平的目的。

（2）批评错误，抑制失误。针对本地区、本单位存在的某种倾向性问题或错误做法，通过对某人某事的批评，抓住典型事例分析解剖，以引起普遍重视，达到以典型事例进行普遍教育、警惕类似事件发生的目的，同时采取相应措施，抑制类似的失败和错误。

（3）传递信息，沟通情况。把本地区、本单位在工作、学习中的重要情况和进展程度，及时向所属单位进行通报，有利于互通信息、交流情况，有利于大家树立全局观念，放眼整体来考虑、安排本单位的工作和学习，避免发生工作脱节、失衡的情况。

2. **通报的功能、特点**。通报是下行文，其文体特点是以叙述事实、揭示该事实的本质意义为手段，以提高人们的认识为目的，达到表彰先进、树立典型、供人学习的目的；或批评错误，树立靶子，警醒人们；或传达情况，让人了解实际情况，正确部署自己的工作，因而形成了周知性、教育性和针对性三个特点。所以，在写作通报文稿时要注意突出这三个方面的文体特点。

3. **通报的类型。**

（1）表彰性通报。用以表彰先进集体和个人，表彰先进事迹，评价典型经验，宣传先进思想，树立学习榜样，号召人们学习先进，改进工作，等等。比如，中国女子足球队在第三届世界杯赛中荣获亚军，为祖国赢得了荣誉，受到了国人的称赞，国务院办公厅发出通报表扬，便起到了表彰先进、弘扬正气、树立典型、鼓舞人心的作用。

（2）批评性通报。主要用于批评错误行为，告诫和教育人们吸取教训，引以为戒。批评严重违法违纪事件，揭露坏人、坏事，总结事故教训。如《国务院办公厅关于少数地方和单位违反国家规定集资问题的通报》（1993 年发），就是批评违法违纪的通报。《国务院办公厅关于湖南省怀化市社队煤矿三起重大伤亡事故的通报》（1983 年发），就是一件事故通报。在批评性通报中，事故通报使用较多。

（3）传达性通报。用以传达重要精神或者情况，主要有以下内容：一是传达上级重要指示精神、重要的会议精神；二是指出工作的重点或必须关注的问题；三是某些地区、某些方面的重要情况，一个时期带有倾向性的问题；等等。

传达重要精神或者情况的，称周知性通报或者情况通报，主要用于在一定范围内沟通工作情况，公布工作要点，使有关方面、有关人员全面了解情况，统一思想认识，更好地做工作。

4. **文种辨析。**通报在使用中容易与相关文种混淆。如，同是表彰先进，有时用“命令（令）”，有时用“决定”，有时用“通报”；同是批评错误，有时用“决定”，有时用“通报”；同是需要周知的事项，有时用“公告”，有时用“通告”，有时用“通知”，有时用“通报”，因此，拿捏好通报的应用十分重要。

（1）关于表彰先进。命令（令）是嘉奖有关单位与人员，被嘉奖的单位与人员必须是在全国或在一个大的区域内具有重大影响的先进典型，一般都是符合某法律法规需授予荣誉称号的。决定是“奖惩有关单位与人员”，其中的奖励事项事迹应是比较突出的，在全国或某一地区、某一系统内具有较大影响、符合某法规规定但不一定授予荣誉称号的。而通报所表扬的先进则属于一般性的典型，在本机关本单位能起到示范性作用。

（2）关于批评错误。需要使用决定惩戒有关单位和人员的，其错误或过失都是比较严重的，具有一定的普遍意义和教育作用。而用通报批评错误，其错误或事故虽然也有一定影响，但毕竟是有一定限度的，所以发通报，主要目的是要引起警惕。

（3）关于周知事项。使用公告，主要是向国内外宣布重要事项或者法定事项，而且偏重于向国外宣布；所宣布的事项，一是重要，二是法定。使用通告，主要是向社会各有关方面公布应当遵守或者周知的事项，其中周知的对象是社会各有关方面，无关方面可以不周知，事项本身也是比较重要的，在全国、某一地区或某一系统内具有一定的普遍意义。使用通知，是上级机关告知下级机关和人员，带有一定的指令性，周知的事项是具体的，是不可不知的，如干部任免的通知等。使用通报，对重要精神或者情况，重在传达，以使有关单位和群众知晓，一般不具有指令性。

（十）报告

1. **报告的概念。**《条例》规定，报告"适用于向上级机关汇报工作、反映情况，回复上级机关的询问"。

报告是上行文，是下级机关向上级机关陈述情况的公文，其主送机关是有隶属关系的直接上级，一般不越级报告，特殊情况下越级报告，必须同时或事后向直接上级报告，不向平级和不相隶属机关报告；报告主要用于下情上传，为上级机关了解下情、决策和指导工作提供依据。报告一般以单位名义行文，但有时单位负责人也可以以个人名义向上级汇报工作。

2. **报告特点。**报告的文体特点主要是汇报性、实践性、陈述性。就是说，下级机关向上级机关或主管部门汇报工作、反映情况，其目的是使上级机关了解和掌握情况，以便上级机关更好地对自己的工作作出决策或进行指导。所以，报告具有鲜明的汇报性。报告是对工作的回顾、分析和总结，反映工作的成绩、情况、做法及问题。所以，没有实践，就没有报告，写工作报告绝不能离开工作实际。报告一般都是直接具体地陈述本机关的工作、情况、问题、做法及意见或建议等，因此报告的行文主要使用陈述的表达方式。

3. **报告的类型。**

（1）汇报工作。主要适用以下几种情况：①反映工作进展情况，对某项工作或某方面工作提出意见或建议。②全面汇报工作，包括工作中的困难、做法、经验和教训等。这是自己主动向上级机关全面或专题汇报工作。如例文一《广东省石油公司英德供应站关于解决油库长期遗留的山地及树木的归属问题的报告》，是汇报工作的报告。③向上级报送文（文件）或物（物件）也应使用报告，如果要将文、物送报给平级机关或不相隶属机关，则应以信函格式、以函行文。

（2）反映情况。主要适用于报告上级需要定期掌握的情况，如工农商各种产业运转情况，货币、物价、投资、消费指数，社会治安及安全情况；本地区、本系统所发生的重大事件以及带有倾向性的问题；周边国家以及国际发生的可能对我国有影响的事件和情况；等等。总之，反映情况的报告内容涵盖面很广，不论何种级别的机关乃至团体、个人，都有权利也有义务向上级反映情况。工作中出现重要情况或发生重大问题，须让上级了解，如例文二《××省人民政府关于××市第三棉花加工厂特大火灾事故检查处理情况的报告》、例文三《财政部关于2001年11月和12月上中旬地方企业所得税增长情况的报告》。

（3）回复上级机关的询问或交办事项。隶属的上级机关来函来电询问情况，下级机关必须以报告行文答复。上级询问什么答复什么，专题专报，不节外生枝。如例文四《××大学工会关于我校工会干部有关待遇的报告》，上级工会向下级工会询问有关工会待遇问题，下级工会用报告答复所问。

4. **文种辨析。**报告、请示和建议性意见都是上行文，在使用时要注意用上行的公文格式。这三个文种，如果不注意区分，很容易混淆。

报告是下级机关在自己做了工作之后，有了情况或有了经验、体会时，需要向自己有隶属关系的直接上级机关反映汇报，或者是上级机关来电来函询问需要答询问题时的行文。报告上送之后并不要求上级答复，因此，行文呈陈述性、报告性或答询性，少说或不说道理，重点在于陈述工作实践中的情况、认识、规律。

请示则是下级机关在某项工作尚未开始前，为了得到上级的批准或批示的行文。请示上报之后，需要等待上级的批复，或批准或批示，然后依据批复才能行动。为了能够得到上级的应允，请示的行文要注重陈述理由、依据。

“向上级机关提出建议”的职能转移给新文种——意见，要注意，今后报告不再负责转呈建议，不再用报告来请求批转文件。

（十一）请示

1. **请示的概念。**《条例》规定，请示“适用于向上级机关请求指示、批准”。

行文请示的上级机关，一般是指有隶属关系的直接上级机关或者是具有业务指导关系的机关。向平级机关或不相隶属机关行文请求批准，不能用请示而应当用函。

请示的使用范围有：

（1）事关党的方针政策，又超出本机关职权范围，要办理时，须请示。

（2）对上级文件精神领会不透，或有不同看法，要贯彻时，须请求上级予以明确指示。

（3）工作中有难题，须兄弟单位配合，或兄弟单位之间工作有分歧，影响了工作的开展，本单位无力解决时，须请求上级协助。

（4）工作中有新的重要实施方案，或遇到无章可循的问题，要执行又无把握，须先请示。上级关注的专项工作，凡重大举措均须先请示而后动。

（5）上级机关规定必须请示获准后才能办理的事项。

请示文件发出，并非文件运行的终结，而是“这才开始”，必须等待上级机关的明确答复——批复，才能依据批复内容贯彻执行。

2. **请示的特点。**请示的文体特点就在于机关的法定性、文体的请求性、处理的对应性三个方面。

请示属上行文，应使用公文格式。请示的发出机关与请示的受文机关必须是法定的隶属上下级机关；请示虽说是下级机关向上级机关请求批示或批准，但是其文件性质是一样的，都是红头文件；上级机关接到请示后，必须作出答复（批复）；下级机关的请示一经发出，便须等待上级机关的批复，只有当上级机关批复之后才能采用新的行动。

“求示”“求准”“求批”都在于反映困难，陈述问题，提出请求，但是在表述上要十分注意“有理”（请示的理由充分）、“有据”（请示事项有政策依据、事实需要的根据）、“有度”（尊重上级，不横蛮，不能为达目的只顾本位而不体谅上级——下级机关提出请求后，要有一个正确的心态，就是“自己的需要要与上级机关考虑全局性的可能性同时存在”，不能强上级所难）。

3. **请示的类型。**请示可以分为请求批示的请示和请求批准的请示两种。

4. **文种辨析。**请示文种在实际使用中往往会出现问题，需要引起足够的重视，防止出错。

（1）不该用请示行文的文件不得用请示。请示是上行文，应当向有隶属关系的直接上级请示。如为了对平行或不相隶属的机关表示尊重，故意用请示行文，则违反行文原则。

对平行或不相隶属的机关用请示是不正确的。依《条例》规定，函“适用于不相隶属机关之间相互商洽工作，询问和答复问题，请求批准和答复审批事项”。

（2）请示与报告混淆。由于历史上它们曾是一个文种，有时报告中夹带请示事项。其间虽几度将两个文种分开，但要求并不严格，时分时合，直到1957年，国务院秘书厅才明确把二者分开使用，但历史形成的习惯并未根本改变。有些公文写作的专著、教材并不规范，甚至将请示、报告作为一个文种向读者介绍。这种误导会使初学者在使用中常常混淆文种。

克服的办法是认真辨析这两个文种的区别。①二者的行文目的不同。请示一般要求上级机关给予直接的答复，即批复；报告则主要是下情上传，不要求批复。即使是希望上级转发的报告，也不要求上级机关予以答复，而只是请求批转有关单位知照。②二者的行文时间不同。请示必须在事前行文，待上级予以指示或批准（即批复）后，才能按上级的要求进行工作或处理有关问题，不允许“先斩后奏”；报告则可根据实际情况随时行文，事前、事中、事后均可。③二者的行文内容不同，请示主要着眼于带有迫切性的、需要上级机关指示、批准的事项；报告则主要着眼于汇报工作、反映情况、回复询问。

（十二）批复

1. **批复的概念。**《条例》规定，批复“适用于答复下级机关请示事项”。

答复下级机关的请示事项用批复；但是，答复平级机关或不相隶属机关的请示事项时则不能用批复，而用函复。

2. **批复的功能、特点。**批复从来都是下行文，使用批复的都是相对的上级机关，是上级机关答复下级机关请示事项的文件，因此，其文体具有明确的针对性和指示性或者批准性。

没有请示就没有批复，所以批复的行文是被动的。批复的内容由请示所决定，领导机关针对请示什么事项，就批复什么事项，谁请示便批复给谁。

但是，下级机关对上级机关的批复必须严格遵行，若违反上级的批复行事，将会受到惩处。作为下级机关，对上级机关的批复要从积极的因素方面去理解。请求的批准，必须符合客观实际的需要与符合上级机关批准的可能条件。

业务主管机关回答平级机关或不相隶属机关询问的问题，或领导机关转来处理的请示件，不宜使用批复，可用复函。

3. **批复的类型。**

（1）批复类。这类批复有两种：一是批准请示事项的批复（如例文一《关于××县县直属机关机构设置和人员编制总额的批复》）；二是批示请示事项的批复（如例文二《关于禁止在新丰江水库内搞旅游问题的批复》）。

（2）函复类。函复类，是因请示来文所引发的复文。其处理方式有两种情况：一是由办公部门依据领导授权对该请示事项进行批复，用函复行文（如例文三《关于贯彻〈食盐加碘消除碘缺乏危害管理条例〉请示的复函》）；二是由业务主管部门受理，对其请求批准的事项进行审批、答复，亦用函复行文（领导机关转来不相隶属机关的请示件，需要进行审批或答复，也用函复，如例文四《中国人民银行对〈山东省人民政府关于成立齐鲁

（股份）银行的请示〉的复函》）。

4. **文种辨析**。批复是上级机关针对下级机关的请示而进行批示性或批准性的答复。虽然是由下级机关主动提出请示，但是上级机关一旦作出批复，便不容许请示机关随便变更主意。例如，例文二所反映的河源市人民政府请求批准开辟新丰江地区的旅游业一事，广东省人民政府从更高、更长远的角度看问题，作出不予批准的批复。作为下级机关的河源市人民政府只能遵照批复内容执行，不得违反。如果确实需要改变，必须重新请示上级批准，否则不得更改。

批复文种与通知、意见有所不同。通知、意见是上级机关主动下发的，而批复则是根据下级机关的请示作出的答复。因此，批复只主送给提出请示的机关，如果其他机关也需要知道该批复的内容，应以抄送形式传达；如果批复的问题重要，具有一定的普遍意义，也可采用批转的行文方式下发有关机关，其实质仍是对“请示”的批复，只是文种改变了，由批复变为通知。

批复与批示的区别。批复是公文文种，批示是发文机关在批转、转发、发布的通知中阐述的指示性意见。

（十三）议案

1. **议案的概念**。《条例》规定，议案“适用于各级人民政府按照法律程序向同级人民代表大会或者人民代表大会常务委员会提请审议事项”。

议案原本是法律规定为国家权力机关专用的公务文书，适用于法律明文规定的机构或达到法定人数的人大代表、人大常委会组成人员依法将属于国家权力机关职权范围内的重大问题提请本级人民代表大会或常务委员会列入会议议程讨论决定的议事原案。

《条例》仅从国家行政机关使用议案的角度表述，是为各级人民政府规定的公文文种。但是，从学习议案文种的角度，我们有必要了解全面。故从人大机关公文的角度，简介议案文种的特殊之处。

议案，原本是人大机关专用文书。《中华人民共和国全国人民代表大会组织法》第9条的规定：“全国人民代表大会主席团、全国人大常委会、全国人大各专门委员会、国务院、中央军事委员会、最高人民法院、最高人民检察院，可以向全国人民代表大会提出属于全国人民代表大会职权范围的议案；一个代表团或者三十名以上的代表，可以向全国人民代表大会提出属于全国人民代表大会职权范围的议案。”

《中华人民共和国地方各级人民代表大会和地方各级人民政府组织法》规定：地方各级人民代表大会举行会议的时候，主席团、常务委员会、各专门委员会、本级人民政府，可以向本级人民代表大会提出属于本级人民代表大会职权范围内的议案，由主席团决定提交人民代表大会会议审议，或者交有关的专门委员会审议、提出报告，再由主席团审议决定提交大会表决。

县级以上的地方各级人民代表大会代表十人以上联名，乡、民族乡、镇的人民代表大会代表五人以上联名，可以向本级人民代表大会提出属于本级人民代表大会职权范围内的议案，由主席团决定是否列入会议议程，或者先交有关的专门委员会审议，提出是否列入大会议程的意见，再由主席团决定是否列入会议议程。

列入会议议程的议案，在交付大会表决前，提案人要求撤回的，经主席团同意，会议对该项议案的审议即行终止。

又规定，议案中提出的问题，必须在本级人民代表大会或其常务委员会的职权范围之内。不属于国家权力机关范围内的各方面的工作的提议不得列为议案，而称批评、建议、意见，转有关部门处理。

议案是具法律性质的人大专用文书，是国家权力机关用来实施人民民主的工具，其他机关、团体、企事业单位召开的会议上，由干部、职工提出的意见、提案文书不得称议案。

由此可见，议案之所以成为议案，是有法律程序的，即最初提议者所提出来的仅是"希望能成为提交会议审议的案"（所以称"议事原案"），待大会主席团或常委会审议通过（法律生成）列为议案时才能成为议案。如果该原案未予通过列为议案，它便成为建议。建议有两种处理方式：一是不提交会议审议，留作参考；二是由常委会的办事机构转给有关部门处理，这样就成为"建议、批评和意见"，相关部门必须严肃认真地处理。

国务院是依据法律的规定使用议案向全国人民代表大会及其常务委员会提交议事原案的，所以将议案列为行政机关公文文种，地方各级人民政府亦使用议案向地方同级人民代表大会及其常务委员会提交议事原案。《条例》将议案列为党政机关公文文种之一，但只适用于各级人民政府按照法律程序向同级人大或人大常委会提请审议事项，党的机关不使用这一文种。鉴于这样的法定性，一般的机关单位企业不得随意将议案这一文称挪作别用。

2. 议案的功能特点。

（1）议案属平行文，使用信函格式。但其根本任务是向权力机关提请审议原案，具有请求性、报告性和严格的法定性（依据法律规定向人大提出人大职权范围内的审议事项）①。因此，其文体特点表现为使用上具有法定性、表现形式上具有平行性、行文语言上具有请求性和报告性。

（2）议案在运作上具有法定性。依据规定，议案提出后，还须大会列入议程，进行讨论、审议和决定。议案一经审议通过，就具有法律效力，有关方面必须认真付诸落实，不得稽延。经办机关在完成任务后必须依法向人大写出办理结果报告。人大要对该报告进行审议，并作批准与否的决议。

例如，1986年广东省第六届人大第五次会议审议通过了第85号议案，即《关于进一步加强江河整治工作的议案》，交给省人民政府付诸实施；广东省人民政府认真组织实施，历时10年完成了议案提出的任务，于1996年10月28日向省人大常委会写出了《关于进一步加强江河整治工作议案的办理结果报告》；1996年12月3日，省第八届人大常委会第25次会议通过决议，批准了省人民政府关于进一步加强江河整治工作议案的办理结果报

① 有权威论著说，议案是上行文，但《条例》明白无误地规定，是"各级人民政府按照法律程序向同级人民代表大会或者……"这里所指的"同级"就是平级，不能理解为"上级"。

人大是权力机关，行政机关是权力机关的执行机关；人大是监督机关，而行政机关是被监督机关。这是宪法中明确规定了的。因此，行政机关与人大的关系不是上下级关系而是法律的关系。

告，并指出这是功在当代、造福子孙的事业，对任务的完成、所取得的效益表示满意；省人民政府办公厅于 1997 年 1 月 3 日转发了省人大常委会的批准决议，为第 85 号议案画上了圆满的句号①。

（3）对未通过审议的议案，作为建议处理。凡未列入议案的代表意见，按其内容分别交承办单位研究办理，承办单位要采取有效措施，抓紧办理。

3. **议案的类型**。议案的类型，有两个不同的划分角度，从人大机关公文的角度来划分，有两类，一是法定机构提出的议案；二是人民代表提出的议案。从行政机关所提出的议案内容来划分，可分为立法性议案、重大事项的决策性议案、任免性议案和建议性议案四种：

（1）立法性议案。立法性议案主要在两种情况下使用：一是政府机构制定了某项法律或法规之后提请人大审议通过时，如《国务院关于提请审议〈中华人民共和国著作权法（草案）〉的议案》；二是建议、请求某行政机构制定某项法规时，如《关于尽早制定我省普及九年制义务教育实施条例的议案》。

（2）重大事项的决策性议案。关于财政预算决算、城乡发展规划、重大工程上马以及政治、经济、文化、教育、科技、卫生等领域中的重大事项的决策，需要提请人民代表大会审议批准时使用的议案，就属于重大事项的决策性议案。如《国务院关于提请审议兴建长江三峡工程的议案》《沈阳市人民政府关于组织动员全市人民综合治理开发建设浑河沈阳城市段的议案》。

（3）任免性议案。行政机关向权力机关提请任命、免去或撤销行政机关工作人员职务，请求人民代表大会审议批准的议案，就是任免性议案。如《国务院关于提请××等同志职务任免的议案》。

（4）建议性议案。以行政部门的身份向权力部门提出建议，也可以使用议案。这种议案有些像建议报告，供人民代表大会审议、采纳。

4. **文种辨析**。要注意人大代表议案与人大代表建议的区别。人大代表议案，是达到法定人数份额的人大代表联名共同提出议案，由领衔人写出，向人民代表大会或向人大常委会递交的议事原案，在实际运作过程中，会受到法律因素的影响而改变性质：当议事原案经大会主席纳入议程，便成为正式的议案，人大代表的议案一经通过，就具有法律效力，便成了法定议案；当议事原案未被纳入议程或者未被大会通过，便成为人民代表建议。

人民代表建议，也就是建议、批评和意见，是人大代表个人或联名向人民代表大会及其常务委员会提出的建议。这种建议有两种情况，一是代表个人或联名提出的建议；二是未被纳入议程或者未被大会通过的议事原案。

要注意人大代表议案与政协委员提案的区别，人民代表大会是权力机关，人大代表的议案一经通过，就具有法律效力。而人民政协是统一战线组织，政协委员提案是民主监督的一种形式，没有法律的约束力。

---

① 从第 85 号议案办理过程可以看出，行政机关对承办人大议案、人大代表建议和政协提案是十分严肃认真的。

（十四）函

1. **函的概念。**《条例》规定，函“适用于不相隶属机关之间商洽工作、询问和答复问题、请求批准和答复审批事项”。

函是公文文种之一，与其他 14 种公文文种是并列关系，使用信函式公文版头。在平级机关和不相隶属机关之间行文，并且必须使用信函格式版头。没有使用信函格式版头的函是便函，只能用于对日常事务的一般处理，它不是公文，而是应用文书，不具公文文种的法律效果。

2. **函的特点。**函的文体特点可以从文种特定功能、使用特定的公文格式、使用特殊的语言措辞三个方面去理解：

（1）用于平行机关和不相隶属机关之间，在公务活动中相互联系，起着其他文种无法完成的联系纽带和桥梁的作用。凡是其他公文文种不便表述传递的信息或事项，便借助函来完成。

（2）凡使用函行文，必须使用信函格式做载体。信函格式是与文件格式、命令格式相并列的公文格式，与其他格式一样具有由制发机关权限决定的法定效力。

（3）措辞要求体现出对对方的尊重、友善、礼貌、平和。

3. **函的类型。**

（1）商洽函。用于不相隶属机关之间商洽工作，如例文一《××市人民政府关于在京山铁路压煤改线××站建立交桥的函》、例文二《××省人民政府关于设立青岛石老人国家旅游度假区有关补充情况的函》。

（2）询问函。用于平级机关或不相隶属机关之间询问问题（包括催报材料），如例文五《××省科学技术委员会办公室关于询问贯彻全省科学技术工作会议情况的函》。

（3）请求批准函。用于不相隶属机关之间请求批准，如例文四《梅州市化工原料公司关于请求批准在官汕路宁江桥头兴建办公营业大楼的函》。

（4）答复函。用于不相隶属机关之间答询或答复审批事项，如例文六《××省人事厅关于批准录用×××等 4 名同志为国家公务员的函》。

4. **文种辨析。**商洽函用于单位之间商量、联系工作；请求函用于单位间请求帮助解决问题、协助配合工作以及向有关主管部门请求批准等；答复函用于答复对方来函提出的有关问题或事项；询问函用于单位之间询问有关事宜、征求意见等；告知函用于告知有关工作或活动情况等。

但是，要注意将函与信函格式作严格区分。函是公文文种，其功能是平级机关和不相隶属机关之间的联系、沟通；信函格式是公文格式的一种，是函和其他一些公文文种做载体用的一种格式，除了函可以使用其为载体以外，议案和特定情况下的意见、批复、通知、报告等文种也可以使用其为载体。

有些文秘工作者对函的地位、功能和信函格式缺乏应有的认识，以致在向不相隶属机关请求批准时以请示、报告等文种行文。他们错误地认为，只有用请示、报告行文才能表示出对对方的尊重，其实这是对公文文种分工的误解。函这一公文文种正是承担了平级机关之间、不相隶属机关之间联系工作、请求批准的功能，配以信函格式则显示了它法定的公文效力。

要特别提醒的是，必须将函与便函严格区别开来。所谓的便函，就是没有按信函格式的要求设计版头，不依照公文制发的程序进行制作，仅用机关信笺纸书写，仅经办人一人操作完成，盖上公章即可发出的简便的、用于处理日常事务的信函。这种便函为一般事务的文书而不是法定公文，如果用便函去处理法定公文，显然是不严肃的。

法定公文的函，必须按规定使用信函格式，必须依照公文制发程序的要求制作发文。有的人以为使用函即是使用便函，拿来机关信笺信手写上，盖上公章便是了，还认为便函仅仅是外观形式简便而内容仍是一样的，其实这是错误的看法。须知，公文格式的发文不能简便，信函格式的发文同样不能简便（两者的发文都必须经过同样的公文制发的法定程序）。对行文对象是否尊重，不在于使用报告、请示与否，而是在于是否正确行文并在行文中得当地表述意愿，正确、规范地使用信函格式。

此外，还要注意将函与通知、请示、报告、意见相区别。

（十五）纪要

1. **纪要的概念。**《条例》规定，纪要“适用于记载会议主要情况和议定事项”。

纪要是在公务活动中召开重要的会议时，依据会议宗旨和讨论内容，参照会议记录、会议文件、简报，用准确而精练的语言综合概括、扼要记述会议主要情况，重点阐明议事要点和会议主要精神的公文。

2. **纪要的特点和形式。**会议的形式众多，有本机关的会议，有系统的会议，有联席会议，有研讨事务、学术，解决某专门问题的会议等。我们开会的目的就是研究如何开展下一步的工作，写纪要就是为了将会议的要旨传达给下面各有关单位以贯彻执行，所以纪要的文体特点主要体现在纪实性、纪要性、指导性这三个方面。

纪要本是下行文，用于传达会议精神，使会议议定事项得以贯彻执行，但是也可以上报上级机关以汇报情况，以便及时得到上级的指导；还可以向同级机关通报以得到支持和配合。

纪要的表现形式有三种，在实际使用中应根据实际情况选用其中的某种形式：

一是文件格式。由本机关和自己的下属机关参加的重要会议，需要下级机关贯彻执行，使用文件格式下发会议纪要，在公文标题中显示纪要文种。

二是信函格式。由本机关和平级机关或不相隶属机关参加的重要会议，需要给平级机关和不相隶属机关发纪要，使用信函格式，同样在公文标题中显示纪要文种。

三是会议纪要固定版头格式。机关的办公会议，是该机关决策的最高机构，会议议定的事项都是该机关的决策事项，因此设计了专门的固定的纪要格式。此格式用于发给本机关内部各单位贯彻执行的会议纪要。

但是，不管采用哪一种方式印发纪要，都要体现其文体特点，即纪实性（记载会议的实际情况）、纪要性（反映会议的精神、主旨、议决、需要传达贯彻的事项）、指导性（用会议纪要指导会议议定事项的落实）。在用词上有一套惯用的领起语，如会议听取、会议审议、会议认为、会议讨论、会议通过、会议议定等。

3. **纪要的类型。**纪要可以从内容、性质、形式等几个不同方面去分类。比如从内容上分，有综合性会议纪要和专题性会议纪要；从形式上分，有例行会议纪要、工作会议纪要、座谈会会议纪要；从性质上分，有情况型会议纪要、议决型会议纪要和消息型会议纪要。我们从掌握写法的角度考虑，宜从性质上去分类并认识它们各自的特点。

（1）情况型会议纪要。用以全面概括会议的议程、议题、讨论情况、讨论结果和会议精神。这种纪要多适用于各种座谈会、经验交流会和各类学术会议。

（2）议决型会议纪要。用以记载和传达会议的议定事项。这类纪要政策性较强，具有指导意义，它是根据会议的议题和会议讨论情况包括议决事项加以分析、概括而写成的。这种纪要适用于工作会议、专业会议等。

（3）消息型会议纪要。用以发布会议成果。这是一种带有新闻报道性质的纪要，记载和传达会议概况、会议内容、主要议题、议决情况、会议成果以及会议中提出的一些问题或建议等，多适用于学术性、协商性会议。

4. **文种辨析。**纪要在使用中的主要问题是防止文种混淆。与之相似或相关的文书主要有会议记录、会议简报、会议决议、会谈纪要等，为了不致误用文种，应认真加以辨析。

此外，还要注意正确使用纪要格式。

【思考与练习】

导语：学习公文文种宜分三步走：第一步，了解公文 70 个文种的大体情况，知道各个国家机关因其职能不同，公文文种有一定差异。可分别阅读各个国家机关公文法规对其文种的释义。第二步，重点学习党政机关公文文种。第三步，在掌握了党政机关公文文种之后，以党政机关公文种的知识为基础，依据自身需要展开学习，掌握其他机关公文的文种。

一、概念题

注意掌握下列名词术语。

决议　决定　命令（令）　公报　公告　通告　意见　通知　通报　请示　批复　议案　函　纪要

二、阅读题

1. 熟记党政机关公文的 15 个公文文种名称，理解并熟记《条例》对各个文种概念的释义。

2. 依据释义内容找出该文种的分类，即掌握其外延，为了加深印象，还要列出由该文种所分类出来的文称。

3. 体会各个文种的文体功能、特点（该文种是干什么的，同其他文种比较，其独特之处在哪里）；区分与之相近的文种。

三、简答题

1. 什么是公文文种？

2. 各个国家机关系统各有哪些公文文种？

3. 上级机关向下级机关询问事情应以什么文种行文？下级机关应用什么文种答询？

4. 下级机关有求于上级机关应用什么文种行文？上级机关接到下级机关的请求公文后应用什么文种答复？

5. 向不相隶属机关请求批准应用什么文种行文？审批机关接到该请求后应用什么文种行文？

6. 在人事任免上，有哪些公文文种分别在什么条件下如何使用？

7. 用于表彰，有哪些公文文种可以选用？其选用的不同依据是什么？

8. 议案是什么性质的公文文种？它与提案、建议有什么联系？

四、分析题

1. 请指出嘉奖令、表彰决定、表扬通报三个文种的异同。

2. 请指出公布令与发布性通知的不同之处。

3. 在人事任免上，有的要使用公告，有的要使用命令（令），有的要使用任免决定（人大公文），有的要使用通知，有的要使用介绍信（人事介绍信为机关事务文书），请说出为什么会有这些不同的用法，依据是什么。

4. 试比较公告、通告、启事、广告诸文种的区别。

5. 试比较议案、提案、建议的区别。

6. 试比较报告与意见的区别。

7. 请分别说出下列文件的公布须使用哪种公文文种为载体。

法律　行政法规　地方法规　部门规章　地方政府规章　规范性文件　决定　计划　总结　领导讲话

五、训练题

1. ××学校××班学生颜××触犯校规，屡教不改，学生处决定给予警告处分，学生处应以什么文种行文？

2. 广东省××学院拟扩建校舍，需要征地20亩，须请求××市国土局批准，应选用什么文种行文？请你代拟一份。

第二节　公文的格式

一、公文格式的含义

公文格式是指公文外形结构的组织与安排，以及公文的书写、字体、用纸的规格和样式等，是公文具有法定的权威性和组织约束力在形式上的表现，是区别公文与一般公务文书的重要标志，也是保证公文质量和提高办文效率的重要手段。

公文格式包含了两个方面的内容：一是指是公文独有的载体，即显示公文身份地位的载体格式——文件格式、信函格式、纪要格式、命令（令）格式、公告格式、电报格式、白头文件格式等。这些不同的格式都是公文的载体。公文的格式不容用错，用错了就是发生了行文事故，须追究责任。二是指公文格式的形式标志——组成公文格式的 18 个公文要素及其格式安排使之成为文件格式、信函格式、纪要格式、命令（令）格式、公告格式、电报格式、白头文件格式等的具体样式。

公文的形式标志也是公文同其他公务文书的重大区别标志：具有公文的形式标志的就是公文，没有公文的形式标志的文书便不是公文。

公文格式不是人们任意强加给公文的，而是公文本身的一种客观需要，是其写作结构的一种规律性表现，它不仅体现公文的法定权威性和约束力，而且有利于提高工作效率，保证政令畅通。公文格式不规范，不仅影响公文的质量和美观，更重要的是会影响公文的效力，甚至由于格式不规范而造成各种谬误，直接影响公文的严肃性和应有作用的发挥，有时还会因此造成重大失误。

公文格式除显示公文身份地位的格式标志以外，还有用纸、用字、版面、印刷、装订等方面的要求。

二、公文格式组成的内容

一般的文章，其内容是通过本身的结构形式表现出来的，公文则不然，它除了通过其文种本身的结构形式表现内容以外，还必须使用公文独有的载体格式，即公文的各种格式和 18 个公文要素来表现。

（一）各种公文的格式

公文的格式，有文件格式、信函格式、纪要格式、命令（令）格式、公告格式、电报格式、白头文件格式等。这些格式分别代表不同的公文身份和不同的权威，所以，不同用途的公文要使用不同的格式（也称版式）。在制发公文时，必须十分注意不同版式的特征、样式，以便准确、得体地应用。

比如，上级机关给下级机关发文，使用下行的文件格式（发文机关标志套红加“文件”二字），下级机关向自己的上级机关请示、报告工作，应选用上行的公文格式（发文机关标志套红，但没有“文件”二字）；指挥机关发布命令（令），宜选用命令格式；平级或不相隶属机关之间行文应选用信函格式；如果机关领导人的讲话、工作计划、工作总结、调查报告等需要印发，本机关一般宜用惯用的非法定公文的格式——白头文件格式；而比较重要的，须组织学习、讨论、贯彻落实的文件则以文件格式的通知为载体下发。纪要，以行文方向分别选用不同格式，下行用公文格式，不相隶属行文用信函格式，在标题中显示会议纪要；给本机关各单位印发会议纪要，用纪要固定版头格式；用电报发文，宜用电报格式。

各种公文的格式，既有共性，又有不同的特征，我们必须既了解其共性，又掌握其不同的特征。

由于公文使用了特定的公文格式，相关工作人员能一眼辨识，既便于及时处理，又便于存档、使用和管理，而且公文版式表现出了公文的合法性和权威性，使公文能更好地发挥应有的作用。

公文的格式是由各个中央国家机关体系用公文法规或规范加以规定的。尽管各个机关公文体系分别是由各个中央国家机关用不同的公文法规加以规范的，但其格式却大同小异，只要留心辨别，是容易掌握的。

初学者，可以以党政机关公文的格式为基础，首先掌握党政机关公文格式，然后再涉及人大机关公文格式和两院机关的公文格式。

依据《党政机关公文处理工作条例》《党政机关公文格式》规定，公文的格式（公文版式）有一般格式和特定格式两类：一般格式为文件格式（有下行和上行之分）；特定格式又分信函格式、命令格式、纪要格式、公告格式，此外还有电报格式和白头文件格式。

《党政机关公文格式》是国家标准，其他机关公文可参考使用，因此，其他机关的公文格式大体相同。

（二）公文的要素构成

公文一般由18个要素组成：①份号，②密级和保密期限，③紧急程度，④发文机关标识，⑤发文字号，⑥签发人，⑦标题，⑧主送机关，⑨正文，⑩附件说明，⑪发文机关署名，⑫成文日期，⑬印章，⑭附注，⑮附件，⑯抄送机关，⑰印发机关和印发日期，⑱页码。

所谓要素，是指构成公文的特别重要的因素。就是说，公文是由这18个要素所组成。其他公务文书没有这些构成要素，唯独公文必须具备这些要素。这也是公文与其他公务文书的不同之处。

三、公文格式的类型

（一）公文的一般格式

公文的一般格式，又称文件格式，文件格式又称红头文件。

所谓红头文件，就是其文件版头的发文机关标识和分隔线是套红印刷的，是党政机关及其业务工作部门用来传达贯彻党和国家的方针、政策，发布行政法规和规章，指导下级工作，请示和答复问题、报告情况等的行文。

公文格式由版头、主体、版记三个部位组成，将18个公文要素分别安排在版头、主体、版记三个不同的部位上，包括文件版头的设计、版面安排、字体型号、字隔行距、用纸尺寸以及公文外形的其他几个项目及有关标识等，共同反映到页面上，就是如何进行分布和安排，将它们有机、均匀地组织在一起，构成一副字样鲜明、字距疏密相宜、结构严谨、严肃活泼、美观大方、亲切清新的良好外貌，这就是一份公文的“文面”。

1. **公文文件格式的具体安排。**

（1）版头。版头部分如下图所示。

×××人民政府文件

×府〔2014〕××号

××××××××××的通知

××××××××××××××××××
×××××××××
××××××××××××××××××
×××××××××
××××××××××××××××××
×××××××××

（红色分隔线以上为公文版头部分，标题以下属公文的主体部分）

公文的版头，即公文首页在红色分隔线至页面顶端的部分。公文的版头与主体部分用一条较粗的红色横线分开，这条横线就称为分隔线。

公文格式的红色分隔线，印在发文字号之下4mm处，其长度为156mm，与版心等宽，线粗1mm。所谓版心，就是指公文纸张除天头、地脚、订口、翻口等空白以外用于安排公文图文的区域。

在版头内，安排份号、秘密等级和保密期限、紧急程度、发文机关标识、发文字号、签发人等6个要素。

1）份号。又称印数编号、份数序号，是标识公文印数和序数的，便于统计和查找。一般件不印份号，绝密、机密公文要印份号，并要求按编号登记分发给收件人。标识份数序号，用6位数的阿拉伯数字顶格标识在版心左上角第一行，实数不足6位数的文件前面用“0”表示。

2）秘密等级和保密期限。秘密等级简称密级。密件应根据秘密程度分别标明密级和保密期限，其中，绝密、机密级公文还应当标明份数序号。密级分绝密、机密、秘密三级。密级用3号黑体字，顶格标识在版心右上角第二行。保密期限用阿拉伯数字标注。

3）紧急程度。公文的紧急程度分特急、加急、平急；电报应当根据实际需要分别标注“特提”“特急”“加急”“平急”字样。平件不必标识。

紧急程度用3号黑体字，顶格标识在版心左上角；如需同时标识份号、密级和保密期限、紧急程度，则按照份号、密级和保密期限、紧急程度的顺序自上而下分行排列。

4）发文机关标识。由发文机关全称或者规范化简称①加“文件”二字组成，也可以使用发文机关全称或者规范化简称。联合行文时，发文机关标志可以并用联合发文机关名称，也可以单独用主办机关名称。

发文机关标志居中排布，上边缘至版心上边缘35mm，推荐使用小标宋体字，颜色为红色，以醒目、美观、庄重为原则。

联合行文时，如需同时标注联署发文机关名称，一般应当使主办机关名称排列在前；如有“文件”二字，应当置于发文机关名称右侧，以联署发文机关名称为准上下居中排布。

发文机关标识用套红大字印刷（经有关领导机关批准复印、印制具有同等效力的文件则不是套红，如《国务院公报》《广东省人民政府公报》等），位于公文版头中央位置。一般来说，机关级别高的，字体大一些，机关级别低的，字体要小一些。推荐使用小标宋体字，字号由发文机关以醒目美观为原则酌定，但一般应小于22mm×15mm（高×宽）。

公文必须使用规定的字体型号。为了使公文能准确、醒目、得体地表达内容，公文在排版时应分别使用不同的字体型号。汉字印刷字体有宋体、仿宋体、小标宋、楷体、黑体等；型号有初号、小初号、1号、小1号、2号、小2号、3号、小3号、4号、小4号、5号、小5号、6号、7号等。

上行的公文格式，在发文机关标志中，套红而不印“文件”二字。

5）发文字号。发文字号又称发文号、文号、文件字号，是指由发文机关代字、年度及该年度的发文顺序号组成的编码。比如粤府办〔2012〕6号，其中，“粤府办”是发文机关广东省人民政府办公厅的代字；“〔2012〕”是用六角括号括住的年号；“6号”是顺序号。整个发文字号所表示的含义是广东省人民政府办公厅于2012年发的第6号文件。这是为了便于发文、收文机关的登记、分类、保存和检索而设置出来的编号方法。

发文字号由机关办公部门统一编定，公文文稿经签发人签发后向办公部门申请发文字号并予登记。

机关代字要注意有利于分类和检索。机关代字一般由两个层次组成：第一个层次是发文机关代字，第二个层次是发文机关主办文件部门的代字。例如，广东省人民政府及其办公厅的发文，便分别使用了“粤府”“粤府办”等不同的机关代字，这些机关代字分别代表了发文机关和发文机关主办文件的部门。还有，“粤府令”“粤府函”“粤府字”等不同的代字，分别代表了不同的文件类型。机关代字应在上级办公部门的指导下确定，以免两个机关以上发生代字雷同现象。

---

①　规范化简称，就是经国家或省发文进行规范的简称，如《国务院机构及简称》《广东省人民政府机构及简称》《各省、自治区、直辖市、特别行政区排列顺序及简称》等所规定的简称，即是规范化的简称。

联合行文时，使用主办机关的发文字号。

发文字号的位置，下行公文格式，置于文件名称与分隔线的正中间，下空2行，用3号仿宋体字，年份应标全称，用六角括号“〔〕”括注，序号不编虚位号（即不编为001），不加“第”字；上行公文格式，发文字号置于分隔线之上的左侧空1字编排，与最后一个签发人姓名处在同一行；信函格式，置于分隔线之下、标题之上的右上方；白头文件，置于标题之上的左上方，使用的字体型号与正文相同。

6）签发人。上行文应当标注签发人姓名。由“签发人”三字加全角冒号和签发人姓名组成，居右空一字，编排在发文机关标志下空二行位置。“签发人”三字用3号仿宋体字，签发人姓名用3号楷体字。

如有多个签发人，签发人姓名按照发文机关的排列顺序从左到右、自上而下依次均匀编排，一般每行排两个姓名，回行时与上一行第一个签发人姓名对齐。

版头中的分隔线。发文字号之下4mm处居中印一条与版心等宽的红色分隔线。

（2）主体及主体的格式。公文的主体，指公文的行文部分，其格式包括标题、主送机关、正文、附件说明、发文机关署名、成文日期、印章、附注、附件等9个要素。

1）标题。公文的标题即公文的名称，由发文机关名称、事由和文种组成。置于红色分隔线下空2行，用2号小标宋体字，可分一行或多行居中排布；回行时，要做到词意完整，排列对称，间距恰当。标题排列应当使用梯形或菱形。

《条例》规定公文要用完整的公文标题，即由发文机关名称、公文事由、公文种类三个部分组成的标题。如《东风商场关于开展商业统计数字质量检查情况的报告》，其中的“东风商场”是发文单位，“关于开展……检查情况”是公文事由，“报告”是所用公文文种。如果三者缺一，就是不完全，也即不合格。

公文标题应当用准确、简要、鲜明的语言概括公文的主要内容。除法规、规章文件外，一般不加书名号，使用“关于……”加“的”这一介词结构。如上文提到的《东风商场关于开展商业统计数字质量检查情况的报告》便是。

撰写标题，首先要准确选用文种。决定文种的依据是：发文的目的、内容，发文机关的权限以及发文机关与主送机关之间的行文关系。

2）主送机关。是行文的对象，是公文的主要受理机关，俗称“抬头”，应当使用全称或者规范化简称、统称。

主送机关写在正文之前、标题之下空1行，顶格写，用3号仿宋体字标识，回行时仍顶格；最后一个主送机关名称后标全角冒号。如主送机关名称过多而使公文首页不能显示正文时，应将主送机关名称移至版记中的主题词之下、抄送之上，标识方法同抄送。如主送机关不止一个时，应按其性质、级别或惯例依次排列，中间用顿号（类间用逗号）断开。

主送机关的表现形式，重要的有以下几种：

特称。特称又叫单称。主送机关只有一个，只写一个受文机关名称。不相隶属的机关之间行文，应写单位的全称，如“广州市财政局”；如果是其下级机关行文，可省去省、市、县名称，写为“市财政局”。

泛称。泛称是上级机关对下级同类诸机关的行文。如国务院对各省、市及直属单位行文的主送机关是："各省、自治区、直辖市人民政府，国务院各部委、各直属机构"。

递降称。递降称多用于对垂直几个下级行文，如省府向市、县行文："各市、县人民政府"；又如省技监局向全省技监系统行文："各市、县技监局"。

3）正文。公文的主体，用来表述公文的内容。公文正文的书写，是在主送机关名称下一行，每自然段左空2字，回行顶格。数字、年份不能回行。一般每面排22行，每行排28个字。内容要求符合国家法律、法规及其他有关规定；文字表述准确；人名、地名、数字、引文准确；结构层次序数规范；使用法定计量单位；简称规范；正确使用阿拉伯数字；等等。

正文是公文的核心部分，用来表述公文的具体内容，除极个别极简短的公文外，正文内容一般由开头（又称引据）、主体、结尾三个部分构成。有些公文还带有批语，也是正文的组成部分。正文的主体部分因文而异，具体撰写要求将在第三章"公文的撰写"中介绍。

这里就导语、结束语和批语的写法作简介。

·导语。导语也叫"开头语""引据"。

开头语要依据公文的内容和行文目的来确定，一般有以下几种方法：

一是"根据式"，即根据上级的指示所发出的通知等，用"遵照""按照""根据"等字样标识，交代行文依据，以保证发文的法定权威性。

二是"目的式"，即在开头交代行文的目的或意图，常用"为""为了"等介词标引，让受文机关明确领会发文意图。

三是"原因式"，用"由于""鉴于"等介词标引，讲明制发文件的缘由，以揭示全文的必然性和合理性。

四是"引文式"，即开头引用文件或上级领导讲话中的某句子作为引言或点明主旨。如"现将《全省教育工作会议纪要》印发给你们……"

五是"时间式"，即在开头使用表示时间的词语，如"最近""近来"等，以表明时间，引起注意。

六是"事情式"，即开头扼要介绍事件或情况，给人以清晰印象。如"经中央批准，今年县、乡两级选举的日常工作由民政部门负责……"这样直叙情况，开门见山。

七是"引叙式"，即为了批复或答复问题，先引叙对方来文。如"你单位×年×月×日关于××××××的请示（或来函）××〔2007〕×号文悉"，通过引叙让对方清楚了解所回答的问题与该机关的什么事情相关。

·结束语。结束语又叫文尾，是公文正文的最后部分。结束语常常显示出不同文种的格式特征。一般较长篇的公文，往往用最后一段话来总结全篇，进一步点明主题，首尾呼应，使受文者加深对全文总观点的理解；有的在文尾提出希望，或提出要求，或简短表态；有的特殊公文没有结束语。

结束语的用语，应同文种相承。如令的尾部用"此令""特令"；请示的尾部用"当否，请批示"，"请批准"；报告的尾部用"特此报告"；批复的尾部用"此复"，"特此批复"；通知的尾部用"特此通知"；等等。

·批语。批语是领导机关在批复下级请示，或印发、批转、转发公文时所写的话。批语要求思想凝练，能够比较深刻而准确地体现上级领导机关的思想和工作意图，对全局工作有着普遍的指导意义。

常见的批语有四种：

一是批复下级机关的请示所加的批语。

二是印发本机关所制定的工作计划、工作总结、调查报告、领导讲话、工作制度、工作方案、相关规定、办法等非法定公文的文书使之成为法定公文的批语（这类公文的批语一般不宜过长，只需强调该文书已经决策机关批准或同意，予以印发，请遵照执行或组织实施）。

三是批转下级公文时，为了提升该公文的格次和权威性，引起受文单位的重视并促使其贯彻执行，必须加批语。如“经省人民政府同意……现批转给你们……”批转语直叙本机关意见，这样可以做到直截了当、简洁明了。

四是转发上级公文时所使用的批语。如：“国家计委《灾后重建、整治江湖、兴修水利现场办公会会议纪要》已经国务院批准，现转发给你们，请结合本地区、本部门实际，认真贯彻执行。”

撰写批语，要依据发文目的和指导思想去提炼概括所批转、转发公文的要旨；要立足全局，目的明确，提出的要求能指导全局；态度鲜明，有针对性，举措明确，切实可行；文字严谨，干净利索。

4）附件说明。附件是公文的组成部分，指随文发送的文件、报表、材料等。例如，某公司经上级批准新开设一家分公司，在向工商局申请营业执照时，上级批准的批复件以及分公司的章程等材料就成为附件，连同申请公文一起发出，作为正文的补充说明或参考材料。附件不是所有公文都有的，而是根据需要而定。

附件的书写是在正文下空 1 行左空 2 字用 3 号仿宋体字标识，后标全角冒号和名称。如有序号，使用阿拉伯数码标示（如“附件：1. ××××××”），附件名称后不加标点符号。附件应与公文正文一起装订，并在附件左上角第 1 行顶格标识“附件”，有序号时标识序号；附件的序号和名称前后标识应一致。如附件与公文正文不能一起装订，应在附件左上角第 1 行顶格标识公文的发文字号并在其后标识附件（或带序号）。有的公文，如附件只发给主送机关或部分抄报、抄送机关，则应在附件后分别注明。

有的公文是专为报送一份材料或专为批转、转发、颁发某个文件而拟制的，被批转、转发的文件是公文的主体，正文只起按语或说明、批准、发布的作用。正文内业已写明这些文件、材料名称，因此不必作附件处理，不用再写“附件”字样。

5）发文机关署名、成文日期和印章。发文机关署名、成文日期和印章三者组成公文生效标志①。

· 发文机关署名。又称落款，即署上发文机关名称。要用全称或规范化简称。

· 成文日期。一般右空 4 字编排，印章用红色，不得出现空白印章。

成文日期。署会议通过或者发文机关负责人签发的日期。联合行文时，署最后签发机

① 公文生效标志：公文发文机关署名加盖印章是公文生效的标志，是证明公文效力的表现形式，是发文机关对公文负责的凭证，它包括发文机关印章或签署人姓名。

关负责人签发的日期。用阿拉伯数字将年、月、日标全，年份应标全称，月、日不编虚位（即1不编为01）。

当公文排版后所剩空白处不能容下印章或签发人签名章、成文日期时，可以采取调整行距、字距的措施解决。

·加盖印章的公文。一般公文应有发文机关署名并加盖发文机关印章，印章文字与署名机关相符。

单一机关行文时，一般在成文日期之上、以成文日期为准居中编排发文机关署名，印章端正、居中下压发文机关署名和成文日期，使发文机关署名和成文日期居印章中心偏下位置，印章顶端应当上距正文（或附件说明）一行之内。

联合行文时，一般将各发文机关署名按照发文机关顺序整齐排列在相应位置，并将印章一一对应、端正、居中下压发文机关署名，最后一个印章端正、居中下压发文机关署名和成文日期，印章之间排列整齐、互不相交或相切，每排印章两端不得超出版心，首排印章顶端应当上距正文（或附件说明）一行之内。

·不加盖印章的公文。有特定发文机关标志的普发性公文和电报可以不加盖印章。

单一机关行文时，在正文（或附件说明）下空一行右空2字编排发文机关署名，在发文机关署名下一行编排成文日期，首字比发文机关署名首字右移2字，如成文日期长于发文机关署名，应当使成文日期右空2字编排，并相应增加发文机关署名右空字数。

联合行文时，应当先编排主办机关署名，其余发文机关署名依次向下编排。

加盖签发人签名章①的公文上行文应当标注签发人姓名。

单一机关制发的公文加盖签发人签名章时，在正文（或附件说明）下空两行右空4字加盖签发人签名章，签名章左空2字标注签发人职务，以签名章为准上下居中排布。在签发人签名章下空一行右空4字编排成文日期。

联合行文时，应当先编排主办机关签发人职务、签名章，其余机关签发人职务、签名章依次向下编排，与主办机关签发人职务、签名章上下对齐；每行只编排一个机关的签发人职务、签名章；签发人职务应当标注全称。

签名章一般用红色。

6）附注。公文印发传达范围等需要说明的事项。公文如有附注（需要说明的其他事项），应当加括号标注。用3号仿宋体字，居左空2字加圆括号标识在成文日期下一行。

7）附件。公文正文的说明、补充或者参考资料。附件应当另面编排，并在版记之前，与公文正文一起装订。“附件”二字及附件顺序号用3号黑体字顶格编排在版心左上角第一行。附件标题居中编排在版心第三行。附件顺序号和附件标题应当与附件说明的表述一致。附件格式要求同正文。

如附件与正文不能一起装订，应当在附件左上角第一行顶格编排公文的发文字号并在其后标注“附件”二字及附件顺序号。

---

① 加盖签发人签名章：签发人，是指办文机关批准本文件发出的负责人，他签字后才能发出文件；签名章，是指机关刻制的负责人姓名的姓名印章。

（3）版记。版记格式，又称文尾格式，包括抄送机关、印发机关、印发日期三个要素。

·版记中的分隔线。版记中的分隔线与版心等宽，首条分隔线和末条分隔线用粗线（推荐高度为0.35mm），中间的分隔线用细线（推荐高度为0.25mm）。首条分隔线位于版记中第一个要素之上，末条分隔线与公文最后一面的版心下边缘重合。

1）抄送机关。除主送机关外需要执行或者知晓公文内容的其他机关，应当使用机关全称、规范化简称或者同类型机关统称。

如有抄送机关，一般用4号仿宋体字，在印发机关和印发日期之上一行、左右各空1字编排。“抄送”二字后加全角冒号和抄送机关名称，回行时与冒号后的首字对齐，最后一个抄送机关名称后标句号。

如需把主送机关移至版记，除将“抄送”二字改为“主送”外，编排方法同抄送机关。既有主送机关又有抄送机关时，应当将主送机关置于抄送机关之上一行，之间不加分隔线。

2）印发机关和印发日期。印发机关和印发日期一般用4号仿宋体字，编排在末条分隔线之上，印发机关左空1字，印发日期右空1字，用阿拉伯数字将年月日标全，年份应标全称，月日不编虚位（即1不编为01），后加“印发”二字。

版记中如有其他要素，应当将其与印发机关和印发日期用一条细分隔线隔开。

3）页码。一般用4号半角宋体阿拉伯数字，编排在公文版心下边缘之下，数字左右各放一条一字线；一字线上距版心下边缘7mm。单页码居右空1字，双页码居左空1字。公文的版记页前有空白页的，空白页和版记页均不编排页码。公文的附件与正文一起装订时，页码应当连续编排。

2. **公文格式以外的其他规定**。公文的格式，除版头、主体和版记等格式以外，对公文的用纸、排版、字体型号与装订也作了规定：

（1）公文用纸规格。公文用纸一般采用国际标准A4型，长297mm，宽210mm。公告、通告等公布性的公文用纸，幅面尺寸视具体需要而定。

公文页边与版心尺寸：

公文用纸天头（上白边）为37mm ±1mm，地脚（下白边）为35mm ±1mm；

公文用纸订口（左白边）为28mm ±1mm，翻口（右白边）为26mm ±1mm。

版心尺寸为156mm ×225mm（不含页码）。

（2）版面与排印。

版面，是指公文图文编辑区域，规定为156mm ×225mm。

公文排印，一律从左而右横排、横写。

（3）字体型号。公文标题用2号小标宋体字；正文用3号仿宋体字，文中如有小标题，可用3号小标宋体字或黑体字。一般每面排22行，每行排28个字。

（4）装订。公文应当左侧装订，不掉页，两页页码之间误差不超过4mm，裁切后的成品尺寸允许误差 ±2mm，四角成90°，无毛茬或缺损。

骑马订或平订的公文应当：①订位为两钉外订眼距版面上下边缘各70mm处，允许误

差 ±4mm；②无坏钉、漏钉、重钉，钉脚平伏牢固；③骑马订钉锯均订在折缝线上，平订钉锯与书脊间的距离为 3 ～ 5mm。

包本装订公文的封皮（封面、书脊、封底）与书芯应吻合、包紧、包平、不脱落。

（二）公文的特定格式

1. **信函格式。**信函格式是公文的又一种载体，有别于文件格式。文件格式的重要标志是在发文标识上写上“文件”二字；而信函格式在发文标识上没有“文件”二字，其版式近似信笺，所以称为“信函格式”。但是，信函格式与公文格式一样，都是正式公文的格式，都具有法定的公文效力，主要用于平级机关或不相隶属机关沟通关系、商洽工作、答询情况行文的公文文种函。

信函格式并非仅适用于函，在一些特定情况下，上级机关对下级机关一般事项请示的批复，上级机关的办公部门向下级机关催办有关事宜，要求下级机关报送材料、统计数字或者物体的通知和会议通知，向平级机关和不相隶属机关就重要问题提出意见或见解的意见，政府机关向同级人大报告工作的报告，提出议事原案的议案，政府党组向地方党委报告工作的报告，等等，均可以使用信函格式。[①]

（1）发文机关标识。发文机关标识使用发文机关全称或者规范化简称，居中排布，上边缘至上页边为 30mm，推荐使用红色小标宋体字。联合行文时，使用主办机关标识。

（2）武文线和文武线。发文机关标识下 4mm 处印一条红色双线武文线（上粗下细），距下页边 20mm 处印一条红色双线文武线（上细下粗），线长均为 170mm，居中排布。如需标注份号、密级和保密期限、紧急程度，应当顶格居版心左边缘编排在第一条红色双线下，按照份号、密级和保密期限、紧急程度的顺序自上而下分行排列，第一个要素与该线的距离为 3 号汉字字体高度的 7/8 倍。发文字号顶格居版心右边缘编排在武文线下，与该线的距离为 3 号汉字字体高度的 7/8 倍。

标题居中编排，与其上最后一个要素相距两行。

文武线上一行如有文字，与该线的距离为 3 号汉字字体高度的 7/8 倍。

首页不显示页码。

（3）版记。不加印发机关和印发日期、分隔线，位于公文最后一面版心内最下方。

2. **命令（令）格式。**命令（令）格式也是公文的一种载体。

命令（令）是国家行政机关发文的最高级形式，这个格式显得威严，有严格按照执行、不得有误的气势，以从表现形式上维护国家政令的权威性和统一性。党的机关一般不单独以命令（令）行文。

（1）发文机关名称。应用全称，不能用简称包括规范化简称。命令（令）的发文机关应以批准本机关成立文件核定的全称为准。发文机关名称后加“命令（令）”字样。发文机关标识用红色小标宋体字；字号由发文机关酌定，但须以不超过上级机关的字号的程

---

① 政府机关与人大机关是同级机关，有法律上的关系。人大是权力机关，政府是权力机关的执行机关；人大是监督机关，政府是被监督机关；政府机关向同级人大报告工作、提出议案是法律的规定。

度为准。标识的位置：天头 37mm + 20mm 即 57mm 下标识。如果是联合发布命令（令），首位的发文机关也要在此处标识，其余机关下移，“命令（令）”字右侧上下居中。

（2）令号。在发文机关之下空两行标识令号，居中，令号用黑体字较庄重，前加“第”字，即“第×号”，可以用阿拉伯数字标示序码。令号的编制自发第 1 号令开始，不受年度限制，这与发文字号不同，发文字号序号以年度为限。

（3）正文。令号之下空两行标识正文，中间没有红色反线，这点与“文件式”公文不同。正文标识格式执行标准对正文的规定。令文的内容一般都比较简短，大多是一个自然段。

（4）签署。正文之下空一行标识签发人亲笔名章，签发文机关平时应制备。签名章用红色，右空 4 字。签名章左空 2 字标识签发人职务，命令（令）的签发人应是发文机关的最高领导；如果是联合命令（令），因为发文机关标识已使用全称，则职务此时可用简称，如“××部部长”。

（5）成文日期。签名章之下空一行标识成文日期，右空 2 字。

（6）版记。命令（令）的版记格式只有一点不同，即命令（令）不分主送、抄送，而用分送这一特定形式。

3. **纪要格式。**纪要格式也是正式公文的一种载体。纪要标识由“×××××纪要”组成，居中排布，上边缘至版心上边缘为 35mm，推荐使用红色小标宋体字。

标注出席人员名单，一般用 3 号黑体字，在正文或附件说明下空一行左空 2 字编排“出席”二字，后标全角冒号，冒号后用 3 号仿宋体字标注出席人单位、姓名，回行时与冒号后的首字对齐。

标注请假和列席人员名单，除依次另起一行并将“出席”二字改为“请假”或“列席”外，编排方法同出席人员名单。

纪要格式可以根据实际制定。

4. **白头文件格式。**白头文件格式属日常应用文的格式，用于机关内部印发计划、总结、调查报告等机关事务文书及领导讲话等，与红头文件相对。红头文件，其眉首是套红印刷发文机关标识并有一条长 156mm 的红色反线；白头文件则不用套红印刷发文机关标识，没有红色反线，采用黑颜色，字体比红头文件小，通常将发文字号放置标题之上的左侧上方，如有密级，标识在标题右侧的上方，版记部分与文件格式同。

5. **电报格式。**电报是机关公文的另一种表现形式。在文字量多、时间紧迫的情况下需要使用电报，其特点是稳妥、快捷。

电报不属于文种，只是一种发文载体，它适用于任何文种。利用电报发文，方便、快捷，但由于其缺少发文机关的印章，一般只适用于国家机关内部使用，不适用于向社会公开发文。在实际应用中，选用哪一种形式发文主要由公文的内容和紧急情况决定。一般情况下，如果公文的内容比较重要，比如公布某些重大政策、法规性文件或者是政府对某重要工作的部署等，其影响的范围较广、时间较长，应该用红头文件形式；用电报发文通常是时间比较紧急，但其内容影响的时间相对较短暂的事情，如会议通知、接待通知等。

电报有内部明电和密码电报两种。事情紧急、内容无须保密的事项可用内部明电。如内容涉密，则应当使用密码电报。

【思考与练习】

导语：公文的格式是公文与其他公务文书相区别的最重要的标识，有载体标识和形式标识两种，要充分认识这两种标识的意义和具体应用的规定。

一、概念题

注意掌握下列名词术语。

公文的格式　公文的载体　公文的形式标志　公文的一般格式　公文的特殊格式　秘密等级和保密期限　紧急程度　份数序号　发文机关标识　发文字号　签发人　标题　主送机关　公文正文　附件　生效标识　印章　成文日期　附注　抄送机关　印发机关　印发日期　签署　落款　抬头　版头　主体　正文格式　版记　文尾格式　版头设计　版面安排　版心　字体型号　字隔行距　红头文件　白头文件　文件格式　函件格式　武文线　文武线　小标宋　天头　地脚　订口　翻口　装订线　机关代字　3 号楷体字　绝密　机密　秘密　特称　泛称　递降称　顶格 回行　引据　导语　主体　结束语　批语

二、阅读题

1. 请在互联网上下载《党政机关公文处理工作条例》《党政机关公文格式》并认真阅读。

2. 阅读公文格式样本。

三、简答题

1. 党政机关公文在实际工作中运用的有哪几种公文格式？

2. 什么情况下使用文件格式？其文种有哪些？上行文应使用怎样的版头格式？

3. 什么是信函格式？函与信函格式有什么区别？在什么情况下使用信函格式？其文种有哪些？

4. 印发纪要使用什么格式？请分别说出在什么情况下使用什么方式。

5. 县市人大机关、县市行政机关、县市检察院、县市法院等机关在需要向县市委报告、请示工作时应以什么名义行文？使用什么文种？用哪种公文格式行文？

6. 公文的一般格式，在版头部分安排哪些公文要素，在主体部分安排哪些要素，在版记部分安排哪些要素？

7. 公文的格式，除版头、主体和版记等格式以外，还有哪些规定？

8. 决定公文文种的依据是什么？

四、训练题

1. 出示公文正本样式，辨析下列公文样式，要求能辨认并熟悉：文件格式、信函格式、命令（令）格式、公告格式、电报格式、纪要格式、白头文件格式。

2. 参照公文版式，自己动手制作一套（文件格式、函件格式、白头文件格式、纪要格式）模拟的文件格式的样式（要有版头、主体、版记齐全），要求用纸、字体、套红、各部位格式等均符合规范。

可以用公文样式做样板，也可以用当地政府正式公文做样板，一律采用 A4 纸，手工制作。要求字体型号、红色间隔线长度（函件格式要注意文武线）、版心大小、天头、地脚、订口、翻口等要符合格式规定，注意文件编号、密级、紧急程度的位置，注意版记的结构部位（印章不用画圆，只用“印”字表示）。

有条件的允许电脑制作，没有电脑的可以手工制作。务必要求全体动手，只有经过自己制作才会印象深刻（要求全收，随即发给学生交换，互评互改，最后选出合格者当堂讲评、张贴示范）。

3. 动手抄录下列资料。

（1）抄录10个公文的发文号，并分析其含义。

（2）抄录10条公文标题，试分析其概括事由的基本方法。

（3）分别抄录各种方法的公文开头语各2个，并体会其写作方法。

（4）抄录各式公文结束语5个，并体会它们的特点。

（5）抄录公文的批语5个，体会其写法。

（6）抄录有附件公文的附录部分，掌握附件的表达方式。

4. 自行练习，完成下列技能训练。

（1）掌握公文发文字号的编码方法。

公文的发文字号由哪三个方面的内容组成?

试指出下列公文发文号的含义。

粤府〔2006〕30号

粤发〔2006〕11号（广东省委的发文）

粤府办〔2006〕55号

粤府函〔2006〕6号

粤办函〔2006〕362号

粤府字〔2006〕27号

（2）依据《教程》的提示，设法找到若干份政府现行公文，认识字体型号，并熟悉2号宋、3号宋、小标宋、黑体等字体型号。

（3）掌握公文标题的几种方法。

1）掌握公文标题类型。

2）完全的公文标题由哪几个组成部分构成?

3）指出下列标题组成部分的名称（发文机关、事由、文种）。

国务院办公厅关于表彰奖励中国女子足球队的通报

广东省人民政府办公厅转发国务院办公厅转发国家经贸委等部门关于严厉打击制售假冒商标卷烟活动坚决制止非法生产卷烟行为意见的通知

中华人民共和国土地管理法

（4）训练公文标题实际排列技巧。

1）寻找一些现行使用中的公文（行政机关的规范公文），看看其标题排列方式有多少种。观察体会一行题怎样排，两行题又怎样排列，三行题有多少种方式排列，将观察所得记录下来，然后指导自己训练。

2）试将公文标题进行各种方式的排列，体会各种标题的排列艺术，要注意回行词意完整、排列对称、间距恰当。

5. 南天化工分公司因业务量大增，人员多了，事务多了，效益很好，打算购置一台九座面包车，须向其上级北海总公司请求批准。请代拟公文标题。

6. 南方市公安局需要购置40辆摩托车，须向市财政局申请批准财政拨款购买。请代拟出公文标题。

7. 请指出下列公文标题的错误并纠正。

（1）关于坚决制止和认真清理公路两侧违章建筑物的通告

（2）关于切实做好接收安置灾民的通知

（3）关于召开××省第×次党员代表大会有关事宜的通知

（4）关于××省财经学校向××大学联系临时住房问题的函

（5）关于转发《××省财政厅转发“财政部关于修改国家工作人员出差补助标准暂行规定的通知”的通知》的通知

（6）××大学自学考试报名的通告

（7）人事处关于×××同志的考察报告

第三节　公文的形成、行文规则与写作要求

一、公文的形成

（一）形成公文的首要条件

公文是在党政公务的活动过程中形成的，而且其形成必须经法定（即《条例》规定）的一系列制发程序；凡不按法定程序制发的文件均不是公文。没有公务便没有公文，有了公务活动，还要由法定的机关、法定的作者，依照法定的权限和程序，使用法定的文种、法定的格式，依法办事、依法办文，从拟稿、核稿到会签、签发、缮校、封发等各个环节都严格遵守《条例》规定，才能形成合法的、具有法定权威的公文。

《条例》对公文的拟制有如下规定：

1. **程序**。公文拟制包括公文的起草、审核、签发等程序。

2. **公文起草**。应当做到：①符合国家法律法规和党的路线、方针、政策，完整准确地体现发文机关意图，并同现行有关公文相衔接。②一切从实际出发，分析问题实事求是，所提政策措施和办法切实可行。③内容简洁，主题突出，观点鲜明，结构严谨，表述准确，文字精练。④文种正确，格式规范。⑤深入调查研究，充分进行论证，广泛听取意见。⑥公文涉及其他地区或者部门职权范围内的事项，起草单位必须征求相关地区或者部门意见，力求达成一致。⑦机关负责人应当主持、指导重要公文的起草工作。

3. **文稿审核**。公文文稿签发前，应当由发文机关办公厅（室）进行审核。审核的重点是：①行文理由是否充分，行文依据是否准确。②内容是否符合国家法律法规和党的路

线、方针、政策；是否完整准确体现发文机关意图；是否同现行有关公文相衔接；所提政策措施和办法是否切实可行。③涉及有关地区或者部门职权范围内的事项是否经过充分协商并达成一致意见。④文种是否正确，格式是否规范；人名、地名、时间、数字、段落顺序、引文等是否准确；文字、数字、计量单位和标点符号等用法是否规范。⑤其他内容是否符合公文起草的有关要求。需要发文机关审议的重要公文文稿，审议前由发文机关办公厅（室）进行初核。经审核不宜发文的公文文稿，应当退回起草单位并说明理由；符合发文条件但内容需作进一步研究和修改的，由起草单位修改后重新报送。

4. **审批签发**。公文应当经本机关负责人审批签发。重要公文和上行文由机关主要负责人签发。党委、政府的办公厅（室）根据党委、政府授权制发的公文，由受权机关主要负责人签发或者按照有关规定签发。签发人签发公文，应当签署意见、姓名和完整日期；圈阅或者签名的，视为同意。联合发文由所有联署机关的负责人会签。

（二）拟稿注意事项

草拟公文是一项非常细致的文字工作，又是一项政策性、思想性、业务性很强的工作。学习公文写作，必须对草拟公文有正确的思想认识。

1. **拟稿一般要经过准备、起草、修改三个阶段。**

（1）准备阶段。主要是领会领导意图，明确行文目的、制文原委，弄清行文关系、行文形式，正确选用文种、公文格式，明确公文主旨，确定主题，准备材料。

（2）起草阶段，包括列出提纲，明确先写什么、再写什么、最后写什么，每个层次的中心及每个段落的段旨，还要明确在什么观点下使用哪些实际材料，然后才落笔起草。

（3）修改阶段，是指在拟写好正文之后，再依据领导意图、行文目的，对自己所写的文稿进行修改。修改完毕，即为定稿。

2. **拟稿的要求**。必须使用《公文发文稿纸》（如图 2－1 所示）做首页。有的机关使用好几种不同功用的公文稿纸，如单一机关发文稿纸、联合发文稿纸、信函稿纸、请示件稿纸、承办文件稿纸、便函稿纸、人大建议办理稿纸、政协提案办理稿纸等，要注意正确选用。各种不同功能的稿纸首页，体现了公文制发的程序。撰写者应首先按发文稿纸格式填写好标题、主题词、主送、抄送、文号、密级、紧急程度、打印份数等栏目，然后开始拟写正文，第 2 页开始使用文稿纸。现在多数机关已使用电脑文档，但初学写作者必须知道，即使使用电子文档，也要注意遵循公文制发程序送审送签。

（1）发文稿纸的样式实际上是发文稿纸的首页。起草人必须使用首页，用完首页后再用其他稿纸接续。千万不要对首页不以为然，因为这是成为公文的法定程序经历，每一环节都有责任人签字。起草完成后，要按首页标示的程序逐一经责任人审阅，直到签发人签字后才交付打印、校对、盖印封发，这才成为正式公文，而首页和文稿便成为原始凭证并入档。

××××发文稿纸

<table>
<tr><td colspan="3">签发：
年　月　日</td><td colspan="3">核稿：
年　月　日</td></tr>
<tr><td colspan="3">会签：
年　月　日</td><td colspan="3">主办单位：
拟稿人：　年　月　日</td></tr>
<tr><td colspan="3">事由：</td><td colspan="3">附件：</td></tr>
<tr><td colspan="3">主送单位：</td><td colspan="3"></td></tr>
<tr><td colspan="3">抄报单位：</td><td colspan="3"></td></tr>
<tr><td colspan="3">抄送单位：</td><td colspan="3"></td></tr>
<tr><td>文号：　号</td><td>密级</td><td></td><td>紧急程度</td><td></td><td>打印份数</td></tr>
<tr><td colspan="2">打字：
年　月　日</td><td colspan="2">校对：
年　月　日</td><td colspan="2">封发</td></tr>
</table>

图2－1　**发文稿纸样式**

（2）必须使用钢笔或签字笔或毛笔书写，定稿稿纸要留存为档案材料。使用电脑文档的，将定稿打印出来，附在《公文发文稿纸》上，一起按程序送审、送签。

（3）要签上拟稿人姓名和日期。送审稿人审核。

3. **定稿的审核、会签签发。**拟好的定稿还必须经审核、会签签发等程序。

（1）核稿。核稿，也称为“把口”“把关”，就是文件起草成形，送交领导人审批签发之前，对文件的观点、文字、内容、体式所做的全面审核工作。大的单位，设有专职的核稿人员，一般机关没有专职核稿人员，即由科室领导人核稿；职能部门负责起草的文稿，办公部门的负责人还必须对该文稿进行“把口”。

“把口”，是指由办公室主任（或秘书人员）对机关各职能部门拟写的以机关名义制发文件的文稿，送领导审批前，从政策、措施、手续及体式、文字、提法等方面所进行的审核。对于不成熟或质量上有问题的文稿，在征得拟稿单位同意或者请示领导以后，可以根据情况采取退、补、改三种办法加以处理。

审核工作主要着重以下七个方面：①是否需要制发文件；②是否符合国家法制要求；③是否体现了党和国家的方针、政策和上级要求，有无矛盾之处；④措施是否妥当，办法是否行之有效；⑤结论是否正确，论理是否符合逻辑；⑥结构是否合理，语言是否符合语法和公文的特点；⑦文件的体式是否合体，特别是行文格式是否符合党和国家的规定。

审核完毕，审稿人要在稿纸首页核稿栏签字以示负责。

（2）会签。凡公文内容涉及其他部门职责范围，需要该部门对公文内容负责的，由该部门的负责人对公文草稿进行审阅，或提出修改意见，认可后，在会签栏上签上姓名和日期，以示负责，这叫作会签。

会签有两种情况：一种是本机关内部的有关部门须对本文件负责的会签；另一种是不同机关须对本文件负责的会签（这种会签一般是不同的平级机关联合发文的会签）。会签后，由主办部门负责人送机关领导签发。

（3）签发。签发是指发文机关领导对文稿最后的核准签字。

按规定，以机关名义发出的公文，都要送机关领导审阅签发，其中重要的或者涉及面广的，应当由正职或主持日常工作的副职签发。会议通过的文件，经授权可由文书部门负责人签发。文件经过领导人核准签发即成定稿，产生效力。

签发文件人应写上自己的姓名，不能只写姓而不注名，并应注明签发的时间，以示负责，便于查考。被主要负责人授权代行签发的文件，应在签发人姓名右侧注明“代”字。

（4）缮校、封发。文件经领导签发后即送交印制部门印制，进入制发阶段。通过缮印、校对，才成为正式文件。文稿送印前要注明缓急和密级标记，确定印制的份数，编好发文字号，以便一并缮印。

缮印和校对工作，是文书处理工作的重要组成部分，这些工作做得好坏，直接关系到文件的处理速度和准确性。

文件印制好后，还须盖上机关印章。盖了印章的文件才生效。这是一项重要工作。机关要为此制定规章制度规范其一系列工作。

二、公文的行文规则

《条例》在第四章里对公文的行文规则作了明确的规定。

（1）行文应当确有必要，讲求实效，注重针对性和可操作性。

（2）行文关系根据隶属关系和职权范围确定。一般不得越级行文，特殊情况需要越级行文的，应当同时抄送被越过的机关。

（3）向上级机关行文，应当遵循以下规则：

1）原则上主送一个上级机关，根据需要同时抄送相关上级机关和同级机关，不抄送下级机关。

2）党委、政府的部门向上级主管部门请示、报告重大事项，应当经本级党委、政府同意或者授权；属于部门职权范围内的事项应当直接报送上级主管部门。

3）下级机关的请示事项，如需以本机关名义向上级机关请示，应当提出倾向性意见后上报，不得原文转报上级机关。

4）请示应当一文一事。不得在报告等非请示性公文中夹带请示事项。

5）除上级机关负责人直接交办事项外，不得以本机关名义向上级机关负责人报送公文，不得以本机关负责人名义向上级机关报送公文。

6）受双重领导的机关向一个上级机关行文，必要时抄送另一个上级机关。

（4）向下级机关行文，应当遵循以下规则：

1）主送受理机关，根据需要抄送相关机关。重要行文应当同时抄送发文机关的直接上级机关。

2）党委、政府的办公厅（室）根据本级党委、政府授权，可以向下级党委、政府行文，其他部门和单位不得向下级党委、政府发布指令性公文或者在公文中向下级党委、政府提出指令性要求。需经政府审批的具体事项，经政府同意后可以由政府职能部门行文，文中须注明已经政府同意。

3）党委、政府的部门在各自职权范围内可以向下级党委、政府的相关部门行文。

4）涉及多个部门职权范围内的事务，部门之间未协商一致的，不得向下行文；擅自行文的，上级机关应当责令其纠正或者撤销。

5）上级机关向受双重领导的下级机关行文，必要时抄送该下级机关的另一个上级机关。

（5）同级党政机关、党政机关与其他同级机关必要时可以联合行文。属于党委、政府各自职权范围内的工作，不得联合行文。党委、政府的部门依据职权可以相互行文。部门内设机构除办公厅（室）外不得对外正式行文。

三、公文的写作要求

（一）明确行文目的

在行文的内容上，根据行文对象的特点和需要，上行文要具有明确的针对性；平行文要具有明确的商榷性；下行文要具有明确的指导性。即为什么要制发这一公文，要达成什么目的，而为了达成这一目的又需要写些什么、怎么写，公文的起草者都应该具有非常明确的自觉意识。

在公文的形式上，无论上行文、平行文或下行文，起草者都同样需要根据行文的目的和行文对象的特点和需要，选准合适的文种，用特定的规范体式和合适的语体、语气和措辞，写成符合规范体式、能准确地为机关立言的公文。

（二）要符合法律法规和规章的规定

党政机关公文是一种贯彻执行党和国家的路线、方针、政策的重要工具，也是一种把治理国家和其他事务的方针政策用白纸黑字的书面形式加以具体化的主要形式，所以公文具有特殊的严肃性，它的起草者必须熟悉有关的政策。

党政公文的写作在符合政策方面需要特别注意以下几个问题：

（1）政策的时间性。一定的政策总是根据一定时期具体工作的需要而制定的，所以它只能适应一定时期的需要。因而，过时的政策不可能很好地解决面临的新问题。

（2）政策的空间性。一定的政策总是根据一定地域的具体工作需要而制定的，所以它只能适应一定地域的需要。比如，在为水库移民等非志愿性工程移民造成的各项损失制定赔偿政策时，对不同地域的移民就很不一样。在南方过冬，没有大衣没有多大的关系；在北方就不行了。所以在有关补偿内容和标准上，不同地域的政策就很不一样。

（3）政策的政治性。一定的政策总是为适应一定时期的政治需要而制定的，所以在行政公文的起草中，应该从一定时期的政治需要的角度去考察和应用一定的政策；要注意政策的制定和应用中的政治立场问题。

（4）政策的连续性。在行政公文的起草中涉及制定和应用政策时，必须非常重视有关政策在时间、空间和政治上的连续性，使之更符合实际工作的需要。

（三）要正确选用文种

公文有各种不同功用的文种，承担着各自不同的功用，不同的公文名称，体现了发文机关的权限范围和行文机关之间的关系，反映了不同的办文目的和要求。因此，只有正确选用文种，才能充分发挥文种的作用，实现行文目的。

正确选用公文文种，必须依据发文的目的、内容，发文机关的权限以及发文机关与主送机关之间的行文关系。

在实际工作中误用文种的现象主要有三：一是误用了与发文目的不相符的文种；二是误用了与发文机关权限不相符的文种；三是误用了与公文内容不相符的文种。

（四）选用合体的公文格式

根据行文关系选准公文格式，使用与格式相适应的公文语言。

（五）认真起草

（1）情况确实，观点明确，表述准确，结构严谨，条理清楚，直述不曲，字词规范，标点正确，篇幅力求简短。

（2）拟制紧急公文，应当体现紧急的原因，并根据实际需要确定紧急程度。

（3）人名、地名、数字、引文准确。引用公文应先引标题，后引发文字号；引用外文应当注明中文含义；日期应写明具体的年月日。

（4）结构层次序数，第一层为“一”，第二层为“（一）”，第三层为“1”，第四层为“(1)”。

（5）应当使用国家法定计量单位。

（6）文内使用非规范化简称，应当先用全称并注明简称。使用国际组织外文名称或其缩写形式，应当在第一次出现时注明准确的中文译名。

（7）公文中的数字，除成文日期、部分结构层次序数和在词、词组、惯用语、缩略语、具有修辞色彩语句中作为词素的数字以外，应当使用阿拉伯数字。

【思考与练习】

导语：公文的形成、行文规则和公文的写作要求是公文写作与其他公文的写作在法规上的区别。公文写作，必须遵循法规规范，其他公务文书的写作则没有这种规范。通过下面的思考与练习，可巩固认识、加深印象、在观念上形成这些意识，以便在实践中能自觉地遵循这些规范。

一、概念题

掌握下列名词术语。

法定的机关　法定的作者　依照法定的权限　依照法定的程序使用法定的文种　依法办事　依法办文　发文稿纸　公文稿首页　交拟　拟稿　核稿　会签　签发　缮校　封发　行文规则　行文关系　行文对象　行文方向　行文原则　正确选用文种　领会领导意图　起草　草稿草案　修改稿　修订稿　定稿　文稿　送审稿　核稿　大样　清样　初校　二校　校红　隶属关系　上级机关　平级机关　不相隶属机关　直接的上级机关　所属下级机关　越级行文　逐级行文

二、阅读题

1. 领会和熟记《公文发文稿纸》的结构和内容，弄懂各栏目之间的关系，并养成写作公文必用它做首页的习惯。

2. 熟读公文的行文规则和草拟公文的规定。

三、简答题

1. 在拟写公文稿的时候，应该怎样做才能够明确行文目的?

2. 正确选用公文文种的依据有哪些?

3. 什么是行文规则? 党政机关公文有哪些行文规则?

4. 公文的拟制有哪些环节?

5. 什么是会签、签发?

五、训练题

1. 公文处理工作，是指对公文的撰写、传送与管理的系列过程，试指出其具体的各个环节。公文处理，工作量大，环节众多，参与人员众多，我们应如何做到实事求是、准确规范、精简高效、安全保密?

2. 公文的行文规则是每发一次文都必须考虑的注意事项，切不可以违反。请记牢行文规则的各条内容。

3. 制发公文，制发者为什么必须了解党和国家的方针政策，了解机关领导的制发意图，了解客观实际，并以高度负责的精神撰写公文?

4. 结合以上的学习，梳理自己的综合认识，想想自己有哪些感受，要学好写好公文，必须有哪些基础知识和思想基础。请写一篇学习总结，谈谈自己的看法。

第三章　公文的撰写

公文的撰写，就是公文的拟制，由公文的起草、审核和签发三个环节共同完成的公文稿拟定，也就是说，公文拟稿任务要在文稿经审核定稿后才算完成。

公文写作，是奉命写作。无论是起草人还是审核人或是签发人，都受命于同一个机关，要共同完成该项公文所表达的机关意志。如果该项公文表达不当，三人必须共同担责。公文为机关所立之言，必须是九鼎之言。所谓“一字入公文，九牛拔不出”。不论是向自己的上级机关报告、请示，或就某重要问题提出自己的见解或处理意见；还是向自己的下级机关发布指令、部署工作，或传达，或告晓；或者是向不相隶属机关发出友好联系，都必须十分注意准确地表达出机关的意志。

一、公文撰写要求

根据《党政机关公文处理工作条例》提出的公文撰写要求，要做到如下几点：

（1）公文是国家机关依法治国、依法行政的工具，机关每制发一件公文，都必须符合国家法律法规和党的路线、方针、政策，完整准确地体现发文机关意图，并同现行有关公文相衔接。

（2）一切从实际出发，分析问题实事求是，所提政策措施和办法切实可行。

（3）内容简洁，主题突出，观点鲜明，结构严谨，表述准确，文字精练。

（4）文种正确，格式规范。

（5）深入调查研究，充分进行论证，广泛听取意见。

（6）公文涉及其他地区或者部门职权范围内的事项，起草单位必须征求相关地区或者部门意见，力求达成一致。

（7）机关负责人应当主持、指导重要公文起草工作。

二、公文撰写者的要求

为了达到上述要求，公文撰写者必须训练自己具备如下素质：

（1）在任何情况下，绝对不将个人情绪带入公文的写作中，时刻意识到每一个撰稿人都是在为机关立言。

（2）必须吃透领导意图，弄清行文目的。

（3）弄清楚行文依据。行文依据有三：一是所依何法何据，或上级何指示、本机关领导何指示，都必须十分清楚，并且要调到案前备用；二是实际需要，是上级要求或者群众要求，或者是某会议决定；三是确认行文是否已具备了可能的条件。

（4）弄清楚机关采取了什么有效举措。

只有完全掌握了上述四项才能进入撰稿的具体事宜，如形成公文主旨、选取相关材料、分析问题、论证问题、协商问题，进入拟稿。

“磨刀不误砍柴工”，只有充分地做好了准备工作，撰稿才能游刃有余、事半功倍。

下面主要介绍党政机关15个公文文种的撰写，并在可能的条件下随机介绍其他机关公文相关的部分内容。这15个文种都是处理公务的有效工具，但是各自负有不同的分工职责（文种的功能特点和用法），由此便形成了各自的不同文体特点、结构方法和写作要求。

初学公文写作，宜采用例文领路、由此及彼的方法，即首先学习、研究《教程》中选出的公文例文，在导读的启示下，结合《教程》介绍的基础知识进行思考，每学习一个文种，都必须首先依据文种的分工职责(《条例》中对文种的释义）抓住文种的文体功能特点，然后与其他文种的文体特点相比较，研究并领会行文要领（该文种的运作原则、方法），分析其结构，进而掌握其写作规律。

《教程》将15个公文文种分为五组介绍，每一组三个文种，或许在某方面会有联系，要注意其联系与区分以帮助自己更好地理解文种的性质、功能与用法，摸索出公文的应用与写作的规律。

第一节　决议　决定　命令（令）

这组公文文种都是领导机关的重要下行文，内容严肃、事关重大，大都与法律法规相关联，是必须令行禁止、认真贯彻执行的事项。撰写时必须将每一事项与法律挂钩，要使该事项内容适用于某法某款某项条文，力求做到事事与法相联、款款法理相通，这才是“一字入公文，九牛拔不出”，“一言九鼎”。

这三个文种之间的差异主要表现在：决议是必须经会议讨论、表决通过的决策事项(允许讨论、允许保留个人意见，但决议通过后则必须少数服从多数，维护集体通过的决议)；决定是对具体事项的决策，领导层决定毋需表决（有时虽经表决通过但仍以决定行文）要求照此执行。命令（令）是要求依法执行的事项，不容疑虑、坚决执行。

一、决议的写法

（一）温故知新

公文文种决议是做什么用的？决议在党政机关公文中居怎样的地位？我们党的机关为什么要使用决议？人大机关为什么要使用决议？

我们的国家是人民民主国家，凡重大问题和重大事项，均需经会议讨论通过作出决议，或经会议作出决定。决议一经表决通过并公布，便成为该级组织集体意志的体现，必须坚决贯彻执行。

《教程》所选入的例文，可帮助我们在温故中开启思路，驾驭决议文种的用法与写法。

（二）例文学习

怎样统一大家的思想认识？怎样做到步调一致？决议文种对我们有很大的启发：事前，充分发动讨论，哪怕是争论，只有充分发扬民主，充分发表意见，使意见逐步集中、逐步一致起来，最后经过表决，少数服从多数，才能让大家心悦诚服，步调一致。这不仅是工作方法问题，而且是民主政治的问题。

决议文种，最能体现人民民主、实行民主集中制的精神。党的机关公文、人大机关公文也设有决议文种。行政机关公文原来设有决议文种，1993 年修订《公文处理办法》时删去了，2012 年党政机关公文文种中有决议文种。但是，从目前情况看，仍沿习惯使用。

学习决议的例文，要同温习决议的概念、性质特点、功能、分类等结合起来。

【例文一】

中国共产党第十八次全国代表大会
关于《中国共产党章程（修正案）》的决议
（2012 年 11 月 14 日
中国共产党第十八次全国代表大会通过）

中国共产党第十八次全国代表大会审议并一致通过十七届中央委员会提出的《中国共产党章程（修正案）》，决定这一修正案自通过之日起生效。

大会认为，

（以下略）

这是党的全国代表大会审议党章修正案的决议。修改党章，事关重大，必须提交全国代表大会审议、通过。修正后的党章一经通过，便成为全党的最高规范，体现了全党的坚强意志。因此，必须以决议成文，全党遵照执行。

党的章程因《教程》篇幅有限，未能全部选用，请自行去书店购买或在线阅读。

【例文二】

××党支部大会关于同意接收×××同志
为预备党员的决议
（××××年×月×日××党支部大会通过）

经××党支部××××年×月×日会议讨论，认为×××同志经党组织培养考验，思想要求上进，学习积极主动，工作认真负责，组织纪律性强，个人历史清楚，对党的认识正确，入党动机端正，基本符合党员条件。经表决，应到会党员×名，实到会×名，×名同意，超过本支部正式党员半数，同意吸收×××同志为中共预备党员。

按照党章规定，发展党员，必须经过党的支部，坚持个别吸收的原则。例文是一个党的支部，通过党支部大会，对要求入党、经党组织培养考验、已基本符合党员条件的一位同志进行审议，经表决通过，同意吸收其入党的决议。

决议分三个层次：一是支部及会议时间，二是会议讨论内容的归纳，三是写明表决情况，表明同意吸收×××同志为中共预备党员。

【例文三】

××党支部大会关于×××同志
按期转为正式党员的决议
（××××年×月×日××党支部大会通过）

经××党支部××××年×月×日会议讨论，认为×××同志被吸收为预备党员以来，能够按照党员标准严格要求自己，认真履行党员义务，发挥党员作用，具备了转为正式党员的条件。经表决，应到会党员×名，实到会×名，×名同意，超过本支部正式党员半数，同意×××同志按期转为中共正式党员。

参阅例文二评析。

【例文四】

关于建国以来党的若干历史问题的决议
（一九八一年六月二十七日中国共产党第十一届
中央委员会第六次全体会议一致通过）

（正文略，如需要请在线阅读）

《关于建国以来党的若干历史问题的决议》以辩证唯物主义和历史唯物主义为指导，对建党以来特别是新中国成立以来党的建设中的功过是非、重大事件作出了科学而全面的分析和评价，真正体现出了全面客观看待历史的科学态度，为推动党建研究走上正确轨道树立了典范，发挥了积极的促进作用。

数十年来，我党各级组织一直坚持执行这一决议。我们可从这一例文体会到决议文种的分量。

（三）决议的用法

决议是具有法规性质的公文文种，使用决议行文，必须注意以下几个原则：

（1）使用决议的，必须是事关全局的重大决策事项。

（2）通过本级机关有决策权的会议（如党的代表大会或全委会会议、人大会议或常委会会议、企业的职工代表大会等）依法定程序召开会议。

（3）按照民主集中制的原则提交会议、纳入议题、进行讨论，经过充分讨论之后，拟出决议文稿，经审议修订进行表决通过，以会议名义发布。

（4）少数服从多数、个人服从集体。在讨论中可以充分发表意见，可是当问题一旦经过表决通过，便形成集体的意志，个人必须服从集体、少数必须服从多数。

（5）重大的决定，用决议行文，彰显一级组织的坚强意志。

如，1979 年 11 月 29 日第五届全国人民代表大会常务委员会第十二次会议通过的《全国人民代表大会常务委员会关于中华人民共和国建国以来制定的法律、法令效力问题的决议》："为了加强和健全社会主义法制，保障社会主义现代化建设的顺利进行，根据 1954 年第一届全国人民代表大会第一次会议关于中华人民共和国现行法律、法令继续有效的决议的精神，现决定：从 1949 年 10 月 1 日中华人民共和国建立以来，前中央人民政府制定、批准的法律、法令；从 1954 年 9 月 20 日第一届全国人民代表大会第一次会议制定中华人民共和国宪法以来，全国人民代表大会和全国人民代表大会常务委员会制定、批准的法律、法令，除了同第五届全国人民代表大会制定的宪法、法律和第五届全国人民代表大会常务委员会制定、批准的法令相抵触的以外，继续有效。"这样，就彰显了这个决议的分量，是必须执行的决议，是法律法规性质的规定。

（四）决议的写作要求

1. **针对性要强**。重要事项的决议具有明显的针对性。不仅要从背景、目的、意义等方面阐明作出决议的原因，而且要针对人们的思想，对带有倾向性的问题作出明确回答。

2. **观点要明确**。对决议的事项，要从理论、路线、方针、政策的高度加以论述，同时要以事实为依据，进行恰如其分的分析。

3. **语言要庄重**。决议的语言表述要科学、庄重、凝练、有力。此外，决议是会议通过的文件，所以行文应以会议的口气来表述，如"会议听取了……""会议讨论了……""大会对……表示满意""会议认为""会议强调""会议决定""会议批准并通过……""大会号召……"等，以增加全文的语言气势，增强其权威性。

（五）决议的结构与写法

决议是由会议所形成的公文，因而其结构形式同一般文章有所不同。一般由标题、题注、正文三个部分组成。

1. **标题**。标题由发文机关、事由和文种组成，如《广东省第十一届人民代表大会第五次会议关于广东省人民政府工作报告的决议》（2012 年 1 月 17 日广东省第十一届人民代表大会第五次会议通过）。这里"广东省第十一届人民代表大会第五次会议"是发文机关名称；"关于广东省人民政府工作报告的"是事由；"决议"是文种；"（2012 年 1 月 17 日广东省第十一届人民代表大会第五次会议通过）"是题注。

在本单位内部使用时可省略机关名称，如"第 7 次董事会关于扩股增资的决议"。

2. **题注**。标题下加括号注明决议由何会议何时通过即为题注。如上文提到的"（2012 年 1 月 17 日广东省第十一届人民代表大会第五次会议通过）"，就是注明此决议何时由何机关何会议所通过，以表示其法定权威性。题注要注明决议的法定性和权威性，让人一眼便能看出是经由什么机关、什么会议通过的。

3. **正文**。决议的正文写法大致有两种，一种因事项单一，内容简单，写作时一段成文；另一种因事项重大，内容较多，写作时须分项、分段表述清楚。但无论哪种情形，其内容构成都应写明决议的事由、决议的批准程序和决议事项。事由部分应写清形成决议的原因、理由或法律、政策依据。批准程序应写明通过决议的会议名称、通过的日期。此部分结尾处常使用“特作如下决议”“对……决定如下”等习惯用语，起到承上启下的作用。决议事项一般将决议的各项事宜分条分项写清楚，重大事项的决议在正文后边还要有号召、要求等。

需要提醒注意的几点：①决议是发布性公文，因此正文之前不写主送机关；②决议因成文日期（通过日期）已在题注中写明，故不写落款；③公文的生效标识方式同其他公文。

【思考与练习】

导语：决议是最能体现党的民主集中制原则的公文文种。良好的文风，源自良好的党纪党风。要正确应用和写作决议，必须首先要坚持党的民主集中制原则。

一、概念题

注意掌握下列名词术语。

决策权的会议　依法定程序召开会议　民主集中制的原则　提交会议讨论　表决通过　一旦表决通过，便形成集体的意志　重大的决定用决议行文彰显一级组织的坚强意志　会议听取了……　会议讨论了……　大会对……表示满意　会议认为　会议强调　会议决定　会议批准并通过……　大会号召……　特作如下决议

二、阅读题

认真阅读例文，领会在怎样的情况下、什么性质的会议、应当怎样运作才能以决议行文。

三、简答题

1. 说出会议作出决议的程序。

2. 请将决议的写法同纪要的写法进行比较，指出两者在写法上的异同。

3. 请分别指出决议和决定两个文种的区别。

4. 决议在结构上同一般公文有什么不同？请从标题、主送、正文到落款，一一对比讲述出来。

二、决定的写法

（一）温故知新

决定是党政机关对职责范围内的重要事项或重大行动作出安排时使用的公文。其决定的作出，必须依据法律法规的规定：作出决定的机关是法定的机关，作出决定的决策人物

必须是法定的代表人物，而且要达到法定有效的人数和票数，作出决定的会议必须是合法、有效的会议，而且其程序也必须符合法定的程序；重要的决定，还需采用会议表决通过。

决定的行文比较严肃、庄重，对所作出的安排、规定和结论，要求受文机关和个人必须执行。

涉及法律法规或规章的决定，要依法使用命令（令）来颁布施行。

（二）例文学习

要抓住决定这一文种是非“重”不用、用则“必重”的行文。必须做到依法有据，有的决定本身就是法律法规。

有三种类型的决定：①对重要事项作出决策和部署；②奖惩有关单位和人员；③变更或者撤销下级机关不适当的决定事项。

决定的公布有两种方式：一是直接以决定行文，如例文一，有主送机关，受文机关必须遵照执行。机关的决定都是“重要”且“重大”的，下级机关必须遵照执行。二是涉及法律法规或规章者，应以令颁布，如例文三《中华人民共和国外资企业法实施细则》是行政法规，经修改后则以国令第 301 号颁布。

请结合每篇例文后面的评析，逐篇阅读，细心体会。

【例文一】

国务院文件

国发〔1999〕15 号

国务院关于实行公民身份号码制度的决定

各省、自治区、直辖市人民政府，国务院各部委、各直属机构：

建立和实行公民身份号码制度，是国家加强社会管理的一项重要基本建设，也是实现社会信息化管理的重要措施，对于促进我国社会主义现代化建设和经济体制改革，方便群众生活和保护公民的合法权益，具有十分重要的作用。为此，国务院决定，自 1999 年 10 月 1 日起在全国建立和实行公民身份号码制度。

一、公民身份号码按照 GB11643—1999《公民身份号码》国家标准编制由 18 位数字组成：前 6 位为行政区划代码，第 7 至 14 位为出生日期码，第 15 至 17 位为顺序码，第 18 位为校验码。

二、公民身份号码是国家为每个公民从出生之日起编定的唯一的、终身不变的身份代码，将在我国公民办理涉及政治、经济、社会生活等权益事务方面广泛使用。公安部负责公民身份号码的编制和组织实施工作。

三、各省、自治区、直辖市人民政府和国务院有关部门对公民身份号码的编制和推广应用工作要给予必要的支持。各级人民政府要切实加强领导，提供工作保障，搞好宣传教育，精心组织实施。公安机关要依据《国务院关于修改〈中华人民共和国居民身份证条例实施细则〉的批复》（国函〔1999〕91 号），认真做好公民身份号码的编制、使用和管理工作。这项工作争取在今、明两年完成，由公安部作出具体部署。劳动和社会保障、教育、民政、司法、人事、信息产业、卫生、工商、税务、金融、证券、保险、民航等公民身份号码使用部门和单位，要密切配合公安机关做好公民身份号码的编制和推广使用工作。

中华人民共和国国务院

一九九九年八月二十六日

这是一则“对重要事项作出决策和部署”的决定。国务院“从加强社会管理，实现社会信息化，促进我国社会主义现代化建设和经济体制改革，方便群众生活和保护公民的合法权益”出发，依据自身的职权作出决定。“实行公民身份号码制度”，这是一种重要行政措施，牵动面广、工作量大，所以以决定行文，其决定内容具法规性质，全国必须认真贯彻执行。

决定内容言简意赅，序言直叙“为什么”（建立和实行制度的目的意义），主体分三点交代“怎么做”，既有指挥性、部署性，又具有指示性、规定性和法规性。

【例文二】

中共中央、国务院关于对我国驻南斯拉夫联盟
共和国大使馆工作人员和驻南新闻工作者
给予表彰的决定

3 月 24 日以来，以美国为首的北约对南斯拉夫联盟共和国进行狂轰滥炸，造成无辜平民大量伤亡，财产严重损失。5 月 8 日，又悍然使用导弹袭击了我国驻南斯拉夫联盟共和国大使馆，造成我人员伤亡，馆舍严重毁坏。中国政府发表了严正声明，我国各族各界群众纷纷举行抗议活动，声讨以美国为首的北约的暴行。

在以美国为首的北约对南联盟轰炸的 50 多个日日夜夜里，我驻南大使馆全体工作人员在使馆的坚强领导下，忠实执行中央的外交方针和政策，不顾个人安危，坚守工作岗位，认真履行职责，积极开展工作，不辱使命，不负重托，圆满地完成了任务。我驻南新闻工作者，不怕困难，不怕牺牲，及时、客观、公正地报道了科索沃危机的最新动态和事实真相。邵云环、许杏虎、朱颖同志在以美国为首的北约对我国驻南大使馆的轰炸中不幸以身殉职，20 多位同志受伤，许多同志受伤后仍坚持工作。他们以自己的实际行动，展现了新时期外交、新闻工作者良好的精神风貌。党中央、国务院决定，对我驻南斯拉夫联盟共和国大使馆工作人员和驻南新闻工作者给予表彰。

党中央、国务院号召全国人民学习他们热爱祖国、尽职尽责、英勇无畏、无私奉献的

优秀品质和高尚情操，更加紧密地团结在以江泽民同志为核心的党中央周围，高举邓小平理论伟大旗帜，立足本职，努力工作，艰苦奋斗，不断进取，维护国家社会稳定的大局，搞好改革开放和现代化建设，为把建设有中国特色社会主义伟大事业全面推向21世纪而努力奋斗。

中共中央
国 务 院
一九九九年五月十三日

例文二是“奖惩有关单位和人员”的表彰决定。表彰决定和惩戒决定均必须依照法律法规或规章规定。本例是奖励在社会主义革命和社会主义建设中作出突出贡献的个人和集体的行文。

我国驻南斯拉夫大使馆工作人员和驻南新闻工作者，不负重托，不辱使命，积极开展工作，认真履行职责，不顾个人安危坚守工作岗位，展现了我国新时期外交、新闻工作者良好的精神风貌。党中央、国务院用决定来表彰他们，大快人心、振奋人心。

全文分三段，先点明时间、事件背景，然后概括介绍嘉奖对象的精神风貌，表述决定，最后发出号召，提出希望。层次分明，结构紧凑，用语规范、准确，饱含感情，充满了鼓舞性与号召力。

【例文三】

国务院关于修改《中华人民共和国
外资企业法实施细则》的决定
（国令第301号颁布）

为了适应我国对外开放新形势的需要，进一步改善外商投资环境，根据《全国人民代表大会常务委员会关于修改〈中华人民共和国外资企业法实施细则〉的决定》，对《中华人民共和国外资企业法实施细则》作如下修改：

一、

二、

……

本决定自公布之日起施行。

《中华人民共和国外资企业法实施细则》根据本决定作相应修改，重新公布。

例文三是“变更或者撤销下级机关不适当的决定事项”的变更性决定。

事物是在发展变化的，有些政策、法规性条文往往会在形势发展面前显得不适应或者是过时，这就要变更，有的要废止，有的要修改。有人说“政策像月亮，初一十五不一样”，这是因为事物总是会发展变化的，随着时间的推移、事物的发展变化，我们的政策也就应该随之而变。我们对“变”应持正确的态度。

国务院对《中华人民共和国外资企业法实施细则》进行修改，是与时俱进，这个“变”是必需的。由于这个决定内容事关法律法规（是对法规的修改），事关重大，所以用决定行文并以国令第301号公布。

（三）决定的用法

决定是具有法规、规章性质的公文文种，因此，决定的内容要参照相关法规规章，考虑使用决定行文是否得当：该事项、该行动是本机关职责范围内的重大事项、重大行动吗？受到奖惩的有关单位或人员，是依据哪一法规、规章及条例、条令中的有关规定？需要变更或者撤销的下级机关的某一决定是经本机关什么合法会议、法定人员、法定人数在合法程序下决定的？只有确切回答这些问题之后才能作出取舍。

文种概念的内涵适用于：①“作出安排”；②“奖惩”；③“变更或撤销”。

第一项，“作出安排”。作出什么安排要特别强调指出的是，这不是一般的事务性安排，而是指机关的决策，所以称为“决策性决定”。决策性决定又叫作决定性决定，又可分为两种：一是“重要事项”；二是“重大行动”。机关不同，其层次、级别均不同，其事项和行动的内容也就有所区别，各级行政机关和单位都有自己的重要事项和重大行动，但是其已定事项起码是该机关的“重大事项或重大行动”，如重要的人事安排（任免、调整、褒贬），如《国务院关于成立西部地区开发领导小组的决定》；重大事项的部署（机构设置、方针政策出台、重大决策的批准），如广东省人民政府《关于追认邓练贤、叶欣同志为革命烈士的决定》《国务院关于整顿和规范市场经济秩序的决定》《关于国有企业改革和发展若干重大问题的决定》。

第二项，“奖惩”。奖怎样的人和事？不能随心所欲，必须依照既定法规或政策，如果不依照既定之规，便会出现奖惩偏差，起不到鼓舞先进的作用。这类决定也分两种：一是表彰奖励的。如《中共中央、国务院关于对我国驻南斯拉夫联盟共和国大使馆工作人员和驻南新闻工作者给予表彰的决定》《国务院关于2000年度国家科学技术奖励的决定》等。二是惩戒决定。该类决定中，要惩戒的有关单位和人员的错误或过失都是比较严重的，带有一定的普遍意义和教育意义。如《国务院关于处理“渤海二号”事故的决定》是对事故责任人进行处分，警示各级责任人员要切实对工作责任负责。各级行政机关以及企事业单位，对一些在局部具有普遍意义和教育作用的惩戒事项，也都可以用“决定”行文，如《××县关于从严处理破坏山林事件的决定》。

第三项，“变更或撤销”，称为“变更性决定”。也有两种：一是变更决定，就是指原先的决定事项在形势发展面前显得不适应或者过时需要改变的、群众尚不能普遍认可的超前事项需要改变的，作出新的变更性决定。例如《国务院关于修改〈中华人民共和国外资企业法实施细则〉的决定》《广州市人民政府关于修改〈广州市摩托车报废管理规定〉的决定》。二是撤销下级机关不适当的决定事项的决定。下级机关不适当的决定事项，包括违背国家法律、法令以及党的路线、方针、政策的决定事项。

“变更”和“撤销”事项不能随便用决定行文，而要看事项本身，原先是以决定行文或用命令（令）颁行的才用决定行文，一般的“变更”或“撤销”可用通知行文。

基层单位使用决定进行奖惩，要查对法律法规和政府规章或规范性文件的规定，如果找不到依据，则改用通报行文为宜。有的学校处分一个违纪学生用决定行文，显然于法不合，于文不符。处分决定是机关事务文书，适用于《公务员法》中应予惩处的人员。学生不是公务员，用处分决定显然是张冠李戴了，正确的做法应该是用通报或者用通知。

要注意正确使用发布方式。涉及法律法规和规章的决定应使用命令（令）公布，一般的决定则直接以决定行文。

凡使用决定行文的，都是指该机关经过法定的会议（符合法律法规规定的会议、人员、人数、程序）作出合法有效的决定。只有几个领导人作出的（不是领导人会议、办公会议作出，而是非全部领导）决定，不能以决定行文。比如几个领导人碰了下头，决定做一些事务性的工作或开展一般的什么活动，那么这个“决定”就不能以决定行文而应以通知行文；如果碰头研究重要事项，那么这个“碰头会”便属不合法，而应该召开“办公会”“常务会”或“工作会议”，出席人数要达到法定人数，而且要超过半数以上的出席人员同意才算通过，才能以决定行文。

（四）决定的写作要求

决定中的事项，必须是经过有关领导、有关部门或有关法定会议讨论并取得法定人数的认可后通过的。一些议而未定、悬而未决的事项，或者有分歧的意见，都不能写入决定。

由于决定是对某些重大问题或行动作出的处理或决策，因此一定要防止出现武断、片面的错误，在思想方法上要提倡辩证思维，不搞形而上学，防止一种倾向掩盖另一种倾向。在内容表述上，结构要严谨，用语要准确，常用结论性语言，也多用规范性的习惯用语，如会议决定、大会同意、会议要求等，这是为了强调集体意图，以表现其严肃性。

为确保决定真正体现“以事实为依据，以有关政策法规为准绳”的精神，决定的内容必须符合客观实际，论断要实事求是，定论要恰如其分，经得起推敲和历史的检验。要做到这一点，就要注意在决定前，对有关事项和处置的问题进行深入的调查研究，仔细地核对事实，全面地听取意见、研究决定时，切忌以主观臆断歪曲客观事实，更不能先下结论后找事实。

（五）决定的结构与写法

决定的结构形式有两种：一是需要下发有关机关贯彻执行的，其决定即由标题、主送、正文、印章、成文时间五个部分组成；二是通行文，或者是不下发只存档的，其决定即由标题、题注、正文三个部分组成。

公布性的决定不写主送，在标题下用题注表明权威性和决定的日期。

1. **标题**。决定的标题一般由发文机关、事由、文种三要素构成。有时为简洁起见，也可省略发文机关。

2. **题注**。无主送机关的决定，用题注方式，在标题之下用括号将成文年月日括注。

3. **主送机关**。决定通常不标明特指的受文者，但也偶有采用的，这要视决定的内容和公文发放的范围而定。

4. **正文**。决定的正文通常由引据、决定事项、结语三个部分构成。①引据，扼要写明本决定的政策依据、必要性、目的及意义。一般由第一个或前两个自然段完成，类似序言，然后用一句过渡用语，如“为此，特作如下决定”“经会议研究决定”之类，后用冒号领起，引接决定事项。②决定事项是决定的主要内容，或标出序号，或用小标题，使人一目了然，便于抓住各层的中心。特别是那些事项较多、内容丰富、篇幅较长的决定，采用这种条项式的方法分条分项叙述，显得条理分明，便于理解和执行。③结语。要单独设一段，对决定的内容作出评估并提出执行希望。通常有两种写法，一是对贯彻本决定提出的具体措施和要求；二是提出希望或发出带有号召性的要求，这样可以加深人们对决定的认识，提高执行的自觉性；增强决定的执行效力。

5. **印章**。有主送机关的决定，在正文右下方落款处及成文年月日上加盖发文机关印章；如果是无主送机关的决定，即将成文日期置标题之下，不用加盖印章。

6. **成文时间**。无主送机关的决定成文时间列于标题之下，有主送机关的决定成文时间即置于落款处。

【思考与练习】

导语：决定是具有法规、规章性质的公文文种，因此，决定的内容要对照相关法规规章，考虑使用决定行文是否得当：该事项、该行动是本机关职责范围内的重大事项、重大行动吗？受到奖惩的有关单位或人员，是依据哪一法规、规章及条例中的有关规定？需要变更或者撤销的下级机关的某一决定是经本机关什么合法会议、法定人员、法定人数在合法程序下决定的？只有能确切回答这些问题之后才能作出取舍。

决定的行文比较严肃、庄重，对所作出的安排、规定和结论，要求受文机关和个人必须执行。涉及法律法规或规章的决定，要依法使用命令（令）来颁布施行。

一、概念题

掌握下列名词术语。

法律法规　行政法规　政府规章　决定　决议　撤销　更变　废止

二、阅读题

细心阅读决定例文，体会决定的语言特点、决定的表述方法，从而为自己积累公文语感。

三、简答题

1. 决定属于什么性质的公文文种？它具有怎样的文体特点？

2. 决定有多少种类型？请将决定的文种按分类列出，然后说明各种决定的应用条件（在什么条件下才能使用这种决定）。

3. 决定有哪几种结构形式？为什么会有这些不同的形式？

4. 决定的正文由哪些方面构成？

5. 写作决定文稿时应注意哪些事项？

四、讨论题

1. 某学生在公路上拾获一钱包，内装300元现金、一张2万元的支票，他交给了当地派出所而未声张。一个月后，派出所向学校反映了这件事，学校这才得知这位学生路不拾遗、做了好事不留名。学校拟对这位同学进行表彰，请说出应如何行文。

2. 决定是公文文种，一般地说公文文种可以直接向受文单位行文。但是，有的决定（如《广州市人民政府关于修改〈广州市行政规范性文件管理规定〉的决定》）却要用命令（令）（第5号令）为载体行文，这是为什么？

五、训练题

1. ××学校有个学生犯了错误，经学生处讨论并报学校批准，给予行政记大过一次处分，请你拟出公布的公文标题。

2. ××公司聘任一位中层干部（科长），使用决定行文向各有关科室公布，其标题是《关于任命×××为××科科长的决定》。请说出你的看法或意见。

三、命令（令）的写法

（一）温故知新

命令（令）是行政机关施政所需而使用的施政令，必须有令则行、有禁则止。命令是不能违抗的，执行不力要追究责任。军队机关、人民法院机关、检察院机关和行政机关均设置了命令（令）这一文种。

在“公文文种”的学习中，掌握命令（令）的概念、功能、种类。

通过《教程》所选例文，领会并掌握命令（令）文种的用法、结构与写作要求。

（二）例文学习

命令（令）是行政机关用于公布法规规章、宣布施行重大强制性行政措施、批准授予和晋升衔级嘉奖有关单位和人员的公文。

使用命令（令），必须具有颁发命令（令）的资格和权限，并且还必须符合法律法规或规章的规定。就是说，所制定的法规、规章（行政机关只能依法制定法规、规章）必须以命令（令）公布；制定了“重大强制性行政措施”需要宣布施行，必须以命令（令）发布；决定“批准授予和晋升衔级”，必须以命令（令）颁布；嘉奖符合法律法规规定有关单位和人员，必须以命令（令）颁布。

我们要通过学习所选例文，感受命令（令）的权威性和法治性。“令出法门、法随令出、法令威严”。

国家主席令
公布国家法律
【例文一】

中华人民共和国主席令
第十六号

《中华人民共和国反间谍法》已由中华人民共和国第十二届全国人民代表大会常务委员会第十一次会议于2014年11月1日通过，现予公布，自公布之日起施行。

中华人民共和国主席　习近平
2014年11月1日

这是国家主席令。

《立法法》规定，法律经全国人大或常委会通过后，必须依法由国家主席以国家主席令公布。这是一道法律程序，未依法公布的文稿不得用于执行。

要注意，国家主席令是中华人民共和国主席根据全国人民代表大会及其常务委员会的决定签署的。具有次于宪法效力的命令，与其他国家机关的命令（令）区别在于代表的机关不同。是不同机构的公文文种；但在公布功能上却十分相似，为引起学习者关注，故而引为例文，以资鉴别。

行政机关的公布令
公布部门规章
【例文二】

中华人民共和国财政部令
第68号

根据《国务院关于〈事业单位财务规则〉的批复》（国函〔1996〕81号）的规定，财政部对《事业单位财务规则》（财政部令第8号）进行了修订，修订后的《事业单位财务规则》已经部务会议审议通过，现予公布，自2012年4月1日起施行。

部　长　谢旭人
2012年2月7日

事业单位财务规则

（内文略）

这是行政机关公文的命令（令），是依照有关法律公布行政法规和规章的公布令。国务院、国务院各部门、各省人民政府和较大的市以上人民政府，凡颁布法规、规章，必须使用命令（令）为载体公布，公布是一道法律手续，只有依法公布才能使令文生效。

财政部根据《国务院关于〈事业单位财务规则〉的批复》的规定对原已颁行的规章《事业单位财务规则》进行了修订，修订后已经部务会议审议通过。现在是依照法定程序公布。

依照法律的规定，法律、法规和规章的公布，必须由制发机关以命令（令）公布。这是法定的重要程序，是付诸实施的法定形式。没有经首长签署并以命令（令）公布的，仍是文稿，不能付诸实施。

令文中的“已经部务会议审议通过”指出了该规章是依照法律程序制定的，现予发布，法随令出，令行禁止。自生效日起，辖区范围必须依令执行。

重大强制性行政措施的行政命令

【例文三】

广东省人民政府
关于查禁公路上“三乱”行为的命令
粤府〔1995〕6号

为进一步贯彻国务院关于禁止在公路上乱设站卡、乱罚款、乱收费的通知精神，维护群众、企业合法权益，保障公路安全畅通，特发布命令如下：

一、各级人民政府应按照《国务院关于禁止在公路上乱设站卡乱罚款乱收费的通知》（国发〔1994〕41号）和省人民政府转发此文的通知（粤府〔1994〕112号）规定，采取坚决措施制止本辖区内在公路上乱设站卡、乱罚款、乱收费的行为。

二、省直有关部门应由主管领导负责，对照国家、省的有关法规，坚决制止本系统内在公路上乱设站卡、乱罚款、乱收费的行为，对违规在公路上搞“三乱”活动的单位，主管机关应予及时纠正。

三、省人民政府授权“广东省人民政府查禁公路‘三乱’督察队”对各地区、各部门治理公路“三乱”情况进行不定期的监督检查，对经省人民政府批准设立的检查站、征费稽查站和收费站进行监督，发现“三乱”案件要及时查处。

四、各市人民政府要在辖区内的国道上设立“三乱”投诉举报站，接受司机、群众的投诉、举报，及时处理涉及公路“三乱”的有关案件。各地公安、交通、监察、工商部门要积极配合。

以上命令，请立即贯彻执行。

一九九五年一月二十四日（印）

例文三是省一级行政机关根据施政需要，依照有关法律由省人民政府发布的宣布施行重大强制性行政措施的行政命令。

在广东省辖区内的公路上，“三乱”行为已经成为一定区域内危害群众、企业合法权益的严重问题。施政机关仅用通知、决定行文已不能够解决实际问题，于是省人民政府依法采取措施予以制止，发布了此等行政命令，并配合命令采用了相应的四项措施。

令文将发布和施政措施结合在一起，既体现了广东省人民政府的施政决心，也让下级机关认识到问题的严重性和举措的可依可行性，有利于做到令行禁止。

行政令是发令机关在依法行政中遇到了必须施行重大强制性措施时所使用的，如戒严、抗灾、全民动员等，一般的行政措施则不宜使用命令（令）而应使用通知。本令是当时在特殊的环境下所采取的特殊措施，对维护群众、企业合法权益，保障公路安全畅通起到了重大作用。

令文在用简明的语言交代了颁令的原因、目的、法据之后直叙四点强制性行政措施，言简意赅、不怒而威，体现出了命令（令）的威严。

（三）命令（令）的用法

我们在前述“公文的种类”里介绍过，命令（令）“适用于依照有关法律公布行政法规和规章；宣布施行重大强制性行政措施；嘉奖有关人员”。

“依法出令，令重如山”。发命令（令），首先要考虑是否具有出命令（令）的资格，这个资格是由宪法和立法法规定的。如果不具备发令资格，即使是认为十分重要、重大的事项，都不得以令发布。

根据国家法律规定，只有国家机关或国家机关领导人才能使用命令（令），如中华人民共和国主席，国务院，国务院总理，国务院各部、委、局及其首长，省人民政府、省长，省会市和较大的市人民政府及其首长等。县以上人民政府可以发布决定和命令（令），但是不是指用命令（令）来发布法规规章，而是管理本行政区域内的行政工作。群众团体、社会团体、企事业单位及民间机构不得使用命令（令）。

具有发命令（令）资格的机关，必须首先考虑所要公布的、所要施行的、所要嘉奖的、所要晋升的对象是否合乎法律、法规的条文规定，是否依法（法定程序的规定）需要用命令（令）公布施行，如果不符合法律法规条文的规定，则应改用决定或通报行文。

宣布施行重大强制性行政措施用命令（令）。比如，宣布戒严；宣布非常措施（如例文三《广东省人民政府关于查禁公路上“三乱”行为的命令》）；宣布抗灾；等等。

嘉奖符合某法规、规章规定的有功人员。

国家主席用命令（令），可以颁布法律；总理用命令（令），可以颁布行政法规；部长用命令（令），可以颁布部厅规章；省长和较大的市人民政府市长，可以用命令（令）发布地方政府规章。

用命令（令）行文，必须使用命令（令）格式。

（四）命令（令）的写作要求

1. **结构要完整。**按照令文结构形态的要求，从标题、令号到落款、时间，正文从命令缘由、命令事项到执行要求，都要完整准确。命令事项中的各种因素、各个方面应尽列其中。

2. **表达须准确**。在内容的展示上，要明显地体现出事项的主次及其内在关联，使之具有逻辑性。在语言的运用上，要准确简明，语气庄严郑重，肯定确切，斩钉截铁，毫不含糊，充分体现命令（令）的权威性、强制性。

3. **篇幅宜精短**。对法随令出的复体（令和令文所颁文件）令文而言，前面的令文仅为几句话，两三行字，基本要素清楚即可。单体（单一令文没有附件）令文文字相对多些，更要注意文字精练，篇幅短小。在这一点上，令文同其他公文还是有所区别的。

（五）命令（令）的结构与写法

1. **命令（令）的版式**。根据《办法》和《国家行政机关公文格式》的规定，命令（令）的首页版式与文件格式、信函格式、公告格式等有较大不同。命令（令）是国家行政机关发文的最高级形式，其版式设计从外观形式上便体现出国家政令的权威性和统一性。其版式规定是：

（1）发文机关标识。发文机关名称后加“命令（令）”字，成为发文机关标识，发文机关名称应使用全称，不能用简称也不能用规范简称。用红色小标宋体字印刷，字号酌定。标识位置在字体上边缘距离上页边缘57mm处（天头为37mm＋预留空白20mm）；如果是联合发文，第二个发文机关置第一个发文机关名称之下，而“命令（令）”字样则在发文机关名称右侧的上下居中排列。

（2）在发文机关名称之下空两行标识令号，居中，用黑体字，前面加“第”字，即“第×号”。

（3）令号之下空两行标识正文，中间没有红色反线。

（4）正文之下一行标识签发人亲笔名章，用红色，右空4字标识。签名章左空2字标识签发人职务。

（5）签名章之下空一行标识成文日期，右空2字。

（6）命令（令）的版记格式。不分主送、抄送，而用“分送”这一特定形式，其他要素同文件格式。

具体格式请参阅公文版式之命令（令）格式。

2. **令文的结构与写法**。命令（令）的结构由标题、令号、正文、签署人、时间共五个部分组成。

（1）标题。其构成方式有三：①由发文机关名称加文种组成。如《中华人民共和国国务院命令》。②由事由加文种组成。如《关于查禁公路上“三乱”行为的命令》。③由发文机关、事由和文种组成。如《国务院关于进行第四次全国人口普查登记的命令》。

（2）令号。即命令（令）的序号。编法有两种：一是国家领导人令文，在其任期内按大流水号排列，位于标题之下居中处。如第××号。二是国家机关令文，又分为两种：①令文序号，如××部令第×号；②发文字号，与一般公文相同。

（3）正文。命令（令）绝大多数不设主送机关，如公布令、动员令，并无严格的受文机关界限，许多是针对全民的。但也有少数命令（令），由于特定的内容而明确标出主送机关。

命令（令）的正文，一般由三部分构成：①引据。亦称令由或命令缘由，说明发命令

（令）的理由、根据和目的。比如交代该命令（令）是哪个机关、什么会议、什么时间批准通过的，让受命者清楚令出有据，确信令文的合理性、必要性。有些篇幅较小的令文，开门见山，直述其事，引据部分也就略去了。②主体。亦称命令（令）事项、命令（令）内容或命令（令）要求，要求写清命令（令）的具体内容。如行政令，要列出发令机关实施的重大行政措施及具体要求，若文字较多，也可分条列项，务求简洁明确，具体切实。这样，可使受命者确信令文的可靠性、有效性。③结语。亦称执行要求或执行办法。这一层次包括两项内容：一是对贯彻执行命令（令）的具体意见，执行时必须遵循的条文。二是说明生效时间：其一，公布时间与生效时间相同，如“现予发布”，“以上命令，于公布之日起立即施行”；其二，公布时间与生效时间不同，生效时间要置于公布时间之后，留有必要的提前量，如“现予公布，自××××年×月×日起实施”，这样，受令者对令文的执行就有了准确性和可操作性。

（4）签署人。也称落款，写明签署人姓名，签名章用红色，右空 4 字，签名章左空 2 字标识签发人职务名称。

（5）时间。也即签署时间。在一般令文中，列于签署人姓名之下，右空 2 字，有时也置于标题之下。

【思考与练习】

导语：命令（令）是法据性很强的公文文种，使用这一文种必须遵照法律法规的规定。一般的机关不得随意使用。但是我们必须掌握它的用法，以免在依法行政中出现差错。学习中还要注意将国家主席令、“两院”的令和军队机关公文的令区别开来。

一、概念题

掌握下列名词术语。

命令　令　令号　行政法规　规章　行政措施　行政机关　权力机关　强制性措施　戒严　法规性　指令性　规范性　颁布

二、阅读题

1. 阅读命令（令）例文。

2. 将命令（令）同决定对照，体会其异同。

三、简答题

1. 命令（令）是怎样的文种？什么人、什么机关才能使用命令（令）？

2. 具备发布命令（令）资格的机关，在怎样的情况下才可以使用命令（令）？公布什么、施行什么、批准授予和晋升什么、嘉奖什么才能用命令（令）？

3. 嘉奖令、表彰决定、表扬通报，其不同之处在哪里？

4. 公布命令（令）与颁发通知，其不同之处在哪里？

5. 人事任免上，任免的公布令、任免决定、任免通知，其不同之处在哪里？

四、辨析题

下面两例是对是错，请说说你的看法。

1. ××县人民政府用命令（令）嘉奖了一位在抗洪抢险中立了大功的青年，并发出号召，要全县人民群众向这位英模人物学习。

2. ××县人民政府用命令（令）发布了一个决定，要求在全县范围内切实做好封山育林的工作。

五、讨论题

1. 2002年国务院任命董建华为香港特别行政区行政长官用令行文，这是什么令？有人说“这是任免令”，你说呢？

2. 命令（令）同通知有什么同异？试说明什么情况下用命令（令），什么情况下用通知。

第二节　公报　公告　通告

这组公文文种都是面向社会、面向公众的公布性公文。它的特点是透明、公开、无密、事关公众。但是，三者有别，不容出错：公报，重大事件由媒体发布，向全社会公布，无须谁执行，仅为告晓，收到“广而告知”的宣传效果即可，故无受文机关。

但是，公告、通告却有差异。

公告有两种情况：行政机关的公告是向国内外公布重大事项，性质同公报，依习惯党、政分别使用；公告法定事项，是法律规定需要以公告公布的事项以示透明，防止暗箱操作以求公正、公平。地方省、市人大用公告公布地方法规，“两院”用公告传达法定性通知使用公告，具法律性质。

一、公报的写法

（一）温故知新

公报是党和国家用来向国内外公开宣布、告知某一重大事项的重要公文。要考虑的是，公报由什么机关使用？用来干什么？没有主送机关，没有承办机关，公开宣布，用什么方式公布？为什么不用承办机关便能收到发文的效果？

《教程》选入两篇例文，各具代表性，可为我们提供思考的线索。

（二）例文学习

公报，其使用范围较窄，仅党政机关公文有此文种，主要用于发布对全党具有重要意义的重要决定或重大事项，或国家用于涉外重大活动、公布国家重要调查数据。

学习公报例文主要是要理解公报的用法、了解公报的文体特点。

【例文一】

中国共产党第十八届中央委员会
第一次全体会议公报
（2012年11月15日中国共产党第十八届中央委员会第一次全体会议通过）

中国共产党第十八届中央委员会第一次全体会议，于2012年11月15日在北京举行。

出席会议的有中央委员205人，候补中央委员171人。中央纪律检查委员会委员列席会议。

习近平同志主持会议并作了重要讲话。

全会选举了中央政治局委员、中央政治局常务委员会委员、中央委员会总书记；根据中央政治局常务委员会的提名，通过了中央书记处成员，决定了中央军事委员会组成人员；批准了十八届中央纪律检查委员会第一次全体会议选举产生的书记、副书记和常务委员会委员人选。名单如下：

（名单略）

发布会议公报的会议，必须是能代表党和国家意志的和具有法律效力的会议。所公布的内容必须是全党、全国人民所关注的重大事项或重大决策，事关重大，全国各级党委、政府均要认真贯彻执行。

本文是中国共产党第十八届中央委员会第一次全体会议公报。会议时间：2012年11月15日。会议：中共中央委员会第一次全体会议。所公布的内容是中央组成人员及其分工。

本文的行文结构、文风、用语措辞诸方面都端庄得体。

【例文二】

关于成立“中国—阿拉伯国家合作论坛”的公报

中国外交部　阿拉伯国家联盟秘书处

2004年1月30日

开罗

2004年1月30日，中华人民共和国主席胡锦涛阁下访问了阿拉伯国家联盟秘书处，会见了阿拉伯国家联盟秘书长阿姆鲁·穆萨先生和阿拉伯国家联盟成员国代表。

胡锦涛主席在会见中就发展中国与阿拉伯国家的新型伙伴关系提出四项原则：（一）以相互尊重为基础，增进政治关系；（二）以共同发展为目标，密切经贸往来；（三）以相互借鉴为内容，扩大文化交流；（四）以维护世界和平、促进共同发展为宗旨，加强在国际事务中的合作。秘书长表达了阿方对此的欢迎和赞赏。

中华人民共和国外交部部长李肇星先生与阿拉伯国家联盟秘书长阿姆鲁·穆萨先生在诚挚友好的气氛中就中阿关系及共同关心的国际和地区问题深入交换了意见。

双方回顾了半个世纪以来中阿关系的发展历程，对中阿合作取得的丰硕成果表示满意。

双方认为，中阿友好合作基础牢固，潜力巨大，前景广阔，加强在各领域的合作符合双方的共同愿望和长远利益。

双方强调，中阿同属发展中国家，在维护世界和平与安全、促进共同发展的事业中发挥着重要作用。

双方确信，中阿在国际事务中保持和加强密切的磋商与协调，有助于建立公正、合理的国际政治、经济新秩序。

中国赞赏阿拉伯国家坚持一个中国原则。

阿拉伯国家赞赏中国一贯支持阿拉伯人民正义事业和合法权益的立场。

为进一步发展中阿在各领域的友好合作关系，双方商定，即日成立“中国—阿拉伯国家合作论坛”。

双方同意，尽快召开“中国—阿拉伯国家合作论坛”首届部长级会议。

这是国家级的事项公报，即成立“中国—阿拉伯国家合作论坛”这一事项，经双方政府首脑商定，即日成立；并同意尽快召开“中国—阿拉伯国家合作论坛”首届部长级会议。因为事关重大、意义非凡，故以公报见报扩大影响。

（三）公报的用法

公报适用的范围具有一定的限制，其行为主体是党和国家的最高机关，其内容主要用于发布对全党具有重要意义的重要决定或重大事项。有的公报通过新闻媒体发布，独立成文，不再印发文本；有的公报则同时在《国务院公报》中刊登发布。

（四）公报的写作要求

1. **要注意严把“内容关”，做到当“公”则“公”，当“报”则“报”。**公报要公之于世，这是就空间来讲的；它又是一种历史性文件，这是就时间来讲的。正是因为这种时空特性，要求我们对写入公报中的内容必须认真筛选，严格把关，它应是党和国家的高级领导机关用来公布重大事件、重要会议、重要消息和重要决策，或是国家统计部门用以公布社会发展和国民经济的重要情况，除此之外，一般不能使用公报。

2. **要做到重点明确，主旨突出。**有些公报，特别是会议公报和涉及统计情况的公报，内容往往比较繁杂，因此，在撰写时必须抓住重点，突出行文的主旨。要把写作重点放在对事件的陈述和观点的阐述上，而且要紧扣全文的核心内容来写，切忌杂芜并陈，令人难得要领。

3. **要注意用语的准确性和概括性。**公报作为党和国家高级领导机关使用的公文，用以公布重大事件或重要决策，因此它十分讲究用语的准确性和概括性。是什么，不是什么；应当怎样做，不应当怎样做，必须确切无误地传输给读者，而且要最大限度地使用低密度的语言；用较少的文字涵盖丰富的内容，做到言约意丰。只要认真品味党的十六届三中全会公报和中美上海联合公报中的语言，我们就不难体会和理解公报文体的语言特性和要求。

4. **要严格区别“公报”与“公告”，切忌混用或错用。**如前所述，公报与公告两个文种所涉及的内容事项及辐射范围基本相同，并且存在使用上的习惯性问题，因此极易导致错用或混用。要注意它们之间的细微差别，不可随意而为；否则就有损于公报文体的严肃性。

（五）公报的结构与写法

公报的结构由首部、正文和落款三部分组成。

1. **首部。**

（1）标题。公报的标题常见的有三种形式：一种是直接写文种《新闻公报》；第二种是由会议名称和文种构成；第三种是《联合公报》，由发布公报的各方国家的简称、事由、文种构成。

（2）时间。在标题之下正中用括号注明公报发布的年月日。

2. **正文。**

（1）前言。各类公报的前言内容有所不同。公布重大事件的新闻公报，前言属消息导语性质，要求用最鲜明、最精练的语言概述核心内容，即什么时间、什么地点、发生了什么重大事件。

（2）主体。要求把公报内容完整、系统、有序地表述清楚。常见的写法有三种：一种是分段式，以每项事情一段或每项决定一段的形式进行表述；第二种是序号式，多用于内容复杂、问题头绪较多的公报，以数码编序，分层来写；第三种是条款式，多用于联合公报，将各方共同议定的内容，每项列为一个条款进行表述。

3. **落款**。有的公报有落款，有的没有。联合公报要在正文之后写明双方签署人的身份、姓名、年月日，并写明签署地点。

【思考与练习】

导语：公报，原来仅是党的机关公文文种，现在被列为党政机关公文文种。要认识到，公报这一文种一般机关不能用，最重要的是事关党和国家公布重要决定或者重大事项。但是，作为这一文种，我们必须清楚地认识、理解和把握。

一、概念题

掌握下列名词术语。

会议公报　新闻公报　情况公报　低密度的语言　言约意丰　消息导语性质　核心内容

二、阅读题

1. 阅读公文例文。

2. 从报刊上找到新出现的公报阅读，印证《教程》所述。

三、简答题

1. 说说你是怎样理解公报这一文种的，该文种什么机关、什么人在什么情况才可以使用？怎样才能正确使用？

2. 公报的结构方式应怎样？写法怎样？语言应如何应用？试同新闻写作相比较，体会公报的写作特点。

二、公告的写法

（一）温故知新

公告文种是用来干什么的?《条例》表述得十分明白：公布国家机关的重要事项和法定事项。

目前社会上使用公告比较紊乱，诸如公告与通告不分、公告与启事不分、公告与通知不分等。可以《教程》选入的例文为引导，对社会上出现的各式“公告”进行分析研究，提高辨识能力和对党政机关公文公告的运用能力。

（二）例文学习

“一府两院”和人大机关均设有公告这种公文文种，其功能、性质大体相似，“适用于向国内外宣布重要事项或者法定事项”“适用于发布法律、地方性法规及其他重要事项”。但具体应用上有区别：人大的公告还有发布地方性法规的功能。

综观各个国家机关的公文系列，更能体会到公告文种的特点：“公”和“重”。所谓“公”，是以公（国家机关）向最广泛的公众公布；所谓“重”，是指事项的重要重大，或法律法规规定必须以公告公布的事项。

【例文一】

中华人民共和国海关总署公告

2003 年　第 66 号

为规范进口供数据处理设备用载有软件的介质（以下简称“介质”）的海关估价工作，根据《中华人民共和国海关审定进出口货物完税价格办法》（以下简称《办法》），现将海关对介质的估价规定公告如下：

一、……

……

五、本公告自二〇〇三年十二月十一日起施行。

特此公告。

中华人民共和国海关总署

二〇〇三年十二月三日

例文一是海关总署向国内外有关业务往来者宣布重要事项的一则公告。其公告事项是海关总署依法制定的对介质的估价规定，其告晓的对象是国内外有关业务往来者，因此需用公告告晓。

公告行文分序言和告晓事项两个部分。序言交代所发布估价规定的目的和规定的法律依据；其公告的事项在领起语之后分项列出，使公告内容清楚明白。

【例文二】

广东省人民政府文件

粤府〔2002〕21号

广东省质量技术监督局稽查总队成立公告

经广东省人民政府2001年12月3日粤府函〔2001〕468号文批准，广东省质量技术监督局稽查总队现正式成立，自2002年4月1日起在本省行政区域内实施行政执法。执法职责是：对公民、法人或者其他组织遵守《中华人民共和国产品质量法》《中华人民共和国标准化法》《中华人民共和国计量法》和《锅炉压力容器安全监察暂行条例》等法律、法规、规章的情况进行检查；以广东省质量技术监督局的名义，对有关的违法行为依法实施行政处罚。其执法人员持省人民政府统一制发的行政执法证上岗执法。

广东省质量技术监督局稽查总队办公地址：广州市海珠区同福东南村路泰山庙前3号广东省质量技术监督局办公楼6楼。举报、投诉电话：12365。

广东省人民政府

二〇〇二年三月二十七日

主题词：司法　质量　监督机构　公告

例文二是广东省人民政府采取的一项重要行政措施，成立一个新的执法机构——广东省质量技术监督局稽查总队，依照法规规定需向广大群众、机关单位，包括国内企业、中外合资企业、外资企业等公告。其告晓的内容包括该执法机构的名称、成立的时间、执法内容、执法的区域、执法职责、执法人员的标志以及办公地点、电话等事项。

如果新组建的机构没有涉外，仅需一定区域的群众、机关知晓，即可使用通告告晓。

【例文三】

国务院公告

（1987年12月5日）

《中华人民共和国政府和大不列颠及北爱尔兰联合王国政府关于解决历史遗留的相互资产要求的协定》已于1987年6月5日在北京签订，并于同日生效。按照上述协定的有关规定，现就我国公民申请清偿的具体事项公告如下：

……

例文三是一则向国内外宣布应当周知或办理的重要事项的公告。所公告的内容，对国内相关机构具有法定性（相关领导机关要另行公文下达指令），对国外相关人员具有规定性。

正文由前言和公告事项两部分组成。前言交代公告依据，然后用一过渡句“现就……的具体事项公告如下”转入公告主体。公告事项分条列出，使内容明晰，层次分明。

【例文四】

公　告

产字〔2012〕28 号

现有广州市海珠区教育局申请坐落在海珠区宝岗大道 163 号的国有土地使用权登记，凡对上述地块权属有异议者，请于本公告发布之日起 30 日内持有效权属证明到广州市房地产测绘院（原广州市房地产测绘所）提出权利主张（地址：广州市豪贤路 193 号 4 楼）。逾期无他人提出权利主张的，我局将按规定办理土地登记。

特此公告。

广州市国土资源和房屋管理局

二〇一二年五月二十五日

这是一则法定性公告。

土地权属，由《中华人民共和国土地管理法》规范。海珠区教育局依法向国土局申请国有土地使用权登记，该局接受申请，但必须依法公告确权（明确该土地是否属申请人所有），依法须公告 30 天，这是一种送达公告，让对该土地有异议者有足够时间提出权利主张。有异议则另案立案办理，无异议则依法办理土地登记。这就是依法行政。

公告送达时限为 30 天（法定）。实际上这是送达公告的一种方式①。有异议者、不明姓名、不明地址，无法送达，故必须依法公告，并依法定时限以公告送达。公告期限逾越，便算作公告业已送达。不提出异议者则视为放弃异议权，允许办理机关依法办理。

常见的法定性公告有招标公告、拍卖公告、专利公告、法人公告、商标公告、破产公告、房屋拆迁公告等，均是由法律、法规规定须用公告形式向社会公众宣布的事项，这是法律行为。法律法规没有规定必须使用公告而又不符合公告使用条件的，不要使用公告。

---

① 送达公告，是指用公告替代通知将信息传达给当事人的一种方式。

送达公告是法律意义上的送达，国家机关依法作出裁决、判定需通知法定行为人或单位而又无法送达时（如当事人有意隐匿、逃亡）可使用公告形式送达，公告期满即视为送达，故为具有法律意义上的送达。

在司法、公安、行政处罚、行政复议、工商行政管理等工作中，往往会出现行政处罚决定书无法送达当事人的情况，这时便应当依照有关法规的规定采用公告送达。如《广州市行政复议规定》中就有“受达人下落不明，或者用其他方式无法送的，公告送达；自发出公告之日起经过六十日，即视为送达”的规定。

【例文五】

中华人民共和国
全国人民代表大会公告
第二号

第十二届全国人民代表大会第一次会议于2013年3月14日选举：
习近平为中华人民共和国主席；
李源潮为中华人民共和国副主席。
现予公告。

中华人民共和国第十二届全国人民代表大会
第一次会议主席团
2013年3月14日于北京

本例是人大公文公告。人大机关公文不设命令（令）文种，公布国家主席当选这一重大事项，依法用公告公布。公布是履行法律手续，一经公布即生效。

【例文六】

最高人民法院 最高人民检察院
关于不再追诉去台人员
在中华人民共和国成立前的犯罪行为的公告

台湾同胞来祖国大陆探亲、旅游的日益增多。这对于促进海峡两岸的“三通”和实现祖国和平统一大业将起到积极的作用。为此，对去台人员在中华人民共和国成立前在大陆犯有罪行的，根据《中华人民共和国刑法》第七十六条关于对犯罪追诉时效的规定的精神，决定对其当时所犯罪行不再追诉。

来祖国大陆的台湾同胞应遵守国家的法律，其探亲、旅游、贸易、投资等正当活动，均受法律保护。

1988年3月14日

本例文是司法机关的公告，公布了国家的法定事项。公告所依据的是《中华人民共和国刑法》。司法机关以公告公布是依法行政。

（三）公告的用法

向国内外宣布重要事项或法定事项用公告。要注意不能混淆概念：“向国内外宣布重要事项”应该一为“涉外”，二为“重要”，两者必须同时兼备，不能只看一个因素；“法定事项”是指法律、法规明文规定必须使用公告的事项，如招标公告、拆迁公告、商标公告、专利公告、破产公告、企业法人登记公告、招考公告等是全国人大制定的相关法律中特别规定必须使用的，属于法定事项之列。有的如校庆公告、招聘银行行长公告、迁址公告等，本应使用启事，却误用了公告这一文种。公告是国家行政机关公文中很严肃的公文文种，为了维护其严肃性，切不可滥用。

发布公告要使用公告格式。公告的格式有两种：一种是文件式。即使用下行文件格式，按下行文渠道发给下属机关。另一种是张贴式。按照实际需要确定用纸大小，没有红色反线，只印发文机关名称，套红印刷，没有“文件”二字，公文生效标识之后没有版记部分。也可以以此格式登报。

公告与通告很相似，但是要注意与通告相区别。

（四）公告的写作要求

1. **主旨要正确集中**。任何一篇公文的写作都要做到这一点，而公告的写作要求尤为严格。公告的主旨正确，是指必须符合实际，符合党和国家的最高利益，符合历史发展的总趋势。由于它面向国内外宣布，涉及面广、影响大，尤需反复斟酌，谨慎从事。公告主旨的集中性，是指要围绕一个基本观点来写，绝不可枝蔓横生，这样才能中心正确，重点突出，便于理解、执行，发挥公告的作用。

2. **事项要准确具体**。公告中的事项，是公告内容的具体指向，旨在晓谕天下做什么和怎样做。事项部分务求准确，不能模棱两可、含混不清，务求具体，具有可操作性，不能笼而统之、只讲大概如何。

3. **用语要庄重、凝练、严密**。公告的语言要庄重，主要指使用规范的书面语言和惯用语。必要的文言文的融入，具承前启后作用的惯用语的运用，不只显示语言的庄重性，也使公文“文简而事白”；要凝练，是指语言要千锤百炼，精益求精，用字力求少，表意力求多，即“文简而事丰”；要严密，是指叙事、论理周密严谨，排除自相矛盾之处，使全文顺理成章，浑然一体。

（五）公告的结构与写法

公告的结构由标题、发文编号、正文和成文日期四个部分组成（注意：公告是广行文，没有特指的受文机关，凡是需要知晓者均为受文对象，而受文亦仅为告晓而已）。

1. **标题**。公告的标题可以由四种方式组成：第一种，由发文机关、事由、文种构成；第二种，由发文机关、文种构成；第三种，由事由、文种构成；第四种，单独由文种构成。

2. **发文编号**。公告的发文编号有两种方式：一是不编号。如果同一件事需要发多次公告的话，则编“第一号”“第二号”，置于标题之下（如例文一）。二是用公文发文号的编号方法，由机关代字、年号、序号组成（如例文二）。

3. **正文**。公告的正文由引据、主体、结语三个部分组成。

（1）引据。即开头，要求概括地写出发布公告的根据，或在工作中出现什么问题，或针对何种矛盾点，公告是由此而发。多数公告全文短小，引据部分用一两句说明即可；而有的公告篇幅大些，引据部分所用文字则要从实际出发，还可用“现公告如下”领起下文。

（2）主体。即公告事项。这部分要写清何时、何地、何机关或何人作出了什么重大决定，或是要进行什么重大工作，发生什么重大事件。如果事项较多，可以分条列项，逐一写出。

（3）结语。公告的结语有两种情况：一是不设结语。有些短小篇幅的公告，常常寥寥数语，一段即毕，结语也即略去。二是设置结语。一般来说，设立结语的有两种类型：一种为习惯用语，如用“特此公告”“现予公告”等；一种为需要用语，作相关说明。

4. **成文日期**。公告的成文日期有两种标示方法：其一，在文末落款处写上年月日；其二，用题注方式，即在公告标题之下，用圆括号括起，写明年月日。

【思考与练习】

导语：公告，是行政机关在向国内外宣布重要事项或依法律法规规定须用公告向公众公布法定事项时使用的公文文种。为了防止乱用公告，我们要认真分辨清楚公告与通告的区别，注意二者公布法定事项的法律依据。

一、概念题

掌握下列名词术语。

公告　重要事项　法定事项　专利公告　商标公告　送达公告

二、阅读题

1. 阅读公告例文，细心体会公告例文在内容上的特点是什么。

2. 阅读下列资料。

当前有法可依、依法而发的法定事项公告有：

（1）法院公告。

《中华人民共和国民事诉讼法》第 55 条规定：“诉讼标的是同一种类、当事人一方人数众多在起诉时人数尚未确定的，人民法院可以发出公告”；第 84 条规定：“送达人下落不明，或者用本节规定的其他方式无法送达的，公告送达”；第 122 条规定：“人民法院审理民事案件，公开审理的，应当公告当事人姓名、案由和开庭的时间、地点”；第 168 条规定：“人民法院受理宣告失踪、宣告死亡案件后，应当发出寻找下落不明人的公告”。

（2）海关公告。

《中华人民共和国海关行政处罚实施条例》第 55 条规定：“行政处罚决定书应当依照有关法律规定送达当事人。依法予以公告送达的，海关应当将行政处罚决定书的正本张贴在海关公告栏内，并在报纸上刊登公告”；第 62 条规定：“被收缴人无法查清且无见证人的，应当予以公告”。

（3）拍卖公告。

《中华人民共和国拍卖法》第 45 条规定：“拍卖人应当于拍卖日七日前发布拍卖公告”；第 47 条规定：“拍卖公告应当通过报纸或者其他新闻媒介发布”。

（4）招标公告。

《招标公告发布暂行办法》第9条规定："招标人或其委托的招标代理机构应至少在一家指定的媒介发布招标公告。"

（5）招标投标违法行为记录公告。

《广州市招标投标违法行为记录公告办法》是广州市人民政府于2010年1月15日发布的政府规章，规定了在招投标各环节违法行为应予以公告。

（6）采购公告。

《中华人民共和国政府采购法》第26条规定："政府采购采用以下方式：（一）公开招标……"既然要招标，就应该发布公告。

（7）纳税信用A级纳税人名单公告。

《纳税信用等级评定管理试行办法》第20条规定："省一级或者市（地）一级或者县（市）一级国家税务局和地方税务局可以选择适当方式将A级纳税人的名单予以公告。"

（8）省人大常委会发布道路交通安全条例公告。

《中华人民共和国立法法》第69条规定："省、自治区、直辖市的人民代表大会常务委员会制定的地方性法规由常务委员会发布公告予以公布。"

（9）企业法人设立登记公告。

《中华人民共和国企业法人登记管理条例施行细则》第53条规定："对核准登记注册的企业法人，由登记主管机关发布公告"；第54条规定："企业法人登记公告分为开业登记公告、变更名称登记公告、注销登记公告，由登记主管机关通过报纸、期刊或者其他形式发布"。

（10）资产处置公告。

《中华人民共和国公司法》第137条规定："公司发行新股募足股款后，……并公告"；第178条规定："公司需要减少注册资本时，并于三十日内在报纸上公告"；第189条规定："公司清算结束后，清算组应当……公告公司终止"。……

（11）房屋过户公告、注销房屋所有权证公告。

《城市房屋权属登记办法》第10条规定："房屋权属登记依以下程序进行：……（三）公告"；第15条规定："登记、验证、换证应当由县级以上地方人民政府在规定期限开始之日30日前发布公告"；第25条规定："有下列情形之一的，登记机关有权注销房屋权属证书……并收回原发放的房屋权属证书或者公告原房屋权属证书作废"。

（12）国有土地使用权挂牌公告。

《招标拍卖挂牌出让国有土地使用权规定》第8条规定："出让人应当至少在投标、拍卖或者挂牌开始日前20日发布招标、拍卖或者挂牌公告。"

（13）认领弃婴公告。

《中华人民共和国收养法》第15条规定："收养查找不到生父母的弃婴和儿童的，办理登记的民政部门应当在登记前予以公告。"

三、简答题

1. 什么是重要事项公告？其重要与否如何界定？

2. 什么是法定性公告？其法定性的依据是什么？

3. 简述行政机关公文的公告与人大公告的不同功能。

4. 人民法院机关有机关公文的公告，但其司法人员在业务工作中也要使用司法公告，你能说说它们的区别吗？

5. 在招标与投标活动中，过去是使用“招标启事”来公布招标事宜，现在由《中华人民共和国招标与投标法》规定，须用“公告”来发布招标信息，请你分析这是为什么。

6. 公告与通告的异同。

7. 公告与启事的异同。

四、辨析题

1. 下列公告使用是否正确。

（1）××分行关于公开选聘××支行行长的公告。2005 年发布的《中华人民共和国公务员法》规定，“录用公务员，应当发布招考公告”。

（2）2002 年度全国职称外语等级考试公告

（3）×××学校关于开除×××学籍的公告

（4）地产资信 20 强公告

（5）彩票开奖公告

（6）工程造价公告

五、讨论题

2004 年 6 月号的《应用写作》发表了一篇署名文章，认为“校庆公告，是‘公告’的一种，是从公告这一公文中派生出来的新颖的应用文”。该文还援引了国务院于 2000 年 8 月 24 日发布的《国家机关行政公文处理办法》：根据该《办法》“对公告的界定，和人们写作、发布校庆公告的目的与意义，我以为校庆公告属于告知性的公告”。

请据此开展讨论：

1. 我们能不能从党政机关公文的文种中派生出新颖的应用文？

2. 如果“校庆公告”这一文种可以派生成立，那么其他文种能不能派生出同名应用文呢？

比如，有企事业单位，使用命令（令）来任命中层干部，说是企业文告，这是不是属于派生？这种做法对不对？

有企事业单位，将职工代表所提出的个人意见或建议称为议案，这种派生做法对不对？

请据此推论：如果公文文种公告可以派生出应用文文种公告，那么公文文种决定、命令（令）、议案等，可不可以也派生出新颖的同名应用文文种呢？

假如派生说能成立，那么，党政机关公文将会如何？请你充分发挥所学知识进行分析，得出合理的结论。

三、通告的写法

（一）温故知新

通告和公告相比，其告晓的范围要小很多，仅是某一地域或是某一系统，是行政机关、人民团体、企事业单位常用的向一定区域的群众、机关或相关人员告晓的文种。它与公告有相似之处，有些人在使用上往往把握不准，常常混淆。可以《教程》选入的例文为借鉴，通过比较研究，提高辨识能力和对通告的运用能力。

（二）例文学习

《条例》对通告的释义是："适用于在一定范围内公布应当遵守或者周知的事项"，明显与公告不同："在一定范围内公布"，不是向国内外宣布，所公布的内容为"应当遵守或者周知的事项"，具有一定的规定性或者是周知性，仅为告晓。通告与公告，告晓的地域不同，公告告晓的对象是国内外，通告告晓的对象是国内的某一地域或某一领域。公告告晓的内容是"重要事项或者法定事项"。

选入例文3篇，均为典范：告晓应当遵守事项的，法据脉络突出，适用文种规范。

【例文一】

广州市人民政府文件

穗府〔2002〕35号

关于将广州南沙开发区划为石矿
粘土矿禁采区的通告

为贯彻执行省委、省政府、市委、市政府关于加快南沙地区开发建设的战略决策，将南沙地区建设成为产业布局合理、经济辐射能力强、基础设施配套、自然环境优美的现代化生态型滨海新城区，根据《中华人民共和国矿产资源法》《广东省采石取土管理规定》，市人民政府批准了《广州南沙采石取土禁采区规划》，现就广州南沙开发区石矿、粘土矿禁采区范围通告如下：

一、禁采区范围：广州南沙开发区范围，具体包括黄阁镇、广州南沙经济技术开发区、鸡抱沙、开沙、龙穴岛；广州珠江华侨农场、万顷沙、围垦公司、横沥镇以及灵山镇南部地区。

二、本通告自发布之日起生效。

广州市人民政府

二〇〇二年十一月十日

例文一是一则行政机关公布社会各有关方面应当遵守的通告。这种通告具有法制性，必须做到符合法规要求。

本通告实际上是在下达广州市人民政府的禁令。因为需要知晓并遵守的对象是该区域的全体人士，而其中有的人士并非广州市所辖人员，如果使用通知行文，便会使应该知晓的人士无法知晓，因而必须使用公开张贴的通告以让他们知晓并遵守。

本通告行文目的明确，依据相关法规规定，突出于法有据，并宣布《广州南沙采石取土禁采区规划》已批准为政府规章，强调了本通告事项具法规规定性。告晓范围界定明确，强调了生效日期，使监管执法部门可依此通告执行。

【例文二】

关于对电动自行车和其他安装有动力装置的
非机动车不予登记、不准上道路行驶的通告
穗公〔2006〕343 号

根据《中华人民共和国道路交通安全法》和《广东省道路交通安全条例》的有关规定，经广州市人民政府公开征求意见，并报请广东省人民政府批准同意，自本通告发布之日起，在广州市行政区域内（含从化市和增城市）对电动自行车和其他安装有动力装置的非机动车（残疾人机动轮椅车除外）不予登记、不准上道路行驶。

违反本通告的，由公安机关交通管理部门依法予以处理。

特此通告。

广州市公安局
二〇〇六年十一月六日

例文二是一则公安机关公布的要求社会各有关方面切实遵守的通告。

广州市公安局的这一则通告，是依据广州市人民政府的决定而形成的公文。广州市人民政府的决定，是根据广州市道路交通管理的实际情况，又依据了《中华人民共和国道路交通安全法》和《广东省道路交通安全条例》的有关规定，并经过听证会公开征求各有关方面群众意见，而后报请广东省人民政府批准同意而作出的。

决定在广州市行政区域内（含从化市和增城市）对电动自行车和其他安装有动力装置的非机动车（残疾人机动轮椅车除外）不予登记、不准上道路行驶。这是依据法律、法规，又依照立法程序作出的、符合实际需要的决定（同属广州市行政区域的花都区和番禺区不在“不准”之列，说明这是依据实际需要，而不是搞“一刀切”）。

什么是“依法行政”？我们怎样去“依法行政”？弄懂这则通告的出台过程，对我们将会有很大的启发。

【例文三】

广州市人民政府文件

穗府〔2002〕36号

关于防空警报试鸣及防空演习的通告

根据《中华人民共和国人民防空法》和《广东省实施〈中华人民共和国人民防空法〉办法》关于防空警报试鸣的规定，为增强市民的国防观念和防空意识，定于2002年11月22日11时0分至11时30分，在全市（10个区、2个县级市）范围内进行防空警报试鸣，同时在越秀区、荔湾区、东山区、海珠区、黄埔区、芳村区等6个城区，组织部分市民、人防专业队进行以防空疏散和利用人防工事就地隐蔽为内容的防空袭实兵演习。特通告如下：

一、11时0分至3分试鸣预先警报：鸣36秒，停24秒，反复3遍；

二、11时18分至21分试鸣空袭警报：鸣6秒，停6秒，反复15遍；

三、11时27分至30分试鸣解除警报：连续鸣响3分钟；

四、防空警报试鸣及防空演习期间，全市生产、生活秩序及社会活动照常进行。

广州市人民政府

二〇〇二年十一月七日

例文三是一则由广州市人民政府向社会各界发布的周知性通告。试鸣防空警报，涉及面广，其周知对象是广大群众（包括外地驻广州的众多机团以及海外侨民），以免发生误会而产生意外，所以，必须通告知晓。

为什么要用通告而不是用公告？试鸣防空警报是重要事项，必须告晓域内广大群众知晓，域内的群众包括本地居民、中央机关和外地机构驻广州办事人员、领事区域的工作人员及其眷属、海外人士等。表面上这件重要事项似乎已涉外了，其实广州市试鸣防空警报仅限于广州地域内，并不涉外。在广州居住的海外人士无需特别关注，知道是怎么一回事即可，故用通告告晓可也。如果在某边境试鸣，其声响会传过国境让外国居民听见，为防止产生误会，则须使用公告。

为什么本通告不以办公厅名义发出而以政府名义发出？在广州市内，不属广州市管辖的机关、团体、企事业单位很多，为郑重起见，故须以市政府名义发文。

在写作上，以依据、目的、试鸣时间、举措等分层安排，结构完整，文字简洁明了，告晓事项分条列出，让人明白知晓。

（三）通告的用法

公布社会各有关方面应当遵守或者周知的事项用通告。“社会各有关方面”，是指国内的某一区域或一领域或某一群落，不包括国外。“应当遵守”，是指通告的事项具有法规规定性，被告晓的有关人员必须遵守。“周知”，是指让有关方面知道。

例文一和例文二的通告事项具有法规规定性，相关人员不仅必须知晓，而且必须遵照执行，如有违反，将会受到责罚；例文三的通告事项不具法规规定性，仅是告知知晓。

通告使用与公告相同的公文版头。没有红色反线，在发文机关名称的后面没有“文件”字样，仅用套红大字印上发文机关名称，其下方书写标题和通告编号。

发布通告，也可以同时采用几种不同的发布方式，如发文、张贴、登报、广播、电视播放等。不同的发布方式又可以采用不同规格的公文用纸。

（四）通告的写作要求

1. **选准文种，不要与公告、通知相混淆。**通告这一文种在选用时要注意两个方面：一是使用过滥，把一些本不应用“通告”发布的内容用“通告”发布，或者本应以“通告”发布的内容却用了其他文种。如××市棉麻公司在1986年10月31日发了一个《关于“双优”棉增加供应量的通知》，其内容是面向全市知照增加“双优”棉供应量。这个通知就错用了文种，应改为通告。因为通知是下行文，即上级机关向下级机关行文时使用，一个棉麻公司怎能向全市下通知呢？而通告正是用于公布社会各有关方面应当遵守或者周知的事项，向全市人民告知增加“双优”棉一事应该用通告。二是与公告有混淆现象。本应用公告发布的内容使用了通告，或者相反。克服这一问题就需要认真辨析这两个文种。二者的相同之处主要是公开发布。法定事项公告与法规性通告，在内容上有些相似。但二者的不同点也是明显的：

（1）从发布的事项看，公告的事项更为重大。如公告例文一和例文三所发布的，都是国内外关注的大事。而通告则是发布某区域内社会各有关方面应当遵守或周知的事项，尽管这些事项在一定的时空领域具有普遍意义，但并不都是重要或重大到须向国内外公众宣布的程度。

（2）从发文的机关看，公告一般由高级机关发布，通告则各级机关甚至企事业单位都可以发布。如《北京市公安局关于查禁赌博的通告》就是以北京市公安局的名义发布的。

（3）从受文对象看，公告的受文对象不仅有国内的，也有国外的，有的公告甚至主要是对国外。如新华社受权发表《我国将进行向太平洋发射运载火箭试验》的公告，就主要是对外的。

2. **注意掌握政策，不得越权行文，措辞要与发文机关身份相称。**

（五）通告的结构与写法

通告也是广行文，其结构由标题、发文编号、正文和成文日期四个部分组成，同公告一样没有特指的受文机关。

1. **标题。**通告的标题也可以由四种方式组成：第一种，由发文机关、事由、文种三要素构成，如《广州市地方税务局关于中央、省属驻穗单位缴纳社会保险费有关事项的通告》（《广州日报》2005年1月10日）；第二种，由发文机关、文种构成，如《关于征收2005年车船使用税和车船使用牌照税的通告》（广州市地方税务局，《广州日报》2005年1月10日）；第三种，由事由、文种构成；第四种，单独由文种构成，仅写“通告”

二字。

2. **发文编号**。通告的发文编号也可以有两种方式：一是不编号，或者将编号置于标题之下，用圆括号括住；二是用公文发文号的编号方法，由机关代字、年号、序号组成。

3. **正文**。通告的正文由引据、主体、结语三个部分组成。

（1）引据。即开头，要求概括地写出发布通告的根据，交代缘由后用“现通告如下”领起下文。

（2）主体。即通告事项。这部分要写明何时、何地、何机关或何人作出了什么重大规定，或是要进行什么重大工作，发生什么重大事件。如果事项较多，可以分条列项，逐一写出。

（3）结语。通告的结语有两种情况：一是不设结语；二是用“特此通告”作结。

4. **成文日期**。通告的成文日期有两种标示方法：其一，在文末落款处写上年月日；其二，用题注方式，即在通告标题之下，用圆括号括起，写明年月日。

【思考与练习】

导语：通告是用于公布社会各有关方面应当遵守或者周知事项的文种，行政机关可以使用，社会团体和企事业单位也可以使用。但是，所通告的事项和所告知的内容却有天壤之别。区别在哪里？学习者应十分注意相关法规的职权限定。

一、概念题

掌握下列名词术语。

通告　遵守性通告　告晓性通告

二、阅读题

认真阅读通告例文，从例文中体会通告的文体特点。

三、简答题

1. 通告是怎样的一个公文文种？

2. 在什么情况下使用通告？什么情况下使用公告？

3. 怎样区分公告与通告？试以例文三为例，指出公告与通告的区别。

4. 怎样区分通告与通知？试以例文一为例，指出它们之间的区别。

5. 在使用通告时应注意什么问题？

四、讨论题

阅读例文二，然后回答下列问题。

1. 如果正文仅写成“本通告自发布之日起，在广州市行政区域内（含从化市和增城市）对电动自行车和其他安装有动力装置的非机动车（残疾人机动轮椅车除外）不予登记、不准上道路行驶”，其效果如何？

2. 广州市对电动自行车和其他安装有动力装置的非机动车（残疾人机动轮椅车除外）不予登记、不准上道路行驶的区域，为什么只含从化市和增城市，而不含花都区和番禺区？

3. 广州市人民政府关于在广州市行政区域内（含从化市和增城市）对电动自行车和

其他安装有动力装置的非机动车（残疾人机动轮椅车除外）不予登记、不准上道路行驶的决定，具有怎样的法律效力？请试联系自己的认识谈一谈。

4. 如果是县级人民政府或者是一般的地级市人民政府，能否发布类似的“不予登记、不准上道路行驶”的通告？为什么？

第三节　意见　通知　通报

这组公文文种是各级领导机关使用频率很高的下行文种，其共同功能是指出下级机关应该怎样行动，但在具体做法上有差异。意见，是向下级机关作出应该怎样去做、为什么要这样做的指示，在于讲清楚上级机关的意图、目的意义、做法，让下级机关明白上级意图，懂得应该怎样做，在“善诱”上下功夫。通知，是典型的指挥、指令、部署、布置、传达、批转、转发的工具，是有隶属关系的上级对下级的指挥、调遣。通报，其目的是指挥、指导、引导下级机关，但却要以事实、事例、案例为基础进行，通过被通报的事件，画龙点睛地指出应从事件中吸取的经验和教训以使下级机关更聪明起来。这是从战略意义上教育干部，所以立意要高远，挖掘出更深远意义的内涵。

在学习完这三个文种之后，回过头来进行比较，体会出三者相近相异之处，抓住“同”“异”体会其应用与写作的规律。

一、意见的写法

（一）温故知新

什么是意见？意见文种的特点是什么？

意见的使用，以其文种的灵活性大大提高了使用频率，特别是下行的意见，以其讲道理、教做法的教诲，使下级机关的工作人员倍受教益而大受欢迎；上行的意见，也由于文种特性（对重要问题发表见解和处理办法），因而使下级机关畅所欲言，充分发表己见，使上级机关能听到下级机关的意见，更能贴近实际，是上下左右沟通的多面手文种。

要掌握意见的用法、写法，不仅要多读意见例文，而且要与相关文种进行比较，如意见与指示性通知，意见与议案、提案、建议，意见与报告，意见与决定，等等，通过多文种的比较，更深刻认识意见的特点，从而驾驭意见这一文种。

（二）例文学习

《条例》对意见的释义是：“适用于对重要问题提出见解和处理办法”。意见，原本是下行文，是上级机关对“重要问题提出见解和处理办法”，给下级机关出主意作指示，是具教导性、启发性、说理性的行文。实践中发现，就“重要问题提出见解和处理办法”同时适用于下级机关向上级机关提出，也适用于不相隶属机关提出。

这是上级机关倾听下级声音、集思广益的好渠道，使用频率很高。选入例文3篇均十分典范，能给我们“典型引路”“启迪思维”。

【例文一】

关于做好广州市区、县级市人民代表大会
换届选举工作的意见
穗×〔2002〕28号

中共广州市委：

根据《中华人民共和国全国人民代表大会和地方各级人民代表大会选举法》（以下简称《选举法》）和《中华人民共和国地方各级人民代表大会和地方各级人民政府组织法》（以下简称《地方组织法》）的有关规定，以及《中共广东省委批转〈关于做好全省不设区的市、市辖区、县人民代表大会换届选举工作的意见〉的通知》（粤发〔2002〕12号）精神，我市的区、县级市人民代表大会将于明年上半年任期届满，应分别进行换届选举。现就换届选举工作提出如下意见。

一、换届选举的指导思想

这次换届选举，是在党的“十六大”胜利召开、社会主义现代化事业进入一个新的发展阶段进行的，是我市人民政治生活的一件大事。搞好这次换届选举，对于充分发挥区、县级市人民代表大会的作用，加强地方政权建设，推进依法治市工作，实现人民群众当家做主的权利，保持安定团结的政治局面，推进我市改革开放和率先基本实现现代化，具有十分重要的意义。

这次区、县级市人大换届选举工作的指导思想是：在市委领导下，高举邓小平理论伟大旗帜，坚持党的基本路线，以江泽民同志“三个代表”重要思想为指导，全面贯彻党的“十六大”和省第九次、市第八次党代会精神，切实把坚持党的领导、充分发扬民主和严格依法办事有机结合起来，严格按照法律规定的程序，精心组织，周密安排，确保换届选举工作顺利进行。

二、换届选举的时间安排

根据宪法和《地方组织法》的规定，按照省委文件的要求并结合我市实际情况，我市区、县级市人大换届选举工作应于2003年4月底以前完成。各区、县级市要统筹兼顾，妥善安排各项工作，保证依时完成换届选举工作。

三、提高代表素质，优化代表结构

严格按照法律规定的程序和对代表的要求，切实把好代表素质关。拥护党的基本路线，努力实践“三个代表”重要思想，模范遵守宪法和法律，在生产、工作和社会生活中，协助宪法和法律的实施；通过诚实的劳动、工作和合法经营，为发展社会主义生产力和社会主义各项事业作出贡献；密切联系人民群众，反映人民群众的意见和要求，热心为群众办事，具有较强的执行代表职务的责任感和能力的人，推选为代表候选人。

人大代表应具有广泛性和先进性，保证工人、农民、知识分子、妇女、党外人士各占适当的比例。其中，中共党员比例不超过65%；妇女代表比例不低于23%。区、县级市人大代表尽量不与本级政协委员以及各级人大代表交叉。代表中的区、县级市党委、政府领导干部人数不宜过多，一般以5人左右为宜。连任的代表约占20%。区、县级市人大代表一般应具有初中以上文化程度。代表的年龄结构应进一步年轻化。要通过宣传教育，引导选民作出正确选择，实现代表结构的合理优化，不要片面为追求实现代表的构成比例，而作出硬性规定。

四、进一步加强区、县级市人大常委会的组织建设

切实按照中央和省委的要求，努力提高区、县级市人大常委会组成人员的整体素质，并逐步实现专职化和比较年轻化。常委会组成人员中要有一定数量熟悉经济、法律、文教、科技等工作的人才，有一定数量具有较丰富实际工作经验的领导干部以及从人大常委会机关选拔的工作骨干，常委会组成人员按任职年龄要求可以任满两届的，或在任内能与党委和政府机关、司法机关干部实行交流的应不少于总数的1/3，其中专职的组成人员应占多数。要重视非党人士的安排，党委会组成人员中，中共党员应不超过70%。

五、认真做好候选人的提名推荐

严格按照《选举法》和《地方组织法》的有关规定，认真做好代表和国家机关领导成员候选人的提名推荐工作。切实保障选民和代表在选举工作中的知情权、参与权、选择权和监督权，保障其依法联名提出候选人和权利。选民或代表联名提出的代表候选人或国家机关领导成员候选人，与政党、大会主席团提名的候选人具有同等的法律地位，均应依法列入候选人名单，提交选民或代表酝酿讨论。不得违背选民或代表的意愿，限制选民或代表依法联名提出候选人，更不能包办代替。

选举国家机关领导人员时，要依法坚持差额选举原则。正职领导人员的候选人一般比应选人数多1人，进行差额选举；如果提名的候选人只有1人，也可以等额选举。副职领导人员的候选人数应比应选人数多1～3人。人大常委会委员的候选人数应比应选人数多1/10～1/5，进行差额选举。

六、保障流动人口和困难群众依法行使民主权利

我市流动人口多，情况复杂，人户分离现象比较突出。要采取切实措施，依法做好选民登记工作。选举期间不能回原选区参加选举的选民，可以书面委托所在选区的选民代为投票。选民实际已经迁居外地（已取得现居住地居住证）但没有转出户口的，在取得原选区选民资格的证明后，可以在现居住地的选区参加选举。对失业、下岗和生活困难的选民，要做好宣传发动和组织工作，维护他们的民主权利。

七、依法处理破坏选举的违法行为

保障选民和代表依法行使选举权和被选举权。注意防止和及时处理选举中可能出现的各种违法行为，严禁贿选，严禁利用宗法势力、恶势力操纵选举。对以暴力、威胁、欺骗、贿赂、伪造选举文件、虚报选举票数等手段破坏选举或者妨碍选民和代表自由行使选举权和被选举权的行为，以及对控告、检举选举违法问题的人进行压制、报复的行为，要依法予以追究。各区、县级市人大常委会对选民和代表检举的违法行为要依法查处；对重大违法行为，要及时向市人大常委会报告。同时，要正确划清选举中的工作失误、思想认识问题与违法行为的界限，防止混淆两类不同性质的矛盾。

八、加强党对换届选举工作的领导

这次区、县级市人大换届选举，时间紧迫，工作量大，法律性、政策性强。各级党委

要把这项工作列入重要议事日程，统筹安排，切实加强领导。要按照《党政领导干部选拔任用工作条例》的规定，及时做好国家机关领导成员候选人的提名推荐工作。根据中央的要求，新提拔的干部应尽量多交流提拔，并在选举工作全面铺开前到位，以利于选举。各区、县级市人大常委会要认真履行宪法和法律赋予的职责，依法做好换届选举的组织工作，特别是要做好换届选举的宣传教育工作，认真选好新一届区、县级市人大代表和国家机关领导成员。

九、落实选举经费

按照《选举法》的规定，选举经费由国库开支，根据我市的实际情况，本次区、县级市人大换届选举的选举经费，由选举工作机构按本行政区域内总人口数和选举工作实际需要编造预算，在本级财政预算中列支。

以上意见如无不妥，请批转各区、县级市及市直局以上单位执行。

中共广州市人大常委会党组

二〇〇二年十一月四日

这是一则很具特色的公文。发文机关是人大常委党组，是党的公文而不是行政机关公文。但其行文涉及了行政机关，而且在公文行文上，对指导、启发我们认识党、政、人大等机关在对公务处理上的关系，确实是一个很好的实例。

这是上行的意见，即下级给上级提出“对重要问题的见解和处理办法”——对换届选举这样的大事提出见解和处理办法。

广州市人大党组，根据相关法规和省委的通知精神，拟定了做好广州市区、县级市人民代表大会换届选举工作的意见，而换届选举工作需要下级各机关协调一致地工作，涉及党、政、人大、检察院、法院、驻军等，因此须经市委批转给各区、县级市及市直局以上等单位执行。本意见，就市委而言，是对一项工作的安排建议，而对各区、县级市及市直局以上等单位而言，则是对该项工作应遵照执行的指示。

本文在写法上采用了方案的形式，从指导思想到时间安排、具体做法，逐项列出，具有可操作性。文章的开头结尾却又采用公文意见文种的格式，得体地体现了上行意见的规范。

请细细阅读例文，体会其行文间的部署性、指示性的语言。

【例文二】

××省人民政府办公厅
关于加强嫩江松花江近期防洪建设
若干意见修改的意见
×函〔1999〕××号

水利部办公厅：

贵厅《关于进一步征求〈关于加强嫩江松花江近期防洪建设若干意见〉的函》（办汛

〔1999〕236号，以下简称《意见》）收悉。具体修改意见如下：

一、《意见》第二部分确定的Ⅱ级堤防，在1998年洪水后的堤防建设中已按Ⅱ级堤防标准进行加固，在前两次征求意见时，各省对此没有提出异议。为使《意见》更具操作性和权威性，我省建议将“今后由水利部与有关省（自治区）进一步核定”一句删除。

二、建议将《意见》第七部分第三段中的“这项工作由地方政府负责”，改为“这项工作由地方政府负责实施”。

三、鉴于嫩江、松花江防洪体系尚未建成，松花江上游的丰满、白山两个大型水利枢纽均位于吉林省境内，以及两座水库目前防洪高度的具体做法和历史情况，我省建议在第十部分第二段中增加“关于丰满、白山联合调度问题，仍按国汛1994第5号文件执行”的内容。

以上，请予考虑。

××省人民政府办公厅

一九九九年十二月十五日

这是一则不相隶属机关之间，就某一问题进行协商、提出意见的行文，属平行文的意见。

意见作为平行文时，一般是在答复平行机关或不相隶属机关询问或征求意见时使用。比如起草规范性公文时，往往需要有关部门对草拟的公文提出意见，有关部门在提这方面意见时，过去用函，现在已改用意见行文。以意见行文，可以就对方提出的问题展开陈述、议论，可以做到说理更透；但是，不能强求对方接受，要以仅供对方参考的语气陈词。所以，这种平行的意见更受欢迎。

本文在行文上依据法规准确、充分，不仅文字流畅、简练，而且观点鲜明，语言平和，尊重对方。

【例文三】

中共中央组织部

关于推行党政领导干部任前公示制的意见

2000年12月14日印发

实行党政领导干部任前公示制，是干部人事制度改革中出现的新事物，它源于基层的实践与创造。近几年来，各地普遍开展了推行任前公示制的试点工作，收到了积极的效果。为进一步推行并完善、规范任前公示制，根据《深化干部人事制度改革纲要》（中办发〔2000〕15号）要求，现提出如下意见。

一、充分认识实行党政领导干部任前公示制的意义和作用

任前公示制，就是将党委（党组）集体讨论研究确定拟提拔或调整的干部的有关情况，通过一定的方式，在一定范围和期限内进行公布，广泛听取群众的反映和意见，再正

式实施对干部的任用。这种做法把扩大民主从干部推荐、考察环节延伸到任用决策阶段，把民主参与的范围由部分干部扩展到广大群众，体现了坚持党管干部原则与充分发扬民主、走群众路线的有机结合。

任前公示制对改进干部选拔任用工作具有重要作用。它作为干部考察工作的延伸和补充，可以使党组织在更大范围内听取各方面的意见，更全面、更准确地了解干部，减少用人失察失误，提高选人用人质量。任前公示制将干部选拔任用工作置于广大群众的监督之下，强化对干部选拔任用工作的监督和对党政领导干部的监督，不仅有助于遏制选人用人上的不正之风和腐败现象，而且有利于形成正确的用人导向，增强干部的公仆观念和自律意识。

二、进一步完善党政领导干部任前公示制的操作规范

经过近年来的探索和实践，各地在实行党政领导干部任前公示制方面，积累了有益的经验。当前，要在总结实践经验的基础上逐步加以完善和规范。

公示对象。提拔担任地厅级以下（含地厅级）委任制党政领导职务的拟任人选，除特殊岗位外，都应列为公示对象。选任制干部的推荐提名人选、非领导职务改任同级领导职务的人选、平级转任重要职务的人选，根据实际情况，也可列为公示对象。

公示范围。党政领导班子及党政工作部门领导成员的选拔任用应向社会公示；部门内设机构中层领导干部的选拔任用，原则上在其所在的工作部门（单位）或系统内进行公示，也可根据岗位特点在更大范围内公示；易地交流提拔任职的干部，在原工作所在地或单位公示。

公示内容。公示内容一般包括公示对象的姓名、性别、出生年月、籍贯、学历学位、政治面貌、现任职务等自然情况和工作简历。对拟任职务是否公示，各地、各部门可根据实际情况自行掌握。

公示方式。需向社会公示的，一般通过报纸、电视、广播等新闻媒体发布公告；在部门（单位）或系统内公示的，可采取发公示通知或会议公布、张榜公告等形式进行。无论采取哪种方式，都要让群众及时了解公示内容，并为群众广泛参与创造条件。

公示时间。确定公示时间既要有利于群众反映意见，又要有利于提高工作效率，一般以 7 ～ 15 天为宜。具体时间视实际情况确定。

公示程序。公示程序为四个步骤：①党委（党组）研究确定拟任人选后，以一定方式予以公示；②以组织（人事）部门为主受理群众意见；③调查核实群众反映的问题，并向署名或当面反映问题的群众反馈调查核实结果；④根据调查核实情况提出处理意见，决定是否实施对干部的任用，并予以公布。

三、认真做好群众反映意见的调查处理工作

对群众反映问题的调查、处理，是实施任前公示制的关键环节。公示期间，组织（人事）部门应设立专门电话和信箱，指定专人负责接待群众来访。对群众反映的意见要登记建档。组织上已经掌握的问题，不再重复调查；没有掌握的，要分类处理。一般要求署名或当面反映问题，逐件进行调查核实。对匿名反映的问题，要作分析，性质严重、内容具体、线索清楚的，也要调查核实。对经调查核实，确认反映的问题与事实出入较大或并不

存在的，反馈时要耐心细致地向有关人员讲清调查过程和结果。

调查核实工作要深入细致，讲究方法。具体调查核实工作，由组织（人事）部门进行。对于群众举报涉嫌违纪违法的重大问题，可由组织（人事）部门会同纪检监察部门共同进行调查。要注意调查核实的方式，在保证查清问题的前提下，尽量控制范围，做好保密工作。既要注意保护反映情况的群众，防止出现打击报复现象，又要注意保护干部，反对诬告和无理纠缠，防止在作出正式调查结论前由于问题扩散而对干部造成不良影响。对故意诬告陷害公示对象的，应视情节轻重，对有关责任人严肃处理。

对调查核实结果的处理，主要分四种情况：①所反映问题不存在的，予以任用；②属于一般性缺点、不足，不影响提拔任用的，按预定的方案任用，并在任用谈话时向干部指出存在的问题，督促改正；③对政治立场、思想品质、廉洁自律等方面存在严重问题的，经党委（党组）复议后不予任用，对其中属于违纪违法的，应移交纪检监察机关或司法机关按照有关规定处理；④反映的问题性质比较严重，一时难以查实但又不能轻易否定的，暂缓任用。暂缓任用的时间一般不应超过三个月。三个月内仍未查实的，由公示对象本人作出负责任的书面说明，经党委（党组）研究认为不影响任职的，可履行任职手续。此后，如经查实发现有影响任职问题的，解除现职并依照有关规定从严处理。也可结合实行领导干部任职试用期制度，在试用期内作进一步的考察。

对调查核实结果的处理，要坚持实事求是、客观公正的原则。对那些基本素质好、有发展潜力的干部，敢抓敢管、勇于开拓创新的干部，要看本质、看主流，不能因为工作中有缺点和不足而影响对他们的使用。对那些思想政治素质差，特别是以权谋私、为政不廉的人，坚决不予任用。对跑官要官、买官卖官的，一经发现，坚决查处。

四、加强对推行党政领导干部任前公示制的领导，加大工作力度

各级党委（党组）及组织（人事）部门要重视推行任前公示制工作，统一思想，提高认识，加大工作力度。2001 年各地继续试行一年。从 2002 年起，地厅级以下领导干部（特殊岗位除外）的选拔任用，都要实行任前公示制。少数民族地区，可以根据当地的实际情况自行掌握。

实行任前公示制，对干部选拔任用工作提出了更高的要求，要进一步增强贯彻执行《党政领导干部选拔任用工作暂行条例》的自觉性。不能因实施任前公示制而简化《条例》规定的干部选拔任用程序和方法，也不能用任前公示制代替对干部的民主推荐、组织考察，要严格地按《条例》办事，进一步提高各个环节的工作质量。

实行任前公示制，要与建立健全领导干部回复制度、谈话制度、诫勉制度、试用期制度、领导干部报告个人重大事项制度、任职经济责任审计制度，与积极探索建立干部选拔任用工作责任制、用人失察失误责任追究制等工作结合进行，使各项制度衔接配套，产生整体效应。

推行任前公示制，必须有广大群众的支持和热情参与。各级组织（人事）部门要通过各种形式做好宣传发动工作，使群众了解公示制，关注公示制，积极参与到这项改革中来。同时，要注意加强对干部和群众的教育，做好思想政治工作，使每个公示对象以有则改之、无则加勉的态度正确对待群众意见，使广大群众以认真负责、实事求是的态度对待

公示对象，保证任前公示制的顺利实施。

中共中央组织部

2000 年 12 月 14 日

这是领导机关主动发文提出的意见，是一种工作部署的指示，要求下级机关贯彻执行，即中央组织部向全党各级组织发出工作部署——实行党政领导干部“任前公示制”。这是一项新的工作制度，中组部以意见行文，选用文种恰当、贴切。意见，可以就重要问题提出见解和处理办法，适于讲道理、讲做法，帮助、指导下级机关理解“应当怎样做”“为什么要这样做”，进而抓到问题的要害。

文稿的前言，首先抓住发文依据，说服力很强。紧接着用目的句领起，分四点阐明意见，提纲挈领，纲举目张，把这项新制度讲得清清楚楚，显示了意见这一文种的指示性、指导性的特色。

（三）意见的用法

撰写意见，首先要明确行文方向，不同的行文方向需使用不同的处理方法和不同的言语措辞。

上行的意见，是下级机关在上级机关无要求的情况下就某重要问题发表自己的见解或提出处理问题的办法，以供上级机关决策参考。应使用公文格式，与报告行文相同。

下行的意见，是上级机关心怀全局，对重要问题提出见解和处理办法，供下级机关更好地理解、落实，采取得力措施去贯彻执行的行文。它既有通知的指令性，又有指示的说理性和教导性，应使用文件格式。在行文中，不仅明确要求下级机关做什么，而且还应交代具体、周详的工作方法，指出应该怎样做，为什么需要这样做。

平行文的意见，是在平级机关或不相隶属机关有所要求的情况下，针对其要求，就某重要问题发表见解和处理办法的行文，应使用信函格式。这是仅供参考的意见，其“见解”与“办法”应当与对方的需要相差不远，具有参考价值；行文要礼貌、友善、得体。

在使用意见时应注意与有关文种的关联。意见这一文种不是孤立存在的，它与请示、报告、函、通知等文种有着密切关联。因此，要注意把握以下几点：

1. **掌握使用请示和意见的分寸。**请求上级机关指示、批准时，或该“重要问题”的处理权属于上级机关的职权范围，即使下级机关具有“处理办法”，也必须经上级机关认可、认定后才有效，才可以去做的，宜用请示而不宜使用意见。

2. **掌握使用报告和意见的分寸。**向上级机关汇报工作、反映情况的内容，或者是用以答复上级机关的询问，应该使用报告，而不应该使用意见。

3. **掌握使用函和意见的分寸。**与不相隶属机关商洽或提出意见来请对方答复，而不是供对方参考的行文，应该使用函，而不应该使用意见。

4. **掌握使用通知和意见的分寸。**要求下级机关周知或执行，且指令性、规定性、要求性较强的行文，应该使用通知，而不应使用意见。

在语言上也要注意不同行文方向的规范要求：上行文的意见多是建议性的，如果还希望上级机关批转下发，则结尾要体现出祈请的态度；平行文的意见，口气强调肯定、确切、不含糊，结尾要体现出供其选用、参考的态度；下行文的意见，口气上突出平稳、缓和的特点，弱化指令性、强制性的语言表述，从上至下要体现出旨在指导的态度。

（四）意见的写作要求

1. **注意行文格式要与行文方向相适应。**即上行的意见与请示、报告同，下行的意见与通知同，平行的意见则与函同。

2. **注意正确选用文种。**与意见相近的文种不少，要准确区分，正确选用。

3. **行文措辞要与行文方向相适应。**上行的意见与报告同，下行的意见与指示性通知同，平行的意见与函相同。

（五）意见的结构与写法

1. **意见的结构。**大致有三种：一是同一般公文结构，包括标题、主送机关、正文和生效标识，如例文一中共广州市人大常委会党组给中共广州市委的《关于做好广州市区、县级市人民代表大会换届选举工作的意见》。二是同法规性的决定的结构，只有标题、题注和正文，如例文三《中共中央组织部关于推行党政领导干部任前公示制的意见 2000 年 12 月 14 日印发》。三是标题中不出现发文机关名称，而把发文机关名称放在题注中，与成文时间并列。

2. **意见的写法。**一般因行文方向而定：

（1）作为上行文意见的结构和写法。

1）标题。上行的意见，一般用完全式标题，由发文机关、事由和文种三部分组成。有时可以省略发文机关。

2）主送。上行的意见均有主送机关。

3）正文。正文一般包括缘由、具体意见和结尾三部分。缘由是开头部分，又叫导语，一般是概括地写明针对什么问题、根据什么精神、实现什么目的等。具体意见是正文的核心内容，要对重要问题提出建议、主张、处理办法等。上行文意见的结尾经常使用“以上意见，请审阅”“以上意见如无不妥，请批转×××××执行”等习惯用语。

4）生效标识。

（2）作为下行文意见的结构和写法。

1）标题。独立行文的下行意见，标题由发文机关、事由和文种三部分组成。与通知搭配行文的下行意见，标题可省略发文机关。

2）正文。下行意见的正文一般包括缘由、具体意见两个部分。

缘由的写法与上行意见大致相同。具体意见是全文的主体内容，针对重要问题提出解决办法和具体要求。结尾部分一般使用“按照执行”或“参照执行”。有的虽无明确要求，但对下级机关有指导和参照的作用。

3）与通知搭配行文的下行意见，抬头、落款和成文日期在通知中体现。意见部分则不再有抬头、落款和日期。

（3）作为平行文意见的结构和写法。平行文意见的标题、抬头、落款的写法与上行文相似，标题有时可省略发文机关，一般都有抬头和落款。结尾部分一般使用“以上意见，供参考”等用语。

【思考与练习】

导语：意见“适用于对重要问题提出见解和处理办法”。要抓住三点：一是“对重要问题”（非一般问题），二是“提出见解”（本机关对这个“重要问题”从实际情况、法理关系、群众反映、应对举措各方面有何看法、意见、见解），三是“提出处理办法”（针对“重要问题”提出具体应对的举措）。要注意三点：下行的意见具规范性文件和指示性通知的性质，部署明确，说理透彻，重在教导明白，规范性强，要求贯彻执行；上行的意见有两种，一是仅就该重大问题提出见解，供上级参考，二是需要经上级机关批转相关机关执行的部署性意见，三是应平级机关要求就某重要问题提出本机关的看法、意见、见解。其行文方向不同，要注意与行文方向相适用的语言与体式。

一、概念题

掌握下列名词术语。

意见　提出见解　处理办法　指导性意见　指示性意见　建议性意见　参照执行　遵照执行　按照执行　可操作性

二、阅读题

阅读意见例文。将意见例文的写法逐一列出来，体会各种不同行文方向意见的不同写法。

三、简答题

1. 上行时，意见同报告、请示有什么区别？

2. 下行时，同通知、决定有什么区别？

3. 平行时，意见同函有什么区别？

4. 意见行文方向灵活，既是下行文，又可以上行，还可以平行。从使用意见的角度考虑，请分别说说意见下行该怎样使用，上行该怎样使用，平行又应该怎样使用。

四、训练题

1. 最近一段时间以来，报纸不时报道市场上出现“毒米”“毒米粉”“毒粉丝”“毒腐竹”“毒酒”等现象，请你调查研究一下，怎样才能杜绝此类危害社会的事件发生？发表你的见解，并提出一套具有可行性、可操作性的处理办法。

2. 用公文的行文方式，向你认为应该受理你意见的机关发出“建议书”，或者以不相隶属机关的某某名义写出相应文书。

3. 试就身边发生的重大问题发表自己的见解或提出处理办法。

二、通知的写法

（一）温故知新

通知是使用频率最高的公文文种，机关、团体、企事业单位常常要使用到。但是，要做到正确、规范、得体、得当是很不容易的。

请抓住“适用于发布、传达要求下级机关执行和有关单位周知或者执行的事项，批转、转发公文”这根导线，以《教程》所选例文为本，深入研究，从例文中感悟文种的功能特点、各种不同的处理运作、不同的写作方法，从而掌握写作规律。

（二）例文学习

通知，是一个使用面非常广泛（各种机关团体或企事业单位均在使用），使用频率又十分高的公文文种。

首先，我们从其应用功能的角度去分类，通过分类认识并掌握其功能、用法。

分类的方法，我们只能依据《条例》对通知的阐述：“适用于发布、传达要求下级机关执行和有关单位周知或者执行的事项，批转、转发公文”去分类，不能节外生枝，想当然地另立类别。《条例》已明文指出了将通知分为发布、传达、批转、转发四种。

1. **发布性通知**。也叫公布性通知、印发通知，用于公布规范性文件以及印发事务文书、领导讲话、制度规范等。

2. **传达性通知**。多用于以下三方面事项：用于传达要求下级机关办理的事项；用于需要有关单位周知的事项；用于需要有关单位执行的事项。主要有以下几种情况：

（1）要求下级机关办理或知晓的通知（即指挥性通知、指示性通知和知晓性通知）。

（2）会议通知。各级机关需要召开各种会议，使用会议通知要求知晓执行。

（3）任免通知。各级党政机关任命或者免去有关人员职务使用任免通知。

3. **批转通知**。就是以机关自身的权力，对自己下属机关的来文进行批示或批准，并转发给全体下属机关参考、执行的行文。请注意与转发的区别。

常见的批转通知有以下几种情况：

（1）领导机关认为所属部门在主管或归口管理的业务活动中所确定的若干重要的行政措施，需要有关部门和下级机关贯彻执行的，用批转通知下发。

（2）一个或几个同级机关，就有关自身业务范围内的重要事项的解决，提出处理意见，请求上级机关指示、批准，上级机关认为问题重要且带有普遍性时，不用批复回应，而使用批转通知告知所属机关遵照执行。

（3）上级机关对下级机关上报需要上级支持和协调的问题，以及上级机关认为下级机关上报的问题具有普遍指导意义，需要各地引起重视或执行的，用批转通知。

4. **转发通知**。转发通知，主要体现在“转”字上，上级机关来文可以转发，平级和不相隶属机关的来文也可以转发。一般来说，需要转发的公文，无论是上级机关还是不相隶属机关的，都应当是对本机关、本地区、本部门或本系统有指导意义和借鉴意义。在撰写转发通知时，必须将机关转发的目的、意义、意图交代清楚，让下级机关在收文后参照执行。

印发、公布类通知

【例文一】

浙江省人民政府关于印发
《浙江省人民政府工作规则》的通知
浙政发〔2008〕27号

各市、县（市、区）人民政府，省政府直属各单位：

《浙江省人民政府工作规则》已经省政府第4次常务会议通过，现予印发。

二〇〇八年四月十六日

浙江省人民政府工作规则
（二〇〇八年四月三日省政府第4次常务会议通过）

第一章 总则

第一条 浙江省第十一届人民代表大会第一次会议产生的新一届浙江省人民政府，根据《中华人民共和国宪法》、《中华人民共和国地方各级人民代表大会和地方各级人民政府组织法》和《国务院工作规则》，结合本省实际，制定本工作规则。

第二条 省政府工作的指导思想是，高举中国特色社会主义伟大旗帜，以邓小平理论和"三个代表"重要思想为指导，深入贯彻落实科学发展观，深入实施"创业富民、创新强省"总战略，全面履行政府职能，努力建设服务政府、责任政府、法治政府和廉洁政府。

（以下略）

例文一是印发通知。印发通知，也叫公布性通知，写法上与转发通知相似，但是有印发、发布、颁发的不同。印发机关事务文书如计划、总结、调查报告、领导讲话等用印发通知；公布法规和部门规章、地方政府规章用命令（令）颁布；公布规范性文件用印发通知。

浙江省人民政府制定并经省政府第4次常务会议通过了《浙江省人民政府工作规则》，以浙政发〔2008〕27号通知发出，属于规范性文件，这一工作规则便成为比一般制度规范更具约束力的类规章。如果《浙江省人民政府工作规则》是以令颁布，就是正式的政府规章，因为其发布的方式是使用通知而不是令，所以，仍是规范性文件。规范性文件具有规章性质，故又称为"类规章"。

《浙江省人民政府工作规则》是规范性文件，需要交给下级机关执行，因此，还必须以公文通知为载体发出施行性指示，才能产生行政效力，所以称为印发通知。印发通知，可以印发机关事务文书中的计划、总结、调查报告、领导讲话、汇报材料等，还可以印发制度规范。

本通知正文仅一段，却包含了两个层次：一是表明该规则已经省人民政府常务会议通过；二是现将它印发。言简意赅、明确有力。

传达性通知

【例文二】

国务院办公厅关于进一步
规范部门涉外规章和规范性文件
制定工作的通知
国办发〔2006〕92号

国务院各部委、各直属机构：

为进一步规范部门涉外规章和规范性文件的制定工作，确保法制统一和政令畅通，经国务院同意，现就有关问题通知如下：

一、国务院各部门要从讲政治、讲大局的高度，按照精简、统一、效能、便民、权责一致的原则，认真做好规章和规范性文件的制定工作。各部门制定规章和规范性文件，应当符合宪法、法律、行政法规和国务院有关决定、命令的规定。

制定规章应当严格按照立法法、规章制定程序条例等法律、行政法规规定的法定权限和程序进行。部门规章规定的事项应当属于执行法律或者国务院的行政法规、决定、命令的事项。

二、国务院各部门要按照国务院组织法、国务院工作规则的有关规定，严格重要涉外事项（包括涉及香港特别行政区、澳门特别行政区和台湾地区的事项，下同）的请示报告制度。

国务院有关部门制定或者联合制定规章、规范性文件，有下列情形之一的，在正式发布前应当向国务院请示报告：

（一）涉及对外开放的方针性、政策性、原则性的制度设定或者调整的；

（二）专门规范外国人和外国企业、组织及其活动的制度设定或者调整的；

（三）部门规章、规范性文件在制定过程中，有关方面意见分歧较大的；

（四）有关部门认为有必要向国务院请示报告的。

三、国务院各部门制定涉外规章和规范性文件，应当按照国务院《全面推进依法行政实施纲要》的要求，提高制度建设质量，广泛听取意见。涉及其他部门职责的，应当充分协商，取得一致意见；涉及新闻、文化和其他意识形态领域的，应当事先征求党中央有关部门的意见；涉及地方事务的，应当事先征求省、自治区、直辖市人民政府的意见；涉及广大人民群众切身利益的，可以采取公开征求意见、召开座谈会、论证会、听证会等多种方式，广泛听取社会各方面的意见。

四、国务院各部门在发布涉外规章或者规范性文件之前，要事先提出有关的宣传教育、影响评估、具体实施等工作方案，并按步骤组织实施；涉外规章或者规范性文件发布后，要积极做好宣传、解释工作，并跟踪了解实施情况和有关方面的反应。

国务院办公厅

二〇〇六年十一月二十九日

这是领导机关对下属各部门的工作有所部署、有所指示的通知。本通知，由机关的办公部门代机关发话，传达机关对下属部门的指示："要怎样做"，"为什么要这样做"，"应当怎样做"，"为什么要这样做"，将领导意图交代清楚。这种通知在文字表述上同下行的意见很相似，只是意见仅就某重要问题发表见解和意见，而通知是指导下级应如何开展工作，涵盖面比较广。

本文分条列项，言简意赅，将部署的工作说得清清楚楚，请细心体会其行文技巧。

【例文三】

中共广东省委办公厅关于召开
中国共产党广东省第十届委员会
第六次全体会议的通知

各地级以上市党委，省委各部委，省直各单位党组（党委），省各人民团体党组，中直驻粤有关单位党组（党委）：

省委常委会议决定，2010 年 1 月 4 日下午至 7 日上午在广州召开中国共产党广东省第十届委员会第六次全体会议。会期三天。现就会议有关事项通知如下：

一、会议主题。高举中国特色社会主义伟大旗帜，以邓小平理论和"三个代表"重要思想为指导，深入贯彻落实科学发展观，认真贯彻党的十七大、十七届四中全会、中央经济工作会议和胡锦涛总书记在广东视察工作时的重要讲话精神，继续解放思想，坚持改革开放，总结 2009 年工作，深入分析当前形势，对 2010 年工作进行全面部署，进一步开创我省科学发展新局面。

二、参加会议人员范围。请省委委员、候补委员出席全会；请不是省委委员、候补委员的省有关党员领导同志，省法院主要负责同志，省纪委常委，地级市市委书记、市长，各县（市、区）委书记、县（市、区）长，省委各部委、省直各单位、省各人民团体、中直驻粤有关单位党员主要负责同志，东莞、中山市中心镇党委主要负责同志，省第十次党代表中部分基层党务工作者、基层党员列席全会。

三、会议报名。请各地级以上市、各有关单位于 12 月 30 日下午 5 时前将参加会议人员名单（含姓名、性别、职务）通过"非涉密公文传输—会议报名系统"报省委办公厅会务处（联系人：××、××，电话：×××××××××），与会人员如在中央党校学习培训，由省委组织部统一向中央党校办理请假手续；因事请假的，请书面说明原因，报省委办公厅批准。

四、会议报到。请与会同志于 2010 年 1 月 4 日上午 9 时至 12 时到广州白云国际会议中心3号楼一楼大厅报到。各市、各单位与会同志一律不带随员。

五、工作人员和新闻记者安排。请各地级以上市各派两名工作人员分别参与全会的会务和简报工作，并于2010年1月3日下午2时至5时到广州白云国际会议中心3号楼一楼大厅报到。请各地级以上市于12月30日下午5时前将工作人员名单传真至省委办公厅会务处（联系人：×××，电话：×××××××××，传真：×××××××××）。其中简报工作人员须是各市委办公室（厅）分管文字工作的负责同志，并请各自携带涉密笔记本电脑。

请南方日报、羊城晚报、新华社广东分社、人民日报社广东分社、中新社广东分社、省电台、省电视台、南方电视台、南方新闻网、《南方》杂志社、广州日报、广州电视台、深圳特区报、深圳卫视派记者采访会议，并于2010年1月4日上午9时至12时到广州白云国际会议中心3号楼一楼大厅报到。请各新闻单位于12月30日下午5时前将参加采访全会的记者名单传真至省委宣传部新闻处（联系人：×××，电话：×××××××××，传真：×××××××××）。

六、其他事项。请各地各单位认真安排好岁末年初的各项工作，特别是认真做好本地区本单位的信访维稳工作，为全会的顺利召开创造和谐稳定的社会环境。

附件：1. 十届省委委员、候补委员名单（略）

　　　2. 列席省委十届六次全会人员名单（略）

会议通知是传达性通知中使用频率最高的文种，在写作上要特别注意交代清楚关键要素。本例文写得甚为典范，标题概括了会议的名称，一看便知会议性质；缘由部分写会议召开依据、性质、时间及地点；通知事项分条列出，具体、详细，一目了然；会议通知应具备的要素如会名、开会时间、日期、地点、议题、参加人员范围、参加人数、报到时间、住宿安排、注意事项等，全部作出了交代。

【例文四】

××县人民政府办公室文件

×府办〔1995〕××号

关于胡××等同志职务任免的通知

各乡镇人民政府，县政府各部门：

经县人民政府研究，决定：

胡××任××县物资局副局长；

游××任××县物资局副局长；

张××任××县人民政府民族宗教事务办公室主任（兼）；

张××任××县多种经营办公室副主任。

免去：

邱××的××县广福初级中学校副校长职务；
陈×的××县桂兴初级中学校校长职务；
李××的××县白马乡初级中学校校长职务；
王××的××县花桥镇初级中学校校长职务。
特此通知。

××县人民政府办公室
一九九五年九月四日

例文四是传达通知中的任免通知。

任免干部，必须坚持党管干部的原则。法律规定，政府首脑由同级人大选举产生，其职能部门的正职由人大常委会决定任免，副职则由政府机关党组决定任免。

本通知由县府办公室经政府授权发出的任免通知，其一，所有被任免者都是副局职以下（正职由人大作出任免决定）；其二，通知中已说明是“经县人民政府研究，决定”，这就表明了任免的有效性。接着列任职的和免职的，最后以“特此通知”作结。用语简洁利索。

要注意的是，如果只有任职的，标题只写“任命通知”，如果只有免职的，标题只写“免职通知”。

批转通知

【例文五】

广东省人民政府文件
粤府〔1999〕63号

关于批转省工商局关于做好《中华人民共和国合同法》
贯彻实施工作意见的通知

各市、县、自治县人民政府，省府直属各单位：

省人民政府同意省工商行政管理局《关于做好〈中华人民共和国合同法〉贯彻实施工作的意见》，现批转给你们，请认真贯彻执行。

广东省人民政府
一九九九年十月七日

例文五是批转下级机关公文的批转通知。

领导机关对下级机关的来文审查批准，认为其行政措施需要有关部门和下级机关贯彻执行的，可下发批转通知。

广东省人民政府批准了其工作部门省工商局提出的专项工作实施意见《关于做好〈中华人民共和国合同法〉贯彻实施工作的意见》，需要转发给其所属下级机关贯彻执行，于是下发了这一则批转性通知。

本文的批转语是直叙本机关意见："省人民政府同意……，现批转给你们……"这样可以做到直截了当、简洁明了。有时也可以在这一基础上再加上一些其他批示性意见。写作格式简单明确。

有的批转通知，也可以采用"……《……》经……批准……现转发……请……"这种特殊句式，使行文简洁明了。

转发通知

【例文六】

国务院办公厅转发财政部
关于2001年11月和12月上中旬
地方企业所得税增长情况报告的紧急通知
国办发〔2002〕1号

各省、自治区、直辖市人民政府，国务院各部委、各直属机构：

财政部《关于2001年11月和12月上中旬地方企业所得税增长情况的报告》已经国务院同意，现转发给你们，请根据本通知精神，对地方企业所得税收入中出现的问题认真进行检查，坚决杜绝和纠正一些地区人为抬高基数的错误做法。

所得税收入分享改革，是中央作出的一项重大战略决策，对于进一步规范中央和地方之间的分配关系，建立合理的分配机制，防止重复建设，减缓地区间财力差距的扩大，支持西部大开发，逐步实现共同富裕具有重大意义。为确保此项改革顺利进行，地方各级人民政府要从讲政治的高度，进一步提高认识，严格依法治税，严禁弄虚作假。2002年1月国务院有关部门将组织专项检查，严厉查处做假账和人为抬高基数的行为。对采取弄虚作假手段虚增基数的地方，相应扣减中央对地方的基数返还，依法追究当地主要领导和有关责任人员的责任。

中华人民共和国国务院办公厅

二〇〇二年一月一日

我们从国务院办公厅转发的紧急通知中可以看出，财政部的报告十分及时，情况十分重要，国务院十分重视，这说明，下级机关的报告对上级机关来说是多么的重要。只有下级机关及时、准确地报告情况，上级机关才能及时抓住时机部署工作，使工作少走弯路。

本例文为什么叫紧急通知？因为国务院得知财政部的报告内容之后，认为事态紧急，必须尽快将情况告诉各个下属机关"坚决杜绝和纠正一些地区人为抬高基数的错误做法"。例文也同时告诉了我们：下级机关怎样才是忠于职守。

机关内部文书一组

【例文七】

例文七共收入例文4篇，是为“一组”。它们都不是机关公文，依公务文书的分类，当属机关内部事务文书。凡机关对内使用的文书都是“机关事务文书”（见《教程》绪论），由于它方便、快捷、简明、实用而受机关欢迎。

1.

会议通知

定于3月12日（星期二）上午10时30分，在市政府1号楼315会议室，×××副市长主持召开会议，研究垃圾焚烧炉的建设和使用问题。请各有关单位派一名负责同志依时参加。

此致

市经委、市建委、市环保局、市环卫局，市机电资产经营公司、市××集团公司

二〇〇二年三月十一日

联系人：×××

电 话：×××××××××

传 真：×××××××××

2.

市长办公会议通知

定于9月30日（星期一）上午8时正，在市政府大院篮球场集中乘车，由×××市长率市政府常务会议组成人员及有关单位领导检查地铁建设情况，请有关人员依时参加。

此致

副市长，市政府秘书长，副秘书长

市府办公厅，市计委、经委、教育局、科技局、财政局、建委、交委、农业局、外经贸局、商业局、法制办，市府研究室，市规划局、国土房管局、市政园林局、道路扩建办，市地铁总公司，××区政府

二〇〇〇年九月二十七日

联系人：×××、×××

电话：×××××××××　×××××××××

传真：×××××××××

3.

市政府常务会议通知

时间：2002年10月21日（星期一）下午2时30分
地点：市政府常务会议室（1号楼306室）
议题：一、讨论《××市区所有建筑物消防安全管理规定》（市法制办主汇报）；
二、研究加快××经济技术开发区总体发展战略的有关问题（市民政局主汇报）；
三、讨论《××市粮食工作考评办法》（市计委主汇报）。

此致

市长、副市长，市政府秘书长

市政府副秘书长，市府办公厅，市计委、经委、商业局、教育局、科技局、财政局、建委、交委、农业局、外经贸局、法制办，市府研究室，市国土房管局列席全部议题讨论；

市规划局、公安局、劳动社保局、消防局列席第一议题讨论；

××开发区管委会，市民政局、规划局，××区政府列席第二议题讨论；

市统计局、人事局、农发行××省分行营业部列席第三议题讨论。

4.

会 议 通 知

经局长办公会商定，于6月24日（星期四）下午2至4时在本局第一会议室召开全局职工大会，传达市政府机构改革工作会议精神，布置我局机构改革工作。请准时出席。

商业局办公室
一九九四年六月二十一日

以上四种机关内部常用的通知不属于行政机关公文，是机关事务文，依据本机关的实际需要设计，事先印制好各种不同会议使用的空白应用文书模式，需要应用时填上实际内容便可发出或张贴。因为所面呈的通知受文人员是本机关工作人员，是认识的，故不用编号，不用公文版式，甚至有的还不用盖印，显得简便、灵活、实用。

（三）通知的用法

通知是下行文，是典型的“红头文件”，其用法有二：一是只能发给有隶属关系的下级机关；二是应使用公文格式。

在特殊情况下，也可以使用电报和信函格式。

电报不属于文种，只是一种发文载体，它适用于任何文种。利用电报发文，方便、快捷，但由于其缺少发文机关的印章，一般只适用于国家机关内部使用，不适用于向社会公开发文。在实际应用中，选用哪一种形式发文主要由公文的内容和紧急情况决定。一般情况下，如果公文的内容比较重要，比如公布某些重大政策、法规性文件或者是政府对某重要工作的部署等，其影响的范围较广、时间较长，应该用“红头文件”形式；用电报发文通常是时间要求比较紧急，须及时将信息传递给相关人员，如会议通知、接待通知等。

用信函格式发通知（公文文种是通知，其载体用信函格式），通常是通知的内容属一般告知性的事项或者是小范围内的发文。

通知种类繁多，要注意运用得当得体。要特别注意分清批转、转发、印发的区别。

（四）通知的写作要求

1. **明确行文目的**。首先，明确为什么写这个通知，通知的主要内容是什么，分清通知类型并正确选用行文格式，然后才确定应该怎样写。其次，确定写作的范围和对象，针对什么问题，解决什么问题，根据客观情况和开展工作的需要确定写作的范围和对象，以明确行文目的，有针对性地写好通知。

2. **抓住主要内容**。不同种类的通知有不同的写法，紧紧把握主要内容，是写好通知的关键，绝不能喧宾夺主，冲淡主要内容。比如指示性的通知，一般要讲清情况和问题，但只能作为事由、背景来概括叙述，重点则是针对实际情况和问题，提出指示性意见、要求及措施，并做到政策界限清楚、明确。

3. **文字表述准确**。首先，必须写清写全受文单位的名称，采用规范化的简称。其次，为使受文单位便于操作，凡属应该说明的有关情况，应该执行的具体事项，以及有关的时间、地点、条件，等等，都要做到周密、准确，以免贻误工作，造成损失。

关于机关内部使用的文书“通知”，其写作比较简便，不用公文版头，不用发文字号，不按公文制发程序，只要领导授意，一个人便可以全程办理；只要将通知事项表述完全，可以不用印发，只在黑板上抄出，或张贴在显眼处，或用广播念几遍，或用一本“通传簿”，受文人看后签上姓名加“知”字即可。大的机关也有事先印制好表格式的，届时填上送达即可（参阅例文七机关内部文书一组）。

（五）通知的结构与写法

按国家行政机关公文下行文格式撰写，其结构一般由标题、主送单位、正文、生效标识、抄送五个部分组成。

1. **标题**。

（1）一般公文标题的方式。一般公文的标题，由发文单位、事由、文种三部分构成。传达性通知、任免通知常用这类标题。如《国务院关于发布〈国家行政机关公文处理办法〉的通知》《广东省人民政府关于建立有形建筑市场的通知》。这种标题方式，要特别注意在事由部分准确简要地概括出公文的主要内容。

（2）批转、转发、发布、印发的方式。这种形式，要在标题中准确标示“批转”或“转发”“发布”“印发”，其基本格式是：“发文机关 + 批转（转发、发布、印发）+ 被批转（转发、发布、印发）公文的标题 + 文种”，如《国务院批转国家经贸委冶金部关于邯郸钢铁总厂管理经验调查报告的通知》《国务院办公厅转发国务院体改办等部门关于城镇医药卫生体制改革指导意见的通知》等。如果标题过长过繁，则应简化，即在“批转（转发、发布、印发）”两字后面，直接引入被批转公文的标题，如《转发国务院关于加强出入境中介活动管理的通知》《关于发布〈期货交易管理办法〉等四个管理办法的通知》等。如果被批转（转发、发布、印发）的是法律、法规、规章，要加写书名号，其他的内容则不必加写书名号。

要注意“发”（发布、颁发、印发）、“批转”和“转发”的区别。

发，有印发、颁发、发布三个不同概念。印发，指本机关制定的非规章类文书，如计划、总结、领导讲话等的发文；颁发，是指规章或重要的规范性文件的发文；发布，指领导机关公布所制定的规范性文件的发文。

批转，指上级机关对下级机关的来文加以批示，转给下属各单位参考执行的发文。要注意理解、把握好“批”字的内涵，它是职权的反映，批的内容不能超出权限。

转发是指下级机关对上级机关的来文再转发给自己的下属机关的发文（也可以转发平级或不相隶属机关的来文）。要注意“转”得适当，在“转”中要渗入本机关的意见、指示、建议，让下级更好地理解、执行。

（3）联合、补充、紧急的方式。在行文时，如果是由两个或两个以上的机关联合行文，其标题应在文种“通知”前面加上“联合”字样，以表示联合行文；行文时，如果是由于时间紧迫，为提醒受文机关注意执行时限，应在文种“通知”前面加上“紧急”字样；如果是对上一个通知的补充行文，可在文种“通知”前面加上“补充”字样，以便受文机关联系前文通盘考虑。

2. **主送单位**。主送单位是指通知受文、办事的对象，其名称要写全称或规范化简称、统称。

通知只能主送给下属机关单位，对平级机关、不相隶属机关则不宜用通知。但在实际工作中往往会用一种特殊的用法，即机关的办公部门在机关同意下可以下发通知。如例文二、例文七。

3. **正文**。通知的正文一般由通知缘由、通知事项、通知执行要求或通知结束语三部分组成。具体写法因通知的种类不同而有异。

（1）印发通知也叫作公布性通知、发布通知。印发通知在写法上与转发通知相似，但是有印发、颁发、发布的不同。包括发布规范性文件（如例文一），印发机关事务文书如计划、总结、调查报告、领导讲话，其正文要写明被公布、发布、印发、颁布、颁发的文书的制定原因、目的，要提出贯彻执行的希望和要求。

（2）批转通知的正文。其正文一般有三个部分：一是表明对被批转文件的态度；二是写明通知事项的意义；三是提出执行希望和要求。

其体式要求，开头一般是先引述原公文的标题及原发文字号，并对其表示明确态度，如“××××（‘同意’或‘批转’机关）同意（或‘批转’）……（被批转对象）发给你们，请结合实际，认真学习、执行”。接着撰写正文的主体部分，对批转的公文内容精神，要以批语或批示性意见作阐述、强调。结尾提出贯彻执行的要求。有些批转通知的主体和结尾可结合在一起写。

（3）转发通知的正文。这类通知的正文有两种体式：一种是和批转性通知的体式基本相同。开头要写明引述原公文的标题及发文字号，并写明对转发上级机关和不相隶属机关公文的态度；主体部分要说明转发该公文的作用和意义，最后提出较为具体的执行要求。另一种是直接写明转发该公文的依据、转发决定、转发要求等几项内容。转发公文，不论采用哪种体式，写完正文后，都必须完全照录被转发的公文，并一起发布。

在这里需要特别指出，批转性通知和被批转公文两者都不能单独当作一个公文发布；同理，转发性通知和被转发公文也不能分开来发布，因为批转性通知和转发性通知都是复体行文，而且正文内容都是“批语 + 被批转（转发）公文”的结合体。

（4）传达通知的正文。传达通知包含了要求下级办理或周知的通知和会议通知。

1）要求下级机关办理或周知的通知。这类通知，包括指令性通知、指示性通知和周知性通知。这类通知的正文都要写出通知缘由，或用目的式，或用根据式、原因式、时间式写出通知缘由，可因具体事项分别采用。一般在通知缘由之后用一句通知领起语（“现将有关事项通知如下”），转入正文的主体，将通知事项分条列出。在具体写法上又有不同的方法：

·指令性的写法。可以说，这是以通知形式发出的行政命令。其通知缘由部分用简洁的序言交代发文目的，并以“现就有关问题通知如下”领起，过渡到通知事项。其通知事项部分用分条列项的方法，将通知内容逐一列出，使之清楚明白、有条有理、层次分明。执行要求省略了，因为领起语已将要求贯彻执行的事项全包括了。在用词上表现出指令性、严肃性、准确性、规定性。

·指示式的写法。这是以通知形式作出的工作指示。在结构上与指令性通知的写法基本相同，由通知缘由、通知事项、执行希望与要求三个部分构成（有的可以将执行希望渗入通知事项中表述）。但在语言运用上有明显的不同：前者用语坚定、严格、不容置疑，祈使句多，体现出一种指挥性、权威性；而后者在语言上和缓、端庄、规范，充满启示式、研讨式，从另一角度体现出指挥性、权威性的文体特色。宜通过对前后两篇例文的剖析，领会写作上的特点。

·周知式的写法。其正文要写清楚通知事项，如设置某机构的通知，应写明设置目的、依据、名称、组成人员、办公地址及相关内容；启用新公章，应说明启用新公章的法律依据，从何时起使用，并附上新印模，印模应标注在适当位置上；迁址通知，应写明从什么时候开始迁往新址，新址的详细地址、门牌号码、邮政编码、电话等。

2）会议通知。会议通知是传达性通知中使用频率最高的文种，在写作上要特别注意交代清楚会议通知缘由、通知事项和结语。

·缘由部分，要写明召开会议的原因、目的、意义和会议名称及召开单位。写完缘由后，要用“现将有关事项通知如下”过渡到通知事项，即主体部分。

·事项部分，一般以小标题形式写明如下事项：会议的名称、目的、议题、具体日期时分、地点（要注意交代清楚报到时间、地点和会议的时间、地点），会议主要内容，有的还要写明与会人员是什么人、要准备什么材料、要带什么东西、注意事项等。

（5）任免通知的正文。任免通知正文比较简单，一般由任免根据和任免人员姓名及任免职务组成。有些任职通知还写明任期。此外，如果在一份通知中有任职和免职，按习惯先写任职，后写免职。

但是，我们必须认识到，任免通知的出台过程是最为复杂的，政策性强、法规性强，而且还须经过多重的组织，依据党的方针政策，精心考察识别。不同级别又有不同的要求，党委提名、人大决定、政府任命。学习写作、使用任免通知，首先要通过规章弄清楚人员任免的权限。一般是谁管的人员谁任免，不得超越权限。

对干部的任免，隐藏着对干部的考察、识别、考查、选用、述职、考核到任免决定等一系列工作。学习公文写作不仅仅是学写作，而是要理解工作的全过程，熟悉各个工作环节，使自己能正确处理公务、得体得当地写出公文。

任免类通知是公文中要求最规范的公文之一，不少机关均使用固定格式。内容要求严格，行文严肃庄重，无赘语，应杜绝漏、别、误字。

通知的结尾。写作通知要注意使用结尾常用语，如“特此通知”“希周知”“请按此执行”“请贯彻执行”等，应注意与通知的内容相呼应。

4. **生效标识**。公文中有发文机关署名的，应当加盖发文机关印章，并与署名机关相符。有特定发文机关标志的普发性公文和电报可以不加盖印章。

5. **抄送**。重要的通知要抄报给自己的上级机关，让领导了解工作情况；如有相关单位需要知晓的，可以抄送。

【思考与练习】

导语：通知是使用频率最高的公文文种，各个国家机关公文系列均设置有通知，而且日常应用文也会使用这一文种，因此在使用上和写作上比较复杂。希望能通过以下思考与练习，巩固所学知识，正确掌握各式通知的应用与写作。

一、概念题

掌握下列名词术语。

批转　转发　印发　颁发　发布　公布　法律　法规　规章　通知缘由　通知事项　通知执行要求　传达性通知　指令性通知　指示性通知　部署性通知　会议通知　任免通知　周知性通知

二、阅读题

1. 认真阅读通知的全部例文。

2. 结合导读提示，通过例文体会通知的分类及其不同用法和写法。

三、简答题

1. 请依据《条例》对通知的功能界定，将通知的种类正确地划分出来。

2. 使用通知行文时，收和发两方的机关必然是什么关系？不是自己的下属机关能不能发通知？

3. 在实际工作中，往往会有给非下属机关发通知的现象，这是一种什么特殊情况？能否以文件格式的公文版头行文？为什么？通常的做法应该怎样处理？

4. 要注意将正式公文文种的通知同日常应用文书中的通知区别开来，请思考其不同之处。

5. 为什么省长颁布政府规章时使用命令（令）的形式公布施行，而在发布规范性文件时却以办公厅名义发通知公布施行呢？请说出理由、根据。

四、训练题

1. 针对下列通知例文的标题，请说出每个标题所显示的文件性质、行文关系、行文目的，以及为什么要采用这种方式。

（1）浙江省人民政府关于印发《浙江省人民政府工作规则》的通知（浙政发〔2008〕27 号）

（2）广东省人民政府办公厅关于进一步做好全省古籍保护工作的通知（粤府办〔2008〕6 号）

（3）国务院办公厅关于进一步规范部门涉外规章和规范性文件制定工作的通知（国办发〔2006〕92 号）

（4）国务院关于组建国家电力公司的通知（国发〔1996〕48 号）

（5）中共广东省委办公厅关于召开中国共产党广东省第十届委员会第六次全体会议的通知

（6）关于召开全省社会主义精神文明建设工作会议的通知（粤办〔××××〕×号）

（7）××县人民政府办公室文件关于胡××等同志职务任免的通知（×府办〔1995〕××号）

（8）平远县人大常委会关于黎崇赞等同志职务任免的通知（平人常发〔2012〕18 号）

（9）广东省人民政府关于批转省工商局关于做好《中华人民共和国合同法》贯彻实施工作意见的通知（粤府〔1999〕63 号）

（10）山东省人民政府批转省审计厅等部门关于进一步解决重复检查问题意见的通知（鲁政〔2003〕××号）

（11）广东省人民政府转发国务院关于加强市县政府依法行政决定的通知（粤府〔2008〕60 号）

（12）国务院办公厅转发财政部关于 2001 年 11 月和 12 月上中旬地方企业所得税增长情况报告的紧急通知（国办发〔2002〕1 号）

（13）国务院办公厅转发国家计委灾后重建整治江湖兴修水利现场办公会会议纪要的通知（国办发〔1999〕2 号）

（14）关于召开经济特区与建设有中国特色社会主义理论研讨会的通知（特研筹〔2000〕×号）

2. 请认真阅读下面这份通知，仔细对照公文文种的功能，指出选用哪种文种更合适，理由是什么。

关于对加油站建设工程实施规划审查的通知

市区各公共加油站：

为加强市区各公共加油站建设工程的规划管理，整治违法建设和不符合规划要求建设的加油站，根据《××市公共加油（气）站规划》，我局决定对市区内的加油站建设工程进行调查和审查，对市区内曾经市、区两级城市规划部门审批过建设用地规划许可证、建设工程规划许可证或建设工程规划验收合格证的公共加油站，或经过违法建设行政处罚保留的公共加油站工程，请产权人或经营者于2000年7月30日前，持原批准的规划审批文件或处罚文书到××市城市规划局交通研究所（地址：××市××路80号10楼1002室）申请确认。未经我局进行规划审核确认的公共加油站，不得向市整顿成品油领导小组领取《成品油经营许可证》。

联系人：×××　联系电话：××××××××

××市城市规划局

二〇〇〇年七月十九日

3. 请结合《教程》通知例文，进行分项目训练。

（1）依公文例文，将各类通知的标题分类列出，对照标题，领会批转、转发、传达、任免的区别；区分印发、颁发、公布、颁布、批示、批转等不同概念。

（2）训练写通知的缘由。首先在例文中找出通知缘由，领会该文是怎样交代发文目的、依据、意义，以及怎样使用介词结构作领起，转入下文的；然后仿写通知缘由。

（3）训练写通知事项。通知事项要分条列项写出，体会例文是怎样分条列项的，排列次序怎样去体现其内在逻辑性；然后模拟写出一个会议通知的通知事项。

（4）注意通知结束语，领会如何依据通知内容提出不同的执行希望或结束语。

4. 请依据下面这则消息，为省卫生厅模拟撰写一份公文给各有关单位，要求说明应采取什么有效措施确保人民群众的健康与安全。公文内容应增加一条：望各单位立刻行动，并将治理情况上报我厅。发文号自拟，日期为2000年7月24日。

省卫生厅要求专项治理

急查食用洋凤爪

本报讯　近日，传出国外禽畜内脏及鸡爪等废弃物流入中国的消息后，国家卫生部要求专项治理。广东省卫生厅从昨日起着手布置行动，通知各地对市面销售的这类货品实行严格检查。广东尤其是广州是国内“凤爪”（鸡爪）消费量最大的地区，由于需求最大，部分此类货品要依赖进口，而从国外进口的冷冻禽畜内脏、“凤爪”更是受到家庭主妇们的喜爱。

自发现一批国外不被人食用的废弃禽畜内脏、“凤爪”、鸡胫进口到中国后，省卫生部门特发出通知，要求各市、县、区卫生部门迅速对当地经营禽畜、肉副食产品批发市场、进口肉类加工场、冷库、农贸市场内的进口或国产禽畜内脏、鸡胫、“凤爪”等进行检查，对不具备经营卫生许可证、进口检疫检验证的商家，对其出售的不合格食品要全部予以销毁。

5. 认真阅读下面这则会议通知，对照会议通知的写作要求，指出其毛病，最后将它修改成清楚具体、简洁明了的通知文稿。先回答下面的六个问题，然后动笔修改。

（1）标题有什么问题？

（2）主送有什么原则性的错误？

（3）通知缘由部分缺少了会议事项中的什么内容？语言方面存在什么问题？

（4）与会人员的表述有什么不当之处？

（5）要求所带材料是否合理？

（6）报到时间的写法是否正确、规范？

关于召开布置开展
增产节约、劳动竞赛会议的通知

各分公司、分厂、各车间党支部、公司直属各部门：

为贯彻上级精神，总公司董事会研究决定在全公司范围内广泛开展增产节约、劳动竞赛活动。现在把会议有关问题通知如下：

一、会议时间：10 月 4—8 日。

二、会议地点：总公司招待所。

三、与会人员：各分公司、分厂、总公司各直属部门主管生产的负责同志、工会主席等。

四、请各单位准备好本单位开展劳动竞赛活动的经验材料，限 5000 字，报到时交给会务组。并请与会人员于 10 月 4 日前来报到。

××省石化总公司

一九××年九月二十日

6. 阅读下面这份转发通知，然后思考问题。

××市环保局
关于转发《××县环保局关于开展
环保自检互检工作的总结报告》的通知

各县（区）环保局，各直属单位：

××县环保局是我省环保工作的先进单位，积累了丰富的工作经验。近年来，他们通过开展环保自检和互检，有效地推动了环保工作的深入开展，并取得了良好效果。他们的经验基本也适于我市。现将《××县环保局关于开展环保自检互检工作的总结报告》转发给你们，望参照执行，以推动我市环保工作的深入开展。

××市环保局

一九九九年二月十六日

（1）假如你是这个市环保局的下属，接此文后你有何想法？你能清晰地领会上级的发文意图吗？

（2）本通知应该用转发通知还是用批转通知？请根据本通知说明什么是转发，什么是批转；转发应该怎样转，批转应该怎样批。

（3）就本通知，说说你的认定：其转发的文件是兄弟市的××县环保局的还是本市兄弟县的环保局？如果是兄弟市的××县环保局的文件，应该用转发，应该怎样去转发呢？如果是本市××县环保局的文件，本通知就需要应用批转，假定是这样，说说应该怎样去批转。

（4）在认真思考1、2题之后，请你评说本通知的两点严重不足之处，并说明应如何解决问题。

（5）结合公文的行文规则第二条思考：这样的发文有行文必要吗？发文单位应如何为机关立言？

7. 市纪委拟好一份《关于实现全市党风根本好转的规划》，请指出下列行文方向的处理方法。

（1）将这份规划报请市委批转各有关单位，其行文应如何处理？公文标题应怎样拟写？

（2）市委如果批准这个规划，其行文应如何处理？公文标题应如何拟写？

（3）其下属××县、××区纪委收文后需将这个规划再下发给下属机关，其行文应如何处理？公文标题应如何拟写？

8. 2003年1月6日，广州市人民政府第11届第113次常务会议讨论通过了关于修改《广州市摩托车报废管理规定》的决定。决定的内容有五个方面，应根据本决定对“规定”全文作相应修改并重新公布。请正确回答：

（1）广州市人民政府应如何行文处理？其颁行载体应使用通知抑或使用命令（令）？试写出文件的标题，并说出为什么要这样处理、这样拟写的依据。

（2）如果韶关、梅州、汕头等地级市人民政府要处理同样的问题，其行文处理又有什么不同？请讲清楚不同的地方和法律依据。

9. 全国人大常委会撤销成克杰所任副委员长职务，为什么要用公告？然后推论指出：

（1）一个市的人民政府，要撤销一个局长的职务，在行文前必须依据什么文件？应当怎样行文处理？使用什么文种？

（2）如果是这个政府的某局，需要免去一个科长，其行文处理又是怎样？请说出依据。

（3）有一所学校开除一个学生使用公告行文，其处理方法错在哪里？其正确的行文程序是怎样的？该选用什么文种？怎样行文？

（4）有一所学校任命一个副科长，用决定行文，其处理方法错在哪里？其正确的行文程序应该怎样？该用什么文种？怎样行文？

三、通报的写法

（一）温故知新

通报在写作上与情况报告、简报、调查报告等文种有近似的地方，但在用法上却有很大的不同。请先复习通报文种的相关知识，然后一边阅读例文一边同近似的文种作比较，从中领悟通报的文种特色，从而掌握用法与写法。在阅读表彰性通报时，要注意与嘉奖令、表彰决定相比较；在阅读批评性通报时，要与决定、通知相比较；在阅读传达性通报时，要与情况报告、简报相比较，分辨出各自相近而又有别的地方，弄懂应用上的不同、写作上的差异。

（二）例文学习

【例文一】

广东省人民政府
关于表彰广东省高校毕业生创业
先进个人的通报
粤府〔2009〕48号

各地级以上市人民政府，各县（市、区）人民政府，省政府各部门、各直属机构：

近年来，全省各地各部门认真贯彻落实党中央、国务院关于促进高校毕业生就业工作的一系列方针政策和省委、省政府的统一部署，制定完善各项政策措施，有力地推进高校毕业生就业以及创业带动就业工作。全省涌现出许多自主创业、以创业带动就业的高校毕业生创业先进事迹。为树立典型，弘扬新时期高校毕业生创业精神，激励和引导我省广大高校毕业生积极投身创业实践，省人民政府决定，授予丁磊等20人“广东省高校毕业生创业先进个人”称号。

受表彰的先进个人要再接再厉，开拓创新，为全省创业带动就业工作创造新的业绩。全省广大高校毕业生要认真学习受表彰先进个人自强不息、艰苦奋斗、勇于创新的创业精神，不断提高就业创业能力。全省各地各部门、各高校要进一步完善创业服务，优化创业环境，加强创业培训，鼓励和帮助广大高校毕业生实现就业、敢于创业、成功创业，开创全省创业带动就业工作新局面，为推动全省经济社会又好又快发展，争当实践科学发展观排头兵作出更大贡献。

附件：广东省高校毕业生创业先进个人名单

广东省人民政府

二〇〇九年六月八日

附件

广东省高校毕业生创业先进个人名单

（共20名　按姓氏笔画排序）

（略）

例文一是表扬性通报。党中央、国务院十分重视高校毕业生就业工作，出台了一系列方针政策，广东省委、省政府十分重视高校毕业生的就业，提倡、鼓励创业带动就业工作。几经努力，全省涌现出许多自主创业、以创业带动就业的高校毕业生创业先进事迹。为树立典型，弘扬新时期高校毕业生创业精神，激励和引导广大高校毕业生积极投身创业实践，省人民政府授予丁磊等20人“广东省高校毕业生创业先进个人”称号。

这是十分鼓舞人的举措。认真阅读例文一，将会受到感染。现代的大学生，从入学开始，便要树立自主创业的意识，向榜上有名的先行者学习。

【例文二】

财政部关于在南京地区发现大量

1992年三年期变造国库券的情况通报

财国债〔1995〕3号

各省、自治区、直辖市、计划单列市财政厅（局）、人民银行分行；中国工商银行、中国农业银行、中国银行、中国人民建设银行、交通银行、投资银行、邮电部邮政储汇局：

最近，收到江苏省财政厅报告，今年6月6日，一姓王男子持1992年变造国库券15万元（面额为500元，共300张），到江苏省建行信托投资公司证券部要求出售，柜台工作人员认真负责，仔细鉴别，初步认定为1992年变造国库券（此人已由当地公安部门收审）。此批变造券后经人民银行江苏省分行鉴定，确认为1992年变造国库券，其特征如下：

1. 变造券背面加印的“第二期”三个字，字样为机制印刷，与真券比较，字体笔画不实、粗糙、压痕重，手摸有凹凸感；“期”字的笔画线条有断点。

2. 正面冠字号有明显补印痕迹，将原券面的冠字号码Ⅺ变造为Ⅻ，在放大镜下观察，后面加印上去的“I”字的字体较细、粗糙，手指触摸后易变模糊，且与后面的阿拉伯数字的距离较近。

以上特征，望各地有关部门、单位作为在办理国债兑付业务时的重要参考，一定要本着对国家负责的态度，严把柜台审验关，认真掌握财政部、中国人民银行联合下发的财国债字（95）×号文件中的鉴别要点，一旦发现变造国库券，要严格按财政部、中国人民银行联合下发的（95）财国债字11号文件规定执行，与当地公安机关密切配合，严厉打击伪造、变造国家债券的不法行为。

一九九五年六月二十九日（印章）

例文二是一份情况通报。

江苏省财政厅发现了情况，且事关重大，便及时报告了财政部，于是财政部发了这个情况通报。上级机关发通报让所属机关知晓相关事项，各机关便“能传达情况，让人了解实际情况，正确部署自己的工作，更好地及时采取应对措施”。所以，及时报告情况，对工作的开展十分有利。

通报，不仅通报情况，传递领导机关意向，还有警示提醒注意、防患于未然的作用。仔细阅读例文，体会通报的性质、功能、作用，从而把握写作通报的要领。

【例文三】

国务院办公厅关于安徽省安庆市望江县华阳镇
擅自停课组织小学生参加迎送活动的通报
国办发明电〔1996〕15号

各省、自治区、直辖市人民政府：

1996年1月12日，安徽省安庆市“县乡公路建设现场会”安排与会代表参观望江县华莲线（华阳镇至莲洲乡）25公里柏油公路。望江县华阳镇主要领导擅自决定在与会代表途经华阳镇时，让镇中心小学部分班级学生停课参加“欢迎仪式”。近百名小学生在阴冷雨天等候数小时，致使部分小学生生病。学生家长和群众对此极为愤慨，致信中央要求坚决制止此类现象。

中小学校依照国家规定建立有严格的教育教学秩序，这是教育教学质量的保证，任何单位和个人都不得随意破坏。现在一些地方的个别领导干部利用自己的权力，动辄调用中小学生为各种会议、考察、参观、访问甚至商业性庆典搞迎送或礼仪活动，有些地方还因此发生了严重的安全事故，造成极恶劣的社会影响。望江县华阳镇发生的问题，已不只是一般的形式主义，而是封建官僚主义，严重脱离群众，此类不良风气必须坚决予以制止。各地区、各部门以及各级领导干部，要高度重视这一问题并从中吸取深刻教训，切实增强群众观念，杜绝此类事件再度发生。

中小学生是祖国的未来，他们的学习和活动安排，要有利他们的学习和身心健康。今后各地区、各部门都必须严格执行国家的有关法规和规定，不得擅自停课或随意组织中小学生参加各种迎送或“礼仪”活动，如确有必要组织的，须报经省级教育行政部门批准。

国务院办公厅

一九九六年一月十二日

例文三是一篇批评性通报。

中央早已三令五申，中小学不得随意停课，各级各部门要维护中小学校的正常教学秩序。可是有一些地方官员出于某种虚心，不顾法规规章，随意动用手中权力，动辄调用中小学生为各种会议、考察、参观、访问甚至商业性典礼搞迎送或礼仪活动，给学校工作带来诸多不便。国务院办公厅高屋建瓴，对此不良现象予以通报批评，以便基层领导们从中吸取教训，引起警觉，防止此类事件再次发生。

本通报内容着重分析错误的性质、危害、产生的根源和责任，指出应吸取的主要教训等，举一反三，要求“今后各地区、各部门都必须严格执行国家的有关法规和规定，不得擅自停课或随意组织中小学生参加各种迎送或‘礼仪’活动，如确有必要组织的，须报经省级教育行政部门批准”，希望各地、各单位吸取教训，引以为戒。

（三）通报的用法

通报是下行文，使用下行文件格式，是领导机关在表彰先进、批评错误、传达情况时使用的公文。在表彰先进时，要注意与嘉奖令、表彰决定相衡量、相区别；在批评错误时，要注意与决定、通知相衡量、相区别；在传达情况时，要注意与情况报告、简报相衡量、相区别，把握好分寸，准确地使用。

（四）通报的写作要求

1. **注意时效性**。发通报必须有很强的时效性，要抓住时机，及时将先进典型和经验向社会宣传推广，对反面典型予以揭露，引起警戒；对某些重大事项和重要情况及时予以通报，以起到交流情况、信息，指导工作的作用。

2. **注意指导性**。不是事无巨细都要发通报，要选择对面上工作有普遍指导意义的事项来发通报。要想有普遍的指导意义，就应选择典型。先进的典型要能反映事物的本质特征，能揭示时代的本质，体现时代的精神；反面的典型，应有一定的代表性，有鉴戒的作用。

3. **注意真实性**。通报中所涉及的事例，必须是客观存在的，并经过反复调查，真实可靠，绝不允许捏造和虚构。另外，对事例的反映要准确，不能夸大或缩小，要实事求是。通报有时要在结尾部分提出希望和号召，也必须切合实际，不脱离现实，要有一定的针对性，使读者接受号召，受到启示。

（五）通报的结构与写法

通报由标题、主送、正文、生效标识四个部分组成。

1. **标题**。通报的标题一般有两种写法：一是完全式标题，即由发文机关名称、事由、文种三部分组成；二是省略发文机关名称，只有事由和文种。

2. **主送**。通报的主送情况有两种：一是行文对象有专指的，要写上主送机关；二是通报为普发性的，可不标主送机关。

3. **正文**。通报的正文一般由引据、主体、结语三部分组成。

（1）引据。也称总提或导语。首先用高度概括的语言扼要地托出全文的中心，勾勒出总体轮廓和基本事实，继而表明发文机关或肯定或否定的态度，即发出通报的决定和希望。

（2）主体。由两部分构成：①事实与评析。这部分是通报全文的重点和核心，写法可虚实结合，先实后虚。即先适当地详写事实（先进事迹、错误事实、重要精神或情况）的全过程或全部内容，交代清楚事情的来龙去脉，通常包括事实发生的时间、地点、人员、主要情节、结果及影响等，事实一定要真实，用语一定要准确，使受文者阅后即能掌握全貌，并能从中分清是非曲直，以便领会发文机关的意图。在叙述事实的基础上，从中提炼出经验或教训，具有示范性的，还要作出适当的评价，概括出典型的意义和主要经验；属于警戒性的，则要分析问题产生的主客观原因及带来的危害、从中应吸取的教训。②决定（也称结论）。是通报核心部分的一个方面，是前因之果，体现行文的直接目的，对被通报的内容作出评价或提出处理意见。文字力求简洁，表扬的要明确给予肯定，写明授予什么荣誉，给予什么奖励；批评的要写明对责任者惩戒的意见。

（3）结语。即要求或希望。是前两部分的落脚点，因为通报的目的（知照性通报除外）是为了号召大家学习先进或是告诫人们防止发生类似错误，或是要求大家重视某一情况，倡导某一精神。所以要按照行文目的提出通报的要求，或推广，或警醒，提出相应的意见、措施，以求得到落实。

4. **生效标识。**在标题中注明发文单位名称，在落款处用阿拉伯数字写上年月日并盖上印章。

【思考与练习】

导语：通报“适用于表彰先进，批评错误，传达重要精神或者情况”。撰写通报，必须是真人真事，而且还需事迹过硬，能起到正面的宣传教育作用，这与采写新闻稿、简报稿有相同之处。但也有区别：通报，是领导机关下发的公文，必须由机关的名义行文，要经领导人签发；新闻稿，是记者撰稿，经主编签发；简报稿，可以是机关的个人采写，主编审阅认可即可。要注意依据行文目的的差异，抓住通报的发文主旨，体会通报的正确写法。

一、概念题

掌握下列名词术语。

表彰性通报　批评性通报　传达性通报　概括性语言　结论式断言　事故原因分析

二、阅读题

1. 阅读通报例文。

2. 体会通报的分类和写法，然后再阅读命令（令）、决定有关表彰、批评的例文，体会其异同点，找出程度、范围方面的差异，从而理解这三个文种的不同风格特点。

3. 阅读简报、公报，相互比较，体会这些文种与通报之间的相似和差异之处。

三、改错题

指出下列标题的错误并改正。

1. ××处关于×××同志的考察报告

2. 关于对×××进行欺骗伪造病假条的通报

3. 关于组织青少年支援甘肃采集树种的通知

4. ××市公安局关于严禁打架斗殴和收缴武器的通告

5. ×××航运管理所航行通告

四、简答题

1. 通报是下行文，其功能有三——表彰、批评、传达。但是，具备这三种功能的尚有其他文种，在使用中如果不注意准确区分便会张冠李戴，造成行文不当。用于表彰，有命令（令）、决定、通报；用于批评，一般用通报，也可以用决定；传达情况（是指上级机关向下级机关）用通报、简报（非公文）；下级向上级报告情况用报告。这些不同的情况、不同的用法，应该怎样界定？

请依据通报、决定、命令（令）这三个文种表彰功能方面的用法，通过阅读相关例文，分别指出在什么情况下的表彰用命令（令），什么情况下的表彰用决定，在什么情况下的表彰用通报。

五、训练题

请依据下列材料试着进行采访，并撰写成通报稿（以发文机关的角度采写、行文）。

王羽丰医师是广东省中医院一名年轻的副主任医生。但是，他老成持重，对病号有爱心。在全国著名老中医邓晋丰教授和林定坤教授、陈博来教授的指导下，他带领的医疗团队很有建树。在他的医疗团队里，经常会涌现出许多新人新事、好人好事。例如，有一位82岁高龄的女性患者，因“腰痛伴双下肢麻痛10年，加重伴行走困难3月”入院，入院完善腰椎MR检查后提示腰椎椎管极重度狭窄，同时患者又有长期颈痛病史，完善颈椎X光及MR检查后提示颈椎多阶段后纵韧带骨化，严重颈椎椎管狭窄。结合患者综合病情及入院检查，腰椎椎管狭窄及脊髓型颈椎病诊断明确，经与患者及其家属沟通其病情后，要求尽快手术治疗。因患者高龄，王羽丰主任对病人进行了详细评估，并请麻醉科评估手术风险，排除手术绝对禁忌征后，进行腰椎减压融合固定及颈椎后路开门手术，手术过程非常顺利，患者术后恢复良好，颈腰腿痛较前明显缓解，病人康复出院。

第四节　报告　请示　批复

这三个公文文种，有着某种内在的联系：报告是下级机关给自己的上级机关提供情况的“汇报”“报告”；请示是下级机关给自己的上级机关的请求。报告和请示的内容有组织纪律的规定，“事前请示事后报告”，有了重要情况要报告，自己做了工作要报告；重要事项做之前要请示，超越权限事项要请示，要坚持一事一文，报告与请示必须严格分开。有了请示必须“复”，可依实际情况分别使用“批复”“答复”或“函复”。报告一般不用答复，但领导机关对全局有参考价值的报告，可以用“批示”转发下级各机关参考，在批示中指出其意义、批示应该怎样从中得到启示、领会精神实质、作出怎样的反应或拟出举措。

一、报告的写法

（一）温故知新

什么是报告？报告是用来干什么的？报告什么？怎样去报告？这些是学习报告文种必

须解决的问题。下级机关向自己的上级机关汇报工作、反映情况、答复上级机关询问，就必须使用报告行文。下级机关依据自己的职责或依照上级部署开展了工作，或有了情况，或发现了问题，或完成了任务，或遇到了问题，或上级有了询问，等等，均应及时、如实地汇报、反映。

上级机关要指挥全局，靠什么来决策呢？上级深入下层的调查研究固然十分重要，但是下级机关的报告切不可忽视。

（二）例文学习

报告，有主动报告和被动报告两种。主动报告就是上级并未要求，下级机关自己做了工作或出现情况，自动自觉地写出报告给上级机关以了解情况，这是工作纪律，既是义务，更是责任；被动报告是上级机关来电或来文询问或在布置任务时作交代等，必须以“报告”行文作答，就是“坚持报告请示制度”。

入选的例文各具代表性。我们该怎样去报告工作，怎样去写出工作报告，认真阅读以下例文，会很有启发。

【例文一】

广东省石油公司英德供应站
英石供〔19××〕31号
关于解决油库长期遗留的
山地及树木的归属问题的报告

省石油公司：

我站于一九××年五月新建油罐两个，扩建了油库，占用当地东方村部分山坡地及该地树木。扩建后几年来库区未定，东方村多次提出要求补偿被占用的山地及树木，但几经协商，均未有结果，以致发生纠纷，库区围墙被推倒十多米。最后，双方本着对国家财产和群众利益负责的精神进行协调，彼此谅解，终于达成协议，由我站给予东方村山坡地及地上树木一次性补偿费×万元，并经双方划定界线，新建围墙为界，界内土地及树木永久归我站所有。

我站应付的补偿费×万元拟在“保管费”中列支。现随文上报所订协议及库区界图，请核备。

附件：1.《××山地及树木归属协议》
2.《英德石油站界区图示》

广东省石油公司英德供应站
一九××年七月二十一日

抄送：韶关市商业局

这是一则下级机关汇报自己所做工作的工作报告。工作报告有综合性报告和专项性报告两种，本文属专项性报告。行文目的不是要求上级机关批示或批准，而是为了让上级机关掌握情况。

类似本报告的情况，下级机关必须主动向上级机关报告。除了让上级机关了解情况之外，还具有战略意义：任何一个机关的办事人员，难免会调动离任，为避免年深日久之后产生争端，此时将由上级机关存档的报告及其附件从档案室里调出，便成为司法公正的、具有法律效力的凭据文书。

本报告的正文分三个层次：

（1）开头，总述开展工作的主要背景，即由于新建了两个油罐之后，遗留下了山地及树木的归属问题。

（2）主体，叙述报告的具体内容，经过协商，达成协议，并写了具体的处理方法。

（3）结尾，用随文上报协议及界区图和“请核备”作结。行文简洁，条理清晰。

（4）写明两个附件的名称，并将两个附件同报告装订在一起。这两个附件十分重要——既是所做工作的成果展现，又是未来具备法律效力的证据。

【例文二】

××省人民政府关于××市第三
棉花加工厂特大火灾事故检查处理
情况的报告

国务院：

2003年4月21日，我省××市第三棉花加工厂发生一起特大火灾事故，烧毁皮棉101980担，污染1396担；烧毁籽棉5535担，污染72600担；烧毁部分棉短绒、房屋、机器等。造成直接经济损失20129000余元，加上付给农民的棉花加价款3669000余元，共损失23799000余元。

火灾发生后，虽然调集了本省和邻省部分地区的消防人员和车辆参加灭火，保住了主要的生产厂房、设备，抢救出部分棉花，但由于该厂领导组织指挥不力，加上风大、垛密，缺乏消防水源，致使火灾蔓延，给国家造成了巨大损失。事故发生后，省委、省政府立即采取紧急措施，派有关部门负责人赶赴现场，协助调查处理这一事故，做好善后工作。经过上下通力合作，该厂于4月30日正式恢复生产。

从调查核实的情况看，这次火灾是一起重大责任事故，其直接原因是该厂临时工李××违反劳动纪律，擅自扭动籽棉上垛机上的倒顺开关，放出电火花引燃落地棉所致。但这次火灾的发生，该厂领导负有重大责任。一是长期以来，厂领导无人过问安全工作。从去年棉花收购以来，该厂有记录的火情就有12次，并因仓储安全搞得不好、消防组织不健全、消防设施失灵等，多次受到通报批评。厂长段××严重丧失事业心和责任感，对火险隐患听之任之，对上级部门的批评置若罔闻，直至得知发生火灾消息后，也没有及时赶到现场组织抢救。因此，段××对这次火灾应负主要责任。分管安全生产工作的副厂长张×

××，工作不负责任，该厂发生的多次火情，从未研究、采取措施，对造成这次火灾负有重大责任。二是××市委、市政府对该厂的领导班子建设抓得不紧。19××年建厂以来，一直没有成立党的组织，班子涣散，管理混乱。这次火灾发生后，分管财贸工作的副市长×××同志，忙于参加商品展销招待会，直至招待会结束才到火灾现场，严重失职，对火灾蔓延、扩大损失负有重要领导责任。三是这次事故虽然发生在基层，但也反映出省政府、××行署的领导，在经济体制改革的新形势下，对安全生产工作中出现的新情况、新问题认识不足，抓得不力。

另外，近几年来，××市棉花生产发展较快，收购量大幅度增加，储存现场、垛距、货位都不符合防火安全规定的要求。再加上资金缺乏，编制不足，消防队伍的建设跟不上，消防设施不配套，也给及时扑救、控制火灾带来了困难。

为了认真吸取这次特大火灾的沉痛教训，我们采取了以下措施：

（一）认真学习国务院关于搞好安全生产的有关规定，提高新形势下搞好安全工作的认识。省政府于5月上旬发出了《关于加强安全生产工作的紧急通知》，要求各级政府、各部门认真学习有关安全工作的规定，牢固树立“安全第一，预防为主”的思想，迅速制订安全措施，建立健全安全生产、安全管理、安全监察等各项制度。××市第三棉花加工厂发生的火灾事故已通报全省。

（二）在全省开展安全生产大检查，及时消除事故隐患。从5月中旬开始，省政府确定由一名副省长负责，组织了四个检查组，到有关地市，对矿山、交通、棉储、化工、食品卫生等行业进行重点检查。各地市也分别组成检查组，进行安全检查。

（三）对××市第三棉花加工厂发生的这起特大火灾事故，省政府责成省供销社、省劳动局、省公安厅会同××地委、行署核实案情，抓紧做好善后工作。××地委、行署几次向省委、省政府写了检查报告，请示处分，并已整顿了企业领导班子，决心接受这次事故的教训。事故的性质和责任已经查明，对肇事者李××已依法逮捕，负有直接责任的厂长段××、副厂长张××依法处理。对××市政府分管财贸工作的副市长×××同志，给予行政撤职处分。

我们一定要在现有人力、物力、技术条件下，尽最大努力做好安全工作，防止此类事故的发生。

以上报告，如有不当，请指正。

××省人民政府
二〇〇三年四月三十日

这是对一起重大事故的检查和处理的情况报告。

一个省的地级市的工厂，发生了重大的责任事故，由于火灾造成的损失十分严重，该省人民政府不敢隐瞒，向国务院写出对这起重大事故的检查和处理的情况报告，这种态度是正确的。

这种情况报告该怎样写？本例文写得很典范，很有参考价值。

报告分三个部分，一是报告重大火灾事故发生所造成的严重损失、火灾情况，以及省委、省政府派出有关部门负责人赶赴现场，协助调查处理这一事故，做好善后工作，使该厂能尽快恢复生产。二是分析事故发生的原因、追查责任人并作出处理。三是认真吸取沉痛教训，采取有效防范措施。

该报告以“情”（出现了什么情况）“因”（为什么会出现这种情况）“策”（怎样应对这种情况）为次序，层次分明；叙述情况注意不蔓不枝，抓住应该报告的事项，使中心突出。

【例文三】

财政部关于2001年11月和12月上中旬地方
企业所得税增长情况的报告
国办发〔2002〕1号

国务院：

今年10月份中央提出2002年实行所得税收入分享改革以后，地方企业所得税收入出现了超常增长。现将有关情况报告如下：

根据财政快报反映，2001年11月份地方企业所得税完成170.44亿元，比上年同期增收919.23亿元，增长139.4%。12月上中旬完成137.82亿元，增收89.82亿元，增长187.1%。其中，12月上旬完成35.29亿元，比上年同期增收21.6亿元，增长157.8%。12月中旬完成102.53亿元，比上年同期增收68.22亿元，增长198.8%。12月上中旬增幅超过100%的地区依次为：

江西省增长816%，宁波市增长708.7%，河南省增长609%，广西壮族自治区增长597.7%，青岛市增长577.2%，内蒙古自治区增长496.9%，浙江省（不含宁波市）增长467.5%，宁夏回族自治区增长462.2%，安徽省增长404.5%，贵州省增长376.5%，新疆维吾尔自治区增长352.9%，吉林省增长314.8%，山东省（不含青岛市）增长235.6%，天津市增长230.1%，江苏省增长223.5%，重庆市增长197.5%，湖北省增长179.2%，河北省增长173.3%，甘肃省增长167.4%，大连市增长164%，山西省增长155.7%，云南省增长1428%，湖南省增长128.6%，陕西省增长104.6%。

中央经济工作会议明确要求，各地不要因为所得税收入分享改革“以今年为基数就去弄虚作假，抬高基数。无论哪个地方，如果做假账，都要严肃追究当地主要领导人的责任”。改革政策明确以后，各地认真测算，积极准备，改革工作正在有条不紊地进行。但在此过程中，也出现了一些地区人为抬高基数的不正常现象。快报反映的地方企业所得税超常增长的态势，必须引起各地区、各部门的高度重视，采取切实措施予以制止和纠正。为此建议：

一、地方各级人民政府要认真贯彻党的十五届六中全会决定精神，切实转变作风，从讲政治的高度严格依法治税，严禁弄虚作假。

二、地方各级人民政府要对所得税收入征管中出现的问题立即进行自查自纠。特别是不得将应该在2002年征缴的企业所得税提前到今年征缴；不得改变企业按照一定期限和一定税额预缴所得税的原定办法；不得通过财政注入资金或金融机构贷款等方式虚增所得税收入。对自查出来的各种虚假所得税收入，要全部予以剔除。

三、2002年1月，国务院组织有关部门进行专项检查，对采取各种弄虚作假手段虚增基数的地方，将从严处理，相应扣减中央对地方的基数返还收入，同时依法追究当地主要领导和有关责任人员的责任。

财政部

二〇〇一年十二月二十九日

（选自《广东政报》2002年第7期）

这是一则下级机关发现了重要情况后主动向上级机关反映情况的报告。

财政部在自己主管的工作中发现了不少地方在人为抬高基数、做假账的不正常现象，立刻将情况报告国务院，并根据所发生的情况提出了建议。国务院接到财政部的报告之后，立刻采取措施，于2002年1月1日发出紧急通知，要求各地认真进行检查，坚决杜绝和纠正人为抬高基数的错误做法。

从本例文可以看出，及时的情况报告能为上级机关提供决策服务，使错误少犯，损失减少。因此，及时向上级机关反映情况是下级机关义不容辞的责任。

【例文四】

××大学工会

××〔1989〕××号

关于我校工会干部有关待遇的报告

市总工会：

×月×日函悉。现将我校工会干部有关待遇报告如下：

一、我校基层工会主席由教师兼任，每年减免工作量40学时。

二、部分工会主席任职期间享受本单位行政副职待遇，由教师担任的每年减免工作量30学时。

三、校工会委员任职期间减免工作量30学时；部门工会委员每年减免工作量15学时。

专此报告。

××大学工会

一九八九年六月五日

这是一则答询报告，是××大学工会接到上级工会——市总工会来函询问工会干部待遇问题后所作的答复。答复上级机关询问需用报告行文。

本报告的正文由开头、主体、结尾三部分组成。

（1）开头，即引据。引叙来函，接着直叙答询，用领起语“现将……报告如下”将所询问题引领后便转入主体。

（2）主体，写报告内容，针对所询问题分条列项，一一答复，言简意赅，回答得简洁、明白。

（3）结尾，用“专此报告”作结，符合行文格式。

（三）报告的用法

报告是上行文，必须使用公文格式的公文版头，遵循上行的行文原则。

报告属陈述性文件，或汇报工作，或反映情况，或答复上级的有关询问，都必须采用陈述的方式，不能过多地说理议论。

汇报工作，反映情况，不能夹带请示事项。

报告的行文方向，由于法理因素、管理因素、党的执政因素，形成了特殊性。凡受人大监督的机关，即使是平级，也必须使用报告向人大汇报工作、反映情况、答复询问；“一府两院”和有关人民团体在向本级党委相关的职能部门汇报工作、反映情况、答复询问时，必须使用报告。

（四）报告的写作要求

1. **材料要确凿。**制发报告的目的是为了让上级机关了解、掌握实际情况，便于制定政策，作出决断和处理问题，因此，报告的情况、事项、典型、数字等材料都要经过严格核实，要确凿无误，不能弄虚作假，欺骗上级机关。

2. **立意要新。**在占有大量材料的基础上，要对材料进行研究、分析、评价，从中发现新的材料，从新的角度提炼出新的观点，形成新的主旨。只有这样，才能反映某项工作或某段工作时期的特点。所以，立意新的报告才有价值和意义。

3. **报告要及时。**制发报告的任务是向上级机关提供材料，让其了解和掌握情况，并作出相应的决策或批示。因此，向上级汇报工作、反映情况、提出意见或建议、答复询问等，一定要及时。

4. **要掌握报告模式，体现出报告的文体特点。**下级机关向上级机关或主管部门汇报工作、反映情况，其目的是使上级机关了解和掌握情况，更好地对自己的工作作出决策或进行指导，所以，报告具有鲜明的汇报性。报告是对工作的回顾、分析和总结，反映工作的成绩、情况、做法及问题，所以，要反映工作的过程性和实践性。没有实践，就没有报告。写工作报告决不能离开工作实际。报告一般都是直接具体地陈述本机关的工作、情况、问题、做法及意见或建议等，因此，报告的行文主要用陈述的表达方式。

5. **不夹带请示事项。**“报告不得夹带请示事项”，这是因为对报告，上级机关不一定作批示；而请示，上级机关必须批复。

（五）报告的结构与写法

报告一般由标题、主送机关、正文和生效标识组成。

1. **标题**。报告的标题有两种形式：一是标准式，即由发文机关、事由和文种三要素组成；二是简化式，即只由事由、文种两要素组成。事由用介词结构方式，这样就能将报告的主体内容揭示出来，一目了然。

2. **主送机关**。报告有主送机关，是发文机关的直属上级机关或是其业务指导机关，其他机关不用报告行文，如果需要，可以抄送方式将该报告送达。

3. **正文**。报告的正文，因其性质的不同而写法亦有不同：

（1）报送文、物的报告（文字材料如报表、账册、图片和其他实物），其结构十分简单，直叙给报送对象即可。

（2）汇报工作或答复询问的报告，要分成引据、主体、结语三个层次来写。

1）引据，是正文的开头，写报告缘由或依据、目的。用简洁的语言交代为什么要写报告，然后用一句过渡语“现将……情况报告如下”，“现将情况汇报如下”或“现将情况答复如下”，并用冒号“：”领起下文。

2）主体，主要写报告事项。在过渡语、冒号之后，另起一段写报告内容。撰写时要紧紧围绕行文的目的和主旨进行陈述。如是汇报工作，则应首先写明工作的基本情况，其次写明主要做法和成绩，包括采取的办法、措施以及所产生的效果等，最后写明还存在什么问题及今后的工作设想。如果是答复上级的询问和要求，应首先扼要叙述上级机关询问的事项或提出的交办任务，然后写明处理的大致过程，包括所采取的办法或措施、在处理中遇到的问题以及需要进一步陈述的事项等，最后交代处理结果，同时征询上级机关对处理结果的意见。

如果内容比较多，可采用分条列项的方式来行文。行文时应注意避虚就实，突出重点，恰当安排内容层次，体现一定的逻辑性。

3）报告结尾，在正文末尾写上“特此报告”，“现报上，请查收”，“以上报告，请审阅”，“以上报告当否，请指正”，等等。结语应单列一行。

（3）反映情况的报告，则需要分事情、原因、对策三个部分依次来写。如例文三就是采取这种写法。

4. **生效标识**。在落款处要写明成文日期、盖印。

【思考与练习】

导语：学习报告文种，要充分认识到报告是下级机关向上级领导机关汇报工作、反映情况、答复上级询问的公文文种，是下级机关的工作责任。我们必须认真坚持报告制度，学习好报告文种，提高报告能力，为自己在未来的工作中增强实践的信心和能力。

为什么要报告，报告什么，怎样报告，这是学习和探讨的课题。

一、概念题

掌握下列名词术语。

报告反映情况　汇报工作　答询问题　过渡语　报告缘由　报告事项　报告结语

二、阅读题

1. 深入阅读报告例文，体会下级机关在什么情况下必须写怎样的报告给上级机关，其作用、意义是什么。

2. 阅读、体会相关的报告，如政府工作报告、调查报告、财务分析报告、审查报告、述职报告、科技实验报告等，体会各种报告的异同。

3. 了解报告请示制度。

三、填空题。

1. 报告是上行文，只能报送给自己的上级机关，其功能是（　　　　　　　　　）、（　　　　　　　　）、（　　　　　　　　）。

2. 向自己的上级机关请求事项不能在报告中提出，而应以（　　　　）文种行文；向平级机关和不相隶属机关请求批准应以（　　　　）行文。

3. 向上级机关提出意见、建议不要用报告而应该用（　　　）行文。

四、简答题

1. 为什么说“没有实践，就没有报告”？

2. 写作工作报告应怎样体现“汇报性”和“实践性”？

二、请示的写法

（一）温故知新

坚持请示、报告制度是我们做好工作的有效保证。我们在工作中难免会遇上或由于能力所限或由于权力所限等问题，需要向自己的上级机关请示。对于不懂的问题必须向上请示，不懂装懂反而会坏事；有些事自己虽懂得怎样做甚至有把握做好，但如果受制于权限，也必须请示上级，只有上级批准后才能付诸实施。

请示文种应当如何用、如何写，请认真结合前面学习过的请示文种的特点、分类，将《教程》所选例文细心研究，逐一领会请示文种的应用方法与写作方法。

（二）例文学习

《条例》对请示的释义是：“适用于向上级机关请求指示、批准。”就是说，只能给有隶属关系的上级机关行文，内容是请求指示或批准。请示的使用范围是：

（1）事关党的方针政策，又超出本机关职权范围，要办理时，须请示。

（2）对上级文件精神领会不透，或有不同看法，要贯彻时，须请求上级予以明确指示。

（3）工作中有难题，须兄弟单位配合，或兄弟单位之间工作有分歧，影响了工作的开展，本单位无力解决时，须请求上级协助。

（4）工作中有新的重要实施方案，或遇到无章可循的问题，要执行又无把握时，须先请示。

（5）上级机关规定必须经请示获准后才能办理的事项。

（6）请示文件发出，并非文件运行的终结，而是“这才开始”，必须等待上级机关的明确答复即批复后，才能依据批复内容贯彻执行。

【例文一】

××省财政厅文件

××〔1988〕××号　签发人：×××

关于《会计人员职权条例》中“总会计师”

是行政职务或是技术职称的请示

财政部：

国务院1987年国发〔1978〕××号通知颁发的《会计人员职权条例》规定，会计人员技术职称分为总会计师、会计师、助理会计师、会计员四种；其中“总会计师”既是行政职务，又作为技术职称。在执行中，工厂总会计师按条例规定，负责全工厂的财务会计事宜；可是每个工厂，尤其是大工厂，授予总会计师职称的人有四五人，究竟由哪一位负责全厂的财务会计事宜、执行总会计师的职责与权限呢？我们认为宜将行政职务与技术职称分开。总会计师为行政职务，不再作为技术职称；比照最近国务院颁发的《工程技术干部技术职称暂行规定》，将《会计人员职权条例》第五章规定的会计人员职称中的“总会计师”改为“高级会计师”。

以上认识是否妥当，请指示。

××省财政厅

一九八八年×月×日

这是一则请求上级指示的请示。

在执行上级的指示、决定以及施行有关政策、法令的过程中，遇到一些不太清楚或需要变通执行的地方，使用请示以请求上级给予明确的指示和答复。有时对上级机关某个决定有不同意见，也可以通过请示，得到上级机关认可后根据实际情况施行。

本文的正文由请示缘由、请示事项、请示结束语三个部分组成。

首先引据国发〔1978〕××号文，提出“总会计师”这一称谓问题，然后陈述在执行中的不方便，提出建议：改“总会计师”职称为“高级会计师”。最后用请示结语收束。这样写，层次分明，理由清晰，建议明确，行文简洁。

【例文二】

××市对外经济贸易委员会
关于我市驻澳大利亚经贸代表处有关问题的请示
外经〔19××〕××

签发人：×××

市人民政府：

为适应我市外向型经济建设的需要，有利于对外经济贸易事业的发展，经市委、市政府研究决定，在澳大利亚设立了××市经济贸易代表处，该代表处的设立得到了澳大利亚昆斯兰州及布里斯班市的大力支持和我国驻悉尼总领事馆的同意。现就我市驻澳大利亚经贸代表处的有关问题请示如下：

一、代表处的性质和任务。该代表处是我市派驻澳大利亚的对外经济贸易常设机构，隶属于市经委，对外代表××市进行各项非经营性活动。其近期的工作任务是：配合澳盛公司抓好羊毛生意，并为有关公司开发澳洲经贸业务服务。做好信息传递，通过牵线搭桥，帮助促成贸易项目。

二、代表处驻地在澳大利亚布里斯班市和悉尼市，其办公场所、人员住所及办公、办事经费由澳盛公司提供。

三、市经贸委×××副主任为代表处主任，×××同志为代表处的工作人员。他们国内应有的待遇不变，由市经贸委负担。在国外工作期间可参照经贸部常驻澳大利亚同等人员待遇标准执行。

四、由市经贸委指定一位副主任和相应的部门负责代表处的衔接工作，以随时保持联系，沟通信息。

以上请示当否，请批示。

××市对外经济贸易委员会
一九××年九月十四日

这是一则请求批准的请示。

下级机关在执行上级机关部署的工作中，对一些重要的举措虽经深思熟虑后认为可行，但仍须报上级批准方可执行。这就是坚持请示制度。

本文是就××市驻澳经贸代表处有关问题提出安排意见的请示，正文内容完整，行文重心放在请求事项部分。

第一段写请示起因，概述驻澳经贸代表处成立的背景，然后用一过渡句承上启下，引出请示事项。请示事项分四条阐述，第一条是请示的中心事项，其余三条围绕中心事项，说明具体安排意见，由主到次，环环相扣，叙述具体界限分明。

全文行文简洁利落，语言表意确切，结构周密严谨，请示起因、请示事项和请示结语前后贯通，构成一个有机整体。

请示事项办理例文一组

【例文三】

广州市质量技术监督局文件

穗质监〔2012〕179号　签发人：×××

广州市质监局关于开展2012年广州市
市长质量奖评审工作的请示

市政府：

2010年1月18日，市政府向省政府报送了《关于设立广州市政府质量奖的请示》（穗府报〔2010〕9号）。省政府领导批示同意设立广州市政府质量奖，但不作为固定奖项，按临时新增奖励项目每次评审前报批（详见附件1）。

为贯彻落实国务院、省政府关于质量奖励的政策精神，进一步完善我市质量奖励制度，2012年9月，市政府办公厅印发了《广州市市长质量奖评审管理办法》（以下简称《办法》，见附件2）。《办法》将“广州市政府质量奖”更名为“广州市市长质量奖”，评选周期由原来每三年评选一届改为每两年评选一届。今年距2010年首届广州市政府质量奖评选已满两年，建议市政府就开展2012年广州市市长质量奖评审工作向省政府请示（代拟稿见附件3），待批准后尽快开展评审工作。

妥否，请批示。

附件：1. 省领导在《关于设立广州市政府质量奖的请示》上的批示
　　　2. 广州市市长质量奖评审管理办法
　　　3. 关于开展2012年广州市市长质量奖评审工作的请示（代拟稿）

广州市质监局

2012年10月8日

（联系人：×××，联系电话：××××××××，×××××××××××）

附件1

广州市人民政府办公厅文件

穗府办〔2012〕44号

广州市人民政府办公厅关于印发广州市
市长质量奖评审管理办法的通知

各区、县级市人民政府，市政府各部门、各直属机构：

《广州市市长质量奖评审管理办法》已经市人民政府同意，现印发给你们，请认真组织实施。实施中遇到的问题，请径向市质监局反映。

广州市人民政府办公厅（印）

2012 年 9 月 14 日

附件 2

广州市市长质量奖评审管理办法

第一章　总则

第一条　为落实科学发展观，引导和激励本市企业或组织加强质量管理，提高产品、服务、工程和经营质量，增强城市自主创新能力和综合竞争力，根据《中华人民共和国产品质量法》、国务院《质量发展纲要（2011—2020 年）》的有关规定，结合本市实际，制定本办法。

第二条　本办法所称广州市市长质量奖（以下简称“市长质量奖”）是广州市人民政府设立的最高质量奖项，由市政府表彰和奖励，授予在质量管理和运营绩效上成绩突出，产品、服务、工程质量以及环保治污水平、自主创新能力和市场竞争力等在国内或国际处于领先地位，具有显著的行业示范带动作用，对本市经济社会发展作出卓越贡献的企业或组织。

第三条　市长质量奖的评审遵循科学、公正、公平、公开的原则；坚持高标准、严要求，好中选优；坚持企业或组织自愿，不向企业或组织收费，不增加企业或组织负担。

第四条　市长质量奖原则上每两年评选一届，每届评审前报省政府批准，每届评出获奖企业或组织不超过 10 家，其中，市长质量奖不超过 5 家，市长质量提名奖不超过 5 家。以上奖项可……

………

附件 3

关于开展 2012 年广州市市长质量奖

评审工作的请示

（代拟稿）

省政府：

2010 年 1 月 18 日，我市上报了《关于设立广州市政府质量奖的请示》（穗府报〔2010〕9 号）。省领导批示同意设立广州市政府质量奖，但不作为固定奖项，按临时新增奖励项目每次评审前报批。

为贯彻落实国务院、省政府关于质量奖励的政策精神，进一步完善我市质量奖励制度，2012 年 9 月，我市印发了《广州市市长质量奖评审管理办法》（以下简称《办法》）。《办法》将“广州市政府质量奖”更名为“广州市市长质量奖”，评选周期由原来每三年评选一届改为每两年评选一届。今年距 2010 年首届广州市政府质量奖评选已满两年，我市拟开展2012年广州市市长质量奖评审工作。

根据《中共广东省委办公厅广东省人民政府办公厅关于严格控制和规范党政机关评比达标表彰活动的意见》（粤办发〔2009〕21号）要求，现就该奖项有关事宜请示如下：

一、项目名称：广州市市长质量奖。

二、依据：《中华人民共和国产品质量法》、国务院《质量发展纲要（2011—2020年）》《广东省政府质量奖评审管理办法》。

三、范围：在广州市登记注册，具有法人资格，质量管理成效显著，产品、服务、工程质量以及环保治污水平、自主创新能力和市场竞争力等在国内或国际处于领先地位，具有显著的行业示范带动作用，对我市经济社会发展作出卓越贡献的企业或组织。

四、规模：每届获奖企业或组织数量不超过10家，其中，市长质量奖不超过5家，市长质量提名奖不超过5家。

五、表彰奖励形式：由市政府向获得市长质量奖的企业或组织颁发证书、奖牌，给予每家获奖企业或组织一次性奖励100万元；对获得市长质量提名奖的企业或组织，只颁发证书和奖牌，不发放奖金。

六、经费来源和数额：给予每家获得市长质量奖的企业或组织一次性奖励100万元，每届奖励经费总额不超过500万元。奖励经费由市财政统一安排，评审经费在市质监局业务经费中统筹解决。

专此请示，请批复。

广州市人民政府

2012年10月25日

这是学习请示写作方法与实际请示事项办理的很好的案例。

广州市质监局依据自己的工作职责，按照广州市政府《广州市市长质量奖评审管理办法》的规定，需要开展2012年广州市市长质量奖评审工作。虽然这项工作已有法可据、有规可循，但是，从中央到省都有“严格控制”的指示，因此事关重大，必须据法依规请示。

开展市长质量奖评审工作是市质监局的职责，理当事先拿出一整套的工作方案，经请示上级批准后才能贯彻执行。于是，广州市质监局的请示便须依据相关的一系列文件：市政府向省政府报送的《关于设立广州市政府质量奖的请示》（穗府报〔2010〕9号）；规范性文件《广州市市长质量奖评审管理办法》。又由于开展市长质量奖评审活动是以广州市政府名义进行的，所以广州市人民政府还须报请广东省人民政府批准，于是又产生了附件3“代拟稿”①。如果市政府同意，代拟稿便可以成为市府的文稿，并经公文制发程序后

① 党政军机关制发公文，通常由党政军机关所属职能部门、业务主管部门代上级机关草拟文稿，通常称“代拟稿”。有时也指当某些事项不宜本级机关行文处理，而确需上级机关行文处理时，在请示领导机关说明理由的同时，代表领导机关拟制一份相关文稿一并附上，以供领导机关参考之用。

成为市政府的有效公文。因此，这份请示公文用了三个附件。

怎样依法治国，怎样依法行政，怎样去写作应用文，本组例文能启发思维。

（三）请示的用法

请示是上行文，必须使用上行的文件格式，遵守行文规则，只给直接上级请示，不越级请示，也不多头请示。

请示的行文要注意使用陈述的表达方式，申述请示该事项的缘由；不空泛论说大道理，用事实说话，讲清请示事项的“据”（指有法律、法规和上级指示的依据）、“需”（依实际情况确实需要）、“利”（于本单位有利，于全局有利），而不是蛮横要赖。

还要语言得体，措辞得当。

（四）请示的写作要求

1. **注意报告与请示的区别**。报告与请示都是陈述性上行文，稍有不慎就容易混淆。但是，它们毕竟是不同的两个文种，应注意区分，不能用错。其不同之处可从以下四个方面区别：

（1）行文目的不同。报告是为了让上级机关了解情况，报告单位并无他求；而请示却是发文单位有求于上级机关，或请求指示，或请求批准，或请示批转。

（2）行文时间不同。请示应在办事之前发文，所谓“事前请示”，就是先向上级请示怎么做；报告是在办完事后行文，向上级汇报办事结果或办事情况，所谓“事后报告”。

（3）写法上不同。报告的容量可大可小，内容较多，侧重于陈述情况，形式多样，表述灵活，充分体现出行文的报告性；请示的内容单一，就一件事发文请示，侧重于陈述理由，讲明原因，充分体现出行文的请求性，篇幅较小。

（4）结尾用语不同。报告的结束语为“特此报告”“以上报告，请审阅”，或者可以省略结束惯用语；请示的结束惯用语不能省略，一定要用“以上请示当否，请指示”“以上请示如无不当，请批准”之类的用语。

2. **理由要充分**。请示的问题或事项，要言之有据，言之有理，要具有说服力。

3. **不越级请示**。在一般情况下，请示不得越级行文；如因情况特殊或事项紧急、需越级行文时，应将请示同时抄送越过的上级机关。此外，请示不得同时抄送给下级机关。

要特别注意的是，下级机关有困难请求上级帮助解决时，上级机关应当深入了解情况，给予实实在在的帮助。但是，只有当“需要与可能同在”时才有可能得到圆满解决。“需要”是指下级机关有了困难需要得到帮助；“可能”是指上级机关有帮助解决问题的条件（掂量全局应当帮，而且有帮的能力），只有两者同时存在，困难才能得到解决。但是，作为下级机关，要认识、理解这个道理。当自己的需求没能得到上级的帮助解决时，要体谅上级的难处，自己也要站在上级机关的位置去考虑全局，衡量自己的困难在全局中的比重。作为上级机关，在处理问题时也要替下级考虑，即使没有人、财、物的帮助，也要尽可能下去了解，帮忙出个点子，想个主意，或许能促使下级机关找到解决问题的好办法。

（五）请示的结构与写法

请示的结构同报告相近，均由标题、主送、正文、生效标识四个部分组成，但写法上与报告有不同之处。报告主要是陈述已经产生了的事实、数据，而请示则主要是陈述请示事项的理由、依据。

1. **标题**。请示的标题要写明事由。标题中不能写请示者的姓名。以个人名义写的请示，署名在发文机关的位置；以单位名义写的请示，要在发文字号位置的右侧书写签发人和会签人姓名，并在附注处写上联系人姓名和电话。

2. **主送机关**。请示的主送机关只能写有隶属关系的一个领导机关，不能多头请示。属多头领导的单位，可以用抄送的方式将请示件抄送一份给另一个领导机关。不能越级请示，特殊情况需越级请示的，应抄送被越过的机关。

3. **正文**。请示的正文，一般由请示缘由、请示事项和请示惯用结束语三部分组成。

（1）请示缘由，也即引据。写请示的理由和依据，请示的理由必须在兼顾全局的情况下充分、合理，请示的依据要注明出处。用简约的语句交代完请示缘由之后，用一句过渡语，如“请示如下”“请示事项如下”“特请示如下”，后面加冒号，以领述请示事项。但是，也可以先介绍情况，然后水到渠成地提出请示事项。

（2）请示事项，这是请示的主体，即请示内容。要将请示事项清楚、明白、具体地写出，让人一看便明白请示什么。要注意说理充分，切忌讲大道理，要陈述理由，不能发议论。可采用分条列项的方法，使表述有条理。

陈述请示的理由，要抓住三个点来说明：为什么要立这个请示项；如果没有这个立项，会有怎样的不利局面；如果有了这个立项，又将会出现怎样的有利局面。是陈述理由，而不是论证理由。

注意要坚持一文一事，不能一文数事，以免延误办事。

（3）请求结束语，惯用的是“以上请示当否，请批示”，“以上请示如无不当，请批准”，如果是请求批转的，写“以上请示如无不妥，请批转有关单位执行”。

4. **生效标识**。在落款处写上成文年月日，加盖公章。

凡请示发文，即使是联合发文，也仅用主办机关一个印章。但联合行文的签发人须将会签人姓名全部标注在签发人位置上。

【思考与练习】

导语：学习请示文种，必须树立“坚持请示报告制度”的意识，并在自己今后的工作中能坚持这一制度。研究如何提高自己的“请示能力”，即熟练掌握“为什么要请示”“请示什么”“怎样请示”等技巧问题。

一、概念题

掌握下列名词术语。

请示　签发人　会签人　多头领导　越级请示　惯用语　陈述事实　陈述理由　请示

依据　事前请示　事后报告　当否，请批示

二、阅读题

阅读请示例文，深入体会写作请示应该怎样去陈述理由、说理充分。

三、简答题

请示是上行文，是给自己的直接上级行文的公文文种，其功能是请求指示或请求批准（包括批转）。那么，对不相隶属机关，如有请求批准的事项，行文时该用什么文种？

四、训练题

1. 根据撰写请示的要求，指出下面这份请示从主旨、立意、格式到文字表述方面存在的毛病，并运用法律、法规意识认识其毛病所在，然后加以改写。

兴建××镇××公路的用地请示

××县人民政府：

为发展我镇经济，落实《××镇“八五”计划措施》，接通×××至××的公路，加快商品流通，我镇与邻镇××镇经过充分研究讨论，决定共同兴建××公路。属我镇地方范围的路段由我镇建设。

在建造××公路的同时，我镇计划开发公路两旁各85米纵深的土地为工业、商业开发用地，工业、商业开发用地面积为691900平方米，其中占用水田面积211900平方米，山坡地面积为48万平方米。

根据测算，我镇兴建××公路总投资为壹仟贰佰万元，我们采取以地筑路、以地养路、引进外资等形式进行发展，望县人民政府和有关部门给我镇××公路及开发用地691900平方米请示批复为荷。

特呈报告。

一九九四年三月（印章）

2. 下面是一则工厂内部使用的请示，可以用机关事务文书的方式表达，但也必须注意约定俗成的规范，请指出其不规范之处并加以改正。

厂办公室：

最近天气日渐炎热，为保证生产正常进行，特请安置降温设备。

四车间

××年×月×日

3. 认真阅读下面这则请示，然后修改。

关于建议单独组织机电、双电
专业班四、五级工等级考核的请示

市劳动局：

根据部、省、市劳动部门的部署，我校从1992年起试办机电一体化和电子、电工复合专业班，并自编教学大纲，进行理论教学和实习教学。现在两个班的课程都已基本结束。鉴于目前劳动部尚未颁布复合工种考核等级标准，因此我校这两个班拟不参加全市统一的单一工种的等级考核。建议由市劳动局所属技工考核办公室另行组织复合工种四、五级工等级考核。妥否，请批示。

××技工学校
××××年×月×日

4. 下面是两篇曾被人推为例文的文稿，请认真阅读，并回答问题。

××化工厂关于贯彻按劳分配政策
两个具体问题的请示

省劳动厅：

按劳分配，是社会主义分配的基本原则，也是社会主义优越性之一。几年来，我厂由于认真贯彻了按劳分配政策，极大地激发了广大职工的社会主义劳动积极性，使得生产效率成倍地增长，乃至几倍地增长。

为全面贯彻按劳分配原则，进一步调动职工的劳动积极性，现就两项劳资政策问题请示如下：

一、拟用1990年全厂超额利润的10%为全厂职工晋升工资。其中，1990年4月30日在册职工每人晋升一级，凡班（组）长和车间先进生产（工作）者及其以上领导和先进人物再依次晋升一级；全厂技术突击组成员每人浮动一级工资，组长每人浮动两级工资。

二、拟用1990年全厂超额利润的10%一次性为全厂职工每人增发奖金平均100元，具体金额按劳动出勤率和完成定额计算。

以上请示，妥否，请批示。

××化工厂
一九九〇年十一月十日

（原载《应用写作》2000年第11期“例文看台”）

（1）×××化工厂是一个经济实体，而省劳动厅则是省人民政府的一个工作部门，它们之间存在着怎样的行文关系？该厂给省劳动厅行文，应选择什么文种（报告、请示、意见、函之中的一种）？

（2）就×××化工厂给省劳动厅的请示，找出其请示缘由是什么，其请示事项又是什么。

5. 请你为××化工厂重新起草一份行文方向正确、文种正确、请示缘由正确、请示事项正确、文字表述有据得体的新文稿。

省经济研究中心关于嘉奖刘××的请示

省总工会：

我中心是省政府的事业机构，负责全省的经济研究工作。由于中心尚无工会组织，故未能及时参加工会的有关活动。近闻总工会在全省开展评奖活动，故将为我中心刘××同志立功一事请示如下：

刘××，男，52 岁，1964 年大学毕业，现为副研究员。该同志长期从事农业经济的研究工作，作出了许多卓著成绩，多次受到领导的好评，并为农业生产创造了显著效益。其中《×××××××××》和《×××××××××××》两篇论文分别荣获全国农学会一、二等奖，《××××××》一书被评为全国科普鼓励奖，其本人已被编入××中青年科学家辞典。

根据×总发〔19××〕××号文件精神，刘××同志符合立功条件，望予嘉奖。

以上，妥否，请批示。

省经济研究中心

一九九×年×月×日

（原载《应用写作》2000 年第 11 期“例文看台”）

（1）请就省经济研究中心给省总工会的请示进行思考并动手修正。

1）省经济研究中心是省政府的一个下属机构，同省总工会是什么关系（是隶属级关系、平级关系，还是不相隶属关系）？

2）该中心向省总工会行文，以它们这种关系，应该选用什么文种才正确？

3）该请示的行文目的是什么？该中心依据什么向省总工会行文？

4）依据该请示的行文目的，其行文内容的说服力够不够？还必须将哪些不能缺漏的材料作为附件随文附上？

5）依原文请示的写作，指出其请示缘由、请示事项、请求语有哪些不当之处。

（2）请将材料模拟备齐，然后代该中心拟写一份新的文种正确、表述正确的文稿。

（3）结合×××化工厂的行文和××中心给省总工会的行文，总结写这种公文必须吸取怎样的经验教训。

（4）在完成文稿后还要考虑文稿成为具有特定行政效能的公文要素。

6. 阅读下面这份请示。

××县工商行政管理局
关于统一制作烟花鞭炮摊床
收费问题的请示
×工商字〔2007〕24号

县政府：

为加强防火安全管理及消除人身伤害隐患，规范节日期间烟花鞭炮摊床的设置安放，我局拟从2008年新年起，统一制作烟花鞭炮销售摊床，编号发放相关业户，并要求常年使用。

根据委托加工厂家的初步匡算，每个摊床制作成本为500元整，由我局安排技术人员代业户安装到位，并为业户开具正式收费凭证。

以上妥否，请批复。

附件：烟花鞭炮摊床设计、用料及加工价格明细表

二〇〇七年九月一日（盖印）

（1）这份公文反映了两个方面的事项：一是该工商局准备做一项工作，即统一制作烟花鞭炮摊床。这项工作是工商局职权范围内的事项，有权直接处理，也该处理；二是需要向业户收费，这是工商局无权直接处理的，所以须向县府请示。该局可以拟出以下三个方案：①向顶头上司请示（工商局就是这么做的）；②向县物价局发函联系（有人说物价局管物价，同该局联系批准收费即可）；③工商局只作管理，不参与收费，委托好加工厂家后要业户直接同厂家打交道，价格由他们协商。你将选择哪一个方案？要求从依法行政的角度说明选取的理由、依据。

（2）同理，请你从依法行政的角度说明不选取另外两个方案的理由、依据。

（3）为训练自己的应用能力，你不妨对这三个方案都作取舍的考虑，都要从依法行政的角度去找理由、依据，然后通过比较，找到一个最具有说服力的方案。

（4）请结合函的例文四的简评进行思考。

三、批复的写法

（一）温故知新

与其说是学习批复的撰写技巧，倒不如说我们是通过学习批复来提高自己办理复文的得体得当的处理方法。

机关单位每天都会收到一些来函，都要作出回应，如果不能得体、得当地处理，往往

会影响办文效果。

有的年轻人，以为批准、批示就是权力的表现，就要有“上级的样子”，其实，上级也要尊重下级。

我们通过对以下 4 篇例文的学习，可以体会到处事办文必须注意礼貌，尊重对方，而且要将内容讲明白，让人理解、接受，使需要办理的事情得以顺利解决。

（二）例文学习

批复“适用于答复下级机关请示事项”，是上级机关收到下级机关的请示之后，经研究作出的答复决定。可以是批准，也可以是不批准；可以是以机关的名义答复，也可以以办公部门的名义答复。

批复是上级机关对下级机关的请示应当承担的领导责任。上级的批复是上级机关的决定，下级机关必须遵照执行。

收入例文 4 篇，各具代表性，宜细心体会，找出它们之间的差异处，理解其差异形成的原因，从而掌握应用批复、答复、函复的知识和技能。

【例文一】

中共××市委文件

××〔19××〕18 号

中共××市委××市人民政府

关于××县县直属机关机构设置和编制总额的批复

中共××县委、县人民政府：

你县《关于县直属机关机构设置和人员编制总额的请示》收悉。根据×政〔19××〕13 号文件《关于……的通知》精神，经过研究，对你县县直机关机构设置和编制总额及有关问题批复如下：

一、县委工作部门不要超过 7 个；县政府工作部门不要超过 25 个。县委和县政府须设哪些部门，由县根据党政合理分工、政企分设的精神和精简的原则，在上述限额内，按照实际情况自行决定。

二、县人大常委会、政协、纪律检查委员会、法院、检察院和工会、共青团、妇联、科协、机关党委等机构，按照宪法和党章及其他有关规定设置。

三、县直党政群机关编制总额定为 470 人。编制的使用范围，要严格按国家劳人编〔19××〕193 号文的有关规定执行，并应留有机动。

四、县委、县政府各工作部门均为平行单位，机构名称注意规范化，工作部门内部一般不要分设机构层次，一些较大部门需要分设层次的，一律设股，不得设科。

五、改为公司的单位，要真正成为自负盈亏的经济实体，不能搞行政性公司。

六、请将按上述精神确定的县直党政群机关机构设置和编制分配方案，报市委、市政府和市编委备案。

中共××市委
××市人民政府
一九××年×月××日

中共××市委办公室　　19 ××年×月××日印

（共印 200 份）

这是一则上级党政领导机关联合行文，针对下级机关来文请示事项所作出的批复。

从批复中可以看出，下级机关的机构设置和人员编制是重大事项，必须报请上级党委和上级机关批准。

批复是上级机关对应下级机关请示来文的复文，有请示才有批复，有了请示就必须回复，批复是典型的“红头文件”之一。

本批复首先引叙请示来文，以让收文机关明白是对什么请示的批复，接着交代批复依据，再用“经研究”定格，引出批复内容；因批复内容较多，故采用分条叙述法将批复事项逐一交代明白，这样便能使复杂的内容条理化。

本批复由于内容涉及下级党政机关，所以由上级党政机关联合发文批复。使用文件格式版头，格式规范，批复的内容其规定性、指示性很强，是下级机关执行的依据。

【例文二】

广东省人民政府
粤府函〔1999〕532 号
关于禁止在新丰江水库内搞旅游问题的批复

河源市人民政府：

河府〔1999〕73 号请示收悉。为实施可持续发展战略，确保新丰江水库水质优良，造福人民和子孙后代，省政府决定，禁止在新丰江水库内搞旅游。现就有关问题批复如下：

一、撤掉新丰江水库内奇松岛、伏鹿岛、水月湾（部分）的旅游景点、景物和水库内网箱养殖、旅游小快艇及库边新丰江水泥厂等六个可能造成污染的项目；保留库区万绿湖周围山上不致造成水质污染的参观景点。

二、今后，河源市发展旅游应按照“库外游，进山游”的原则，开发以大桂山为重点，以绿色、森林生态旅游为主要内容的观光、特色旅游。

三、被撤掉的新丰江水库旅游项目，省政府予以一次性合理经济补偿，全部项目补偿金额共 9497 万元。补偿款今明两年分三批安排拨付（详见附表）。省补偿的资金在 2000 年财政水资源费收入中拨出 5000 万元，其余在 2000 年省财政预算中列支。今年须拨付的

2387 万元，由省财政采取预拨的办法解决。

四、为加快大桂山旅游项目的开发，同意建设接 205 国道到大桂山的旅游专用公路。所需建设资金，在明后两年省县通镇公路建设补助计划中单列解决。河源市负责征地拆迁费用，工程的勘察设计、质监和监理工作由省交通厅负责。

五、为保证此项工作的落实，河源市主要领导要亲自负责，成立专门的清理清偿工作组，制定详细工作进度。补偿资金由财政专户管理、专户划拨。补偿个体业主的资金，由每一个业主与省清偿工作组直接签收。所有补偿资金均待该项目完全撤掉后方予拨付。具体操作办法由省审计厅会同省财政厅和河源市政府制定，并监督实施。

广东省人民政府

一九九九年十一月十七日

主题词：环保 水库 保护 批复

抄送：省计委、建委、财政厅、交通厅、审计厅、水利厅、林业厅、环保局、旅游局

这是一则上级领导机关给下级机关表示不同意其请求的批复，批复内容是一般事务，故使用信函格式复文。

认真阅读本文，很能发人深思：领导机关的决策，确确实实是从造福子孙后代着眼，具有战略眼光。广东省人民政府从广东经济的飞跃发展中意识到环保的重要性和紧迫感，因而在各方面都大大加强了环保观念。本文所批复的省政府决定“禁止在新丰江水库内搞旅游”的确是各级领导决策的好榜样。

本批复既有原则的决定，又有具体的、切实的措施，充分体现出党和国家的方针政策与实际情况的结合。批复提出了五个方面举措，每一条、每一项都渗透着广东省政府领导深入实际，有调查、有研究，善于开拓的工作精神。本批复也是批复行文的典范：在导语中首先引叙来文，接着便精要地表述省府决定的理由，明确表态，接着分项说出各项举措，言辞得当得体。

【例文三】

国务院办公厅对国家工商行政管理局关于
贯彻《食盐加碘消除碘缺乏危害管理条例》
有关问题请示的复函
国办函〔1994〕103 号

国家工商行政管理局：

你局《关于贯彻〈食盐加碘消除碘缺乏危害管理条例〉有关问题的请示》收悉，经与国务院法制局研究，并报经国务院领导同意，现答复如下：

……

国务院办公厅

一九九四年十一月十日

这是一则由办公部门以复函替代领导机关批复的行文。

对下级机关的请示，一般用批复行文。但是，有两种情况宜用函复而不用批复：一是下级机关的请示由领导机关的办公部门答复（函复）；二是领导授权或转给业务部门处理的答复。《教程》选入两篇复函例文，实际上分别代表了两种不同的处理方式，要注意正确区分。

本例文属于第一种情况，在写法上，使用函的文种。首先引据请示来文，接着交代研究及授权情况，用“现答复如下”领起，针对请示中的有关问题进行答复，指出《食盐加碘消除碘缺乏危害管理条例》主要是……问题，所以对……未作出具体规定。又指出应依照……的规定……进行查处。全文重点突出，清楚明白，能使下级明白如何运作，使行文收到良好效果。在文件的处理上采用信函格式，以显得当。

【例文四】

中国人民银行对《山东省人民政府关于成立
齐鲁（股份）银行的请示》的复函
银复〔1993〕55号

山东省人民政府：

经国务院办公厅转来的《山东省人民政府关于成立齐鲁（股份）银行的请示》（鲁政发〔1993〕8号）收悉。现答复如下：

根据国务院的改革部署，目前区域性商业银行只限于在广东、福建两个综合体制改革试点省份、深圳经济特区和上海浦东经济开发区试办。

目前已试办五家区域性商业银行，在促进地方经济发展中发挥了积极作用，也存在不少问题。我行正在就此进行全面调查和总结，尔后，再请示国务院是否有必要扩大试点区域。

鉴此，目前不便考虑批准成立齐鲁（股份）银行。

中国人民银行
一九九三年三月八日

这是一则由领导机关转给业务部门处理，并由业务部门替代批复而针对请求事项作出的答复函。

原请示单位将公文送往国务院，国务院则将该请示转给了相关的主管部门中国人民银行处理。为此，中国人民银行代国务院回答问题，因其不相隶属关系，只能以复函的方式答复原请求单位。

本例文写法上采用信函格式、函的文种，十分注意把握分寸：首先交代经国务院办公厅转来的请示，直陈答复。然后叙述国务院改革部署及试办五家区域性银行的情况，再说明待请示国务院后将如何办。叙述诸情况之后，水到渠成，用“鉴此”总括原因，表明

“目前不便考虑批准”的意向。委婉、明白，不容置疑，答复有力。

山东省人民政府的这份请示能否以函的形式直接向中国人民银行联系提出请求而不是呈送国务院呢？曾经有人著文认为用函联系，“平级机关协商或许更容易解决”。但是，如果是这样做了，这个单位就犯错误了。须知，凡重大事项必须坚持请示报告制度，这是组织纪律性问题。如果对重大问题不经请示领导机关批准或批示，便是越权处事。尽管山东省人民政府与中国人民银行是平级机关、不相隶属机关，可以用函联系工作，但该请示事项属重要事项，不允许绕开上级机关。山东的做法是正确的。这一事例成了正确处事的经典案例。

（三）批复的用法

批复是下行文，可以按照下行的文件格式行文，也可以使用信函格式行文。但是在撰写时要注意与请示来文机关的行文关系：是自己的下级机关来文请示，用批复；如果请示单位不是自己的隶属机关，不能使用批复，而应当使用信函格式“函复”；如果仅就来文作答，可以用“答复”。

（四）批复的写作要求

1. **全面掌握请示的内容**。批复是针对请示来写的，要求写作人员认真研究请示的事项是否符合近期的工作需要，以及党的方针政策、国家的法律法令等；还要研究请示事项的可行性，是否符合客观实际。

2. **态度鲜明，批复清楚**。批复内容是代表上级组织的意见，给下级机关的行动予以指示，形成法定的效力，下级机关需据此而行动，所以批复的行文必须简单明了、准确清楚。对请示的事项哪些同意，哪些不同意，有什么具体要求，都要在批复中讲清楚，不能含糊不清，也不能避而不答；如果是不同意的，要简单地讲清道理。

3. **语言精练准确，篇幅短小**。批复的语言要精练准确，简明扼要，语气坚决、肯定，使请示单位一看就明白。批复一般表明态度，提出具体要求，无须长篇叙述和说理，篇幅不宜过长。

（五）批复的结构与写法

批复的结构由标题、主送、正文（批复依据、批复内容、结束语）和生效标识组成。

1. **标题**。批复的标题，常见的有两种：一是由机关名称、事由、文种组成；二是由事由、文种组成。前者往往是党政领导机关对重大事项联合发文批复，如例文一《中共××市委××市人民政府关于××县县直属机关机构设置和编制总额的批复》。后者为领导机关对一般事项的批复发文，如例文二《关于禁止在新丰江水库内搞旅游问题的批复》。

2. **主送**。批复的主送机关只写来文请示的机关。如果需要第二个单位知晓，宜用抄送的方法送达。

3. **正文**。批复的正文由批复引据、批复内容和结束语三项组成。

（1）批复引据，就是在开头引叙来文（先引来文日期，然后引叙来文标题，或简述来文的请示事项，然后用括号括上来文号），接着写出依据什么进行批复。如例文一、例文二，分别提出其依据是“×政〔19××〕13号文件《关于……的通知》精神”和“为确保新丰江水库水质优良，造福人民和子孙后代”。

（2）批复内容，一般用“经研究”“经××同意”“经××会议决定”“批复如下”作领起语，然后表述批复的事项。批复内容简单的，可以一气呵成，如果内容较多，便要分条列项，逐一写明。

（3）批复结束语，一般用“特此批复”“此复”。结语应独占一段，有时可以不用结束语。

4. **生效标识**。批复是给下级机关执行的依据，因此，落款要写上年月日，还要加盖印章。

【思考与练习】

批复是上级机关针对自己下级机关的请示来文进行审批答复的行文。学习本文种主要是要“正确、得当、得体”地对“批复”进行处理：上级机关给自己的下级机关用批复，使用文件格式；机关办公部门给下级机关行文则用函复或答复，使用信函格式；机关其他部门给平行机关或不相隶属机关用函复或答复，使用信函格式。

一、概念题

掌握下列名词术语。

批复　悉　收悉　函复　答复　原则同意

二、阅读题

1. 阅读批复例文。

2. 阅读有关函复的例文。

三、简答题

1. 选入的例文4篇，均十分典范，要分别从发文机关和收文机关之间转换角色去领会。试分析为什么会有批复、函复、答复的差异，其行文特色怎样。

2. 批复是上级机关针对自己下属机关的请示而写的答复，批准请求或不批准请求均须答复；对不是自己下属机关的请求则不能用批复行文，请问该用什么文种行文？该用哪种版头？

3. 根据例文，分析指出“批复”“函复”“答复”在行文和文种用法以及行文措辞各方面的区别。

4. 试分析例文三，指出国务院办公厅为什么不用批复而用复函行文。

四、训练题

1. 认真阅读例文四，回答以下问题：

（1）有人说，如果山东省人民政府将关于成立齐鲁（股份）银行的行文直接主送给中国人民银行，事情或许更能说透，不如走捷径好。这样做好吗？请说出理由。

（2）国务院办公厅为什么要将山东的来文转给中国人民银行处理？

（3）实际上，山东省人民政府的行文请示是正确的，请你说出理由。

2. 下面是一则针对下级请示而拟写的批复，请仔细研究该文，指出它错在哪里。

××县供销合作社：

你社××发〔1988〕005号《关于供销社简易建筑费开支管理若干问题的请示》收悉。根据供销合作总社、财政部制定的《县以上供销合作社简易建筑费开支管理试行办法》的规定，简易建筑费拨款渠道已经改变。

特此批复。

××市供销合作社

一九九×年×月×日

第五节　议案　函　纪要

这三个公文文种身份特别。议案是法律规定的人大专用文书，函是特定的平行公文。人大机关是“一府两院”的监督机关，属于法律的监督。“一府两院”向人大机关行文使用信函格式，表明是“不相隶属”的“平级关系”。依宪法的规定，人大机关与“一府两院”是法律的关系。

函与信函格式是两个不同的概念。函是公文文种；信函格式是公文的一种格式。但两者关系十分密切。当函使用信函格式时才是公文，才具有公文的效能，没有使用信函格式则不是公文，而成为便函。但是信函格式并非仅适用载运函，它还可以载运不相隶属机关的报告、意见、纪要、通知等公文。

纪要的适用范围只与会议有关，是记载和传达会议情况和议定事项的，适用于各种座谈会、经验交流会和各类学术会议工作会议、专业会议、学术性会议、协商性会议。在使用中要注意与会议记录、会议决议、会议简报、会谈纪要相区别。

一、议案的写法

（一）温故知新

议案这一文种，一般来说学生会比较生疏，往往会对“适用于各级人民政府按照法律程序向同级人大或人大常委会提请审议事项”这一限定产生误解，认为自己是学生，即使毕业后也不可能很快就担任政府首脑，因而用不上这一文种，可以暂不掌握。

其实，议案不仅是行政机关公文，同时也是人大机关公文，更重要的是，它是国家法律规定的人大专用文书，法定机关可以使用，人大代表也可以使用，是人民行使权利、当家作主的公务文书。我们通过对议案的学习，还可以扩展到对提案、建议等文种的学习和运用，对提升自己驾驭文种能力、增长干才诸方面都是十分有益的。

依照宪法的规定，人大机关是权力机关，是“一府两院”的监督机关。行政机关是权力机关的执行机关，受权力机关的法律监督。学习议案这一文种，可以更清楚地认识到政府和人大机关的监督与被监督的法律关系。

议案，就是行政机关依照法律程序向同级人大或人大常委会提请审议事项的公务文书。我们学习议案，既要弄清楚议案的概念、文体的性质特点、类别，弄清与近似文体的区别，还要弄清楚议案的运作程序，理解“为什么要按法定程序办事的原则”“人大的法律监督权源自国家的政体——人民民主专政”的含义。

学习议案文种，宜分两步：首先学习行政机关公文的议案，在这基础上应再学习人大机关公文的议案（参阅第三编相关内容）。只有掌握了人大机关公文议案，才能掌握议案的全面知识，从而对“人民民主专政”，“人大机关是‘一府两院’的监督机关”会有更深层次的认识。

（二）例文学习

《中华人民共和国宪法》第89条第二款规定：国务院可以“向全国人民代表大会或者全国人民代表大会常务委员会提出议案”。《中华人民共和国全国人民代表大会组织法》第9条规定：“全国人民代表大会主席团、全国人大常委会、全国人大各专门委员会、国务院、中央军事委员会、最高人民法院、最高人民检察院，可以向全国人民代表大会提出属于全国人民代表大会职权范围的议案；一个代表团或者三十名以上的代表，可以向全国人民代表大会提出属于全国人民代表大会职权范围的议案。”《地方组织法》第14条规定：“地方各级人民代表大会举行会议的时候，主席团、常务委员会、本级人民政府和代表（有三人以上附议），都可以提出议案。”

人大机关公文、行政机关公文、人民法院机关公文、人民检察院机关公文均设置有议案这一文种。因此，我们要从更广阔的意义上去理解议案。

依照宪法的规定，人大机关是权力机关，是“一府两院”的监督机关。行政机关是权力机关的执行机关，人民法院是国家审判机关，人民检察院是国家公诉机关，受权力机关的法律监督。通过议案的“提出—审议—表决—通过与否”的审议程序，可以更清楚地认识到人民行使权利、当家做主与“一府两院”和人大机关的监督与被监督的法律关系。

立法性议案

【例文一】

广东省人民政府关于提请审议
《广东省实施〈中华人民共和国
循环经济促进法〉办法（草案）》的议案
粤府函〔2012〕××号

广东省人民代表大会常务委员会：

为了促进循环经济发展，减少资源消耗和废物产生，提高资源利用效率，实现我省经济、社会和环境可持续发展。省政府拟订了《广东省实施〈中华人民共和国循环经济促进法〉办法（草案）》。该草案已经省政府常务委员会议讨论通过，现提请审议。

广东省人民政府省长　朱小丹

二〇一二年二月十八日

这是地方立法性议案。

全国人民代表大会常务委员会于2008年8月29日通过了《中华人民共和国循环经济促进法》，国家主席以命令（令）颁行。广东省人民政府依据施政的需要，拟订了为实施该法的实施办法草案，须提请省人大常委会审议立法，因为只有省人大及其常委会才拥有地方法规立法权，所以，须提请省人大常委会审议通过才能立法。

立法审议十分严肃、庄重，须以议案方式依法提请省人大常委会审议。经审议、修改后表决通过。

为了让审议方便，还要进行相关说明，请参阅《关于〈广东省实施《中华人民共和国循环经济促进法》办法（草案）〉的说明》。

附：

关于《广东省实施〈中华人民共和国
循环经济促进法〉办法（草案）》的说明

省经济和信息化委杨建初主任，各位副主任、秘书长，各位委员：

我受省人民政府的委托，就《广东省实施〈中华人民共和国循环经济促进法〉办法（草案）》（以下简称《办法》）作如下说明：

一、……

略

重大事项的议案

【例文二】

国务院关于提请审议批准
《中华人民共和国和古巴共和国领事条约》的议案
国函〔1991〕××号

全国人民代表大会常务委员会：

《中华人民共和国和古巴共和国领事条约》是中古双方在中方提出的条约草案基础上，经过友好谈判达成协议的。该条约已由我国外交部副部长刘华秋和古巴共和国外交部副部长奥拉马斯分别代表本国于一九九〇年八月二十八日在北京正式签署。经审核，该条约的各项规定符合我国现行的法律、法规，也符合中古两国的实际情况。一九八三年以来，中古两国关系有了较大的发展，并在双方共同努力下进入了一个全面发展的新阶段。目前，古巴是我国在拉美的主要贸易伙伴之一。两国签订领事条约，可使两国今后在处理领事事务时有所遵循，并有利于进一步促进两国关系的发展。国务院同意《中华人民共和国和古巴共和国领事条约》。现提请审议，并请作出批准的决定。

国务院总理　×××

一九九一年四月二十二日

这是涉外重大事项的议案。

对外签署有关条约、协定，以及涉及国家主权、国家利益的重大问题，必须由国家最高权力机关全国人大或人大常委会批准。因此，国务院依法以议案提请审议批准。

人大批准的方式是审议议案，最后表决，半数以上赞成为通过。

人大常委会批准后，所签条约才生效。

任免性议案

【例文三】

××市人民政府关于×××等职务任命的议案

×函〔2008〕××号

××市人大常务委员会：

一、提请任命×××为××市公安局局长。

二、提请任命×××为××市计划委员会主任。

请审议决定。

××市人民政府

二〇〇八年五月十三日

这是以政府名义提请人大常委会审议的人事任免议案。

人事任免在党的组织部门按干部组织条例的要求，经过必要程序后，进入法律规定程序办理。“一府两院”的首脑由同级人大选举产生，其政府组成人员、部门的正职则由人大常委会决定任免。即由政府提请，人大决定任免（以过半数人同意为通过）。

这是法律规定的程序，违反程序即违法，违法必究。

（三）议案的用法

应用和撰写议案，都是一件十分严肃的公务活动，是提议案人依据法律规定的职权范围，向人大提出议案。

政协委员提出的建议和意见不能称为“议案”，职工代表在职代会所提出的意见和建议不能称为“议案”，这两者均应称为“提案”。只有向人大及其常委会提出的议事原案，而且必须是被通过为议题后才能成为“议案”，未予通过的则被称为“建议”。

人民代表提出议案必须达到法定的人数，在法定的期限提出。议案一经提交大会审议通过，便具有法律效力；未通过审议的议案，作为建议处理。

议案的形成有严格的法律程序，其程序为提出、审议、表决、报告处理结果。就是说，首先按规定提出的议案，接着要分别经人大有关的专门委员会审议，然后由有关专门委员会向会议主席团提出报告，再由主席团会议（或者委员长会议、主任会议）决定是否提请人民代表大会（或者常务委员会）会议审议。提交代表大会（或常委会）审议的议案，经讨论、表决通过后，用命令、公告或决议、决定的形式正式发布。

行政机关的“议案”，其使用范围主要包括：法规和政策方面的问题；经济计划与财政预算、决算方面的问题；各项工作中的大事和人民群众急需解决的重要问题；修改法规和强化国家机关建设方面的问题；任免政府组成人员等问题。

（四）议案写作要求

（1）议案写作前，要深入调查研究，找准议题，缜密思索，准备好事实情况、政策及法规依据、群众要求与呼声等方面的材料，只有具备了这些材料，才能写好议案或建议。

议案写作前，首先要找准议题：是提议案还是提建议。

提议案，其事项必须是在本级人大权力范围内的事项。人大机关的权力是立法权、监督权、决定权、任免权，并将自己的构想告知一起开会的人民代表，在得到够数额代表支持的基础上，自己领衔提出代表议案。

在本级人大权力范围以外的，可提出建议（代表建议，即人大机关公文中的“建议、批评和意见”）。提出代表建议，可以联名，也可以独自签名。

（2）写作上要做到事实准确，引据合理，建议具体，措施有力。有的议案还要准备好附件材料供审议参考。

（3）凡提出议案，均必须坚持一文一事（一事一案），利于研究、审议。

（五）议案的结构与写法

议案有两种形式：公文式和表格式。法定机构议案多采用公文式议案，并以函件正本形式在期限内提交给人大。代表议案由撰写人自选，可以用公文式，也可以用表格式。

公文式议案的结构由首部、正文、附件和落款四个部分组成。

（1）首部。由标题、发文字号和主送机关组成。

1）标题。议案的标题同其他公文标题一样，由发文机关、事由、文种三要素组成。要注意简明、准确地概括议案事由。如《国务院关于提请审议兴建长江三峡工程的议案》，“国务院”是发文机关，“关于提请审议兴建长江三峡工程的”是事由，“议案”是文种。

2）发文字号。由发文机关代码、年号和序号组成。

3）主送机关。指审议议案的人民代表大会或常务委员会。在发文字号下一行顶格写受理、审定议案的人民代表大会或人大常委会名称，后加冒号。

（2）议案正文。这部分是议案内容的具体体现，包括案据、方案、结尾三项内容。

1）案据。案据就是立案理由，是指提请本议案的起因、目的和依据。这部分既要充分有据，又要简明扼要。

2）方案。方案是指提请审议的议案具体内容或条款。这是议案提出的意见和建议，要写明对提请审议问题的解决途径和办法；制定、修订法律和地方性法规的，应提交草案作为附件；建议批准采取有关行政手段时，要提出符合实际、切实可行的解决问题的方法，或有针对性地提出改进措施、今后打算、努力方向及奋斗目标。

3）结尾。结尾就是指正文部分结束时所用的提请要求。这是议案这一公文格式所要求的程式化用语，一般用“请大会审议决定”或“现提请审议”这类语言。

（3）附件。附件是议案公文的重要组成部分。议案常见的附件是随议案颁发的法律或地方性法规草案。有两种以上附件时，应标明顺序号和名称，不能只写“附件×件”或“附件如文”等。

（4）落款。落款就是在文尾签署和年月日两项内容。议案按规定由政府行政首长签署，而不署政府机关名称。首长署名要盖名章，以示负责。

首长于正文右下方签署。签署之下，以行政首长签发的日期作为成文时间。

【思考与练习】

导语：学习议案文种要正确区分议案与提案、建议的区别，不仅要认识和掌握行政机关公文的议案，更要认识议案与人大公文的联系、相关法律的规定与运作的法律程序。

一、概念题

掌握下列名词术语。

议案　法律程序　提请审议事项　大会主席团　人大专门委员会　法律效力　议案的承办单位

二、阅读题

1. 阅读议案例文。通过对议案例文的阅读，认识、理解议案这一文种既是行政机关公文，又是人大公文，而两者关系又十分密切的内在联系。

2. 请阅读例文，体会议案在党和人民政府同人民群众之间是怎样起纽带作用的。

三、简答题

1. 议案办理的法定程序是怎样的？

2. 复习议案的文种辨析，与议案、提案、建议的区别。

3. 人大代表提出的称为议案，政协委员提出的称为提案，职工代表提出的称为建议（也可称为职工代表提案）。然而，有些机关单位在召开职工代表大会时，也称职工代表提出的建议为“议案”，这种称谓对不对？有没有法律依据？请查找相关法律法规以正视听。

4. 分别从下列人员的角度理解、领会对待议案应持的态度：①人民群众；②人民代表；③机关干部；④政府首脑；⑤经办议案的人员。

四、训练题

选取身边发生的问题，经过调研，向能解决该问题的机关写出建议书。

二、函的写法

（一）温故知新

函的功能是用于不相隶属机关之间商洽工作、询问和答复问题、请求批准和答复审批事项。

要注意函是“用于不相隶属机关之间”。既然是不相隶属机关之间，就要注意尊重对方，行文措辞得当得体。因此，函的公文格式是特定的，适用不相隶属机关之间使用的信函格式。

函，使用频率很高，但是在公文的处理、运作方面也很容易出错。公函与便函有别，函与信函格式有别，函的行文不用信函格式便不成为公文，必须通过多阅读函的例文才能领会函的正确用法与写法。

（二）例文学习

从一开始学习函件的写作便要牢牢树立深刻的意念：将函与信函格式严格区别开来，函，是公文文种之一；信函格式，是公文的格式之一。函，适用于不相隶属机关之间商洽工作、询问和答复问题、请求批准和答复审批事项；信函格式，不仅函可以用它做载体，特殊情况下，报告、意见、通知、纪要等也可以用它做载体。

【例文一】

××市人民政府

×函〔19××〕×号

××市人民政府关于在京山铁路压煤改线
×××站建立交桥的函

×××委员会：

京山铁路压煤改线×××工业站，位于我市×县×××镇。由于该站的建设，原有的×××站西侧的平交道口按设计要求将要封闭，这样就阻断了沟通南北三乡一镇的交通要道，给乡镇企业和商品经济的发展造成了困难。另外，铁路以南五个村的大面积耕地在路北，由于铁路所阻，给群众的生产生活造成了很难克服的困难。工业站的设计在 DK308 + 893 处虽有一座净高 2.5 米、宽 6 米、长 220 米的单孔立交兼排水涵洞，但因纵深太长，宽度较窄，高度很低，农机车辆不能通行，农忙秋收人畜难以通过。为此，请贵委员会给予照顾，在 DK308 +430 处（原×××站西侧的平交道口处）建立交桥一座，以适应当地生产和需要。

可否，盼复。

××市人民政府

一九××年×月×日

抄送：×××计划局、基建总局、×××铁路局、×××第三设计院、省支铁办这是一则商洽函。××市人民政府与×××委员会是不相隶属机关，由于对方施工，给当地群众造成了不便，于是由政府出面向对方发函联系。

此函以政府机关名义行文，十分得当得体，显示出对商洽问题的重视；在文字上，叙事准确，说理明白，所提出的要求切合实际、十分合理，“请”“贵委员会”“给予照顾”“以适应……需要”，心平气静，平等待人，尊重对方，语气切合商洽要求。

【例文二】

××省人民政府关于设立
青岛石老人国家旅游度假区有关补充情况的函
×政函〔1992〕××号

国家旅游局：

今年1月28日，我省以×政发〔1992〕8号文上报国务院，申请设立青岛旅游开发区，国务院办公厅已批交你局审查提出意见。根据你局5月16日的来函，现就有关情况补充说明如下：

青岛石老人国家旅游度假区，1984年开始开发建设，目前，除基础设施比较齐全外，已建成投入使用的设施有合资宾馆、游乐场、夏令营基地、海水浴场等，正在建设的还有“高尔夫球场”“弄海华园”等。今年以来，还与14家外商签订了25亿人民币的合资建设项目，不少项目已超出了原38平方公里规划区的界限，×政发〔1992〕8号文件中上报的规划面积已不适应国家旅游度假区建设的要求。为了突出青岛石老人国家旅游度假区的特色，确定将“海底世界”等重要旅游设施项目纳入度假区，申请将青岛石老人国家旅游度假区起步阶段的规划陆地面积确定为108平方公里，规划面积调整为18平方公里。请贵局在研究审批青岛石老人度假区时一并考虑。

××省人民政府

一九九二年九月二日

这是一则追报补充材料的函。原请示送国务院，国务院将该请示转给业务主管部门处理。国家旅游局在审批过程中，对其中某些情况尚有不明了之处，于是发函联系。这是原请示单位××省人民政府据来函要求，对原请示进行补充性说明的答复。

由于需要“前因”叙明，让对方明白追报补充的材料是怎么一回事，所以本文开头必须交代起因及来函之说。领起叙说补充说明之后，依据来函之问进行回复及补叙。全文交代清楚，补充得当，语言得体，表意准确。

另一个需要强调指出的是：原请示送国务院，国务院将该请示转给业务主管部门处理，是不是说原请示不如以函径直与国家旅游局请求批准更直接、更便捷呢？这个问题必须弄懂、弄明白：下级机关凡重大举措必须请示报告，如果该省人民政府将原请示改用函直接同国家旅游局联系，就会犯违反请示报告制度的错误。

【例文三】

××省人民政府办公厅
关于申请将省行政首脑机关办公决策服务系统
建设经费列入省财政预算的函
×府办函〔19××〕206号

省财政厅：

为提高行政首脑机关的办公效率，以适应加快改革开放的需要，国务院办公厅于今年5月下发了《关于建设全国行政首脑机关办公决策服务系统的通知》（国办发〔1992〕25号），决定"经过三五年努力，基本建成以现代计算机和通信技术为主要手段的全国行政首脑机关办公决策服务系统"，并规定各级系统建设所需经费由同级财政解决。

根据国务院办公厅的部署，我省于今年10月召开了全省政府系统办公自动化工作会议，确定用三年左右时间，建成我省行政首脑机关办公决策服务系统，并制订了《全省行政首脑机关办公决策服务系统建设总体方案》。经测算，建设省级行政首脑机关办公决策服务系统约需经费人民币600万元，特申请将其列入省财政预算，并要求今年拨付200万元，明后两年每年再各拨200万元。请予审批。

附件：××省行政首脑机关办公决策服务系统建设经费概算表

××省人民政府办公厅
一九××年××月××日

这是一则申请财政预算项目的函。

省人民政府办公厅根据上级的部署需要建设办公决策服务系统，制订了实施方案，需要列入省财预算才能拨款，于是发函提出申请。

其行文主旨明确，首先说明目的意义、项目依据、实施步骤、方案，提出申请数额，最后"请予审批"。审批内容是附件。全文有理有据，叙述清楚，层次分明，附件得当。在行文中，处处体现了对受文机关的尊重，措辞得体。

【例文四】

梅州市化工原料公司关于请求批准
在官汕路宁江桥头兴建办公营业大楼的函
梅商化〔1987〕19号

兴宁县城乡建设委员会：

我公司经市计委〔1987〕83号文件批准，兴建一幢办公营业大楼。该楼由梅州市设计室设计、兴宁城建工程队施工，第一期工程总造价48万元，资金来源属于自筹。该楼拟建于兴宁官汕路宁江桥头北边，建筑面积4086平方米，占地面积6000平方米。楼址：

东至骆屋队水田，西至宁江东堤，南至官汕路，北至本公司家属宿舍。建筑物高八层，框架结构，坐北向南。请准予作永久性建筑兴建。

附件：一、梅州市计委〔1987〕83号批文

二、办公营业大楼设计施工图纸

梅州市化工原料公司

一九八七年十月七日

这是一则请求批准函。不相隶属机关、平行机关，需要向有关主管部门请求批准的事项，或需要越级请示的事项，均用请求批准函。本文是不相隶属机关行文，其标题得当，准确概括了事由，选用文种正确；行文简洁，语意明确，措辞得当。

【例文五】

××省科学技术委员会办公室
关于询问贯彻全省科学技术工作会议情况的函
×科办〔200×〕×号

各市科委：

全省科技工作会议自今春召开至今，已有半年。为了互通情况，并为使我省科技事业更好地为改革开放、为发展社会主义市场经济服务，希针对下列所询问题，将你市有关情况于9月底前报省科委办公室：

一、省科学技术工作会议后，采取了哪些措施进行贯彻？

二、在此半年中，有何科学发明和科技革新？效果如何？

三、在开展科学研究和科技交流方面曾遇到过哪些问题？如何解决？现在存在哪些问题？哪些问题需要我们帮助解决？

××省科学技术委员会办公室

200×年×月××日

【例文六】

××省人事厅关于批准录用×××等
4名同志为国家公务员的函
×人录〔200×〕×号

省安全厅：

你厅《关于拟录用200×届大中专毕业生的函》（国安〔200×〕××号）收悉。

根据中共××省组织部、××省人事厅《关于部分省级机关从200×年应届高校、中专毕业生中考试录用国家公务员和机关工作人员的通知》的规定，经考试、考核合格，批准录用×××等4名同志为国家公务员。

特此复函。

附件：录用人员名单

××省人事厅

200×年×月××日

这两则函分别是询问情况的发函和批准录用公务员的复函。两函均做到了就事直陈、开门见山、明确简练的要求，请细细品味，并对比“假、大、空、套”的不实语言，学习行文用语平实、精当、简明、干练的文风。

【例文七】

建设部工程质量安全监督与行业发展司
关于印发《全国建设工程质量监督座谈会纪要》的函
建质函〔2007〕102号

国务院各有关部门建设（计划）司，各省、自治区建设厅，直辖市建委，各计划单列市建委（局），新疆生产建设兵团建设局，山东、江苏省建管局，总后营房部工程局：

全国建设工程质量监督座谈会于2007年11月23日在深圳市召开。现将《全国建设工程质量监督座谈会纪要》印发给你们，供参考。

建设部工程质量安全监督与行业发展司

二〇〇七年十二月十日

这是一则以函为载体印发会议纪要的发文。发文机关与收文机关是不相隶属的平行机关。请结合纪要例文认识纪要发文的三种方式。

（三）函的用法

用函行文，必须抓住“适用于不相隶属机关”，凡有隶属关系的上下级机关不能以函行文。

使用公文文种函，应按照国家行政机关公文平行文的体式撰写，使用信函格式运载，即使用信函式版头，将发文字号置于武文线之下、标题之上的右侧，首页不标识页码，文末要使用信函格式的版记。

坚持一事一函，方便对方研究、处理、答复。

文字要简洁明了，让对方明白易懂。

语言得体，谦逊礼让，尊重对方。

注意主送上级机关办公部门的文件不能主送上级机关；凡适合以办公部门名义行文的文件不以机关名义行文。

（四）函的写作要求

撰写公文文种的函必须同便函①严格区别。

所谓的便函，就是指没有按信函格式的要求设计，不用公文版头，制发不用经过公文的制发程序，仅用机关信笺纸写就内容，盖上公章的便条式的函件。这种便函只能用于一般联系，如果用作公文来办事，特别是用于请求批准，则是不严肃、不规范的，因为它根本不是法定公文。法定公文是按法规规定使用信函格式，要求按公文制发的程序制作，其格式符合规范要求，用专门的信函格式，有发文字号，而且必须置于武文线之下、标题之上的右侧。

（五）函的结构与写法

函的结构由标题、主送、正文、生效标识四个部分组成。

1. **标题**。函的标题要注意规范化。宜分发函和复函两类，各有不同写法。发函的标题有两种写法，一是完全标题，即由单位名称、事由和文种组成，如《××市人民政府关于在京山铁路压煤改线××站建立交桥的函》；二是省略发文单位，仅由事由和文种组成，如《关于请求批准在官汕路宁江桥头兴建办公营业大楼的函》。复函的标题也有两种写法，①四项式标题，如《国务院办公厅关于同意国家质量监督检验检疫总局在局徽上使用国徽图案的复函》；②三项式标题，如《对〈山东省人民政府关于成立齐鲁（股份）银行的请示〉的复函》，省略了发函机关名称。

2. **主送**。函的主送单位，要注意写全称，不可随意写简称，以示对对方的尊重。

3. **正文**。

（1）开头。发函，首先要写出发函的缘由，或目的式开头或根据式开头，依实际情况而定，但不能不交代目的、原因而直叙事项，否则会让人不知所云。如果是复函，要首先引叙来函文号及标题，让对方一看便知或依引据查找发函对照，如果不引叙来文，会让对方收文后摸不着头脑。

（2）主体。说明要联系、要询问或要答复、要请求的事项。要将事项表述清楚。要注意语言得体、礼貌，尊重对方，不要用指示性语句，如“必须”“应该”“注意”之类。

（3）结尾。按行文目的，在末尾另起一行写“特此函达”，或“特此函复”，或“可否，请函复”。如果是请求批准的发函，要在附注处注明联系人和电话。

4. **生效标识**。函也是正式公文，要注意端庄、严肃地使用公文生效标识。

---

① 便函，就是普通的信件，属日常应用文。公函使用信函格式，并且具有构成公文的要素；便函则不使用信函格式，也不具备公文的要素。这是公文与非公文的分水岭。

【思考与练习】

导语：学习公文文种的函，要注意区分两个相似而不能混淆的事项：一是公文文种的函（称为公函），要与便函正确区分；二是公文文种的函，要与公文格式的函件格式正确区分。

一、概念题

掌握下列名词术语。

商洽函　询问函　答询函　答复函　告知函　批答函　主管部门　函件格式　版头武文线　文武线

二、阅读题

1. 阅读函的例文。

2. 请从例文中列出发函依据的例句、复函引据的例句，然后体会交代行文目的的具体方法，再研习行文是怎样转入主体表述的。要求领会发函应怎样写好发函依据，怎样交代目的，然后又如何转入主体部分；复函应怎样写出引据，怎样针对来函进行答复。

三、训练题

下面是一篇某统计局的发文，请认真阅读并回答下列问题。

××市统计局关于请求拨款的函

市财政局：

我局原有132m^2砖瓦结构车库（平房）一处，因年久失修于今年雨季突然倒塌，急需修复。经测算，共需资金30万元。因我局除财政拨款外无另外资金来源，故请能予临时拨款为盼，以便解决车辆越冬之急需。

以上，望关照。

附：维修图纸与预算

××市统计局

一九九七年八月八日

1. 这是一份向平级机关请求拨款的函，按理应当使用信函格式，行文严肃认真，陈述理由充分、合理，措辞恰当，附件材料齐全，格式规范。有人说这件原文“理由充分”，请你归纳其请求理由，然后仔细分析其理由是否充分。

2. 市统计局和市财政局同属市人民政府的工作部门，要求拨款30万元能这么草率了事吗？真实办事的程序应当是怎样的？要不要事先请示分管领导？统计局需要做好哪些准备工作（修复怎样的车库，面积、结构、质量以及施工图纸或用料清单，等等）？在行文中是否需要提及这些内容？

3. 该函的结尾是否规范？应该怎样才规范？

4. 原文没有使用信函格式发文，没有发文字号，好像是用单位信笺纸书写的便函，因此，它不是公文。能使用便函申请30万元的拨款吗？请参阅相关例文，领会函的行文应如何做到叙事明白、说理透彻、措辞准确规范。

5. 该函的附件有什么问题？按规定，附件必须一件一件分列清楚，其图纸和预算是同一件事吗？

6. 代××市统计局重新拟写一份请求拨款的函。

四、改错题

请指出下列公文标题错在哪里。

1. ××乡人民政府给县财政局的《关于解决修路所需经费的请示》

2. ××县电业局给县直各单位的《关于近期停电的通知》

3. ××市教育局给县政府《关于调整县职业教育结构的批复》

4. 关于对《××市房产开发管理暂行办法》修改意见的函

5. 《××市水利局关于申请人员编制的请示》（主送市人事局）

6. ××市财政局给省财政厅的询问函

7. 关于催报、贯彻全国方便食品科技会议精神的函（省商业厅主送某市商业局）

8. 湖北省人民政府就国徽悬挂问题给国务院的函

9. 民政部关于山东省撤销肥城县设立肥城市的批复

五、训练题

1. 请根据以下材料，代××市塑料二厂拟写一份公文。发文号自拟，发文日期酌定。

××市塑料二厂购买了××市海威企业有限公司组装生产的“TK－89”型自动考勤打卡机，两年来，使用良好。但近来发现打印出现断痕，造成“3”“6”“8”“9”等字难以分辨，估计是打印头断针。该厂在本市寻找多家电脑维修站（店），均说无此配套打印头。该厂在找不到该产品维修部又无生产厂电话号码的情况下，只好致函海威企业有限公司，询问在本市就近有无维修部，如何递交修理，维修费用多少，以什么方式付款。

2. 请根据以下内容，拟写一份复函给××市塑料二厂。发文号自拟，发文日期是收文的第三天。

××市海威企业有限公司接到上题××市塑料二厂来函后，认为搞好售后服务是企业的命根子。该公司已有好几种类型的产品打进了××市市场，而在××市尚无维修网点，为了稳定市场、开拓市场，建立信誉，应尽快在××市建立维修部。于是作出决定：派出售后服务部经理，领一名技工前往××市上门维修，然后在该市找到适当的合作者，设立“××市海威企业有限公司产品售后服务部”。

3. 认真阅读下面两份函件原稿，依据自己所学的知识指出其存在的问题，然后作修改。

××第一变压器厂
关于抓紧归还劳动服务公司借款的函

你厂于一九九五年一月，从我厂借去资金十三万元，作为你厂劳动服务公司开办费，当时双方讲好年内一定偿还。目前已经是九六年一月了，我厂正在编制九五年的财务决算，为使我们能及时搞好各类款项的清理结账，要求你厂务必将所借之款于1月20日前归还我厂，切不要一拖再拖，给我厂财务工作的顺利进行带来不应有的困难。

此致

敬礼

一九九六年一月十日（印）

关于商请历史教师的函

××市第×中学教导处：

为了迎接全市统考，我们开办了职工业余学习高中班，所有学科的教师均已配齐，只有历史教师无人担任，特商请贵校支援一名历史教师。开课时间临近，请速复函为盼。

××市第××中学

××××年×月×日

4. 请阅读下面这份函，回答下列问题。

××县工商行政管理局关于新增合同制市场管理人员
着装经费问题的询问函
×工商〔2000〕39号

市工商行政管理局：

根据市局2000年8月25日通知精神，我局经考试招聘录用合同制市场管理人员共8名，目前正参加市局统一举办的培训班学习，预计年底结束培训，明年初正式上岗。但对这些人员着装经费问题，我局不知如何解决，特致函询问。

请予函复。

二〇〇〇年十一月二十日

（张冠英：《正确认识函规范使用函》，载《应用写作》2005年第6期）

（1）它们的行文关系是什么关系？××县工商局发文的目的是什么？依据上述两问，应当选用什么文种？

（2）公文标题的事由，概括正确否？应怎样表述才好？

（3）检查行文中其他差错之处，并改正之。

5. 根据该函内容，重新写出一份规范的公文。

三、纪要的写法

（一）温故知新

纪要这一文种，各个国家机关公文系列均有设置，其功能亦基本相同，主要适用于记载会议主要情况和议定事项。

各种办公会、座谈会、专题会，都要写出纪要，一是使上级了解会议情况，便于及时指导；二是向与会单位或相关人员传达会议精神及议定事项，以利贯彻执行。

纪要的文体特点主要表现在纪实性、纪要性、指导性三个方面，其载体有三种形式：①在本机关系统内使用固定版头直接印发会议纪要；②本系统的领导机关需下发会议纪要给下级机关，以办公室名义用公文格式；③涉及平行机关或不相隶属机关则需领导机关的办公部门以函件格式用函载发（即使用函件格式版头，以函为载体转发）。

（二）例文学习

纪要，在办公室文字工作中是使用频率最高的。凡开会，均需做会议记录，凡重要的会议议定事项，都要写出纪要，或用于传达、执行，或用于记事、备忘。

党政机关的所有会议，都必须作出会议记录。但是，是否需要写出会议纪要，则要依据实际需要而定。凡部署、安排工作，有下级机关参加者、有外机关参加者，均需纪其要、纪其议定事项以传达、备忘。

会议议定的事项都是本机关决策事项，需要用特定格式（固定形式的版头）印发会议纪要。如果有外机关或下级机关参加，则需依据相应的行文方向使用公文格式载运发出。

使用纪要，关键的是围绕着要开展的某项工作，纪其要、纪其实，是传达的凭借，也是开展工作的依据。学习纪要例文，养成写记录、撰纪要的过硬功夫。

选入例文极具代表性，阅读后，领会如何“纪其要”“纪其实”，怎样起到“指导工作”的作用。在写法上与决议手法相近，注意以会议的角度表述。

【例文】

市政府工作会议纪要
穗府会纪〔2004〕81号
广州市人民政府办公厅　二〇〇四年五月二十五日
2004年广州国际龙舟邀请赛
筹备协调会会议纪要

5月25日上午9时，2004年广州国际龙舟邀请赛组委会副主任兼总指挥、市政府秘书长陈耀光同志在市政府1号楼1213会议室主持召开2004年广州国际龙舟邀请赛筹备工作协调会，部署今年龙舟邀请赛组织筹备工作。市政府办公厅、市体育局、公安局、建委、交委、外事办、广州海事局和有关区、县级市政府等单位负责同志出席了会议。

会议首先由2004年广州国际龙舟邀请赛组委会常务副总指挥、市府办公厅副主任肖志锋同志提出《2004年广州国际龙舟邀请赛工作方案》，与会各单位分别汇报了今年广州国际龙舟邀请赛筹备工作进展情况，并围绕工作方案和需要解决的问题进行了讨论，市政府秘书长陈耀光同志作了总结指示。

会议要求，今年广州国际龙舟邀请赛要在往年成功做法的基础上，在国际性、民族性、观赏性等方面提升规模和层次，进一步提高广州国际龙舟邀请赛在国内外的影响力和知名度，使之成为广州市的"名片"。要贯彻"安全第一、精彩第二"的原则，做好赛事活动全过程和各个环节的安全工作，严格落实部门安全责任制，制订应急预案，保证万无一失。会议强调，今年广州国际龙舟邀请赛恰逢广州申办2010年亚运会，因此今年的广州国际龙舟邀请赛要为广州申亚工作创造良好的氛围，为广州申亚工作加油助威。

会议议定以下事项：

一、各区（县级市）要坚决完成分配的组队参赛任务，各职能部门要按照职能分工落实组织筹备工作的各项事宜。各单位要顾全大局，紧密合作，各司其职，各负其责，把工作做到位，确保今年的广州国际龙舟邀请赛顺利进行。

二、为增强比赛的公平性和观赏性，在充分征求各参赛单位意见的前提下，今年的标准龙和传统龙比赛赛程统一缩短为600米。与之相适应，主席台搭建的地点向东迁至西堤休闲广场东端，嘉宾观礼台搭建在主席台两侧。

三、本届龙舟赛共邀请了十多个国家和地区的队伍参赛，因此，要加强外事工作力度，外事工作并入组委会办公室中。要改进往年组织工作中在外事接待工作方面的一些不足，对驻穗外国领事馆官员的席位安排，要体现对外方的尊重和礼遇。

四、在赛事活动安排上，要改变去年龙舟赛正式开始后出现较长时间冷场的现象，比赛要紧凑有序，并在比赛前增设皮划艇、摩托艇、滑水等表演项目。

五、观礼台的搭建要确保牢固安全，要考虑到大风、暴雨等恶劣天气因素。要严格按照有关规定通过质检等有关部门验收，才能启用观礼台。因搭建观礼台的需要而调整绿化设施的问题，请市政园林部门给予支持配合。比赛场地范围内水面的安全保障工作由市公安局水上分局负责，外围水面由广州海事局负责。市公安局要配备四艘搜救艇和12人的蛙人队应对可能出现的船只翻侧、人员落水等情况。参赛船只要备好浮标定位标示，以便出现翻船事故时救捞。

六、市公安局要牵头会同市交委做好比赛当天现场周边的停车场地准备工作，确保交通顺畅安全。为减轻沿江西路的交通压力，可将运动员集结地放在海珠区滨江西路。

七、境外参赛运动员入住的酒店和集结地，要提前通知公安部门，以便做好安全保卫工作。

八、要加强本届龙舟邀请赛的宣传力度，市政府办公厅新闻信息处牵头会同有关部门负责做好赛前赛后的新闻报道工作。

九、组委会办公室、策划保障部、竞赛部、安全部、医疗救护部、水面秩序部和新闻部等部门（由各部门的牵头单位负责）于6月5日以前制订出具体组织实施方案，并提交至组委会办公室（市政府办公厅秘书处）。

参加人员：（略）

主题词：体育比赛会议纪要

分送：市委书记、副书记、常委，市人大常委会主任，市长、副市长，市政协主席
市政府秘书长、副秘书长
市体育局，市公安局，市建委，市交委，市工商局，市市容环卫局，市财政局，市市政园林局，市卫生局，市外事办，广州海事局，广电集团广州供电分公司，广东电视台，广州电视台，海珠区政府，荔湾区政府，天河区政府，白云区政府，黄埔区政府，芳村区政府，番禺区政府，增城市政府，龙舟协会，市委办公厅，市档案局

广州市人民政府办公厅秘书处　2004年6月2日印发

这是一则专项工作的工作会议纪要，使用了固定版头，具有本机关权威性。

广州市要组织国际龙舟邀请赛，这是一项大型、隆重、具有重大影响的活动，所以由广州市政府出面组成组委会，而且组织了不少相关单位参加。市政府将部署龙舟邀请赛组织筹备工作列为市政府的一项工作，以市政府工作会议的规格召开“2004年广州国际龙舟邀请赛筹备工作协调会”，可见广州市政府对该项活动是多么的重视。

整个纪要，由版头、主体、版记三个部分组成。版头使用的是“市政府工作会议纪要”，显示了该项会议的性质是“政府工作”。

主体部分，就是会议纪要的正文，分前言和议定事项两个部分表述。

前言采用概述法，将会议的时间、地点、主持人、会议名称、会议主题、主要参会单位作扼要介绍，然后概括介绍会议进行的内容和会议的要求。

会议的议定事项采用归纳法，将会议议定的事项归纳为九项，分别对筹备工作规定了工作要求。从九个项目中可以看出，广州市政府不仅对邀请赛十分重视，而且还作出了十分周密的安排。

这个会议纪要不仅记载了会议情况和议定事项，印发给各与会单位和相关单位之后，又是传达、贯彻、执行的依据。这是广州市政府的工作会议纪要，只要是广州市政府的下属机构，就必须遵照执行。

学习本纪要，不仅是学习撰写会议纪要的问题，而且应该从中学习到做好工作的方法——既要重视，落实组织保证，又要措施周密、落实。

（三）纪要的用法

纪要本是下行文，应使用下行文件格式行文。但是，因为参加会议的人员来自不同机关，因而印发会议纪要就应该考虑本次会议的纪要是哪一种行文方向，从而决定选用哪种

行文格式：隶属下行，采用下行文件格式，在标题中显示文种名称；平行或不相隶属关系行文，宜采用函件格式印发会议纪要；如果是印发本机关各单位，即按“办公会议”“工作会议”的固定版头行文。因为国家行政机关的办公会议是本机关决策的最高机构，会议议定的事项都是本机关的决策事项，所以用固定形式的会议纪要印发。

纪要须报送上级机关参考时，则应以公文文种的报送报告为载体报送。

纪要标识：纪要标识由“×××××会议纪要”组成。其标识位置同文件格式的发文机关位置，距版心上边缘25mm。用红色小标宋体字，字号由发文机关酌定。会议纪要不用落款，也不加盖印章。具体样式请参阅附录：公文版式之会议纪要格式。

纪要的生效标识：①用固定版头下发的会议纪要，因其版头已显示发文机关，故不用加盖印章；②使用文件格式或信函格式印发的，由发印机关加盖印章。

（四）纪要的写作要求

纪要的撰写必须依据会议记录。纪要的纪实性，就是指纪要必须依据会议记录，真实再现会议情况的实际。写作纪要不能凭主观臆想，不能靠推测。如果会议记录有遗漏，必须找当事人（在场者、发言者）查实。但是，会议纪要不是会议记录重抄，而必须抓住要点，反映会议主旨，即所谓“纪其要”就是抓住要点重点。

纪要在写法上同公报相近，可重温公报的写法，与纪要相比较。

要注意使用纪要写作的惯用语：会议听取、会议讨论、会议认为、会议强调、会议指出、会议决定等。

纪要经会议组织者或单位主要负责人审阅同意后才能印发。

（五）纪要的结构与写法

纪要的结构，由标题、主送、正文和日期组成。

1. **标题**。会议纪要的标题一般由会议名称和文种构成，有时还加上单位地域名称。

2. **正文**。纪要的正文一般包括前言和主体两个部分。

（1）前言。纪要的前言写明会议概况，一般包括主办单位（或召集单位），举行的时间、地点，参加会议人员，会议动因、目的，会议的议题、成果及评价，等等。纪要的前言首先点明时间，接着写召开会议的主持人，点出会议进程（所作汇报、讨论和领导到会作了指示），然后介绍成果及会议研究的部署。

（2）主体。主要写会议研究的问题、讨论的意思、作出的决定及提出的任务、要求等。这部分常见的写法有三种：

1）归纳法。这种方法就是把会议讨论、研究的内容归纳成几个问题来写，抓住会议的主要内容，突出会议的中心，使人看后能理解会议的中心议题，且条理清楚，层次分明，决定的事项以及提出的任务、要求十分明确，便于与会单位和人员认真贯彻执行。

2）概述法。这种方法就是把会议发言的内容、讨论情况概括地叙述出来，反映出会议的主要精神或观点。这种写法常用于没有具体任务和要求的学术讨论会、研讨式的座谈会等。

3）发言记录式。这种方法就是按照会上发言的顺序，把每个发言人的主要意见写出来，以如实反映会议讨论情况和每个人的不同看法，多用于学术讨论会、座谈会。

附：

会议记录的写法

会议记录的格式比较固定，由首部、主体和尾部三个部分组成。

（一）首部

首部包括标题和会议组织基本情况。这部分通常由记录人在会议开始前填写好。

1. **会议标题。**一般由会议名称加“记录”二字组成，如“××××工作会议记录”“××××工作会议分组讨论记录”。

标题用于标明会议的性质和类别，便于归档备案和日后查考。记录如果用专门的会议记录纸，则标题就填写在记录标题的栏目中；如果用的是一般的记录本，则另起一页书写。

2. **会议组织基本情况。**会议组织情况一般要求在会前写好，以免在会议正式开始后，影响对会议内容的记录。

常用会议记录的机关，其“会议组织基本情况”是预制成表格形式的。各机关单位制定的表格形式不大一致，基本内容是：

（1）会议时间。一般的会议只标明开会日期，重大的会议应标明开始和结束日朝。

（2）地点。即会议举行的场所。

（3）主持人。写上姓名、职务。

（4）出席人。要视会议情况记录——大型会议只记出席人数，小型会议写明出席人员姓名和职务；重要会议另备签到簿签到，写明姓名、职务、单位、联系电话等。

（5）缺席人。一般应写明缺席人的缺席原因。

（6）列席人。写上姓名、职务（有即写上，无则不写）。

（7）记录人。

（二）主体

具体记录所要记录的内容：

1. **大会报告、领导讲话。**分别写上“×××同志报告”“×××同志讲话”，后面用冒号领起，记录所讲内容。

2. **大会发言。**写上“大会发言”，后面用冒号领起。分组讨论则写上“分组讨论”及所讨论的题目，然后分别记录发言人及其内容。

3. **会议研究议题。**写上“会议议题”，后面用冒号领起，列上议题名称；如果有两个以上的议题，则要用序号标明。然后依次记录发言人及其发言内容。

4. **会议的决议、决定。**如有决议、决定，须将拟就的文字念给与会人听，要表决的还须记录赞成、不赞成、弃权的票数。

5. **会议的遗留问题**。

6. **会议结束**。写“散会”，以示记录完整，防止以后添加。

（三）尾部

尾部是由主持人和记录人经审核后签字，以示负责。

【例文】

××市城南开发区管委会办公会议记录

时间：1995年4月8日上午

地点：管委会会议室

主持人：李××（管委会主任）

出席者：杨××（管委会副主任）周××（管委会副主任管城建）

李××（市建委副主任）张××（市工商局副局长）

陈××（市建委城建科科长）建委、工商局有关科室人员、街道居委负责人

列席者：管委会全体干部

记录人：邹××（管委会办公室秘书）

讨论议题：

1. 如何整顿城市市场秩序。

2. 如何制止违章建筑，维护市容市貌。

杨主任报告城市现状：

我区过去在开发区党委领导下，各职能单位同心协力、齐抓共管，在创建文明卫生城市方面取得了一定成绩，相应的城市市场秩序有一定进步，市容街道也较可观。可近几个月来，市场秩序倒退了，街道上小商贩逐渐多起来，水果摊、菜担、小百货满街乱摆……一些建筑施工单位沿街违章搭棚，乱堆放材料，搬运泥土撒落大街……这些情况严重地破坏了市容市貌，使大街变得又乱又脏，社会各界反应很强烈。因此今天请大家来研究：如何整顿市场秩序？如何治理违章建筑、违章作业，维护市容？……

讨论发言（按发言顺序记录）

肖××：个体商贩不按规定到指定市场经营，管理不力，处理不坚决，我们有责任。这件事我们坚决抓落实：重新宣传市场有关规定，坐商归店，小贩归市，农民卖蔬菜副食到专门的农贸市场……工商局全面出动抓，也希望街道居委配合，具体行动方案我们再考虑。

罗××（工商局市管科科长）：市场是到了非整治不可的地步了。我们的方针、办法都有了，过去实行过，都是行之有效的，现在的问题是要有人抓，敢于抓，落到实处……只要大家齐心协力，问题是能够解决的。

秦××（居委会主任）：整顿市场纪律我们居委会也有责任。我们一定发动居民配合好，制止乱摆摊、乱叫卖的现象。

李××（建委副主任）：去年上半年创建文明卫生城市时，市上出了个7号文件，其中规定施工单位不能乱摆“战场”。工棚、工场不得临街设置，更不准侵占人行道。沿街面施工要有安全防护措施……今年有的施工单位不顾市上文件，在人行道上搭工棚、堆器材。这些违章作业严重地影响了街道整齐、美观，也影响了行人安全。基建取出的泥土，拖斗车装得过多，外运时沿街散落，到处有泥沙，破坏了街道整洁。希望管委会召集施工单位开一次会，重申市府7号文件，要求他们限期改正。否则按文件规定惩处。态度要明确、坚决。

陈××：对犯规者一是教育，二是严肃处理。“不教而诛谓之虐”，我们先宣传教育，如果施工单位仍我行我素不执行，那时照文件严肃处理，他们也就无话可说。

周××：城市管理我们都有文件，有办法，现在是贵在执行，职能部门是主力军，着重抓，其他部门配合抓。居委会把居民特别是“执勤老人”（退休职工）都发动起来，按7号文件办事，我们市区就会文明、清洁，面貌改观……

与会人员经过充分讨论、协商，一致决定：

1. 由工商局牵头，居委会及其他部门配合，第一周宣传，第二周行动，监督实施，做到坐商归店，摊贩归点，农贸归市，彻底改变市场紊乱状况。

2. 由管委会牵头，城建委等单位配合，对全区建筑工地进行一次检查。然后召开一次施工单位会议，对违章建筑、违章工场限期改正。一个月内改变面貌。过时不改者，坚决照章处理。

散会。

主持人（签名盖章）

记录人（签名盖章）

一九××年四月八日

【思考与练习】

导语：纪要的使用频率很高，在未来的工作中，常常要使用到它，因此建议学习者严格训练自己，熟练掌握会议纪要的应用与写作。为了更好地驾驭纪要，最好能从会议记录训练起。其配套的有会议记录、会议简报、会议纪要、会谈纪要。要综合训练，练就综合能力。基础是首先会做会议记录。而做好记录的基础是“听懂话”“记录准确”“快速”。

一、概念题

掌握下列名词术语。

纪要　记载　记录　议定事项　议决　议程　议题　座谈会　协商性会议

二、阅读题

1. 阅读纪要例文。

2. 通过阅读例文细心体会纪要的写作方法。

3. 阅读决议例文，体会决议和纪要在表述上的特色。

三、判断题

1. 纪要的名称通常由会议名称和文种构成。(　　)

2. 纪要与会议记录的作用相同。(　　)

四、多项选择题

1. 会议记录是会议纪要的（　　）。

A. 条件　　B. 前提　　C. 基础　　D. 根据　　E. 参考

2. 会议纪要的正文主要由（　　）构成。

A. 会议基本情况　　B. 会议召开经过　　C. 会议主要发言　　D. 会议主要精神

E. 会议希望

3. 会议纪要的开头要交代的要素是（　　）。

A. 时间　　B. 地点　　C. 主持人　　D. 来宾　　E. 参加人

F. 内容　　G. 经过　　H. 决议

4. 下列应用文属于公文的是（　　）。

A. 调查报告　　B. 会议记录　　C. 会议纪要　　D. 简报　　E. 请示

五、简答题

1. 什么是纪要？试指出公文文种的纪要应当使用怎样的版头，作为机关内部使用的纪要应当使用怎样的版头。

2. 什么情况下用公文文种的纪要？什么情况下使用机关内部使用的纪要？

3. 会议纪要的六要素是什么？

4. 会议纪要与会议记录有什么区别？

六、训练题

1. 请据本章附录《××市城南开发区管委会办公会议记录》，将其改写成会议纪要。

2. 写学习总结。

第二编 机关事务文书

机关事务文书概述

我们学习应用写作进入了第二编，就是从公文写作入门，由“小块头文章”进入“大块头文章”的学习和训练。难度有所增加，更要付出努力才能驾驭好机关事务文书的写作。

首先，我们要弄清楚什么是机关事务文书，我们为什么必须学会驾驭机关事务文书，怎样去学习、怎样去驾驭，等等。

一、机关事务文书的概念

（一）概念的内涵

机关事务文书，是机关用于对内部工作的处理、记载，或反映机关内部事务，实施管理，沟通信息，为处理、指导本机关内部的各项工作，为本机关工作服务、为机关活动服务所产生的，具有实用性、事务性和某种惯用格式的机关内部文件。

这类文书，一般不使用机关公文文种，不使用机关公文的格式、版头，不使用公文的要素，也不使用公文的制发程序。因此，所形成的文件不能简称为公文，一般不出机关大门，仅供本机关内部使用，如果需上报或下发，尚需以机关公文的报告、通知或函为载体，并经机关公文的制发程序才能发出，而且只能成为机关公文的运载件。

这类文书很多，诸如文字材料、计划、总结、调查报告、会议主持词、会议报告、会议总结、简报、签报、信息、会议记录、电话记录、机关日志、公示、大事记、讲话稿、述职报告、业务工作报告、工作研究、可行性研究、建议书等。

机关事务文书不属于正式公文，但是，机关在处理日常公务的活动过程中少不了它们，其使用频率很高，记载了该机关公务活动的实际情况，为上级领导机关了解情况提供了现实资料，也为本机关做好其他工作提供了参考资料，如果下级机关或不相隶属机关需要借鉴的话，还可以作参考性资料。

机关事务文书同机关公文相比较，其性质不同、内容不同、形式不同，其制发程序也迥然有异，因而形成了它们各自的文体特点。

机关公文代表机关立言，对外行文，使用法定的公文文种、格式、版头，依照法定的制发程序，使用公文要素，从而使公文具法定性和行政效能，具有行政约束力，受文机关在收文后必须作出应有反应。而机关事务文书则不具备这些特点，仅为机关工作服务，为机关活动服务，制作上没有体式方面的限制，也没有制作程序的规定，约定俗成，只要机关内部管理需要，工作需要，机关工作纪律允许，便可撰写成文。成文的文字材料经机关或部门的领导同意、认可、批准便可成为内部文件，供本机关使用。

有的人为图省事，将“机关事务文书”简称为“事务文书”，这是不对的，因为在公务文书里，有两种不同类型而称为“事务文书”的，容易相混淆。应用写作最忌讳混淆概念，概念不准确往往会使事情办砸。

（二）概念的外延

机关或总结，或调研，或召开会议研究对策，或为友好交往接待宾客，或为公文的处理工作而准备材料，等等，便形成了计划、总结、调查报告、文字材料（包括汇报材料、典型材料）、简报、工作研究、签报、信息、会议文书、公示、大事记、述职报告、业务工作报告、礼仪文书等反映机关内部事务的各式公务文书。

机关工作千头万绪，十分复杂，但是，对机关工作形成的文书进行归类，有利于更好地认识文书的性质、功能，有利于找出使用、撰写的规律，有利于提高机关事务文书的质量水平。主要有如下类别：①材料类（汇报材料、典型材料、先进事迹材料、考察材料）；②计划类（规划、安排、要点、设想、方案）；③总结类（全面总结、专题总结、个人总结）；④调查研究类（综合性调查报告、专题性调查报告）；⑤会议类（包括会议主持词、开幕词、闭幕词、会议报告、会议发言、会议总结、会议方案）；⑥报告类（情况报告、工作研究报告、可行性报告、述职报告、供职报告）；⑦记录类（机关日志、电话记录、大事记、会议记录、简报）；⑧礼仪类（机关内部使用的迎送致词、祝贺、表彰、谢词）。

人民团体、企事业单位也使用这种文书，称事务文书。

二、机关事务文书的文体特点

机关事务文书，是机关（包括企事业单位）处理日常公务的工具，使用频率很高，具有极为广泛的适用性。可以说，机关内部事务文书是机关工作的基础，要想全面做好机关工作，必须将机关内部事务文书工作做好。充分认识机关事务文书的文体特点，对学习和掌握机关事务文书将会更为有利。

机关事务文书同机关公文相比较，其文体特点是：

（1）为处理机关内部事务服务，形成于机关、服务于机关，实施管理，或沟通信息，或指导工作。

（2）它不代表机关的意志，也不为机关立言，不具行政效能，不能直接往外机关发送，仅供本机关内部使用。

（3）没有体式上的特别规定，也没有制发上的特定程序。

（4）有些可供别的机关参考的文书，也不能直接送出，必须使用公文文种报告或通知载运，并经历公文制发程序才能发出。

三、机关事务文书的写作要求

机关事务文书就是机关为处理本机关（本企业、本单位）内部事务，实施管理，沟通信息，指导工作而制作和使用的法定公文之外的各种具有实用性、事务性和某种惯用格式的文书。机关事务文书的写作要求是：①使用机关公文文种以外的文称；②记录机关工作；③为机关工作服务。

使用法定公文以外的文种，记录机关工作，为机关工作服务，是写作机关事务文书的基本要求。

四、怎样学习和驾驭机关事务文书

（一）体会驾驭机关事务文书的重要意义

机关事务文书，融知识和技能于一体，不仅量大、全面，而且切合机关工作实际。如果能将这些知识掌握好，并转化为自身对文字处理工作的技能，将会大大提升自身的机关工作能力。

（二）要抓住重点文体

重点文体即《教程》选入介绍的机关事务文书：第一章文字材料；第二章计划；第三章总结；第四章调查报告；第五章述职报告。这几个文种仅是代表性的机关事务文书，尚有许多未列出的文种，应以这些文种为基础，从中总结出学习机关事务文书的方法，由已知推向未知，触类旁通。学习机关事务文书的相关知识有章节次序的排列，但是在训练技能时却要综合贯通，不要拘泥。比如订计划要使用到总结、调查技能，搞调查也要用到计划、总结技能，写总结、订计划、写调查报告需要有充分的材料，材料工作技能便不可或缺。所以，逐章学习，一步一个脚印地掌握每一种技能，并考虑综合应用。

（三）练就基本技能

通过对本编各章文书的学习，训练搜集材料、整理材料、用材料体现观点、观点由材料证实、用事实说话、用数据说话等基本技能，并且达到能应用自如的程度。

《教程》分别在材料、计划、总结、调查报告等各章的思考与练习题中安排了技能训练的作业，千万不要忽视。“知识，只有将它转化为自己的能力之后才是最宝贵的”，“能力，是要经过实践训练出来的”。通过本编机关事务文书的学习，必须练就如下技能：

（1）材料工作能力。学会搜集材料（知道自己需要什么材料，懂得从何种渠道去获得材料）；整理材料（在广泛占有材料之后，遵循“十六字诀”，将材料整理好，形成自己的观点）；应用材料（能做到材料与观点统一，自如地用事实说话、用数据说话）。

（2）懂得计划是指导行动的指南。学会制订计划，懂得使用计划指导自己的行动。

（3）学会总结。总结是成才之路。要学会总结出自己对事物规律性的认识。勇于实践、善于总结，不断提高、不断进步。

（4）学会调查研究，学会对事物进行分析，学会从材料中找到规律性的认识。

（四）大胆实践

通过模拟训练，寻找机会实习，完成若干篇有分量、有质量的文章，文章可在毕业前正式完成，成为你求职的自荐材料。

（1）调查报告。结合对于调查报告和市场调查的学习，找出自己的选题，利用寒暑假进行实地调查。可能要进行数次调查，要有耐心、毅力，发掘有社会价值的内容，写成一篇有参考价值的调查报告。

（2）关心社会、观察社会，结合学校的活动或社会活动，结合对于简报的学习，写出一篇报道，或在报纸上发表一篇通讯报道。

（3）写出一篇有分量、有质量的工作总结。结合对于总结的学习，为自己寻找一个机会，为某先进人物、班组写总结。

第一章　文字材料

什么是材料？顾名思义，“材料”乃是处于部件或半成品状态而尚未达到成品标准的某种物质。它犹如建筑上使用的钢筋、水泥、石灰、砖块、木料等，可以用来建造房屋，但却不是房屋，房屋是由所有需要的建筑材料按照一定的方式方法构建而成的。我们现在所讲的材料，是指用来构成文章或者某一设计、某一决策的部件，即作者为了某种写作目的所收集、积累以及写在文章中表现主题的一系列事实现象和理论根据，其内容包括人、事、景、物、情、理和数据诸方面。用于构成文章的部件，称为素材、题材、资料（自己从生活中体验到的为素材、题材，供给他人使用的则为资料）；用于某一设计或作决策参考的部件，称为参考资料（如各类数据、各类情况以及诸如地质资料、水文资料、物候资料等）。

“文字材料”中的“材料”是借用“物质”的概念，指代在文字上构成“文章”的“表述内容”。这些文章（如汇报、报告、讲话、文件等）的表述内容——或事实、事例，或数据，或证据，或理由、语言，等等，便是言之凿凿、实事求是、真实存在、能以服众的材料。所谓“铁证如山”，便是用材料以证明事实不可抹杀。人们称“观点是文章的灵魂，材料即是文章的骨肉”，文章不可以没有灵魂，也不可以没有血肉。

文字材料，也可以简称为材料，是个人写作文章的基础，也是机关文字工作的基础。一个干部对文字材料的驾驭能力，在很大程度上也反映出他的机关工作能力，因此，每一个干部都必须十分重视对文字材料工作能力的练就。

《教程》将“材料”一章放入机关事务文书类，就是希望学习者十分重视“材料”这一环节，既要提高公务文书的“材料”写作能力，也要把握好个人写作的“材料的积累”“材料的整理”“材料的选择”“材料的应用”等方面的材料工作能力，为练就“硬笔杆”打下基础。

第一节　例文学习

有人说文字材料是“材料之王”，意思是指材料神通广大，不仅是撰写各种文书不可或缺的，同时也是造就机关工作人员工作能力的路径。如果你想成为机关文字工作的高手，就必然需要过文字材料关。

本节选入例文三篇，对初学材料写作者有较为切合的启发。

例文一

汇报材料该怎么写？
——同一主题，三个汇报，三种不同的效果实例

某省新上任的省长，抓的第一件事就是专题调查研究作为全省核心增长的城市群的发展问题，并事先向有关市政府发出明传电报，告知这次调研的意图和研究的重点问题。其中一个城市市长的汇报，几乎就是一个变相的政府工作报告，汇报的内容涉及该市工作的方方面面，谈到这次调研的专题问题时，则一笔带过，这个市长的汇报当场就被省长叫停了。第二个市长的汇报，避免了这类错误，但对如何推进城市群的发展，过多地拘泥于对前段所做工作的汇报，由于这项工作还刚刚开始探索，所以汇报的无非是修了几条路、开了几次会等常规性的工作，根本说明不了什么问题。而对推进城市群的政策建议，则犯了一个原则性、规律性的错误，强调要推进城市群的发展，省委省政府必须下决心推进几个城市的行政一体化，通过行政体制的统一和行政权威的强化，来促进几个城市经济的一体化。结果受到省长的严厉批评，说该市主要领导的思维还停留在计划经济时期，因为它违背了现代城市、现代经济发展的规律与趋势。第三个市长的汇报，是对前段推进城市群发展的工作汇报，非常客观，说这项工作还刚刚起步，还在规划、决策论证之中。重点就省政府明传电报提出的几个问题进行了重点的分析和汇报，特别强调在市场经济条件下，推进城市群的发展，关键是促进城市经济的一体化，尤其是城市间的产业合作与互补，要避免走行政一体化的老路。这个汇报得到省长的充分肯定。

同一主题，三个汇报，三种不同的效果，其中原因主要是在“会意”“特色”的把握上各不相同。第一个汇报，根本就没有领会听取汇报者的意图，完全是我“有”的就说，我“强”的就说。第二个汇报，虽然在领会意图、强调特色上花了一些心思，但对上级的意图领会不准、不深、不透，所以出现了立论的错误，另外在汇报自己工作特色时，带有表功、浮夸的意味。第三个汇报的成功，就是正确领会了上级的意图，汇报工作时做到了实事求是，并在一些重大的、决策者关注的问题上提出了富有创新性的思考。

这个实例足以说明两个问题。第一，在各种常用领导文稿中，由于汇报材料是直接向上级领导机关、领导者或同级兄弟单位汇报、介绍工作情况和思路的，所以，这类文稿直接关系一个地方、一个部门、一个单位在上级领导或同行中的形象，直接体现领导者的政策水平、决策能力和工作作风。这类汇报成功了，不仅汇报者可在上级领导的心目中留下良好的印象，而且所在地方、单位的工作更能得到上级领导的肯定和支持。甚至可以说，通过一些重要场合、重要内容的汇报，可以争取到平时花很多精力都难以得到的有关政策支持。第二，要写好汇报材料，作好汇报，当然要靠平时的勤奋工作和各方面知识、能力的积累，但汇报的技巧也非常重要；否则，即使心有韬略，写不成文，说不出口，也是毫无作用的。

要写好汇报材料，关键是要对汇报材料特殊、重要的功效和作用进行悉心领会和准确把握。在撰写这类文稿时，要始终记住一条，上级或同级领导专门听取的工作情况汇报和

介绍，是有很强目的性的。或总结推广各地的工作经验，或听取下级领导机关对正在制定的某些重大决策的建议，了解、学习、借鉴兄弟地区、单位对一些重大问题和决策难题的解决办法和经验。看到了这一层，我们在撰写汇报材料时，就可以做到“投其所好”、应其所需了。

向上级领导汇报工作的汇报材料。这类材料要引起上级领导的重视和兴趣，展示汇报者的领导水平和工作实绩，唯有突出个性和特色。许多汇报材料洋洋洒洒几十页，所做的工作及取得的成绩无一遗漏，但上级领导并不看重，甚至表露出厌烦之色，原因就在于文不对题，“供需”脱节甚至错位。在上级领导看来，你所津津乐道的许多工作，只是你这级领导应该做好的例行公事，做好了是尽职，做不好是失职。对常规性、例行性的工作，上级领导无心也无必要了解得那么清楚。相反，你这个地方在工作中出现了哪些新情况、新矛盾、新问题，你们是怎么看、怎么想、怎么去解决的，这才是上级领导高度关注的。把本职工作应该做的事包罗万象地大加表白，对领导关注的东西避而不谈或一笔带过，这是撰写汇报材料的大忌，也是目前许多汇报材料的通病。

撰写汇报材料最能体现汇报者的全局观念、政策水平、决策能力和思辨能力。在具体写作技巧上要把握三条：

一是仔细揣摩调研、决策的意图。上级领导为什么要听取这方面的情况和问题汇报？为什么要重点听取这方面的情况和问题汇报？对这些问题要研究得明白透彻，不能有半点“走题”，更不能自作聪明。

二是严格按照上级领导给出的题目确定汇报的主题和内容。这里又有两种情况，第一，领导给出的题目恰恰是我们工作中的强项，且具探索性和经验性。这样，汇报材料就可以写实为主，把这项工作的起因（背景），工作实际中的困惑与探索，目前工作的进展及成效、经验作出比较系统、详细的总结和提炼。第二，领导给出的题目还没有“破题”，或没有多大进展，或虽有进展但成效尚不显著。这样的汇报材料当以探索性思考为宜，重点讲这项工作在实施过程中的困难和矛盾，讲克服这些困难、矛盾的对策和政策建议，为上级领导机关提供决策参考依据。

三是切忌罗列人人皆知的套话、空话、大话。因为上级领导在宏观形势把握和理论、政策理解上比我们更有优势，过多地“讲道理”就会有班门弄斧之嫌。

向同级同行介绍、交流情况的汇报材料。同级同行互相走访、取经，是避免决策失误、缩短探索时间、推动工作进展的重要途径。同级同行对口参观、学习和考察，一般是对某项工作准备开展但尚无清晰思路和必要把握，或正在做，但对碰到的一些矛盾、问题尚无有效解决办法，所以前来学习和取经。因此，向同级单位介绍、交流情况的材料，贵在“预警”和“实用”。所谓“预警”，就是对自己做这项工作，曾经遇到的困难、矛盾、阻力要尽可能告知对方，对尚在探索中的一些难点问题更要提醒对方注意。这样做有两个好处，第一，使对方在工作热情高涨时保持冷静的决策头脑，在良好的工作预期中看到危机。因为，对新开展的工作，决策思维容易被一些表面的有利因素所左右，看不到深层次的矛盾和问题，加之求功心切，这往往成为决策失误的陷阱。其二，使对方未雨绸缪，对可能出现的矛盾和问题及早防范，少走弯路。所谓“实用”，就是要把做这项工作的缘由（背景因素，为什么要抓这件事）、决策过程、实施情况及效果作系统、全面地总结和介绍，使对方明了整个工作思路，得到实实在在的启发。

总结、推介经验的汇报材料。在对外开放、经济全球化的大背景下，不光企业要讲品牌效应，而且一个地方也要打自己的品牌。对一个地方而言，知名度就是品牌，就是生产力。善于总结经验，就是确立品牌、提高知名度的重要手段。我们发现，同一地方，同一单位，抓同一件事，由不同的人、从不同的角度总结，效果可能就大不一样。有的工作做得很好，有很多值得总结推广的经验，却总结不出；有些地方和单位的工作，在常人看来也许并无多少过人之处，但一经总结，就让人信服，就成了经验。

从更深一层看，总结经验不仅是全为"出名"，而是在进一步创新、完善自己的决策思路，使自己的工作进入更高更好境界的同时，把探索、创造的经验转化成社会共有的宝贵财富，由"一枝独秀"变成"万紫千红"。

经验贵在高人一筹而又切实可学，贵在反映和揭示特定时期对某一问题探索的最新甚至是最高的成果。因此，撰写经验材料，要"高"，要"新"，要"实"，要"特"，要"精"，要"深"。

——跳起来才能摘到桃子，这一"跳"就是经验。一伸手就摘到了桃子，这一"伸"就无经验可言。总结经验要注重于总结和挖掘人们普遍关注但苦于找不到解决办法的问题，或研究和探索事物发展已接近甚至处于质变的临界点，而人们尚未引起注意的问题，这样，总结、推介的经验才有意义。

——总结经验，就是要在人们感到困惑时给出一种解决问题的思路，在人们感到悲观时注入一线希望的曙光。离开现实需要，翻陈年旧账，毫无新意，千万不能用于经验材料的写作。

——经验材料不同于学术报告，不能有"假说"的成分，不能为析疑而析疑。真实是经验材料的生命，实用是经验材料的要旨。

——用科学的发展眼光看，世界上没有无解的难题，也很少只有一解的难题。同一问题，因时间、地点、条件以及事物本身的状况不同，有多种不同的解决办法。一时一地的经验，并不是唯一的教条。撰写经验材料，一定要突出特色，不要企求自己的经验能启发、帮助别人解决所有问题。

——一堆矿石，其有用元素是等量的，但不经过精选、提炼，去掉杂质，其使用价值和功效可能完全不同，甚至是一堆废物。同理，工作是一个涉及方方面面的复杂过程，探索性、创造性、突破性的工作就存在于一系列例行的、常规性的工作之中。我们在总结经验时，就要像炼矿一样做精选、提炼的工作，绝不能面面俱到，记流水账一般。否则，最好的经验也不成其为经验。

——对事物的认识，只有对规律的深入探求、理性的思考，才能有所成效。经验材料，贵在给人一种思路的启示，给人一把解决问题的钥匙，而不能满足于就事论事地告知别人怎么办。撰写经验材料，一定要讲究研究问题的深度，善于从特定的背景分析中审视、提升所总结经验的价值和意义，善于从具体的工作过程中归纳、提炼探索的轨迹和决策的思路，善于从特定的经验中引申出带普遍性的规律。这样的经验材料才是经验，才有价值。

还要特别说明的是，不管是哪类汇报材料，都有几个值得注意的带共同性的问题。第一，多用事实、数据、典型说话，恰到好处地提炼必要的带启示性、理性化的结论。但这些结论必须是源于实践经验的总结和提炼，而不是故作高深、装腔作势地向上级领导和同行发表一通人人皆知的空道理。第二，切忌用祈使句，要多用“我们怎么想、怎么做”等谦虚性、请教性的词语。第三，在导语部分，要省掉诸如“感谢领导在百忙之中抽出时间来我地我单位视察工作”“欢迎批评指教”等客套话。因为这些废话写在正式的汇报材料中，不仅毫无意义，而且容易使听者读者对汇报者产生此人惯于懒惰、缺乏创见、只会照本宣科的不良印象，进而对整个汇报材料的质量和价值产生怀疑。

（选自《汇报材料范文》2010 年 8 月 5 日）

这份资料记述了三个不同市的市长就同一个问题，在会上汇报时所采用的不同的汇报内容而产生了三个不同后果的事实，应当采用什么态度去写汇报材料，此文具有很高的参考价值，所以我们将它选为例文，读者可以从中得到启迪：广积材料，见多识广，材料库盈，下笔有神。

那么，我们该如何去充盈自己的材料库，使自己见多识广、广积材料以便将来能下笔有神呢？

【例文二】

关于推荐李向同志为基层先进典型的材料

李向，男，汉族，1982 年出生，中共党员，周南中学高三年级新疆班班主任。李向同志作为一名年轻的共产党员，立足于本职工作，兢兢业业，在基层业务岗位上、在日常点滴中落实入党誓词，发挥了党员的先锋模范作用。在担任 07 级新疆班班主任的三年里，他工作认真负责，吃苦耐劳，无私奉献，锐意创新，该班在他的带领下各方面都取得了长足的进步，两次获“市优秀班级”，一次获“市五四红旗团支部”光荣称号。

周南中学新疆班是一个特殊的集体，学生都是来自新疆吐鲁番地区。孩子们年纪小，缺乏独立生活经验，加之湖南和新疆的文化差异较大等原因，注定了当新疆班的班主任比当长沙班的班主任难度更大、责任更重大，要付出的也更多。李老师担任 07 级新疆班班主任，兼任教该班语文，三年如一日，三年来，该班在他的带领下取得了很大的而且是全面的进步，期期被评为校“优秀班级”，两次被评为市“优秀班级”，一次被评为市“五四红旗团支部”。《长沙晚报》、“新浪网”等媒体也都有对该班办学情况和对班主任李向老师先进事迹的报道。

下面我们主要从以下五个方面对李向老师的班主任工作情况作个汇报。

一、做新疆孩子认可的“亲人”

新疆的孩子来湖南，不仅需要传道授业的老师，更需要一位“亲人”来时刻给予他们关怀，照顾他们的日常生活，抚慰他们孤独、幼小的心灵。所以，高一刚接手新疆班，李老师的第一个想法就是如何能成为新疆孩子认可的“亲人”。于是，无论学习、玩耍、休息，他的身影都是和这些孩子们在一起。渐渐地，孩子们和他的关系也由支支吾吾的纯师生关系发展为无话不谈的朋友关系。

刚来湖南的时候，新疆的孩子们对湖南湿冷的气候很不适应，接二连三出现感冒、发热症状，有的甚至发烧到39、40度，而且常常是晚上发病。只要有孩子生病，李老师都一定会陪伴在他身边，带他看病，陪他打针。即使是夜里几点钟，只要有孩子一个电话打过来，他都会马上带着孩子从位于北二环外的周南打的进城看病、打针，然后再赶回来上早自习。渐渐地，由他亲自陪孩子看病似乎成了惯例。有一次，一个小女孩病了，李老师因为实在是抽不出时间，就安排了另一位老师陪孩子去医院，结果孩子从医院打电话来，在电话里哭着骂他，责问他为什么没有亲自去送。听着电话那头的哭声和责骂，李向老师心里很难过、很自责，也觉得委屈。一位同事开导他说，“你不是总在想如何能让学生们把你当作亲人吗？现在学生哭着骂你是因为那个孩子已经真正把你当成了亲人。”接下来发生的事情也证实了同事的话，那个骂他的孩子事后主动来找他解释，跟他道歉，她说：“李老师，对不起。那天我病得很难受，我好希望你在我身边，我觉得你是我在湖南唯一的亲人。”说着孩子又哭了，李老师的眼眶也湿润了。

二、给新疆孩子一个湖南的“家”

三年来，李向老师和新疆学生们的感情随着时间的累积而愈加深厚。孩子们对他的称呼也从最开始的“李老师”到后来的“向哥”再到“向爸”。大家在一起，就像是一家人。三年里，李老师和孩子们一起在节假日里看电影、开歌会、游长沙，周末带孩子们到家里包饺子、做拉条子……2008年10月2号是李向老师结婚的日子，第二天他就返回长沙，回到了学校。他常开玩笑说：不知道是这群可爱的新疆孩子离不开他，还是他离不开了这些孩子们。每次放长假，李老师都会亲自送孩子们从长沙去汉口乘火车返疆。他说，最痛苦的不是搭火车、转汽车的折腾，而是别离的不舍，因为他和学生们不是一家人，却早已胜似一家人。2010年寒假，已经高三的孩子们不回新疆，在长沙过年。大年三十晚上，学校专门为他们在饭店订了年夜饭。李老师放下家庭，到学校和学生们一起吃年饭、看晚会、看焰火。眼看要到12点，要跨年了，他要孩子们赶快准备好电话，准备给家里拜年，但是，这些小家伙都聚在一起，像约好了似地谁也不肯独自离开。随着新年钟声的响起，孩子们异口同声地欢呼起来，手拉着手，有的甚至抱在一起，沉浸在“家”的氛围当中，其乐融融。然后是一个寝室一个寝室地过来给李老师敬酒。有个孩子说：“向爸，我们知道你担心我们想家。您放心，我们虽然从没在外独自过年，但我们并不孤单，K0712班就是我们的家。谢谢您！”

三、为新疆孩子的学习保驾护航

2007年是湖南课改的第一年，但新疆高考使用的仍然是湖南市面早已绝迹的老人教版教材。新疆班的教材和配套习题、试卷怎么办？加之只有一个班，量不大，很多书商不感兴趣，都不愿接洽。李向老师只能发动自己的关系网，并利用网络联系等，终于在学校的支持下，通过自己联系，学校审核、出资的方式，从新疆、江西等地运来了需要的教材和习题、试卷，使得孩子们的学习不至于受到影响。尽管资料紧张，但每科他都保证了任课老师至少有三种以上的选择，确保让学生用上最好的配套习题和试卷。

三年里，07级新疆班的教学一直处于单兵作战的状况，教材的不同，导致了任课老师只能独立备课，独立准备资料、试卷，独立搜集和新疆高考有关的信息，老师们的工作量很大。作为班主任，李向老师尽全力做好各科间的协调，尽可能地为老师们做好服务和协助工作。虽然该班的老师工作量大，但该班老师间关系特别好，三年里没有出现过任何摩擦，这也最大限度地发挥了每个老师的力量，为新疆孩子学习成绩的提高提供了保障。

此外，利用学校提供的赴疆考察、学习的机会，李向老师和新疆几所名校的老师建立了私人联系，终于让孩子们在高三用上了新疆名校的试卷，确保了教学路线的精准。

四、芙蓉国里雪莲盛开

李向老师曾说，一个好的集体一定得是全面发展的集体，所以“全面发展”也是他带班的一贯理念。过去的三年，他们班期期被评为“学校优秀班级”，连续两年被评为“长沙市优秀班级”，一次被评为“长沙市五四红旗团支部”，三年里班级获得各类评比的奖状多达18面——且多为一、二等奖——挂满了整个教室的后壁。李老师个人也多次被评为市级、校级优秀班主任，市德育工作先进个人，市教育系统“三联三为”先进典型等。07级新疆班和李老师个人的事迹也被《长沙晚报》、新浪网等媒体报道。

因为教学内容的不同，新疆班的成绩在年级里缺少横向的比较。为了使这不至于成为孩子们学习懈怠的理由，在如何调动孩子们的学习积极性方面，李向老师绞尽脑汁为孩子们寻找学习的兴奋点。三年里，他们班学习氛围浓厚，有近百人次在各学科竞赛中和作文、演讲比赛，以及英语口语比赛中获国家、省、市级奖励。高三以来，在和吐鲁番地区最好的实验中学的多次联考中，前20名中，李老师班就稳占了18席。

五、带队赴疆站好最后一班岗

5月，07级新疆班的孩子们即将迎来高考的检验。虽然都有自己的家庭，但是，李向老师和他们班的任课老师们还是在学校的统筹安排下排除万难，于5月20日陪同学生们一起来到了新疆吐鲁番，并一直待到高考结束。作为班主任，李老师为这段时间的教学、生活都做出了条例性的计划、安排，确保了教学秩序的井然和学生心理的稳定。短短几个星期的时间里，他们班严谨的教学组织、严肃活泼的学习氛围、亲密团结的同事关系就给吐鲁番地区实验中学的领导、老师留下了极为深刻的印象。

鉴于李向同志的优秀表现及在学校教育教学工作中所发挥的先锋模范作用，特推荐为先进基层典型。

中共长沙市周南中学委员会

2010年6月25日

这是一份推荐材料，原文挂在网上，以便学校内外相关人士都知晓，既是“推荐”，又是“公示”。

这份材料是提供给评议相关的领导和群众参考的。评议者、决策者可以参考这份材料所表述的内容，判定是否符合基层先进的标准条件，最后评选出最优秀者为“先进基层典型”。将材料公布出来，又显示了没有暗箱操作，材料真实、过硬可信。

本材料选取了具有代表性的、典型性的材料，用事实说话、用数字说话。这是使材料“活起来”的重要手法，要细心体会。

【例文三】

加强基层基础工作　提高山区农业综合开发水平

兴宁市农业综合开发办公室　罗寿桓

1998年以来，兴宁市大力实施农业综合开发，促进解决农业生产难题，实现了山区特色农业的快速发展。至2006年，累计投入资金10836万元，建成旱涝保收高产稳产农田18.4万亩和4个产业化经营项目，扶持了一批农业龙头企业，新增粮食生产能力1370万公斤，新增农业总产值12204万元，让10个镇共40多万农民直接受益。通过农业综合开发，项目区建设了一大批名茶、水果、养殖等特色农产品基地，推广了优质水稻、甜玉米、反季节蔬菜等优良经济作物和旱粮新品种，实现了由传统农业向现代农业的初步转变，山区农业走上了加速发展的道路。

为做好农业综合开发工作，兴宁市坚持从基层基础工作入手，扎扎实实地开展工作，着力打造样板示范工程，提高农业综合开发的质量和水平。

坚持三个优先，建立竞争立项机制

选准选好项目是确保开发效益的前提和关键。过去，兴宁市一些乡镇认为农业综合开发是政府行为，会搞“轮流坐庄”，积极与不积极、主动与不主动一个样，存在“要我开发”的消极思想。为此，兴宁市积极推进竞争立项机制，每年向各乡镇发布申报指南，明确项目申报的基本条件和政策要求，由乡镇根据自身条件向财政局、农发办申报项目，市财政局、农发办根据申报情况组织人员进行考核，并坚持“三个优先”的原则，即资源条件好的优先、乡镇领导重视的优先、基层干部群众积极性高的优先，精心挑选1～2个项目经公示后列入开发计划。由于选项方式从“要我开发”转变为“我要开发”，一些资源条件较好、干部群众重视、农业综合开发积极性高的乡镇得到了连续扶持，乡镇的主动性和积极性得到有效调动，为项目建设打下了良好的基础。

开好三个大会，激发群众的参与热情

农业综合开发是农民群众的宏伟事业，其中一条宝贵的经验就是以农民为主体进行开发。为此，兴宁市除通过电视、广播、公示栏、宣传标语等方式进行宣传外，重点在群众中开好三个大会。一是项目政策宣讲大会。项目区选定后，市财政局、农发办与项目所在镇工作人员深入项目区，组织涉及村委干部、村民代表召开大会，从项目申报程序到资金使用及项目实施条件要求都逐一向村委干部、村民代表讲述清楚，把政策交给群众，使基层干部群众对开发的目标任务和管理要求有了清晰的认识，参与开发的积极性普遍高涨。二是项目建设方案征询大会。经过详细的勘察设计形成初步的规划设计和项目实施方案，又与项目镇联合邀请村委干部、村民代表集中召开大会，把项目实施方案交给他们讨论，听取代表们的意见，经过集思广益和实地测量后，进行调整优化，使项目规划设计既切合当地实际，又符合上级政策要求，达到群众满意、干部满意、管理部门满意的局面。三是项目建设动员大会。经过工程招标选定施工单位后，农发办与工程监理人员、施工单位负

责人又一起到项目区召开镇主管领导、水利所、农业站负责人和村委干部、村民代表参加的施工动员大会，确定施工进展和计划安排，明确各自职责，同时公开联系举报电话，保证工程顺利施工，保证工程质量，齐心协力共建和谐的施工环境。

强化三起措施，提高项目的规划设计水平

一是培育专业设计队伍。过去市农发办没有专业设计人员，一年到头不时地到水利局“请人”，难免影响双方的工作。此后，兴宁市争取领导重视，聘请了1名退休的水利工程师，并从水利局借调了2名工程师专职在农发办上班，同时，对农发办其他人员进行传帮带。实践证明，这支队伍在规划设计、项目施工和质量监督方面发挥了极为有效的作用。二是优化规划设计方法。根据山区田块的特点，在规划设计时坚持因地制宜、突出特色，做到点面结合，改善基础设施与产业结构调整相结合，美观与实用相结合，坚固耐用与节省投资相结合，严格建设标准，不搞低水平建设。三是广泛研究论证。在项目规划设计方面，除了依靠自身的技术力量以外，还采取“走出去”“请进来”的办法，邀请水利部门和农业部门的高级工程师对规划设计方案进行论证，听取他们的意见和建议，增强规划的可操作性。

突出三个环节，建立工程质量保证体系

一是抓工程招标。严格按照农业综合开发招投标管理暂行办法有关规定程序实行公开招标，对曾经被评为优良工程的施工单位给予加分，优先选择工程质量和信誉好的单位中标。二是抓工程监理。根据国家农业综合开发工程监理办法的规定，在接受梅州市统一聘请的专业监理公司监理的同时，在施工期间聘请项目镇主管领导及水管所长、农业站长共3人，担任施工现场质量监督员，并组织基层干部和村民代表参与监理活动，提前把好工程材料和施工工艺关，工程完工后组织有关单位进行检验。三是抓质量跟踪。结合工程管护，农发办对工程质量进行跟踪管理和回访，对出现质量问题的，要求施工单位及时返工，并扣减施工单位的质量保证金。

抓好三项示范，提高项目的带动效益

一是农机推广示范。在抓好灌排渠道建设的现时，根据农业生产的需要，安排好机耕道、机耕桥和人行踏板，方便拖拉机、插秧机和联合收割机进入田间，项目区中心村的机耕道都突出“机收、机耕、机插”示范作用，同时安排农机补贴，补助农户购买农机，推进新农机具在农村的普及发展。二是农业科技示范。以省农科院水稻研究所为科技依托单位，办好省级优质稻高产试验示范片和县级优质稻示范基地。经过试验示范，全市优质稻推广面积迅速扩大。2007年共推广优质超级稻27.8万亩，占到全市水稻面积的42.7%。三是产业结构调整示范。项目建成后，积极引导进行农业产业结构调整，共建成蔬菜、柑橘、优质稻、药用菌特色产业示范基地15个，福兴五里至宁新洋里建起了十里花卉长廊，促进了山区特色农业的发展。

（选自《广东财政理论与实务》2007年第12期）

本文是一篇上报材料。当时，作者罗寿桓任兴宁市农业综合开发办公室主任，从事农业综合开发工作，这是他撰写的工作汇报。2007年，罗寿桓在广东省农业综合开发工作会议上作了汇报，并发表于《广东财政理论与实务》2007年第12期。

“农业综合开发工作”是党中央和国务院为改善农业生产基本条件、优化农业和农村经济结构、提高农业综合生产能力、提高农业综合效益所采取的战略性措施。罗寿桓从事该项工作多年，有深刻的体会。在汇报的前言，使用了一大串的数据，洋溢着一种掩不住的喜悦之情。

一项工作，千头万绪，要汇报的很多。怎样汇报？必须根据自己所需要汇报的内容，提纲挈领、纲举目张。整个汇报，用了五“三”：三个优先、三个大会、三起措施、三个环节、三项示范，将汇报的内容有条不紊地展现出来。

第二节　材料的性质和作用

一、材料的性质

如果说文章的主题是灵魂的话，那么材料便是文章的血肉。文章主题的形成和提炼必须依据材料，作者所要说明的观点和主张都必须依据材料，没有材料，就不会有正确的主题，也无从提炼主题。材料是引发感受、形成观点和提炼主题的基础，又是说明观点、表现主题的根据。没有材料，写作就成了“无源之水”“无根之木”，写作活动就无法产生。所以，无论写什么文章，首先要认真收集材料，尽量多地占有材料，然后对材料进行分析研究和提炼加工，使之成为可以应用的材料。

从广义上讲，材料是指作者为了写作目的而搜集和积累的资料，包括素材和题材；从狭义上讲，材料是指为着某一写作目的或某决策，从社会中搜集、摄取，或写入文件中，或作决策参考的一系列事实或论据。

二、材料的作用

就机关工作而言，下级机关的情况要让领导了解，需要通过材料上报；下级机关的建议提供给领导作出决策，需要将材料传递给领导；上级机关的指示要求及时传达、部署下去，需要形成材料；经验体会需要归纳总结升华，也必须形成材料。这些材料再经过某种加工，形成各种计划、总结、调查报告、简报、情况报告、通报等，成为文件，因此，材料是机关工作的重要载运工具。

就个人的写作而言，必须积累、占有丰富的材料，只有材料丰富了，写作才能游刃有余，这是提高写作能力的关键。较高的写作能力是一个人综合素质的重要组成部分，也是机关干部履行职责、胜任本职工作的必备素质。我们应当努力提高自己的业务素质。

第三节 材料的种类

材料是一个大概念，所有形成了文字、能表达出某一完整事件、事物的记述，不管成篇与否，只要能应用在某一文章中或某一事项的决策中，均可称为材料。

《教程》将材料分成自我备用材料和提供他人使用的材料两个方面。

一、自我备用的材料

自我备用的材料，是指作者为了某一写作目的，搜集摄取以及写入文章用以表现主题的一切事实和观念，它包括具体的人、事、物、景，也包括抽象的情和理。

材料按其存在时间分，有现实材料和历史材料；按其性质分，有主观材料、客观材料、事实材料、理论材料；按表现内容分，有生活材料和心理材料；按表现方法分，有具体材料和概括材料；按表现角度分，有正面材料、反面材料、侧面材料；按获取途径分，有直接材料和间接材料；等等。

自我备用的材料，一般是靠自己个人的辛勤累积，即所谓的积累材料、占有材料。

材料的积累，就写作者个人来说，是越多越好。所以提倡多做笔记、多做原始记录、多搜集资料，将一切自己认为或许有用的资料都收集起来，并进行整理，做成资料卡片，或在电脑的文档里分门别类、编号保存。

备有了材料仅是创造了一个好条件，关键还在于应用。为了能自如应用，对自己收集来的并经过整理的资料还必须常常阅读、反复阅读。只有多次反复地阅读，才能使自己得心应手地运用材料。所谓文思如泉涌，就是写作者在脑海里储存了许多的材料，一旦需要应用便能泉涌以供。

二、提供他人使用的材料

提供他人使用的材料，一般是指公务文书材料，诸如汇报材料、上报材料、参考材料、会议材料、典型材料和其他方面的应用材料等。撰写材料的写作者完成了写作，提供给他人使用时，他的成品便成了使用者的某种材料或资料。

1. **汇报材料**。汇报材料是下级机关向上级机关、部门向领导机关、分支机构向总部、个人向单位汇报工作时所撰写的内容。如果是口头汇报的，可写成汇报提纲，临场可以再次发挥、补充。有时为了节约时间，将汇报提纲交上去由领导查阅，叫汇报材料。

2. **上报材料**。上级机关需要下级机关提供本机关及其下属状况，或工作进度，或思想动态，或某种意见、要求，等等，定期或不定期写成材料上报的，称为上报材料。还有如各类报告材料、计划总结材料、专题调研材料、情况反映材料、信息简报材料、典型经验材料、书面汇报材料等，也属于上报材料。

3. **参考材料**。一切具有参考价值的文字资料均可称为参考材料。有两种，一是他人整理或撰写、出版的资料，如书刊、文件、网络资料、影视资料、图片等；另一种是自己撰写或记录的原始资料、总结、调查报告、情况交流、简报等以供他人参考的材料。

4. **会议材料**。为召开会议所准备的一切文件资料，称为会议材料。如开幕词、闭幕词、会议报告、会议发言材料、会议记录、会议纪要等。

5. **典型材料**。典型材料是指用于宣扬社会实践活动中涌现出来的具有代表性的先进人物或先进单位的事迹、经验而写成的书面材料，有典型事迹材料、典型经验材料和典型事件材料。反映模范人物高尚的品格与情操以及骄人的业绩、感人经历的材料，称为个人典型材料；反映先进单位值得推广的成功做法或在某一项工作中取得显著成效的材料，称为单位典型材料。

6. **其他应用材料**。其他应用材料包括：凡能用作文章资料的记述，如日记、随笔、笔记等；用作设计、决策的记述，如水文资料、气象资料、山川资料、地质资料、资源调查、矿产调查等。

要撰写好这些材料，写作者同时必须备有：现实材料和历史材料；主观材料、客观材料、事实材料、理论材料；生活材料和心理材料；具体材料和概括材料；正面材料、反面材料、侧面材料；直接材料和间接材料；等等。

第四节　材料的写作要求

首先要认真搜集材料，尽量多地占有材料，然后对材料进行分析研究和提炼加工。在使用材料时，要注意材料是否具有真实性、典型性和生动性，注意做到材料与观点的统一；要坚持实事求是的原则，严防“假、大、空、套”，注意用事实说话，使用数据要准确，有的要进行必要的换算；表述上要抓住关键、提纲挈领；要把握分寸、得体合体。

一、获取材料的要求

尽量多地占有材料。运用观察、实验、体验等途径获得第一手材料；利用调查、采访、检索文献、阅读书刊、收听收看广播电视等途径获得第二手材料；采取写观察日记、实验记录、剪贴资料、制作卡片、复印资料等手段储存大量材料。对上述材料通过反复不断地阅读，使之成为自己脑海里的库存。

二、鉴别材料的要求

占有了材料，认识便会从感觉开始，但是由于这种材料只反映了事物的表面现象，如果仅从这些材料去认识事物，往往会误入歧途。因此，必须正确地鉴别材料，这样才能有助于认识材料的本质，实现由感性到理性的深化。

“去伪存真，去粗取精”是正确鉴别的标准。通过分析、比较、分类，分析材料的性质，辨识材料的真伪，做到去伪存真；通过比较材料的优劣、掂量材料分量的轻重，去粗取精。

鉴别材料的过程就是对材料深入认识的过程，也是写作者从感性认识进入理性认识的过程。只有正确认识了材料的本质，才能选择好材料。

鉴别材料的程序是：

（1）通过溯本求源、细心考据、寻求物证等方法鉴定材料的客观性、真实性。要去伪存真，然后依次弄清材料的精和粗、优和劣、新和旧、重和轻、主和次、动和静等质的分量。

（2）比较分析。对经过去伪存真留下来的材料（已成为自己占有的材料），通过比较，确定材料的共同点和差异点，概略地找出材料所反映的内在联系性。

（3）分类。按材料的共同点和差异点分成不同的类别，把纷繁复杂的材料加以条理化、系统化。

（4）加工提炼。通过对材料的比较分析和分类等的研究，将各种材料联系起来，经过一番加工提炼，综合成一个有机的材料整体，从而认识材料的本质和现象。

三、认识材料和选择材料的要求

对材料产生深刻的认识，要求做到“由表及里”“由此及彼”，形成自己对该事物的认识，即观点。

选择材料，要求在真实性、准确性的前提下做到以下几点：

（1）材料与观点一致。以表现主题为依据，选择与主题直接或间接有关且能说明、烘托、突出和暗示主题的材料。

（2）材料要具代表性、典型性。选择合乎典型性且能够深刻揭示事物本质、具有广大代表性和强大说服力的材料。

（3）材料要具新颖性、生动性。选择能反映新事物、新情况、新经验、新问题以及事物生动活泼、具体形象特点的材料。

四、使用材料的要求

对选定的材料进行梳理、组织和运用，将其合理地安排在文章之中。使用材料要解决好以下四个问题：

（1）按照材料的不同情况，决定材料安排的先后顺序；要贴切自然、合理有序。

（2）按照材料的轻重程度和使用情况的不同，决定材料使用的详略疏密，做到繁简适度、浓淡相宜。

（3）按照材料和观点的统一关系，坚持从对材料的科学分析中引出正确的观点，使观点和材料有机结合。

（4）按照内容表达的需要，灵活地运用多种表现手段，使材料的表述显示出不同的情调和色彩。

第五节　材料的写法

一、自我备用材料的写法

自我备用材料的写法实际上是指材料收集之后的编辑、分类和资料卡片的制作，或在电脑上使用分类文件夹进行储存备用的具体运作方法。

（一）资料卡片的制作

资料卡片的制作一般采用64开大小的活页纸做成，这样的卡片保存时间长。为了便于分类保存，卡片纸应在左侧用打孔机打出两个圆孔用于串连成活页册。在活页卡片上印上资料类别、来源、作者、题目、内容摘要、摘录时间等，用时填上，以备参考。

资料卡片种类很多，做卡片时应针对资料性质分门别类。一般是一个问题用一页记述，以便积累较多时分类。

可以根据自己的需要设卡片门类，如“应用写作学习卡”，分成名词术语卡、重要内容摘录卡、参考资料目录卡、专题卡、备忘卡等。

下面是一种资料卡片的样式，供参考。

读书笔记、文献资料卡

类别________________

编号________________

____

资料名称：____________________________________

资料来源：____________________　资料出版日期：　　年　　月　　日

○____

____

____

____

____

○____

____

____

____

（注：背面是“副页”，只印书写横线，正面写不完时可以在副页上写，但只是记录与正面相同的问题，如果是不同的问题，则用另一张卡片）

（二）在电脑上用文件夹分类储存

在电脑里建立一个文件夹，注明文件夹名称，将收集到的资料分类、编号并保存。

二、提供他人使用的材料的写法

在具体的写法上，有独立成篇和不成篇的片段两种，可据实际需要而定。例文一和例文二就是分别采用了不同的写法。例文一仅从介绍情况的角度，介绍了三个市长的汇报，不拘泥篇章结构。例文二是一篇篇章结构完整的推荐材料。但两者有共同点，就是紧紧围绕着写作目的，让读者明白作者意图，能起到传达主旨的作用。建议读者以例文为蓝本，领悟材料写作的结构方式。

附：

材料的分析研究方法

材料有真伪、精粗、主次、典型与非典型之分，因此必须对材料进行整理。首先是区分真伪、精粗，消除材料中假、错、冗的部分，补充欠缺的部分，保证材料的真实性和完整性。然后，按材料的性质、特征或内容分类，再进一步辨别材料的意义、性质和轻重。最后，从材料中筛选出与写作目的关系最密切、最能说明问题的材料，以便通过分析，从材料的联系中形成观点。

应用写作主要分析方法如下：

（1）定性分析。定性分析是通过对事物归类与“由此及彼、由表及里”的分析，来确定事物性质的分析方法。

（2）定量分析。定量分析是对事物的量的分析，弄清事物的量，做到“心中有数”。

（3）对比分析（对比法、比较法）。对比分析是通过对不同事物或同一事物的前后状况的比较，找出差异，以揭示事物属性的方法。对比分析可分为纵比和横比。纵比是同一事物前后情况的对比，通过比较，揭示事物的发展变化。如用本期指标和计划指标相比，用今年的产值与历史上最高、最低的产值相比。横比是不同事物之间的比较，通过比较揭示事物之间的联系和差别。如将同行业不同单位的若干情况进行比较。使用横比要注意可比性，拿来比较的必须是在同一基础（时间、内容、项目、条件等）上的可比因素。

（4）因素分析。因素分析是分析影响事物发展变化的各种因素，找出对事物性质起决定作用的因素，以说明事物本质特点的方法。

进行因素分析要注意：一要抓住主要问题的主要因素进行分析；二要分析带有倾向性的因素；三要既注重对客观因素的分析，又注重对主观因素的分析，不要见物不见人。

（5）预测分析。预测分析是通过对过去的数据和经验性资料的分析、对未来发生的事情进行预测的一种方法。预测分析主观性强，分析时要注意影响过去和未来的社会环境和自然环境的差异，客观地分析问题，防止主观臆断。

以上各种分析方法，既是认识事物的方法，也是写作的方法。

【思考与练习】

导语：材料是写作的基础，没有材料就会无法下笔。我们必须充分认识到，只有积累好材料、整理好材料、熟记自己备好的材料，才能撰写好材料。通过本章的学习，培养自己的材料工作能力。

一、概念题

掌握如下名词术语。

材料　资料　占有材料　积累材料　整理材料　数据　正面材料　反面材料　侧面材料　直接材料　间接材料　假、大、空、套

二、阅读题

1. 阅读例文。通过阅读来理解本文种的性质、作用、文种特点、写作要求和篇章结构的方式方法。

2. 例文一是写作者收集以自用的备用材料；例文二是写作者为了向他人提供参考材料而撰写的推荐材料。请仔细阅读。

三、简答题

1. 依据自己所学，说说在有了材料之后，应该怎样去整理材料。

2. 说说你对选择材料和使用材料的认识。

3. 说说你对“去伪存真、去粗取精、由表及里、由此及彼”的理解，以及你将如何具体运用。

4. 根据自己所学，说说你将如何克服撰写材料时的“假、大、空、套”现象。

5. 谈谈你对“材料工作”的新认识及做法。

四、训练题

1. 制订一个行之有效地积累材料的实施计划。

2. 制作一套适合于自己使用的资料卡片。

3. 在自己的电脑里建立一个资料文件夹，再按自己对资料的分类，分别建立各种分类文件夹，并将自己准备收集的文件资料放入里面。

第二章 计 划

计划就是在未来一定时间内，为了更好地完成工作、生产、学习等任务，根据党和国家的方针政策、上级的指示精神以及单位或个人的实际情况，提出明确的目标和具体的任务，制定出相应的措施、方法、步骤，规定完成期限，用来指导自己实践的书面材料。

计划是机关事务文书之一，不论是机关、团体、企业、个人，都必须充分运用它来规划未来，指导实践。因此，充分认识计划，认真学习计划的制订方法，掌握计划文书的写作，是个人掌握机关事务文书的入门通道，学习应用写作者必须高度重视。

学习计划文书，不仅仅是认识计划的问题，还关系到如何制订计划、如何正确应用计划（如何运用计划指导实践、如何应用计划进行总结等）以及通过计划文书的学习提高自己入门机关事务文书的能力。

第一节 例文学习

例文是“广州港①集团有限公司组建方案”。方案，是计划的一种。本方案就是“广州港集团有限公司”的组建计划。

什么是计划？为什么要制订计划？制订计划的依据是什么？怎样去制订计划？应当以什么态度去执行计划？有计划与没有计划，做起事来效果会如何？……请细心地阅读例文，会给我们提供很好的答案和启发。

---

① 广州港，是中国第四大港口，吞吐量居世界第五位。广州从3世纪30年代起成为海上丝绸之路的主港，唐宋时期成为中国第一大港，是世界著名的东方大港。明清两代，广州成为中国唯一的对外贸易大港，是世界海上交通史上唯一2000多年长盛不衰的大港，可以称为“历久不衰的海上丝绸之路东方发祥地”。

原来的广州港由广州港务局管理。广州港务局根据国务院港口管理体制改革的要求，按照广东省和广州市政府的工作部署，基本顺利完成了广州港港口体制改革、政企分开的工作，原广州港务局剥离下属企业，与原广州市航务管理局合并，于2004年2月26日挂牌成立了新的广州港务局，为正厅级事业单位，受市政府委托行使对港政、水路运输行业和广州港航道的管理职能。

广州港集团有限公司就是从广州港务局剥离出来新组建的国有独资集团公司，主要从事集装箱、石油、煤炭、粮食、化肥、钢材、矿石、汽车等货物装卸（包括码头、锚地过驳）和仓储、货物保税业务以及国内外货物代理和船舶代理；代办中转、代理客运；国内外船舶进出港拖轮服务、水路货物和旅客运输、物流服务，兼营港口相关业务。

【例文】

广州港集团有限公司组建方案

根据《国务院办公厅转发交通部等部门关于深化中央直属和双重领导港口管理体制改革意见的通知》(国办发〔2001〕91 号)、交通部《关于贯彻实施港口管理体制深化改革工作意见和建议的函》(交函水〔2002〕1 号)、省府办公厅《印发广东省双重领导港口下放实施方案的通知》(粤府办〔2002〕93 号)的精神,结合实际,制订广州港集团有限公司组建方案。

一、指导思想和原则

(一)指导思想

根据中央、省关于深化港口管理体制改革的精神,按照有利于政府主管部门进一步转变职能、加强港口行业的行政管理,有利于港口企业自主经营、走向市场、建立现代企业制度,有利于我市港口事业不断协调发展的要求,依法组建广州港集团有限公司。

(二)原则

1. 政企分开原则。剥离原广州港务局不属于港政管理职能的人、财、物及下属企业,组建广州港集团有限公司,不再承担港政管理职能。

2. 建立现代企业制度原则。按照建立现代企业制度的要求,组建国有独资的广州港集团有限公司,由市政府授权其经营广州港的国有资产。

3. 积极稳妥原则。市有关部门加强对组建广州港集团有限公司工作的领导和指导,精心组织,确保广州港的稳定和安全生产,确保广州港的国有资产不流失。

二、资产分类

广州港集团有限公司的资产划分为经营性资产、非经营性资产、代管资产三部分。

(一)经营性资产

由广州港集团有限公司总部、全资分公司、全资子公司、控股子公司、参股企业中的国有资产作为经营性资产,实施国有资产的保值增值考核。经营性资产的具体数额待清产核资后确定。

(二)非经营性资产

企业办社会部分(如学校、医院、幼儿园、公安局)资产为非经营性资产,具体数额待清产核资后确定。

(三)代管资产

代管资产为代管原广州港务局所属集体企业的集体资产。对集体企业中含有国有资产成分的,经清产核资界定的国有资本,纳入广州港集团有限公司授权经营范围。

办理工商变更登记时,集团公司的资产暂按 2002 年 12 月 31 日账面数登记,待清产核资后据实调整。

三、组织建制

将原广州港务局剥离出的不承担港政管理职能的人、财、物及下属企业组建广州港集团有限公司，在对外联系工作、发文件、参加会议时可视作正厅级单位待遇，干部人事任免问题按有关规定办理。广州港集团有限公司按照现代企业制度的要求进行改制。工商、税务、国资、国土、劳动保障等部门按企业改制的有关规定从简办理有关变更手续。

（一）主要职责

受市政府授权经营广州港的国有资产，依法从事港口装卸、仓储等港口生产经营业务。

1. 资产经营职责按国家有关文件和市政府《批转市国有资产管理局〈广州市国有资产授权经营公司和授权经营企业集团公司管理办法〉的通知》（穗府〔2000〕22 号）执行。

2. 直接组织、指挥、管理广州港集团有限公司的生产、经营活动。其中广州港集团有限公司继续经营、管理原广州港务局使用的港池、生产作业锚地以及锚地水上过驳设施。

3. 组织、管理、协调广州港集团有限公司全资和控股子公司的生产、经营，对船舶、装卸、仓储等生产作业统一调度和指挥。

4. 负责管理原广州港务局属下的学校、公安局等附属单位，直至移交属地政府为止。

（二）建制

按照《公司法》的规定，设立由董事会、监事会和经理层组成的法人治理组织机构，按照精简、高效的原则设置公司内部职能机构。根据实际需要，逐步进行结构优化重组。

1. 建立法人治理机构。

（1）董事会。董事会成员共 9 人，包括内部董事 6 人（其中董事长 1 人，副董事长 1 人）、独立董事 3 人。董事会按集团有限公司章程开展工作。

（2）监事会。根据有关规定确定和委派监事会成员，政府通过监事会监督企业的经营管理活动。监事会成员共 3 人，其中外派监事会主席和外派监事各 1 人，职工代表监事 1 人。

（3）经营管理班子。总经理 1 人，副总经理若干人。

（4）集团公司按照党章、《公司法》和现代企业制度的要求以及广州市有关文件的规定，建立党委会、纪委会、工会和团委。

以上机构人员的任命及党组织管理按市委办公厅《关于印发〈关于市国有资产授权经营机构及所属可视作局级、副局级企业党组织和领导人员管理细则（试行）〉的通知》（穗办〔2001〕2 号）执行。

2. 集团公司总部职能机构设置。按照精简效能原则，集团公司总部将现有 21 个职能处室（不含工会、团委）撤并为 1 室 11 部，即办公室、业务部、财务部、投资发展部、人力资源部等部门。为减少震动，有利于平稳过渡，机构撤并逐步实施，将来视实际需要作进一步调整、精简。

（三）附属机构

有关通信调度和引航，锚地、航道的管理和使用，港口公安管理体制，企业办的中小学、医院、幼儿园等附属机构问题，按照《广州港务管理局组建方案》的意见办理。

（四）人员安排

原广州港务局的人员和离退休人员的安排按《广州港务管理局组建方案》的意见办理。

四、资产授权

市政府授权广州港集团有限公司经营资产的范围包括：经营性资产，非经营性资产中划归集团公司管理的资产，以及代管资产中经清产核资界定的国有资产。

五、财务管理

取消定额上缴中央利润的办法，改变“以港养港、以收抵支”的财务管理体制，改按国家税收管理的有关规定缴纳企业所得税。具体按照省政府《印发广东省双重领导港口下放实施方案的通知》（粤府办〔2002〕93号）等有关文件执行。广州港集团有限公司企业所得税征管，按照《国家税务总局关于所得税收入分享体制改革后税收征管范围的通知》（国税发〔2002〕8号）执行，即根据现行征管分工和现状，由地税部门征管的，仍由地税部门征管；现由国税部门征管的，继续由国税部门征管。

六、工作安排

1. 成立广州港集团有限公司筹备工作组，研究制定广州港集团有限公司章程，并依法办理相关手续。在市委、市政府未任命广州港集团有限公司领导班子成员之前，港口生产经营工作继续由原广州港务局领导班子负责。

2. 按市委办公厅穗办〔2001〕2号文件的有关规定，组建广州港集团有限公司的领导班子。公司领导班子在市交委的指导下，制订具体的公司组建实施方案。

3. 由广州港集团有限公司积极与市有关部门做好衔接工作。

4. 拟定于今年12月基本完成广州港集团有限公司的组建、转制工作。

七、其他问题

1. 市政府视企业上缴国有资产收益情况，从2004年起3年内，专项安排发展基金，扶持广州港集团有限公司发展。3年中，广州港集团有限公司要将每年国有资产的收支计划和执行情况报市财政局审核。

2. 港口建设费返还仍按交通部等部门的有关规定执行，用于广州港集团有限公司港口设施建设。货物港务费原则上按交通部《关于明确港口政企分开后货物港务费征收有关问题的通知》（交水发〔2003〕125号）的规定，大部分留给广州港集团有限公司用于港务设施维护，具体比例由市交委审核，市财政局批准。

3. 原划拨给广州港务局而现留给广州港集团有限公司使用的历史用地办理相关证照、资产更名等手续，按照市政府《关于加强国有企业改革转制中原划拨土地使用权管理的通知》（穗府〔2000〕25号）的有关规定处置。

4. 今后广州港区内新建码头泊位、生产作业锚地、管道等生产经营性基础设施时，市政府对广州港集团有限公司予以大力支持。

（穗府〔2003〕59号文印发，《广州政报》2003年第22期）

阅读这篇方案之后，你体会到什么是计划了吗？“计划就是未来要完成的工作”，“用于规划自己的未来”，“指导自己实践”，“计划就是自己的奋斗目标”……

有了计划，就有了目标，就有了方向。

你立了志没有？有了方向没有？

学习本计划，学好了，也给自己订个计划。

第二节　计划的性质和作用

一、计划的性质

计划，是一个统称，常见的安排、打算、规划、设想、纲要、意见、要点、方案、预案等，也都属于计划一类，只是由于内容在范围、时间、粗细、远近等方面的差异，往往选用不同的名称。大体说来，预定在短期内要做的一些具体事情，一般叫“安排”；准备在近期要做的，而对其中的指标或措施等考虑得还不是很周全，只能作原则性要求的，一般称“打算”；拟订带有全局性的某项工作，时限较长，须跨年度，涉及面广，只能提出一个轮廓，但须在理论上论证其可行性，提出可能实现的奋斗目标的，一般称为“规划”；为长远的工作或某种利益着想，作个正式的粗线条计划，一般叫“设想”；上级对下级布置一个阶段的几项工作或者一项重要任务，需要交代政策、提出具体要求的，一般用“意见”；对一段时间内的工作作出简要的安排，突出重点，写得扼要，一般用“要点”；对某项工作的实施，经过深思熟虑，从目的要求到方式方法都作出周密的安排，甚至还创制某种法式，称为“方案”；为应对某种突发性的紧急重大事件或情况而事先制订的处置办法，称为“预案”。

总之，计划就是人们用于规划自己的未来、指导自己实践的指南，是使自己的工作、学习和生活增强预见性、减少盲目性的指导工具。

二、计划的作用

“凡事预则立，不预则废。”预，就是事前的计划和安排。在经济工作中，计划的作用更是不可忽视。因此，不仅国家要有各种各样的计划，而且各部门、各地区、各单位以至生产班组和个人，都必须制订自己的计划。有了计划，就有了明确的奋斗目标和方向，就可以更好地统一思想，协调行动，增强工作的自觉性和创造精神；合理地安排和使用人力、物力、财力；有了计划，领导者可以随时掌握工作进程，检查任务完成的情况，取得主动权，使工作有条不紊地顺利进行。此外，计划也是检查和总结的依据。

民间也流传着这样一句话：“吃不穷、穿不穷，不会划算一辈穷”，如果仅从“要有计划”的角度看，这话有一定道理。一个人、一个家庭、一个企业，如果不会谋划，不会精密计划，就会没有奋斗的方向，没有适应的措施，特别是没有预料过困难因素，一旦遇到突发事件便会束手无措。因此，学会计划，掌握计划的应用，对于我们的工作将会更为有利。

第三节 计划的种类和文体特点

一、计划的种类

计划是使用频率很高的一种机关事务文书。它的种类很多，可以从内容、性质、范围、时间、表现形式等不同的角度划分。

（1）按内容划分，有综合性计划、单项计划。

（2）按性质划分，有生产计划、工作计划、学习计划、科研计划、会议计划。

（3）按范围划分，有国家计划、部门计划、单位计划、科室计划、班组计划、个人计划。

（4）按时间划分，有长远规划（跨年度的计划）、年度计划、季度计划、月份计划、周计划（短安排）。

（5）按表现形式划分，有条文式计划、表格式计划。

在财经部门，因业务的不同，又有财政预算、工商税收计划、现金计划、信贷计划、物资计划、商品流转计划、商业网点计划、财务计划、成本计划、利润计划、劳动工资计划、基本建设计划等。

上级机关对下级机关布置工作，往往使用工作要点、活动方案、工作意见等，如《梅县地区商业系统一九八六年扭亏增盈工作意见》《广东省百货公司一九八七年“双增双节”实施方案》《大埔县商业局一九八八年商业工作意见》等，这些文件，既向下级机关提出了明确的任务、要求，也提供了工作的方法，交代政策界限，既具有计划性，也具有规定性、指导性。在规定性和指导性方面，它具有行政公文的决定、通知等文种的效能。

二、计划的文体特点

计划是为做好未来的工作、完成今后的任务而制订的，因此计划在文体上具有预见性、鼓舞性和指导性三个方面的特点。

（一）计划的预见性

计划文书在制订前就必须通过调查研究，即根据自己的需要和完成计划的可能条件进行调查研究，因此，计划能让人预见到在计划实施过程中的有利因素和不利条件，可以事先准备好克服困难的有效措施。

（二）计划的鼓舞性

计划是对未来工作的预想，是在理想的鼓舞下依据需要与可能的原则、经过调查研究之后制订出来的。它指出了明确的目标，展示了预定的前景，对为该计划而奋斗的人具有很大的鼓舞性和激励性。

（三）计划的指导性

计划制订出了实施的举措、办法，而且这些举措、办法都是经过反复论证过可行的，执行计划的人可以按计划实施，使之成为自己行动的指南。

第四节　计划的写作要求

计划一旦形成，就变成指导行动的文件。因此，制订、拟写计划，必须认真、严肃。无论国家机关、工矿企业、人民团体、科研单位，以及集体或个人，制订计划都必须认真、严肃，按照一定的程序或步骤，达到以下几个方面的要求。

一、酝酿计划

所立项的计划，必须是法律法规允许、符合方针政策的。计划的立项，或出自上级指示，或出自实际的需要，都必须有一个酝酿过程：来自上级的立项，要经过理解、接受、消化的过程，即组织学习、讨论、论证、认识，使上级的指示成为自身行动的需求；如果是出自实际需要的立项，要有一个调查研究、提高认识的过程，即组织学习相关法律法规和党的方针政策，要在法律法规、规章上找到许可条款，找到方针政策的支撑点，还要通过调查研究，认识必要性与可行性。

凡事均有可为与不可为两种。可为而不为是保守，不可为而硬为则是冒进。订计划，就是为了指导自己的行动，因此必须首先明确可为抑或不可为。而可为与不可为的标准，就是法律法规和规章的限定和实际可行的因素。酝酿计划就是设法寻求可行因素。

只有在国家法律允许范围内、在党和国家的方针政策允许范围内的立项，经过调查研究，找到其可行的因素，才是能够付诸实施的行动计划。否则，即使是从良好的愿望出发，制订的计划也是行不通的。

例如，《教程》第二编第四章所选调查报告例文一《关于重庆市巫山县部分乡镇铲苗种烟违法伤农事件的调查报告》中所反映的事件，就是一个很能说明问题的例子。巫山县制订了一个脱离实际的烤烟种植计划，结果导致了“铲苗种烟违法伤农事件”（详情请参阅该调查报告）。

又，某报纸披露某大型钢铁厂违规上马，中央限令停止建设，结果导致了前期投资的巨大浪费。

又，某县委、县政府为了招商引资，制订了过分亲商的“计划”，提出“妨碍我一阵子，便要妨碍他一辈子”的错误主张，严重损害了干部群众利益……

因此，在制订计划时，必须领会党和国家的有关方针政策，了解上级对有关该项工作的相关指示、部署，了解上级下达文件的相关规定，将之作为制订计划的依据和参考，使工作计划成为上级有关精神和部署的具体化，使计划的指导思想、基本安排与上级意图相一致。通过组织学习、讨论，找到立项的法律法规依据，找到政策依据。这个依据也就是制订计划的依据。

个人计划也必须符合法律法规规定，符合方针政策要求。

二、可行性研究，立项必须符合实际需要

制订计划，必须实事求是，一切从实际出发，既不能单凭个人的主观热情和愿望，也不能一味照搬上级下达的指标、计划，而应该从客观实际出发，依据实际需要，实事求是。

从实际出发、实事求是，就必须充分调查研究，反复酝酿讨论，确定是“实际需要”，是“可为”，是“可能为”，进行可行性研究，做出可行性调查研究报告。

可行性研究报告包括对立项的主客观条件的分析、有利因素和不利因素的分析、在计划执行过程中可能会遇到的困难和问题的分析，还包括当遇到某困难、某问题时应采取的有效措施等，这个可行性研究报告就成为制订计划的主要依据。

研究立项的可行性时，也要注意超前意识。要力求做到“意识超前，因地制宜”。就是说，制订计划要具有超前意识，以发展的眼光看事物，看到未来一定时间内可能发生的变化。只有具备超前意识才能避免所制订的计划滞后，才能避免成为“马后炮”。但是切忌说假话、大话、空话，搞脱离实际的空头计划，所以也要依据实际情况，因地制宜、因时制宜，不能陷入盲目性。

三、决策、决定、下决心，计划稳妥又先进

通过立项的酝酿、调查研究，找到立项依据，论证了可行性之后，应作出正式决定，这个决定便是制订计划的法定依据。如果该立项需要报请上级批准的，就要写请示，将立项调查研究报告、可行性研究报告作为附件供领导参考，等上级批复后才依据上级的批复为法定依据制订计划。

做工作就是要求发展创新。如果墨守成规，不突破旧框框，便不能有发展。制订计划必须具有新的内容：或新指标、新措施，或新工艺、新办法，或新产品、新技术，或新策略、新举措，总之，要有新意。只有创新，才能前进，才能激励人们努力奋斗。一句话，计划既要稳妥可靠，又要具有先进性。

四、要有预见性的防范措施

任何工作都有其纵横交错的发展线索，在其发展过程中，往往会出现一些难以预料的问题。因此，在制订计划的时候，要对工作的安排、部署以及可能出现的问题进行充分的分析、估计、研究，分析主客观条件、有利因素和不利因素，尽可能预测到在计划执行过程中将遇到的困难和问题，并在这个基础上提出预防和解决的措施和方法，以保证计划任务的完成。这就是计划的指导性所在。

五、注意计划的客观性，要留有余地

计划文书虽然是人们主观意志对未来的设想，而且是建立在可靠调查研究和客观事物发展规律的基础之上，但是，它同实际毕竟有一段距离，比如气候的变幻、突发的自然灾害、其他非人力能抗拒的因素等，所以在制订、拟写规划或计划前，先要深入调查，充分占有资料，了解各种因素，在此基础上综合分析研究，提出切实可行的任务、指标和措

施。也就是说，既不盲目冒进，把计划订得太高；又不僵化保守，把计划订得太低。太高了，令人望而却步，失去信心；太低了，不利于挖掘潜力和调动积极性，群众的创造力发挥不出来。

第五节　计划的结构与写法

计划的表现形式，一般习惯用的有以下几种：①条文形式；②表格形式；③文件形式。详细的计划多采用条文形式，简单的计划多采用表格形式；大的单位、时限长的计划多采用文件形式。条文式和文件式大同小异，这里着重介绍条文式计划和表格式计划的写法。

一、条文式计划的写法

（一）条文式计划的格式

1. **标题**。计划的标题有四种成分：计划单位名称；计划时限；计划内容摘要；计划名称。一般有以下三种写法：

（1）四种成分完整的标题。如《××机械厂2016年财务计划要点》，其中，“××机械厂”是计划单位名称；“2016年”是计划时限；“财务计划”是计划内容摘要；“要点”是计划名称。

（2）省略计划时限的标题。如《广东省商业储运公司实行经营责任制计划》。

（3）公文式标题。如《中共中央、国务院关于××××年农村工作的部署》《广东省食品公司关于贯彻省山区工作会议精神支援山区发展畜禽商品生产的意见》。

计划单位名称，要用规范的称呼；计划时限要具体写明，时限不明显的，可以省略；计划内容摘要要标明计划所针对的问题；计划名称要根据计划的实际，确切地使用名称。如果所订计划还需要讨论定稿或经上级批准，就应该在标题的后面或下方用括号加注“草案”“初稿”或“讨论稿”字样。如果是个人计划，则不必在标题中写上名字，而须在正文右下方的日期之上具名。

2. **正文**。写计划的具体内容。

3. **落款**。在正文结束后的右下方，注明制订计划的日期（如标题没有写作者名称，这里应一并注明）。此外，如果计划有表格或其他附件的，或需要抄报抄送某些单位的，应分别写明。

（二）条文式计划正文的内容

1. **指导思想（前言）**。在计划的开头部分写出。它是计划的依据，也是制订计划的基本出发点和计划事项的正确概括。大体上包含以下三点内容：

（1）制订计划的依据，写明所遵循的方针、政策以及上级的指示、部署。

（2）根据本单位实际情况，对完成任务的主客观条件的分析，说明完成计划指示的必要性和可能性。

（3）提出总的任务和要求，或阐释完成计划指标的意义。

并不是所有的计划前言都要套上这三方面的内容，而是根据计划事项适当选择。例如条文式计划例文，其前言主要写计划依据和总的任务要求。

2. **计划事项**。计划事项是指完成任务的项目，是计划正文的主体部分。它的内容大体上应包含以下三方面的事项：

（1）目标。这是计划的灵魂。计划就是为了完成一定任务而制订的。目标是计划产生的导因，也是计划的奋斗方向。因此，计划应根据需要与可能，规定出在一定时间内所完成的任务和应达到的要求。任务和要求应该具体明确，有的还要明确数量、质量和时间要求。

（2）措施。要确保实现目标和完成任务，就必须制订出相应的措施和办法，这是实现计划的保证。措施和方法主要指达到既定目标需要采取什么手段，动员哪些力量，创造什么条件，排除哪些困难，等等。总之，要根据主客观条件，统筹安排，将“怎么做”写得明确具体，切实可行。

（3）步骤。这是指执行计划的工作程序和时间安排。每项任务，在完成过程中都有阶段性，而每个阶段又有许多环节，它们之间常常是互相交错的。因此，制订计划必须胸怀全局，妥善安排，哪些先干，哪些后干，应合理安排；而在实施当中，又有轻重缓急之分，哪是重点，哪是一般，也应该明确；在时间安排上，要有总的时限，又要有每个阶段的时间要求，以及人力、物力的相应安排。这样，使有关单位和人员知道在一定的时间内、一定的条件下，把工作做到什么程度，以便其积极主动、有条不紊地协调进行。

以上三方面的事项，在计划正文的结构中不要机械地排列，应按实际情况的需要，或分开写，或糅合在一起写。

3. **执行希望**。执行希望，在最后写出，为计划的结尾部分，因此也叫结束语。但是，这部分的内容要看实际情况决定是否需要。可以将计划事项写完，全文即行结束，也可以将结语放在最后一条的事项内容中，言简意赅，结束全文。

二、表格式计划的写法

表格式计划，一般分文字说明和表格两部分。表格部分，按印好的表格逐项填写，表格内容表达不清或不充分的，再辅以简短的文字说明。文字说明一般应讲清以下几点：

1. **制订计划的依据**。依据体现在三个方面：一是客观形势的发展；二是上级机关的指示精神；三是本单位的具体情况。这三方面在文字说明部分应阐述清楚，以表现计划的可靠程度和势在必行。

2. **执行计划的要求**。包括两方面：一是执行计划时必须掌握的方针、政策；二是执行计划中应注意的事项。

3. **实现计划的办法、措施**。简要说明需要采取的办法、措施。

【思考与练习】

导语：我们必须尽快学会制订和写作计划，并在未来随着自己工作阅历的增加，逐步掌握更多的不同计划的制订与写作。目前初学，可由浅入深地逐步从生活、学习、工作入手，训练自己实现驾驭计划的目标。

学习计划，要注意培养、训练自己制订计划的基本功。

一、概念题

掌握下列名词术语。

计划　安排　打算　规划　设想　纲要　要点　方案　预案　超前意识　因地制宜　立项依据　预见性　计划指标

二、阅读题

1. 阅读例文。

2. 通过例文，体会什么是计划，为什么要制订计划，制订计划的依据是什么，怎样去制订计划，应当以什么态度去执行计划，有计划与没有计划，做起事来效果会如何。

三、简答题

1. 人们在使用计划时，往往会由于内容上的差别而选用“计划”“规划”“设想”“意见”“方案”“要点”“预案”“安排”“打算”等不同的名称。请说说在什么情况下，该分别选用什么名称。

2. 上级机关对下级机关布置工作，常常使用“要点”“方案”“意见”“安排”等文种。这些文种都不是行政公文（所以往往要用通知载运下发），但它在指导性和指挥性方面却具有同公文一样的权威性。请说说这些文种同公文中的什么文种相当。

3. 什么是计划？计划在文体上与总结、调查报告等文种比较，具有怎样的特点？

4. 请你依据本章知识、相关例文或联系自己身边的事例，谈谈法律、法规、规章在制订计划时的重大作用。

5. 说说总结、调查报告等文书对制订计划有什么相关作用，我们在制订计划时应当怎样去收集、运用这些文书。

四、训练题

1. 请认真阅读下文，然后回答问题。

××区银行办事处大专班学习计划

近几年来，我们银行的青年职工人数越来越多，已经成了业务骨干力量，他们在经济战线上发挥着积极作用，展示了我国银行事业的希望和前景。但也不能忽视，一些青年职工由于理论水平低、文化素养差、科学文化知识贫乏等而感到我们做的工作没有意思。根据中国人民银行总行要求，为提高在职干部文化水平，我们办事处开办了大专班，半脱产学习两年，招生的对象是在银行工作两年以上、高中毕业或相当于高中毕业水平的同志。为了更好地完成学习任务，我们教育科计划如下。

一、学习内容

主要学习基础理论，学习政治经济学、哲学、货币概论、会计原理、高等数学、大学语文等20门课程。

二、学习进度

第一学期，有应用写作、政治经济学、货币概论、会计理论、电算化。第二学期，有应用写作、财政经济概论、转账结算、哲学、银行会计、商业会计、统计、电算化。第三学期，有应用写作、党史、储蓄、企业管理、工业会计、工商信贷、政治思想教育。第四学期，撰写毕业论文，作调查研究。学完一门课，进行一次结业考试，不再进行全面考试。

三、学习方法：

任课教师，请××大学、××××学院、××第三师范学校、××电大和银行的老师。学生上课时做笔记，课后参考书籍做复习题、练习题，由任课教师批改作业。各门功课每学习完两章进行一次阶段考试，检查学生是否已真正掌握。

××区银行办事处教育科

一九××年×月×日

（1）本文标题存在什么问题？请改正。

（2）请指出本文的前言缺漏了什么，有哪些内容应该放在计划事项中去。请修改好该前言。

（3）请就本计划所反映的内容进行修改，补上应该写上的内容，使之完整（可根据需要，重新调整结构）。

（4）应用写作的语言，必须做到准确、平实、简洁、得体。请指出本文在语言上的毛病并改正。

2. 制订计划和执行计划都必须同数字打交道，要注意正确运用各种数量的概念。如基数、序数、分数、倍数、确数、概数、绝对数、平均数、对比数、百分数，以及表示各种程度、范围、频率、时间、条件等的概念，对这些数量概念的运用与表达，既要准确，又要规范。本章“计划”就是要运用各种数据来表达的文书，借这个机会，学习、掌握运用数据表达的方法。

（1）下面的第一二两段文字分别运用不同的数据说明了什么问题？又说明了一个什么共同问题？

（2）请先阅读调查报告例文《关于重庆市巫山县部分乡镇铲苗种烟违法伤农事件的调查报告》，然后研究下面各段文字中作者是怎样运用数据说话的。

全县64.4万亩耕地中，适合种烤烟的有30万亩。历史上，烤烟种植面积最高达到10万亩。今年市烟草专卖局下达该县烤烟收购计划9万担，县政府下达烤烟生产考核基数为15万担，目标任务为20万担，按亩产量300斤计算，需种植5万～6.7万亩。

巫山县今年下达给官阳区的烤烟生产考核基数为4.1万担，目标任务为5.4万担，需种植烤烟1.3万～1.8万亩。该区适宜种烤烟的36个村，耕地面积只有2.2万亩，人均仅1亩。官阳区按烤烟目标任务与农民签订了合同，即必须用80%的耕地（人均0.8亩）种烤烟，剩余20%的耕地（人均0.2亩）种粮食和其他作物。为了防止农民多种粮食、少种烤烟，官阳区限定每个农民只准保留可移栽0.2亩地的500棵玉米苗，超过部分一律铲除。而且，实行连片种植，强行烤烟净作，即在规划种植烤烟的区域内不准种植其他作物。

面对农民不愿多种烤烟的局面，官阳区及其所属乡镇领导决定强行铲除农民多种的玉米苗和栽种的其他作物。据初步统计，4月上旬，全区铲苗行为涉及27个村、1616户，共铲苗（包括折合可栽种面积）1289.9亩。

1999年巫山县财政一般预算收入为4731万元，而当年财政供养人口为11562人，仅实际工资性支出就达6715万元，是典型的“吃饭财政”，主要靠上级财政补助维持，当年上级财政补助10631万元。在一般性财政收入中，烟叶及卷烟税收占相当大的比重。1999年来自卷烟和烟叶的税收为1958万元，占一般性财政收入的41%，该县把发展烤烟生产作为当地增加财政收入的主要手段。

按照农业特产税的有关规定，烟叶的特产税应在收购环节向经营者征收，而不应向农民征收。而官阳区却规定，如果农民不种烟，就要交每亩168元的特产税（按一亩地平均产烟叶300斤，收购均价2.80元/斤，特产税率为20%计算）。区政府算的是这个账：如果农民少种了一亩烟，政府就少收168元。因此，不少农民说，这个烟不是为我种的，是为政府种的。农民陈发朝说，官阳地处高寒山区，年成好时每亩产玉米不过500来斤，按0.40元/斤算，一亩收200元，如果交了168元特产税，再去掉生产成本和其他费用，农民种田干啥呢？一些农民说，我们不是“抵抗”种烟，我们只是要留一点口粮。农民吴明香说，我去年4亩地种了3亩半烟叶，一年下来，扣掉税费，只剩10元钱，今年的苞谷苗又被铲掉了，现在家里没有粮食，只好到处借粮度日。

3. 为应对某种突发性紧急重大事件或情况而预先制订的处置计划叫预案。请自行找一份执行中的预案来学习，并比照别的计划文书，研究这个新文种的应用与写作。

第三章　总　　结

谁勤于思索，善于总结，谁就能更快地增长才干，在工作中少走弯路，多出成果，多作贡献。一个人只有驾驭了总结并不断地总结，才能使自己不断地变得更聪明。

学习本章的目的就是要使自己学会写总结、重视总结、善于总结，这是一个人成材的必由之路。本章习题是为训练总结能力特别设计的，请紧密结合《教程》内容，抓住如下五个方面的重点技能完成全部习题的练习：一是记牢“注意积累八个方面的材料”；二是掌握好“总结必须体现出自己在工作上的实践性、过程性、证明性、理论性”；三是能总结出自己对该项工作的规律性的认识；四是学会用事实说话、用数据说话；五是掌握观点和材料统一的方法。

第一节　例文学习

以下例文是一位从事机关文字工作的同志，以自己工作多年的体会，现身说法，对从事机关文字工作经验的总结，对我们学习机关事务文书会有很大的启发。

他的体会有五个方面，对初学应用写作者具有十分重大的意义。这五个方面的体会，我们如果用心去学习、领会，便有可能成为我们自己的间接经验，可以使我们在“树立以文辅政理念”“要严格遵循文体恰当，合乎规范”“要着力打造层次分明、自然严谨的格局”“在素材选择上，要始终坚持登高望远、丰富翔实的原则”“要力求达到朴实易懂、言简意赅的效果”等方面少走很多弯路。

我们目前尚无从事机关文字工作的体会，但可以通过学习他人的经验，形成自己的认识，即从“树立以文辅政理念”开始，去掌握“什么是以文辅政”，“为什么要以文辅政”，“怎样做到以文辅政”。

在领会例文中“在体例格式上，要严格遵循‘文体恰当、合乎规范’的标准”时，我们可以结合刚学习过的公文文种、公文体式、公文的格式等知识去理解“根据特定的发文主体、目的、内容、要求，选择与之最相匹配的文种”，“在日常文字工作中就要结合实际，认真研究、对号入座”，等等，逐一领会，从中学到一些经验。

【例文】

从事机关文字工作的几点体会

山东省人力资源和社会保障厅　韩林

办文、办会和办事是机关工作的重要组成部分，也被称为机关工作人员的三大基本功。“三办”当中，办文最为重要，是基础中的基础。从某种意义上讲，要想成为一名合格的机关工作者，首先要学会办文，而且机关层级越高，对办文的要求越高。笔者先后在基层部队、市级机关和省直机关从事过几年文字工作，这里谈几点粗浅体会，与从事机关文字工作的同事们共勉。

一、在目标定位上，要牢固树立“以文辅政、文以载道”的理念

古人讲，“文章合为时而著，歌诗合为事而作”。机关公文作为一种特殊的应用型文体，应该贴近时代、反映时事，不能为了写而写、为了作而作。因此，在机关从事文字工作，一定要把“以文辅政、文以载道”作为出发点和落脚点。

所谓“以文辅政”，顾名思义，就是机关文稿要为科学决策、传达政令、统一思想、部署任务、推动工作服务。在机关工作中，公文看似是配角，起辅助作用，但离开了公文，机关工作可能会寸步难行。因此，从某种意义上夸张一点讲，公文非但不是配角，反而是机关政务事务运转的主角，起决定作用。如果一篇公文行文依据不充分、发文目的不明确、公文主题不鲜明、发文机关不恰当，即使格式再规范、语言再优美，又有什么效力呢？何谈统一思想、指导工作呢？只能称之为形式主义。因此，“以文辅政”是机关文字工作者最应该清楚的职责定位，也是发挥参谋助手作用的主要方式，更是衡量工作水平的重要标尺。

“文以载道”，通俗地讲，就是写文章是为说明道理、表达思想，要言之有物。这一点对撰写决议、决定、意见等综合性公文以及领导在重要活动、重要会议上的讲话稿来讲，具有十分重要的意义。试想，如果一篇领导在重要会议上的讲话稿，对做好某项工作的重要意义没有高屋建瓴的认识，对问题产生的原因没有独到的见解，对解决问题没有提出切实可行的措施，那么它必然是一篇失败的讲话，既达不到预期目的，还会影响领导的个人形象和领导机关的公信力。

公文的性质决定了它是用来解决问题、促进工作、推动发展的，我们发出的每一份文件，都要最大限度地发挥作用，产生实效，即所谓“文达政通”。在实际工作中，一定要改变重发文轻执行、重部署轻落实的问题，杜绝“一发了之”等不负责任的现象，以“钉钉子”的精神抓好文件的贯彻落实，特别是作为发文机关要加大督查督办力度，督促指导基层把上级文件的好精神、好政策用足用好用活，切实发挥好文件效力。

二、在体例格式上，要严格遵循“文体恰当、合乎规范”的标准

机关公文不同于普通的文字材料，它是党政机关在履职过程中形成的具有法定效力和规范体式的文书。公文是标准件，《党政机关公文处理工作条例》（以下简称《条例》）即是规范标准。有人将起草公文的过程形象地称为“戴着枷锁跳舞”，“穿着木头裙子走

路”。我认为，一篇好的公文，既要内容实、观点新，也要形式美、讲法度。

所谓文体恰当，主要是指根据特定的发文主体、目的、内容、要求，选择与之最相匹配的文种。根据《条例》，目前党政机关公文共有决议、决定、命令（令）、公报、公告、通告、意见、通知、通报、报告、请示、批复、议案、函、纪要等15个文种。标准和规范有了，我们在日常文字工作中就要结合实际，认真研究，对号入座。如果文体不恰当，极有可能给工作带来被动。如，请示和报告错用混用现象比较普遍，请示是要求上级部门必须答复的文种，报告主要是汇报工作情况，不需要上级答复，如果把请示写成报告，上级可以不答复，很可能耽误工作。

合乎规范，主要是指公文的格式要符合《党政机关公文格式》（国标GB/T 9704－2012）要求。目前容易被忽略的格式问题主要有以下几种：一是请示、报告等上行文必须在版头部分注明签发人姓名。二是请示需要在附注部分注明联系人及联系方式，因为对于下级机关的请示上级机关必须予以回复，注明联系人及联系方式，一方面便于上级机关了解相关情况，另一方面有利于加快公文运转效率。三是版记必须印刷在文件的最后一个版面。由于正式公文均为双面印制，所以版记一定是在偶数页上，这个问题常常被忽视。

《条例》也对党政机关公文的所有要素进行了详细规定，广大机关工作者一定要细照、明辨、笃行，必须一丝不苟，来不得半点马虎。在形式上，一些细节特别需要注意，如，公文标题为多行时，应该分行合理，力求美观、醒目，一般采用梯形或菱形排列，最好不要采用长方形或沙漏形排列；附件名称较长需回行时，应当与上一行附件名称的首字对齐；等等。

三、在谋篇布局上，要着力打造“层次分明、自然严谨”的格局

谋篇布局是起草公文的基础环节，就像城市规划对于城市建设一样，规划不科学，谋划不充分，很难形成一篇好的文章。一般来讲，无论是正式公文，还是领导讲话稿等非正式公文，我们在逻辑上常常采取三段论或四段论的方式进行摆布。三段论即“为什么、干什么、怎么干”，四段论与三段论相似，主要针对新情况新问题新任务，包括“是什么、为什么、干什么、怎么干”四个部分。我们机关文字工作者的任务，就是结合发文主题和目的，在把握一般性规律的基础上，充分发挥积极性和创造性，安排好文章的结构。

我们在起草公文过程中，一定要精心设计一个明确的标题。

所谓层次分明，主要是指文章各个部分的逻辑关系清晰合理。这就要求我们在写作时要围绕文章主题设计好公文的各级小标题。在当今这个“大数据”时代，读材料先看标题已成为普遍的阅读习惯，小标题清晰、严谨、有特色，有利于受众快速准确地把握核心内容。层次分明、标题工整，对典型材料来讲十分重要。比如，某军队政治机关在介绍该单位政治工作经验时，这样设计一级标题，“立足一个实字，增强思想政治工作的针对性；着眼一个细字，增强思想政治工作的感染力；突出一个活字，增强思想政治工作的吸引力；强调一个带字，增强思想政治工作的感召力”，读后让人感觉非常舒畅，同时也在舒畅当中把握了公文要义和核心内容。

所谓自然严谨，主要是指内容表述的起承转合以及段落之间衔接过渡要平滑、自然、不突兀、不生硬。这里特别强调一下，公文开头或者每个自然段开头的导语问题，也就是开头第一句话说什么的问题。导语有多种写法，通常有总结式、展望式、介绍式、依据

式、引述式、议论式等，在文字表述上可用“为了……”“依据……”“××是……”等作为开头，在意思表达上可采取先肯定成绩后分析问题、先阐述意义后提出要求、先提出目标后列举措施等方式进行。

四、在素材选择上，要始终坚持“登高望远、丰富翔实”的原则

如果把公文的体例格式比作人的骨架，那么素材内容就是血肉和灵魂。体例格式再规范、再完美，如果没有丰富、翔实、典型的内容素材作支撑，文章势必干瘪枯燥、肤浅粗糙。“巧妇难为无米之炊”讲的就是这个意思。只有手头占有大量素材，掌握丰富信息，才能沙里淘金，从而写出有血有肉的好文章。

所谓登高望远，主要是指在选材上要有大局意识，能够跳出地区、部门和业务局限，站在更高位置上研判形势，把握大势。比如起草一篇做好新形势下就业工作的公文，我们应该站在政治、经济、社会、文化等多个角度来组织材料，如，做好就业工作对改善民生维护社会稳定方面的重要意义，产业转型升级对就业工作的影响，各地不同的传统习俗，高校毕业生自主创业方面的内容。只有多方面选择素材，才能使公文有高度，有分量，有内涵。

所谓丰富翔实，主要是指公文引用的数据、事例、背景、效果等要真实、鲜活，有代表性、亲和力和说服力。案例材料对公文内容具有重要作用，比如，调查报告、工作汇报，需要运用事例说明问题；领导讲话，需要列举事例增强说服力；经验材料、典型事迹，更是需要大量事例作为支撑。在文章起草之前，应下力气收集相关事例，而且收集要有目的性，并注意把事例的前因后果、来龙去脉、外界评价等完整地弄清楚，写起来才能得心应手。好的文章中，事例运用不在多贵在精，要注重选用那些最具典型性、代表性的完整事例、核心案例，努力起到举一反三的作用。

五、在语言风格上，要力求达到“朴实易懂、言简意赅”的效果

公文作为一种特殊的文体，其语言风格不仅代表着文稿撰写者的特点、风格，更代表着发文机关的形象与作风。新一届党中央高度重视改进文风工作，“八项规定”中专门对文风进行了规范。习总书记指出，改进文风要着力在“短、实、新”上下功夫，这应当作为我们机关文字工作者的职业操守和不懈追求。

所谓朴实易懂，指的是公文要接地气，要让受众容易接受，让老百姓容易理解。这里需要强调的是，公文的朴实性与庄重性其实并不矛盾。朴实易懂的公文，不端架子不摆谱，有一说一、有二说二，朗朗上口，平白如话。这种平白如话的语言，是经过反复历练才能达到的炉火纯青、返朴归真的境界。例如，某市领导在该市城乡环境综合治理大会上，以“四句话”为中心作了会议讲话，起到了很好的效果。第一句话是“正人先正己”，环境治理是个老大难，多年来反反复复，既有基层的原因，也有机关的原因，提出先要从领导机关抓起，给基层和人民群众做出榜样。第二句话是“众人拾柴火焰高”。乱搭乱建，是个社会问题，必须动员全社会的力量，共同参与、共同治理。第三句话是“欲将取之必先予之”。小摊小贩，乱摆乱放，原因很多，其中一个很重要的原因就是没有给他们提供可用的场所。党委、政府要以人为本，充分考虑他们的需要，提供适当的场所，维护好他们的利益。第四句话是“用重典治顽疾”。对一些突出问题，要严抓、严管，要靠制度，要形成长效机制。

所谓言简意赅，指的是语言简洁、意思明确，能一句话说清的事无需说二句、三句，能用一两个段落表达的思想，不要非凑三四个层次。长时间以来，机关文字领域有一个“无三不成篇”的习惯，讲意义、查问题、提要求时，如果不理出三个层次来，似乎问题就没有说透，而且形式也总觉得不够美观。简洁是智慧的结晶，用最少的文字来说明问题是公文写作的一条重要原则，我们不应把“无三不成篇”奉为金科玉律。起草领导讲话同样如此，一定要把讲短话、讲明白话、讲管用的话作为原则，切忌长篇大论。不然讲得再精彩也会大打折扣，甚至令人生厌。

这就是作者通过对自己已往一段时间内的某项工作进行回顾，并通过分析研究所作出的客观评价。他对于机关文字工作的五个方面的认识，对他人亦有很大的启发意义，这也正是总结的价值所在。

第二节　总结的性质和作用

一、什么是总结

总结是对已往一段时间内某项工作、生产、学习、思想的情况进行系统的回顾，通过分析研究，作出客观的评价，肯定成绩，找出问题，得出经验教训，摸索出事物发展规律，为发扬成绩、纠正错误、提高认识、明确方向而写成的书面材料。

常用的小结、体会也属总结的范畴。

总结是认识客观事物、掌握客观事物发展规律的一种重要手段，也是把感性认识上升到理性认识的必由之路。我们每做完一项工作之后都应坚持写总结，有时候，经验并不成熟，也未能揭示事物发展的规律，但是坚持下去，必然会累积获得大量的感性认识，逐步累积到许多经验，这些经验尽管是零星的，对它的认识也是肤浅的、表面的，但是，我们通过总结，可以使认识不断加深，使零星的、肤浅的认识上升为全面的、系统的、本质的理性认识。

“实践—认识—再实践—再认识”，循环往复，以至无穷，这是我们检验真理、发展真理的认识路线。毛泽东同志说：“人类总是不断发展的，自然界也总是不断发展的，永远不会停止在一个水平上。因此，人类总得不断地总结经验，有所发现，有所创造，有所前进。”这是实实在在的真理。因此，不断地总结工作，写好总结，对于每一个干部来说都是非常重要的。可以说：谁勤于思索，善于总结，谁就能更快地增长才干，在工作中少走弯路，多出成果，多作贡献。

二、总结的文体特点

（一）实践性

总结是对已往实践的回顾，是本地区、本部门、本单位或作者本人自身实践活动的产物。因此，总结的对象必须是自身的实践活动，总结中的观点必须是从自身实践中抽象出来的认识，总结中所选用的材料必须是自身实践活动中真实具体的材料。即使是上级派人帮助一个单位或个人写总结，也不能离开这个“自身的实践”——总结实践者的实践经验，而不是代写人的主观见解或拿来的论点和论据。因此，凡总结都应该采用第一人称，这是总结的最大特点。

总结与调查报告相比，最大差异就是：总结的材料是自身实践的过程和结果，必须用第一人称；而调查报告所使用的材料是经自己调查得来，或者引自第二手材料的他人实践，所以用第三人称。

（二）过程性

每进行一项工作，总是有一定的过程，有一定的时间跨度，因此，在总结的表述上，要反映出事情发展变化的过程，包括工作的开始、发展、结局，问题的发生、解决、效果等。按照工作的实际情况，如实地把它反映出来。做了什么工作，取得什么成绩，有过什么失误，还存在哪些问题，都要依据事实，不夸大，不缩小，不回避，不掩饰，用概括叙述的方式，展示出全过程，让人看得见，摸得着，是对是错，一目了然。但是，总结的叙述不同于一般记叙文的叙述，它不要求有生动的故事和感人的形象以及曲折的情节，却注重用自身实践的具体事实材料，用概述法将事情的始末、发展、变化介绍出来。

（三）证明性

总结是一个对自身的实践作出客观的评价，肯定成绩，找出问题，得出经验教训，摸索出事物发展规律的过程。因此，在总结中必然会提出自己的观点，例如，对工作状况的基本估计，对心得、体会、经验或教训的概括，对科学实验结论的抽象，等等。观点一经提出，就必须用自身工作、生产、科学实验中的能支撑观点的材料，如事例、数据来证明观点的正确性，使人们确信总结中对工作成绩的判断确非妄说不实，对经验的判断确非主观臆断，对实验所推导出来的结论确非荒谬无稽，这就是总结具有证明性的特点。所谓观点与材料要统一，便是说总结的观点要来自自身的实践，然后又能以自身实践的具体事实来证明自己观点的正确性，这又同其他议论文体的论证有别，从而形成总结的又一文体特点。

（四）理论性

总结是认识客观事物、掌握客观事物发展规律的一种重要手段，因而写总结就必须从自身的工作实践中，通过分析、概括，总结出带有规律性的东西，给人以理性的认识。所以，不论是成功的经验还是失败的教训，都必须从工作的主要矛盾入手，去探索发现事物的本质特点，从工作发展过程中去研究各种主客观条件的作用和影响，阐明其来龙去脉，说明其发展的必然趋势；从各种材料的联系思考中找出相互之间的因果关系与必然联系，从而使感性认识上升到理性认识，总结出具有典型意义的规律性的经验教训，给人以启迪。

总结的作用很大，适用范围很广。党政机关、企事业单位、人民团体以及个人，都可以用来检查以往工作、学习的情况，积累经验，修正错误，认识和掌握事物的规律，促进今后的实践活动顺利进行。

第三节　总结的种类

总结可以由不同的划分标准划分出不同的类型。一般有以下几种分类：①按内容分，有全面总结、专题总结；②按性质分，有工作总结、学习总结、生产总结、思想总结、活动总结、会议总结；③按时间分，有年度总结、季度总结、月份总结、阶段总结；④按范围分，有地区总结、单位总结、部门总结、班组总结、个人总结。

虽然分类诸多，但从写作上来说，不外乎全面总结、专题总结、个人总结三类。

全面总结，又叫综合性总结，是一个单位、一个部门对一定时期内整个工作各方面情况的总结。作为向上级机关的工作汇报，或作为向本单位、本部门的群众作工作总结，或作为经验交流的材料，往往使用全面总结，一般是要求反映工作全貌，内容广泛，篇幅较长，既要肯定成绩，又要找出差距，既要有经验做法，也要有教训体会。在写作上要注意突出重点，又要全面涉及。如《售后服务是企业的命根子》就是这一类型的全面总结。

专题总结，也叫单项工作总结，是对一段时期内某一项工作或某个问题所做的专门总结。这种总结，使用广泛，针对性强，偏重于总结经验，介绍做法。在写法上，内容比较单纯、集中，要求写得具体、细致、深刻，有一定的思想深度。如《开弓没有回头箭》便是这种类型的专题总结。

个人总结，又称小结、体会，是个人在工作或学习告一段落后，对自己的实践进行回顾。这种总结，可以是全面的小结，也可以是单项的总结。要抓住主要问题，突出经验、教训和收获、体会；要注意防止陈列式、记流水账，也不要写成检讨书、决心书。要总结出对未来有指导意义的具有规律性的东西。

第四节　总结的写作要求

一、要熟悉工作过程，占有充分材料

占有充分的材料是写好总结的前提。而要充分地占有材料、写好总结，其基础却是熟悉工作的全过程，也就是说，对从接受使命到制订工作计划，到具体实施，以及工作者的思想及其变化，都要十分熟悉。为此，亲自拟写总结的人，要在自己的工作实践中，注意将情况、事例、数据以及点滴体会记录下来，这叫原始记录材料，是十分宝贵的资料；总结时还要认真回顾工作的全过程，使自己的感受更为深刻；如果是代他人写总结，便要深入调查，广泛收集材料。除实地调查之外，还可以查找历史资料，如计划、简报、会议记录、报表、统计表等。

要注意积累或收集以下八个方面的材料：

（1）工作的指导思想（要研究原工作计划，并参照该计划进行总结。如无计划，则要弄清工作所依据的思想，如上级指示、领导的布置和所采取的工作措施）。

（2）背景材料（用于揭示、说明社会环境和自然条件的材料，包括有利因素和不利

因素）。

（3）历史材料（指该工作的往昔情况，包括数字情况，以便作今昔对比，反映出工作的发展过程）。

（4）现实典型材料（指能集中反映事物本质、说明观点的有代表性的人和事。要注意从不同方面、不同角度考虑各类典型）。

（5）对比材料（这是用来反衬正面材料所需的材料。例如，用差的典型反衬好的典型，用反面材料对比正面材料，用历史材料同现实材料相比，用点上的情况同面上的情况对照，用成功的事例同失败的事例比较，经验与教训对比，成绩与失误对比，等等）。

（6）数字材料（这是用来解释、反映、说明各种情况的各类型数据，如基数、约数、绝对数、平均数、百分数、对比数等等。有的数字要进行各种方式的换算）。

（7）群众的认识或评价（指群众对该项工作的看法、议论、反应）。

（8）产生的效果，出现了怎样的新气象（指该项工作完成之后的影响力度）。

对所收集的资料要进行“去伪存真，去粗取精”的整理工作（如何做好材料的整理工作？请参阅《教程》第二编第四章“调查报告”中关于资料整理的三个程序）。

二、要总结出带规律性的认识

总结的目的是为了认识世界、改造世界，因之，应注意总结有规律性的经验，给人以对事物本质的认识，从而使人们驾驭规律，在实践中更有效地改造客观世界，推动工作向前发展。所谓规律性，就是指能反映出事物内在的、本质的、共同的联系，在事物的发展变化中起支配性作用、决定事物发展必然性的东西。总结出规律性的东西，就要注意运用纵横比较的方法，从事物整个发展进程及其发展阶段找出它的发展道路，找出贯串其中的联系，研究它是如何发展变化的；从各种不同的事物、经验中找出共同的因果关系，研究这些事物、经验的成因；从许多不同的现象、事例、典型的差异中找出之所以不同的真正因素，这样才能找出规律性的东西。

有规律性的经验是从实践中概括出来的，不是主观臆造的。毛泽东同志说：“要从国内外、省内外、县内外、区内外的实际情况出发，从中引出固有的而不是臆造的规律性，即找出周围事变的内部联系，作为我们行动的向导。”总结有规律性的经验，就是要从本单位、本人的实际情况出发，通过纵向和横向的比较，找出具有个性特点的规律来，用个性去表现共性，用个别去说明具有普遍意义的问题。

所以，我们在总结时，不能停留在表面现象的认识和客观材料的罗列上，而要在“由此及彼，由表及里”上下苦功夫，即通过对大量材料的分析、比较、鉴别，引出结论，使人看得见，摸得着，学得到，用得上。

总结经验体会的具体做法一般是，首先，对自己在某一时段内的实践进行回顾：即要回答自己在怎样的思想认识指导下，做了哪些工作，取得了哪些成绩（效果）、有哪些失败的教训。其次，将所取得的成绩或教训，运用一定的逻辑关系，按一定的顺序去分类；通过归并分类，归纳（提炼）出自己对这项（类）工作成败的规律性认识。有人将这种提炼经验体会（即带规律性的认识）的方法归纳为“三步归纳法”，即第一步，抓主题（自己所做的主要工作）；第二步，找做法，并对所取得的成绩进行综合、分类；第三步，列观点［按分类逐一归纳出自己对该（类）项工作成败的规律性认识］，并使用表述观点的句子，上升到理论高度（抽象到具有共性的认识）。

三、表述上要实事求是，叙议得当

写总结，要有正确的指导思想，坚持实事求是，按事物的本来面目反映事物。要做到实事求是，第一，所用的总结材料必须真实、准确；第二，必须用一分为二的方法分析问题；第三，对使用的文字要认真推敲。总结的材料不能凭空臆想，搞估计，随意添枝加叶。涉及的人物、事件、时间、地点、原因、结果等要交代准确；涉及的文件、资料要摘引准确。不管是用“活材料”还是用“死材料”，不能用道听途说的东西。对一些汇报材料，要查实才用。结论要与事实相符，既不要结论大事实小，也不要事实大结论小，评判确切，谨防“帽子”与事实不符。要克服片面化和绝对化，防止一种倾向掩盖另一种倾向。不能用夸张的手法，一说经验就好得不得了，一说成绩就大得不得了，一说问题就多得不得了，致使文章前后矛盾，难以令人置信。

叙议得当，是总结在表述上的重点要求。应以叙述为主，叙议结合。一般是：在交代工作的过程、列举典型事例时，以叙述为主；在分析经验教训、指明努力方向时用议论。叙述的事实为议论提供依据，说理是对所叙事实的升华、提高。叙述是总结行文的基础，它通过对时间、地点、事件、人物以及原因、结果的交代，使读者对某部门、某单位或某个人的工作状况有明晰的了解。议论则是通过分析、综合、论证，把分散的、感性的材料转化为具有指导意义的理论。议论不宜过多，主要靠事实说话。但是要注意，只叙不议，成了罗列现象；而只议不叙，则变成空谈。只有以叙带议，叙中有议，叙议结合，叙议得当，才能水乳交融。

第五节　总结的结构与写法

总结没有固定的写法，应该根据不同的对象、内容与目的，确定具体的写法。其结构形式基本上是由标题、正文、具名和日期三项组成。

一、标题

（一）公文式标题

1. **由单位名称、时间、事由、文种四个部分组成。**如《郑州市××百货商店1990年工作总结》。

2. **由单位名称、事由、文种三部分组成。**如《广东省土产公司关于三类土特产品交流会总结》。

3. **由事由、文种两部分组成。**如《关于组织首届文化艺术节的工作总结》。

（二）新闻式标题

1. **单标题。**要求反映出总结的内容特点。如《推行目标成本管理提高经济效益》，揭示了该总结是讲该单位推行的目标成本管理，结果使经济效益提高，是总结经验的。

2. **双标题**。正题副题配合使用，正题概括总结的内容，副题标示单位、时间、事由、文种。例如，《售后服务是企业的命根子——万宝集团技术服务中心1993年工作总结》。

二、正文

（一）正文的组成

1. **前言**。又称导语。一般是概述基本情况，让读者对全文先有个大体印象，为主体部分铺垫好基础。其内容大体上是：

（1）交代总结所涉及的时限、地点、单位、背景、工作任务、经过步骤、完成情况等。

（2）概述基本经验，点明中心思想。

（3）引用数据，总结成就或问题。

这部分要注意用语精炼，概括全面，有前因后果、来龙去脉的交代，也有成败得失或经验教训的总叙，或者有纲要内容、基本数据等。

2. **主体**。主体是总结的重点部分，其内容主要有：

（1）做法、成绩、经验。总结的主要目的就是肯定成绩，总结经验。这部分一般是对做法进行简要的叙述，对成绩和经验进行细致的分析，并把感性的认识上升到理性认识，从中找出规律性的东西。要注意写得详细、扎实、具体，做到观点统帅材料，材料支撑观点。有时经验也常用“体会”的说法来表示。做法和收获一定要能表现“体会”，而“体会”则是做法用“收获”证实了的规律，这就是“摆观点”（论点、规律）、“谈做法”“讲收获”，自然地得出经验。在具体写法上，有时可以用事例引出经验教训，有时又可先从大量事实中概括出几个观点，然后用事例去说明和印证；也可以边叙事例，边说明观点，介绍经验体会。

（2）问题、教训。写总结要防止片面性和绝对化，要一分为二、实事求是，在总结出成绩的基础上，找出存在的问题及应吸取的教训，以达到改进工作的目的。要写明工作中遇到哪些问题，给工作带来哪些损失和影响，分析问题产生的原因。

（3）今后的打算及努力方向。这部分应针对存在问题和应吸取教训的实际情况，提出中肯的、切实可行的改进措施和新的奋斗目标。但要注意，总结不是计划，这里的“打算”应是指明方向，是粗线条的。

3. **结尾**。根据总结的类型、内容而定：

（1）自然收尾，主体部分写完，就此搁笔。

（2）总结全文，点明要点，展示未来。

（3）展示努力方向。

（二）正文的结构方式

总结正文的结构方式，常用的有两种形式：

1. **横式结构**。按照事物内在的逻辑联系材料，各部分或呈并列关系，或呈递进关系，或呈因果关系。采用标项撮要法（冠以小标题，提纲挈领，或在段首用主题句表述观点，揭示该段主旨）。

2. **纵式结构**。按事物发展先后顺序组织材料，分述各个阶段的情况、做法与经验教训。

三、具名和日期

这部分又叫作落款。一般在正文结束的右下方签署作者姓名及成文日期。有的单位署名放在标题下，日期在文后右下方。

附：

撰写总结的几个基本功

（一）写总结离不开计划

1. 必须首先有一份计划书。这是写总结的依据，工作做得好坏，计划便是标准。完成任务是好，超额完成任务更好，没有完成任务当然不好。总结就是通过对自己亲身实践过的回顾，寻找出规律性的认识，使自己有所体会、有所发现。而计划、原打算、所受之命便是检验这个实践的标准、试金石。即使原来没有成文的计划，也要明确做这件事之前对做这件事的设想、要求、意图是什么。因此，要牢固树立一个观念：写总结，必须首先抓住计划；然后，依照原计划，分项目、指标、时段找出相关的计划数和完成数；再找到这些数据是怎样完成的，如办法、举措，在完成过程有什么典型事例；等等。只有这样，才能发现计划与实践的差距，才能抓住差距产生的原因，从而找到规律性的东西。

如有条件，还要找到上年或先年的计划、总结、简报、会议记录、统计报表等，从这些历史资料中去发现历史与现实的可比性，找到能生动说明问题的材料或数据。

2. 确实没有计划而又必须写总结时，要找出“潜计划”，即自己没有说出来但内心有个想法，这“想法”便是潜计划。用潜计划作对比，也可以比较出效果来。

（二）写总结应充分占有材料

写总结，是单位或个人对自己工作、学习、生活的回顾，因此，必须十分注意回顾自己参与该项工作的全过程，并要充分占有如下八个方面的材料（要养成记原始记录的习惯以占有这些材料）：

1. 工作的指导思想。写总结，首先要弄清楚完成计划的实际情况，对于各项指标完成了百分之几，是超计划还是未达到计划，先要有一个总认识、总评价，然后才能分析造成这个局面的原因。

2. 背景材料。只有明确了解背景，才能让人从中看出问题。事物的产生和发展，是顺利或是挫折，这是影响事物的原因。弄清背景并将背景交代清楚是写总结的重要任务。

3. 历史材料。可以从历史上的计划、总结、汇报、上级机关的简报、上级的指示中寻找。既要有历史事实、历史状态，又要有具体的、实际的数据，而且数据必须精确。

写总结，要让人懂得历史上的情况，以便更好地了解现状。

4. 现实典型材料。巧妇难为无米之炊。现实的典型材料正是为炊之米，必须分门别类列出来。如，依计划项目或依上级布置的任务列项，依工作取得的成果大小按序排列，依做工作的程序先后排列，等等，按事件一个一个写成材料。

5. 对比材料。这是用来反衬正面材料所需的材料，可以不是自身实践的材料。例如，差的典型反衬好的典型，反面材料对比正面材料，历史材料同现实材料相比，点上的情况同面上的情况对照，成功的事例同失败的事例比较，经验与教训对比，成绩与失误对比，等等。

6. 数字材料。这是用来解释、反映、说明各种情况的数据，如基数、约数、绝对数、平均数、百分数、对比数等。

运用数据来说明才是最有说服力的。事实胜于雄辩，数据确凿，板上钉钉。只有充分运用各种数据来说明现实情况，才是最生动的。比如，说明在怎样的背景情况下，多少人，完成了多少事，产生了怎样的效果，用计划数、完成数、百分数显示出来，再用对比数予以比较，使事物的意义、本质从量的变化上得到生动体现。

数字要进行各种方式的换算，使数字变活、变生动。

7. 群众的认识或评价。这要经过调查获得。

8. 产生的效果，出现了怎样的新气象。在总结里，要用实际效果或影响来说明事件的意义。

（三）写总结应用实说话、用数据说话

写总结，必须用事实说话、用数据说话。因此，必须从下列几方面严格训练自己：

1. 总结是自身实践的回顾，所以写总结必须体现出自身的实践性。试以例文为例，分析说明作者是怎样在文章中体现出自身实践性的。

2. 写总结，要注意展示出自己的工作成果，让人看到你干了些什么工作；要注意展现出工作的过程，让人了解你的工作是怎样做的；要注意揭示你所采取的措施、做法，让人能看出你的工作成果是怎样得来的，以便从中找出成败的规律性。试以教材中的总结例文为例，分析指出作者是怎样在总结中展示成果、展现过程、揭示举措，让人看得见摸得着的。

3. 写总结，要用事实材料来证明自己观点的正确性，写议论文也需要用事实材料来证明自己观点的正确性，但是，两者所用的“事实材料”是不同的。写议论文，观点是自己的，而证明自己观点的论据却可以是别人的；而总结的证明材料则不允许使用他人的，必须是自己亲身实践过的。这就是说，议论文的材料可以选自他人的文章、他人的事例、他人的数据，总结则必须是选自自身的实践，是自身的实践事例、自身实践中的真实数据。

总结和调查报告相比较，为什么总结必须使用第一人称，而调查报告则必须使用第三人称？两者所使用的材料有什么不同？

4. 写总结，要实事求是，所用材料必须真实、准确，在表达上要叙议结合，叙议得当。试以例文为例，说出你对该文在用材、叙议方面有什么可借鉴之处。

5. 写总结，必须做到观点和材料有机统一。请以例文为例，分析其观点是怎样统帅材料、其材料又是怎样支撑观点的。

6. 写总结，必须将自己实践的成果上升为自己的经验体会，揭示出自己的规律性的认识。因此，你必须训练自己“将自己实践的成果上升为自己的经验体会、揭示出自己的规律性的认识”的能力。

【思考与练习】

导语：总结是使用频率很高的机关事务文书，是有效帮助每一个干部快速成才的手段。我们必须学会写总结，并熟练驾驭总结这门工具。因此，必须认真结合自己的实际，努力完成以下练习，掌握好总结这门工具。

一、概念题

掌握下列名词术语。

感性认识　理性认识　摸索出客观事物发展的规律　认识规律　实践性　过程性　证明性　数据　典型材料　对比材料　去伪存真　去粗取精　由此及彼　由表及里　活材料

二、阅读题

1. 阅读总结例文。

2. 从例文中领悟出“总结是认识客观事物、掌握客观事物规律的一种重要手段”的含义。

三、训练题

1. 试以例文为例，说说作者是怎样将自己实践的成果上升为自己的经验体会的。

2. 试用《教程》介绍的总结经验体会的三步归纳法对下面这段文字进行归纳，用简短的文字写出其规律性的认识。

> 党委专门召开扩大会议，分析安全工作形势，××主任主持全库性组织纪律整顿动员大会。机关三处重新修订了贯彻条令，落实“二十项”的规划，并组织实施第一个“百日无事故”竞赛活动，对检查内容、评比条件和实施办法作了周密部署。各业务分队针对本单位组织纪律方面存在的问题，认真从政治思想工作、发挥骨干作用、落实规章制度上分析原因，勤务连组织相关知识竞赛，请先进典型作报告……
>
> 通过整改，作风涣散现象大大改变，三四月份请假探亲的38人，无一人超假。艰苦奋斗的作风得到发扬。过去不少战士经常向家里要钱花，整顿后，据不完全统计，全库战士个人储蓄已达××××元。安全工作也有了很大提高，全库共收发油料×××吨，油罐除漆××个，保养油罐、橡胶罐××个，无一例安全隐患。

3. 依据自己某一时段内的实践，写出你在什么思想认识的指导下做了什么工作（或学习上、生活上的），取得了哪些成效，有什么经验体会，总结对这件事情成败的规律性认识。

4. 我们学习应用写作，必须学会用事实说话。请阅读下面一则文字，细心体会用事实说话的方法是怎样的。

永不消逝的电波

内径不足2米的圆柱形空间，两台水位数据采集存储器，这就是长江螺山水文观测站的全貌。连日来，一封封水情电报，就是从这个几乎被洪水淹顶的孤岛飞向中南海和国家防总、湖北省防总及沿江各前线指挥部。

8月16日上午，记者手持打蛇棍，身穿长裤雨靴，趟着齐腰深的江水，避绕着游向腰间的蚂蟥、蜈蚣，探向这个风口浪尖上的磐石。水文站站长林天才工程师——一位老水文的儿子告诉记者："越是洪水暴涨，我们越要坚守岗位，哪怕淹得只剩眼睛，哪怕决堤溃口，也决不许说一声撤，因为总书记和总理等着我们的数据。"桌椅泡在水里，他们只好穿着密不透风的长裤雨靴立在水中，24小时不离岗，每小时报一次水位。晚上查水尺，一开灯，毒蚊飞虫一拥而上，叮得人伤痕累累。时值40摄氏度高温，穿长靴一会儿就大汗淋漓了。

刚摸到狭窄的栈桥，我们突然发现栏杆上盘着一条两米多长的花蛇，不禁毛骨悚然。陪同我们的水文观测员汪卫东勇敢地冲上去用打蛇棍猛击蛇头。几个回合后，蛇终于被打死抛入洪涛中。汪卫东轻松地说："我们几乎天天都能遇到蛇，站里职工每人都打死过十几条呢。"当日值班员叫杜燕飞，1996年毕业于南京河海大学，今年才22岁。见到《光明日报》记者前来采访，这位年轻的知识分子显得十分兴奋，他兴致勃勃地介绍着数字自动采集存储器和人工测报系统的原理，显得很投入，似乎忘却了身外洪水的侵袭。他每天只有2.80元的野外补助，防汛津贴、血防津贴还从未拿过，而且职称到现在还没有落实。只有在谈到蛇、鼠、蜈蚣、蚊虫时，这位文静腼腆、戴近视眼镜的书生才流露出一丝不易觉察的惶惑与不安。

有职工告诉我们，林站长的妻子叶群卫也是水文工作者，在城陵矶水文站工作；几个月来因各守其位，只有隔水相望了，偶尔林天才才能在报水情的无线对讲机中听到妻子那令他温暖而酸楚的声音。

在观测室的门框上，记者发现一颗铁钉。汪卫东告诉我们："8月1日那天，我值班，螺山水位达到历史最高值：34.62米。我蹚着水在门上钉了一颗钉子，作永久的纪念，要让后人记住历史上的那一天。"

水位自记台"沙沙"作响，坐标纸上画出一条急促波动的曲线，精确地显示着此刻的水涨水落。"快来看，是不是涨水了？"杜燕飞大喊。汪卫东奔过去，屏息凝眸盯视了一阵，说："是，是涨了两公分。"他迅速冲向数字自动采集存储器，证实的确如此。这标志着长江第六次洪峰的前部正悄悄地到达螺山站。

我们依依不舍地告别孤岛，只听见杜燕飞手持无线电话紧张地报告："16日上午10点，螺山水位38.30米，上涨……"

临别，林天才告诉我们，长江上像这样的水文站有10个，职工数百人。

（载《光明日报》1998年8月17日）

第四章　调查报告

为了避免决策错误，必须大兴调查研究之风。机关的领导者要正确决策，必须坚持调查研究，个人想把自己的工作做好，也必须对自己的工作进行调查研究；只有做好了调查研究，从实际出发，才能做到正确决策、少走弯路。因此，重视调查，掌握调查技能，做好调查研究，撰写出具有参考价值的调查报告，是机关工作重要的能力标志。我们必须切实掌握这一技能。

第一节　例文学习

一般来说，学习调查报告或者写作调查报告，都要特别注意抓住“情（况）”—“因（原因）”—“策（对策）”这三个重要因素。“情”，抓情况，即深入调查，获得大量情况。“因”，即对调查来的大量情况分析研究，找出成因，找出方针政策、法律法规或上级指示精神的依据。“策”，就是从实际出发，对症下药，提出具有针对性、可行性的举措。

我们从例文一中慢慢体会“情”“因”“策”三个方面的内容，体会调查报告的写作规律。

【例文一】

关于重庆市巫山县
部分乡镇铲苗种烟违法伤农事件的调查报告

赴重庆市巫山县调查组
（二○○○年六月二日）

根据国务院领导同志的指示精神，由国务院办公厅牵头，中央农村工作领导小组办公室、国务院研究室、农业部、国家税务总局和中央电视台参加组成的调查组，于5月28日至6月2日，赴重庆市巫山县就中央电视台《焦点访谈》反映的铲苗种烟、违法伤农事件进行了调查。调查组深入3个区5个乡镇，广泛听取农民群众和基层干部的意见。现将有关情况报告如下。

一、基本情况

巫山县是省定贫困县，1999年全县农民人均纯收入只有1242元。粮食作物主要是玉米、土豆、红薯和小麦。经济作物主要是烤烟、魔芋等。全县64.4万亩耕地中，适合种烤烟的有30万亩。历史上，烤烟种植面积最高达到10万亩。今年市烟草专卖局下达该县烤烟收购计划9万担，县政府下达烤烟生产考核基数为15万担，目标任务为20万担，按亩产量300斤计算，需种植5万～6.7万亩。

全县烤烟种植主要集中在河梁、官阳和骡坪3个区所属的15个乡镇。从了解的情况看，河梁和骡坪两区，由于区乡政府的引导服务工作基本到位，农民种烤烟的积极性比较高，没有发生强迫农民种烤烟的现象。问题主要发生在官阳区的4个乡镇，而且远比《焦点访谈》反映的问题严重得多。

巫山县今年下达给官阳区的烤烟生产考核基数为4.1万担，目标任务为5.4万担，需种植烤烟1.3万～1.8万亩。该区适宜种烤烟的36个村，耕地面积只有2.2万亩，人均仅1亩。官阳区按烤烟目标任务与农民签订了合同，即必须用80%的耕地（人均0.8亩）种烤烟，剩余20%的耕地（人均0.2亩）种粮食和其他作物。为了防止农民多种粮食、少种烤烟，官阳区限定每个农民只准保留可移栽0.2亩地的500棵玉米苗，超过部分一律铲除。而且，实行连片种植，强行烤烟净作，即在规划种植烤烟的区域内不准种植其他作物。

官阳区适宜种植烤烟，种烤烟的收益高于种粮食（一般亩均收入800元以上，高于粮食3倍），但农民不愿意多种烤烟，尤其不赞成不留口粮田、强行烤烟净作的做法。在收成好的情况下，多种烟，少种粮，可以用卖烤烟的钱买口粮。去年因干旱，部分种烤烟的农户没有挣到钱，甚至亏本，目前既缺钱，又缺粮，发生春荒、夏荒。这部分农户今年就要求多种粮，少种烟。所以，农民说，铲了青苗如同铲了我的命根子。而且，烤烟生产中“两怕”问题无人管：一怕烟草公司硬性摊销质次价高的各种肥料。农民反映，与烟草公司签订烤烟收购合同时，必须接受烟草公司摊销的各种肥料，不准从其他渠道购买。二怕收购时压级压价，卖不上好价钱。农民说，他们是站着种烟、坐着烤烟、跪着卖烟，烟草公司收购中压级压价、收人情烟的现象十分突出。（总理批示：烟草公司这种做法是违法的，是变相摊派。）

面对农民不愿多种烤烟的局面，官阳区及其所属4乡镇领导决定强行铲除农民多育的玉米苗和栽种的其他作物。据初步统计，4月上旬，全区铲苗行为涉及27个村，1616户，共铲苗（包括折合可栽种面积）1289.9亩。这些铲苗行为是官阳区党委和区公所统一部署，由区、乡镇党政主要领导带领包括武装部干部、治安人员在内的工作组突击进行的。在强行铲苗过程中，区、乡镇干部对阻止铲苗的农民进行殴打和体罚，甚至拘留农民，先后有7人被打，其中2人致伤。

二、原因分析

巫山县官阳区发生的铲苗种烟事件，是一起违反党在农村的基本政策、侵犯农民合法权益、危害农民人身安全的严重事件。产生这一问题，既有客观因素，更有主观原因，主要是四个方面。

（一）地方财源严重不足，收不抵支

1999年巫山县财政一般预算收入为4731万元，而当年财政供养人口为11562人，仅实际工资性支出就达6715万元，是典型的“吃饭财政”，主要靠上级财政补助维持，当年上级财政补助10631万元。在一般性财政收入中，烟叶及卷烟税收占相当大的比重。1999

年来自卷烟和烟叶的税收为1958万元，占一般性财政收入的41%，该县把发展烤烟生产作为当地增加财政收入的主要手段。由原四川省划归重庆市管辖后的县（市）仍实行财政分级分成包干的管理体制，在基数任务内，县、乡按六四分成。由于留给乡（镇）的收入不多，加剧了乡（镇）财政的困难。针对这些问题，今后，一是要着眼发展经济，增加税源；二是要结合产业结构的调整，改善财政收入结构；三是要进一步理顺管理体制，上级财政应加大对这些贫困地区转移支付的力度。同时，要精兵简政。

（二）县委、县政府对农业和农村经济结构调整的思路不够清楚，指导思想和工作方法有偏差

今年以来，党中央、国务院就农业和农村工作连续发了几个文件，一再强调在新阶段要把农业和农村经济结构的战略性调整作为当前农村工作的中心任务，在结构调整中要因地制宜，充分尊重农民的自主权，各级政府要搞好指导、引导和服务，严禁强迫命令。在巫山县这样的贫困地区，必须始终注意搞好粮食生产，在稳定解决农民吃饭问题的基础上，千方百计帮助农民增加收入。如果，把增加农民收入作为结构调整的立足点，经济发展的路子就宽了。但县里片面地把发展烤烟作为全县农村经济的头等大事，下达任务超过计划指标，既不考虑市场需求，又没考虑农民的现实需求，实际上只考虑保财政收入一头。县政府对发展烤烟生产的决定具有很大的盲目性，所采取的有关政策措施是错误的。通过这一事件可以看出，党对农业和农村工作的方针和政策，在一些地方还没有得到贯彻落实。

（三）严格的烤烟生产考核制度对事件的发生起了推波助澜的作用

在今年的县政府2号文件中，对发展烟叶生产采取了强硬措施。一是成立了由县政府负责人和组织部长、武装部长、公安局长、检察长参加的领导小组，全权负责烤烟生产从种到收各环节的管理。各产烟区和乡镇也成立相应组织机构。二是制定了严格、细致的考核奖惩办法。主要有：对农业特产税任务实行包干分成，县里留60%，返还区、乡、村40%，超过部分倒四六分成；对区乡领导实行风险抵押和奖励，完成考核基数的不仅集体有奖，区级党政主要负责人还可各得奖金1万元，乡镇主要负责人各得5000元，完成奋斗目标的，奖金还能翻番；对完不成任务的，除取消一切奖励、扣除全部风险抵押金外，还要进行组织处理，降职或免职。有如此严格的“组织保证”和“奖惩措施”，区、乡、村的干部不能不全力以赴了，农民的权利和利益放在了脑后。（总理批示：简直不顾农民死活。）按照农业特产税的有关规定，烟叶的特产税应在收购环节向经营者征收，而不应向农民征收。而官阳区却规定，如果农民不种烟，就要交每亩168元的特产税（按一亩地平均产烟叶300斤，收购均价2.80元/斤，特产税率为20%计算）。区政府算的是这个账：如果农民少种了一亩烟，政府就少收168元。因此，不少农民说，这个烟不是为我种的，是为政府种的。农民陈发朝说，官阳地处高寒山区，年成好时每亩产玉米不过500来斤，按0.40元/斤算，一亩收200元，如果交了168元特产税，再去掉生产成本和其他费用，农民种田干啥呢？一些农民说，我们不是“抵抗”种烟，我们只是要留一点口粮。农民吴明香说，我去年4亩地种了3亩半烟叶，一年下来，扣掉税费，只剩10元钱，今年的苞谷苗又被铲掉了，现在家里没有粮食，只好到处借粮度日。

（四）基层组织和基层民主政治建设薄弱，有些干部素质极差，作风粗暴

官阳区铲苗种烟的事情，前几年就有。农民稍有不满，就被"请"到乡里办学习班，挨打受罚。区委主要负责人说，自1995年以来，采取的行政措施就很严厉，布置种植任务时要先收农民的腊肉作抵押，不育苗的每亩要收50元的抵押金。该县基层组织和基层民主政治建设的主要问题是，对地处偏僻的乡镇干部疏于管理，缺乏有效监督。农民的投诉和送给我们的告状信，不少都是反映当地乡村干部作风和以权谋私的。当阳乡党委书记杨自勇在率人铲烟时打伤了农民张仲虎，又打了60岁的老农民史发远。在《焦点访谈》播出官阳镇的事件后，杨让乡政府给张赔了几千元，但又逼着张签一个协议，收了钱就不许上诉，如果上诉，就要收回赔偿。农民说，这里天高皇帝远，上面不来人，我们的问题永远也解决不了。

三、采取的措施

5月24日晚中央电视台《焦点访谈》播出了巫山县官阳区铲苗种烟、违法伤农事件后，市委、市政府主要领导同志高度重视，当晚，市委书记贺国强对这一事件的处理作出了明确批示。25日下午，朱镕基总理、李岚清副总理在全国粮食生产和流通工作会议结束时，对此事件进行了批评，晚上贺国强、包叙定同志主持召开市委、市政府紧急会议，集体收看了《焦点访谈》的录像，认真学习和深刻领会国务院领导同志对此事件的重要指示精神，作了工作部署，决定由分管农村工作的市委副书记和副市长负责对这一事件的查处，并向全市发出通报。市委、市政府对处理这一事件态度是鲜明的。

调查组一到巫山县，上访的农民群众络绎不绝，特别是到了事件发生地的官阳区，成百上千的农民群众自发地从周围各乡村赶来，纷纷要求向调查组反映情况。

巫山县委、县政府对处理这一事件，采取了一些措施。但存在三方面的问题：一是县区乡各级对这一事件的性质认识不到位，工作没有深入下去，面上情况不掌握；二是补偿不到位，目前只是对重点受害农户进行了补偿，面上绝大多数农民并没有得到补偿；三是处理不到位，目前只是对直接责任人员进行了处理，对这一事件负有直接责任的区、乡主要负责人没有处理。农民反映说，处理了小的（干部），保护了大的（干部）。

针对这些问题，调查组对县委、县政府下一步的工作提出了建议：第一，县委、县政府要把妥善处理这一事件作为当前的中心工作，并要统一思想，提高认识。第二，组织强有力的工作班子，迅速开展工作。全面查清情况，抓紧研究补偿方案。第三，本着从实、从优、从快的原则，帮助农民按其意愿尽快恢复生产。（总理批示：没有重庆市委、市政府领导的亲自过问，问题是解决不了的。）

调查组回到重庆后，与市委、市政府的领导及有关部门的同志交换了意见，市委、市政府对下一步的工作做出了具体安排，并将就处理情况正式向国务院报告。

主题词：农业　农民负担　通知

（引自《广东省人民政府办公厅转发国务院办公厅关于重庆市巫山县部分乡镇铲苗种烟违法伤农事件的情况通报的通知》，载《广东政报》2000年第24期）

2000年4月，重庆市的巫山县官阳区部分乡镇发生了铲苗种烟、违法伤农事件。这是一起违反党在农村的基本政策、侵犯农民合法权益、危害农民人身安全的严重事件。国务

院领导十分重视，组织了调查组到实地进行调查。这是由国务院办公厅牵头，由有关部门组成的调查组赴重庆市巫山县对事件进行调查后写的调查报告。

十几年过去了，现今的巫山县早已今非昔比，但是，这毕竟是曾经发生过的事实。为了警醒后人，在任何时候都要坚持党的路线、方针、政策，在任何情况下都必须遵守法律法规规章。

该调查报告分“基本情况”“原因分析”“采取的措施”三个部分，将事件真相、产生根源和事情披露后采取的措施反映了出来，推动了该事件的正确处理。

巫山县违法伤农事件，通过相关党政领导的出面处理，终于解决好了，但是，我们切不可轻易地将这个沉痛的教训忘却，我们要从这件事情得到警醒、得到启迪：我们在任何情况下都要依照国家的法律法规办事，即使从良好的愿望出发，也不能违反党和国家的方针政策。

调查报告是经调查研究、分析判断、想好对策之后，为给领导提供决策而写成的书面材料。对调查得来的材料，要真实、准确，要对材料进行整理、研究、分析、判断，从而得结论与对应建议（对策）提供领导参考。

该调查报告在写法上除条理清晰、层次分明，能给学习者予启迪之外，还有一个很大的特点，就是充分应用了数据。

应用数据说话是应用写作在表述上的一大特色。本调查报告为我们提供了很好的范例。

【例文二】

关于调查报告的一个好案例

2005年2月2日《广州日报》报道：3名女中学生假期调研“六合彩”　历时11个月作问卷搞暗访　形成详尽调查报告呈交厦门市市长　报告惊动中央纪委常委

本报讯据《中国青年报》报道，福建省厦门市同安一中的3名女中学生历时11个月，对“六合彩”赌博活动的特点、规律和危害进行了调研，并形成报告，呈交给厦门市市长。目前，这份报告惊动了正在福建督查禁赌专项行动的中央纪委常委、监察部副部长黄树贤。昨天，黄树贤对这3名中学生敢于和“六合彩”作斗争的行为给予肯定和鼓励，夸赞她们“是广大青少年学习的榜样”。

调查　搜集大量案例与数据

近年来，厦门的“六合彩”赌博现象非常严重，让许多人沉迷其中不能自拔，甚至连一些小学生由于受父母的影响，也加入到这个庞大的赌民队伍中去。厦门市同安一中的3名中学生决定为摘除这一社会毒瘤进行调查。

前年暑假，她们展开了对“六合彩”现象的调查。她们先从邻居、亲戚入手，但由于各方面的原因，被调查对象在面对调查时，和她们打起了“太极拳”：有的对询问十分警惕，有的胡乱填写掩盖事实，有的干脆拒绝填写。后来，3人决定隐瞒调查目的，假装想买“六合彩”，采取单纯闲聊、事后再替被调查者填调查表的方式，才调查到可信、准确的数据。在厦门市同安区公安分局及当地派出所的帮助下，她们又搜集了许多相关案例与数据，并最终完成调查报告。

建议　以合法彩票占领阵地

据3名中学生的调查数据分析，“体育彩票”“福利彩票”等公益彩票的魅力远在“六合彩”之下，其购买率只占受调查人数的23.2%，而参赌“六合彩”的人数则高达72.0%。

3名中学生提出了自己的建议：大力宣传“六合彩”的危害，通过报纸、电视、网站等媒体以多种形式宣传，揭露其本质和危害；建议政府部门大力宣传公益彩票，以合法彩票去占领非法“六合彩”的阵地；丰富农村的业余文化生活，比如科普下乡、增加农民所喜欢的电视频道等，使农民不会精神空虚，从而减少买“六合彩”等赌博活动；政府投入资金举办各种培训班，提高农民的文化水平，增加农民的就业机会，使他们放弃“一夜暴富”的思想；加大对非法“六合彩”的打击力度，惩处非法赌博组织，有力扼制“六合彩”蔓延的势头。

反思　我们该做些什么？

3名女中学生调查“六合彩”的故事，让众多的人陷入了沉思。厦门市市长张昌平称赞这份报告“材料比较扎实，可能对我们的工作有裨益”，并批示给有关部门，要求肃清“六合彩”对个人、家庭和社会的严重危害。厦门警方随后在全市掀起了为期3个月查禁“六合彩”的行动。

厦门大学哲学系教授傅小凡感慨道：“我以前也让大学生调查过‘六合彩’课题，但还没有写出如此系统完整并有对策的调查报告来。”一位有着30年教龄的老教师则表示：“当我们听到孩子们发自内心的声音时，我们没有理由不思考。为了孩子，我们该做些什么，又能做些什么？”

作为一个学生，学会调查，能写出具有参考价值的调查报告，是社会责任之所在，也是成才的一条重要途径。3名女中学生历时11个月的调查历程，最终写出了“惊动中央纪委常委”的调查报告，这对我们是一个很大的激励。

进行调查研究，写出有参考价值的调查报告，这是一个机关干部的职责所在，也是他为社会作出贡献的技能。学习应用写作，就是要抓住“订计划”“做总结”“搞调查研究”“写出调查报告”“撰写各种材料”这些基本知识和技能，努力训练自己，有助于自己更快地成材。

第二节　调查报告的性质、特点和种类

一、调查报告的性质

我们开展调查的目的就是为了揭示事实的真相，更重要的，是要揭示出隐藏在事实表

象中的成因规律，让人们变得更聪明。

调查报告同总结一样，其肩负的使命都是揭示事物发展的规律性认识。

总结是对自己的亲身实践加以回顾，收集到足够材料，总结对事物规律性的认识，而调查报告则是要通过自己的深入调查，收集到足够材料，通过各种分析，得出是非判断，再总结出“之所以然”的成因，揭示出规律性的认识。两者都是要揭示出对事物发展规律性的认识，总结是写自己的亲身实践，而调查报告则是写别人的实践。写自己的实践的总结，使用第一人称，而写他人实践的调查报告则应使用第三人称。

什么是调查报告？调查报告是报告调查研究结果的书面材料。它是对调查对象经过深入细致的调查，取得充分的事实材料，然后运用科学的分析方法，得出切合实际的结论，提出解决问题的办法，最后把情况和结论写成书面报告。

调查报告，是实际工作中经常使用的一种为决策服务的事务文书，也是报刊上常用的一种新闻文体。工商企业及其他经济组织常常运用调查报告对市场进行摸底，了解情况，然后写出建议或对策，使自己的决策有可靠的依据。坚持运用调查报告来做自己的决策依据，可以避免犯瞎指挥的错误。因而，调查报告适用范围很广，使用频率很高，成为我们了解情况、分析问题、总结经验、推动工作开展的重要工具。

坚持实事求是，一切从实际出发，坚持调查研究，写好调查报告，不仅可以披露事实真相，总结经验教训，揭示客观规律，而且可以为领导机关制定方针政策、指导工作提供依据，还可以促进干部深入实际，改进思想作风和工作作风，培养和造就一代新人。

二、调查报告的文体特点

“调查报告是报告调查研究结果的书面材料”，也就是说，调查报告是报告调查研究结果的，同总结一样，都是为揭示事物发展规律性认识的文书，同其他文体相比较，具有揭示事情真相的目的性、针对性强，凭借事实说话，重在揭示事物规律性的认识这三个文体特点。

（一）目的性、针对性强

调查报告是围绕一个时期党和国家的中心工作，根据客观实际需要，有针对性地撰写的，并且对某一件具体事项或具体问题作出回答。我们撰写调查报告，目的就是通过典型事例分析，总结出方向性、指导性的认识，或具有普遍意义的经验，用以指导和推动工作。因此，调查报告调查什么，写什么，是首先要解决的问题。只有首先明确调查的目的，选好调查的题目，才能将调查工作搞好，写出的调查报告才能为决策服务。因此，从实际出发，调查研究各种社会情况，总结经验，及时回答群众关心和迫切要求回答、解决的各种问题，这就决定了调查报告要具有强烈的针对性。可以说，针对性是调查报告的灵魂。只有明确调查目的，针对性强，才能加深调查报告的指导意义和充分发挥它应有的作用。如例文一《关于重庆市巫山县部分乡镇铲苗种烟违法伤农事件的调查报告》的作者，紧紧抓住了巫山县官阳区部分乡镇发生了铲苗种烟、违法伤农事件，深入 3 个区 5 个乡镇，广泛听取了农民群众和基层干部的意见，得到了大量翔实的第一手情况，并准确地找出了事件产生的原因，给出了应对之策，让政府正确处理此事。

（二）凭借事实说话

调查报告，不论是政策性调查，还是经验性调查、中心工作调查、突发性调查，或者是基本情况调查或战略性调查；不论是总结经验研究新事物，还是揭示事实真相，都必须以充分、确凿的事实为根据，通过具体的情况、数字、经验和问题等来说明目的，揭示规律。记叙文可以用作者的感受来抒发心声，议论文可以以作者的观点来推行论证、推理，但是调查报告必须凭借客观事实说话，用材料报告真相，绝对不允许运用夸张、虚构、想象、渲染等写作手段。《关于重庆市巫山县部分乡镇铲苗种烟违法伤农事件的调查报告》就是一篇凭借事实说话的典范。

（三）揭示事物规律性的认识

调查报告要靠事实说话，必须把所调查的情况如实反映清楚，且要系统、全面，这是产生结论性意见的基础。但是，调查事实的目的是为了引出结论，以指导工作或解决问题，因此，调查报告不仅是事实的叙述，而且要对事实进行分析、概括，揭示事物本质，阐明规律，这样得出来的结论才是调查报告科学性的体现。因此，调查报告既不同于纯理论性的学术文章，也不同于一般的工作总结，它注重用资料说明问题，围绕着对资料的介绍，展开分析，逐步上升到理论认识，找出规律性的东西，作出分析或提出理论观点，或者作出预测，提出解决问题的建议和方法。我们可以从例文一中清楚地看到：报告正是通过“情况”（调查到的事实真相）、“原因分析”“采取的措施”来揭示发生在巫山县部分乡镇侵犯农民合法权益、危害农民人身安全的违反党在农村基本政策的严重事件，是“由其主观因素和客观因素所引发的”这一规律性认识，从而提出解决问题的举措。

三、调查报告的种类

调查报告所涉及的内容非常广泛，表现的形式也多种多样，种类很多，而且角度不同就有不同的分类。按调查的范围分，有综合性调查报告和专题性调查报告两类。综合性调查报告，即对一个地区（战线、部门、单位）的情况从多方面进行普遍调查后写出的具有综合内容的调查报告。专题性调查报告，即对某一方面的问题或经验进行调查之后所写出的调查报告。按调查的性质划分，可分为以下五种类型。

（一）社会情况调查报告

社会情况调查报告是在深入、系统地调查研究社会基本情况后写成的，其内容比较全面、广泛，篇幅也比较长。它反映的是社会的政治、经济、军事、文化、教育和生活等方面的基本情况，它的作用是为党制定路线、方针、政策提供参考。

市场调查报告，实际上是社会情况调查报告，由于使用频率很高，成了企业专业文书。

（二）新生事物的调查报告

新生事物的调查报告是在新人、新事、新发明、新创造、新经验出现的时候，及时反映他（它）们产生的背景、产生和发展的过程，他（它）们所遇到的各种问题，揭示其规律，说明其意义和作用，促进新生事物的成长和推广，起到方向性的指导作用。

（三）典型经验调查报告

典型经验调查报告，反映有代表性、科学性、政策性的典型经验，以起到示范引路的作用。报告要叙述调查对象的基本情况、主要经验、现实意义、具体措施和今后的设想。

（四）揭露问题的调查报告

揭露问题的调查报告是对现实社会中暴露的问题进行周密的调查，用确凿的事实进行揭露，以引起社会或有关部门的注意，求得彻底的解决；或者查清问题的危害，分清职责，为公正严肃处理提供依据；同时也使人们从中吸引教训，从而提高认识。

（五）考察历史事实的调查报告

考察历史事实的调查报告是根据现实的需要，对某些需要重新审定的重大历史事件、史实、问题进行调查，用确凿的事实反映历史真相，还事实本来面目。

第三节　调查报告的写作要求

"调查—研究—报告"是写作调查报告不可或缺的三个环节。

一、做好调查前的准备工作

（一）明确调查目的，确定调查项目

调查题目如果是领导交付的，应当认真研究，首先弄清调查目的；如果是自选的，也应明确具体，紧紧围绕目的。确定项目，就是选定调查题目和内容。明确目的、确定项目是对选题的限定过程，也是一个研究过程。只有目的十分明确，并围绕这个目的把调查事项落实限定为具体项目，才可望收到良好的效果。

（二）掌握相关知识

这里所说的相关知识，其内容包括：①有关被调查对象的理论、政策、法理；②有关被调查对象的业务知识；③有关被调查对象的历史资料。

（三）确定范围，选好对象

一项调查的内容，可以是事件、人物、经验教训、理论问题、历史问题等，要根据调查的目的和具体内容划定调查范围，选好调查对象。范围要适度，不宜过宽，也不宜过窄，以免费时延年或得不到准确结果。

（四）制订计划，拟出调查提纲

在调查之前要制订出调查工作的计划，使自己能按步骤、按计划进行调查。要拟出调查提纲，提纲内容大致包括：①调查题目、目的要求；②调查的具体项目及重点；③调查的范围、地区、对象；④调查的方式方法；⑤调查的步骤和进程、时间安排；⑥调查力量的组织与分工、工作制度、物资准备；⑦其他。

（五）设计调查表格或问卷

如果选用问题调查法进行调查，应事先设计好调查表格或问卷。

完成上述五项准备工作之后，便可立即转入下一步的调查工作。

二、认真做好调查，占有充分材料

（一）调查者应持的态度

调查的中心任务是收集资料。调查报告要较完整地写出一个事物、一项工作、一项政策、一个问题，阐明它的起因、发展、结果，分析并从中找出规律，就必须以充分确凿的事实为根据，通过具体情况、数字、做法、经验、问题等来说明目的，揭示规律，所以调查者要深入实际，深入调查。

调查结论是否正确，是否研究出成果，在很大程度上取决于这个阶段的工作。调查工作的好坏，又涉及调查者的水平、态度和所采取的方式方法是否对头。

调查者应持的态度是：①眼睛向下，甘当小学生，抱谦虚谨慎、诚恳求教的态度向人民群众作调查；②从实际出发，实事求是，不带任何成见，不先入为主，避免片面性和简单化，要有艰苦深入的态度。

（二）要采用正确的调查方法

调查方法是调查研究成败的关键，要与调查目的、内容相适应。常用的调查方法有：

1. **开调查会**。这是调查者亲自召集或委托被调查单位的负责人代为召集一些知情人开会进行调查的方法。开会前应发出调查提纲，并给出准备的时间。开会时要口问手录，态度诚恳。人数不宜过多，以 3 ～ 5 人或 7 ～ 8 人为宜。要采取讨论式，抱客观态度，允许不同意见，但对不同意见要予以核实，或集思广益。调查者要谨慎、细心，善于发问，善于抓住中心。

2. **个别调查**。这是调查者与被调查者面对面直接交谈、询问的调查方法。调查者要确定好所调查的问题；注意选准对象，通过事前了解，选好能提供所需情况的知情人；要做好思想工作，解除被调查者的各种顾虑，使其愿意提供真实材料；要尊重对方，注意礼貌，防止“审讯式”的做法。

3. **实地考察**。实地考察，一是到实地进行观察，全面、精细地观察事物的全貌及其各构成部分之间的关系。二是亲自参加实践，即置身于调查对象及其所处的环境之中，与调查对象打成一片。这是第一手材料。

4. **文献调查**。即查找档案、文献，找出相关的历史记载。包括事实真相、人物事件、相关数据。

5. **统计调查**。这是运用统计原理和方法，收集社会各方面的数据资料，并进行数量分析，研究社会现象的发生和发展规律、趋势，验证说明社会现象的理论假设。统计调查主要用于需要从统计数字上了解其发展变化的事项，如产价、产量、劳动生产率的升降、职工工资的变化、物价指数的变化，以及商品经营中对商品销售趋势的分析，等等。通常采用统计报表的方式收集。

6. **问卷调查**。这是一种书面调查，是以卷面形式提出若干固定问题来询问对象，让询问对象填写。其基本方式是设计若干标准化问题，印发或邮寄给被调查者，用打“√”“×”，或者填写“是”或“否”，或者填写“A”“B”“C”项等简易方式回答。所提出的问题，设计必须明确，切忌含糊、冗长。

在设计调查表格时有几点应注意：

（1）表头要有调查表的名称、表格编号、页码、调查时间、调查对象的姓名或单位名称、地址。

（2）表格内的问题要清楚明白，设问要适当。表格内的问题要简明扼要，使人一看就明白调查人要问的意思。设问的项目过少，得不到充分的实际材料；设问项目过多，让人厌烦，通常以一小时之内问完为佳。

（3）表格设问项目后面要留有空白，便于填写。较简便的办法是采用“是非选择法”，可省去许多笔墨。

（4）表尾要有调查的年月日以及复查的年月日，并有调查人的姓名。

（5）调查表格可采用综合式或专题式。综合式是为取得综合调查的材料而设计的；专题式是为取得专题材料而设计的。也可以用主表和附表来进行调查。

（6）如有需要，表格内可设立能用以互相校对的项目。如第三次全国人口普查登记表的第四项，既有“周岁”，又有“出生年月日”，这两项可以互相校对。

三、占有充分材料后的整理工作

所谓整理材料，就是将调查来的原始材料按照调查提纲的要求，分门别类地加以归纳、分类、汇总，形成系统的、清晰的、能够说明问题的资料。

（一）整理材料的指导思想

所搜集到的材料，要及时地进行比较与鉴别，去粗取精，去伪存真。不完备的材料或尚未搜集到的材料，要进行补充调查，力争掌握的材料全面、深入、细致。

调查材料有两种类型：一种是原始材料，这是直接从调查中得来的尚未经过加工或组织的第一手材料；另一种是参考资料，这是他人调查或已经加工组织成的材料，如汇总表、整理、分析表等。“去粗取精，去伪存真”，是指从事物的外部联系上对所掌握的材料进行分析、选择，去掉不典型或虚假的材料，留下能够反映事物本质的、能够说明主题的真实材料，然后再对材料进行初步的分类排队。

原始材料往往只是一堆难以用来说明问题的粗糙的或零碎的东西，只有经过归纳整理的加工制作功夫，材料才能利用，因此，整理材料是调查研究中不可缺少的重要环节。

（二）整理材料的程序

1. **编校**。编校包括数据编校和资料编校两个方面：

（1）数据编校。对调查材料中的数字，需要进行查校核对工作，使数字准确无误，有些数字还须进行换算，如基数、约数、平均数、对比数、百分数以及换算为不同的计量标准等。

（2）资料编校。对调查材料，按调查提纲要求校对核实有关情况、问题和答案，然后整理编写，消除资料中含糊不清或错误的地方。

2. **分类**。所谓分类，就是对经过编校检查过的资料进行分析，围绕调查目的和题目予以分类。这是进行科学分析的基础，应该认真做好。

资料分类有两种情况：一是事先分类，即在设计调查表或问卷时已分类；二是要在调查后根据需要进行分类。

分类的原则，一是各类别之间要有明显的差异性。二是同一类的资料应尽量保持相同的性质。三是分类要尽可能详尽。只有详细分类，调查资料的界限才能清晰，才能如实地反映事物的特殊性，有利于从本质上了解客观事物的本来面貌。

3. **汇总**。汇总是指在调查材料经过编校、分类之后，对资料进行再整理的工作。其方法是：

（1）过录式。就是把有关调查数据分别记入预先设计的分类汇总表上，然后进行汇总计算。

（2）卡片法。就是利用特制的摘录卡片，把需要汇总的项目摘录在卡片上，然后将卡片分组排列，把调查的情况组合在一起并把数据统计好。

（3）标记法。也叫作点线法，就是将调查数据以点线图的方式，把有用的情况和数据标示出来，其中需要计算的数据也要计算清楚。

四、分析研究，抓住本质

调查报告不是现象的记录，也不是材料的堆砌，而是要对调查成果进行认真的分析研究，从中概括出共性，找出规律，提炼出最能说明问题的观点。“去粗取精，去伪存真”，是指调查材料的整理。“由此及彼，由表及里”，即是指调查后的分析研究。

“由此及彼，由表及里”，是指从事物的内部联系上进行研究，也即是“综合”的过程。所谓综合，就是把分析过的各个部分的材料，按照它们的属性，联合成一个统一的整体，让人们通过事物各个部分之间的联系去认识事物的整体，进而认识它的本质和规律。因此，综合就是从部分到整体、由具体到抽象的认识过程。“由此及彼”，是把已选好的材料连贯起来思索，找出事物之间的相互联系。连贯的方法是从“纵”“横”两个方面入手。“纵”指事物的历史发展过程，事物的前后联系。通过纵的联系研究事物本身发展变化的规律。“横”指这一事物与那一事物之间的相互联系。通过横的联系，在比较中探寻出事物的内部规律。“由表及里”，就是要透过事物的表面现象去了解和认识事物的本质特征，从而抓住主流，确定主题思想。通过分析事物的主流入手，抓住事物的本质，揭示出事物的本来面目。

五、以叙为主，叙议结合写好报告

经过分析和综合，情况摸清了，经验和做法找到了，规律性的东西也就总结出来了。最后，将事实和结论写成报告。

调查报告在表述上，要注意有情况、有议论、有办法。情况，要以叙为主，用事实说话；议论是在叙述的基础上画龙点睛，叙议结合，观点紧扣材料，做到材料与观点有机统一；办法，要有针对性、可行性和可操作性。

（一）要用事实说话

调查报告同其他新闻报道的体裁一样，要求所写的内容都是真实的，但它比消息要更完整，要求把一个重要事件的全貌叙述出来，并要鲜明地表明作者自己的观点。它不同于通讯，通讯往往有故事性，并运用叙述、描写、抒情等表达方式去刻画形象，而调查报告不需要故事性或形象描写，只需对事实作如实的叙述和说明，可以适当说理。它不同于评论文章，评论要提出论点，进行论证，用论据来证明论点，而调查报告只是用事实说话。

所谓用事实说话，就是通过客观地叙述实际发生的事情（即事实）及其背景来体现作者的观点、发表意见。也可以说，作者的观点、意见是通过作者选取的事实来让读者从中悟出而不是作者直接说出。用事实说话，就是用“情况”和“数字”说话。“情况”，就是经过调查得到的并经过去伪存真、去粗取精的“人、地、时、事、因、历、果”的实际情况；“数字”，就是经过核实、换算好的绝对数、平均数、对比数、百分数。调查报告就应该从叙述的典型事实中引出结论，提出观点。

调查报告应使用第三人称的叙述方式，以叙为主，叙议结合。叙是叙述情况、事实，议是提出问题、分析问题和解决问题。在叙述中，应通过对典型事例的恰当运用，用事实雄辩地引出结论，从而说明观点和问题。

调查报告还要用到说明的表达方式。比如交代有关背景，说明问题提出的原因，介绍调查的情况，点明报告的目的所在，等等，都必须用到说明方式。有些调查报告往往忽略这些问题，但是作为公务文书的调查报告却不能忽略，对这些问题的有关概况必须交代明白，因为它不仅仅是报告一下，还要与行政效力的作用相联系。

（二）观点和材料应该有机地统一

观点和材料的统一，就是指观点能够统帅材料，材料能说明观点、支撑观点、为观点服务。但是，调查报告中的观点和材料的统一，有着特别的要求，即要求按照“材料—观点—材料”的运作轨迹进行材料处理。

一般的文章，其观点完全可以由作者根据写作意图去确定，而调查报告中的观点，则必须从调查到的大量事实材料中引出来。因此，在调查研究阶段，材料居于主要地位，观点是从这些材料中来的，为了探索事物的内部联系以形成正确的观点，占有的材料越多越好。但是，当观点一旦从材料中引出来并已确立，它便成为支配和统帅材料的主旨。所以，到了撰写阶段，情况发生了变化，观点居于统帅地位，而原来居主要地位的材料退居为服从的地位，材料要服从观点的需要，要依据观点的需要进行选材，而且在选材时，还要注意一个特别的情况：不能像写作议论文那样从任何范围抽取材料，而只能在自己调查得来的、原来曾引出观点的那些材料中选取。只有符合这样的处理，材料和观点才能真正地有机统一。

使用材料，要注意材料（情况）细节的完整性，使情况能具体生动地表现调查报告的内容。所谓以情动人，就是调查材料具体生动，有完整的细节、数据，能让人可信可感。

（三）要写好对策建议部分

调查报告要根据选题意图（即机关或领导授意的调查目的），针对自己调查到的情况，提出自己从调查情况（材料）中得到的启发和认识，提出针对性很强的对策（解决问题的建议性办法）。

这是调查报告价值体现的重要部分。到底该用什么办法解决，不能用空洞、浮泛的话，而要用具体的、有针对性的、可行的对应措施，以供有关方面参考。

第四节　调查报告的结构与写法

调查报告的结构没有固定的格式。形式为内容服务，不同的目的、内容的调查报告，可以有不同的结构形式。但是，一般来说，调查报告还是有基本的结构方式的，就是由标题、正文、署名和日期三个组成部分组成。而正文又分导语、主体、结尾三个层次。下面分述各部分的写法。

一、标题

调查报告的标题，一般有四种写法。

（一）文章式标题

这类标题概括调查报告的基本内容，如《一个经营有方的小百货店》《中年知识分子时间支配情况》。

（二）公文式标题

这类标题揭示了调查的对象或主要问题，使用介词结构，如《关于××厂整顿产品质量的调查》《关于××省××市严重违反财经纪律的调查报告》。

（三）提问式标题

这类标题总结某一项工作经验，或揭露了某一个问题，如《南京化工厂是怎样成为“无泄漏工厂”的》《化肥经营中的歪风是从哪里刮起来的》。

（四）正副式标题

这类标题，正题揭示调查报告的思想意义，副题标明调查的事项和范围，如《他山之石可以攻玉——关于佛山市大规模引进先进技术的调查报告》《缺口是这样打开的——沙市废品市场调查》。

二、正文

调查报告的正文，一般由导语、主体、结尾三个层次组成。

（一）导语

调查报告的导语，又叫作“前言”或“开头”。一般要概括说明这样几项内容：

（1）有关调查本身的概况，诸如调查的起因或目的、时间、地点、对象或范围、经过与方法等。

（2）有关调查对象的概况，如组织规模、有关背景、历史与现状、主要成绩或问题以及事件形成的简单过程等。

（3）有关研究结果的概说，如肯定意义、指出影响、提示结论意见或点出报告的主要内容等。

以上这些方面，应根据调查目的来确定，不能千篇一律。导语的作用既可使读者对调查内容获得总体认识，又为主体部分的展开作准备。

（二）主体

调查报告的主体是导语的引申开展、结论的根据所在，其主要内容是：①调查到的事实情况。这部分内容主要是调查事物产生的前因后果、发展经过、具体做法等。这些内容要注意用事实说话，只有事实、数字才是无可辩驳的，才是有说服力的。②研究这些事实材料所得出的具体认识或经验教训，或者是写出“对策或建议”。这些内容的表述，要注意应用夹叙夹议的方法，通过富有说服力或根据充分的事实来说话，在叙述的基础上议事，在说明认识的时候，可以由实而虚，分析引发，融合为一。

这部分的结构形式，主要有三种：

一是平叙式。它适用于内容单一的调查报告。在写法上，按照事物发生、发展、结局的先后顺序，把材料组织起来，一层一层地把事情的来龙去脉报告清楚，使人既了解全貌，又得到方向性、指导性的经验或教训。

二是并列式。它适用于内容丰富、背景广阔、综合性较强的调查报告。在写法上，将说明主题的材料分成若干类，每类用小标题即分论点统帅，然后依据一定的内在联系的次序排起来。这样，各个小标题之间的关系是并列的，使复杂的事物显得有条不紊。

三是因果式。它适用于总结经验的调查报告。在写法上，先将调查的结果、结论告诉读者，然后再叙述这一结果、结论的由来，从几个方面分析形成这个结果的原因。

主体部分不论采取哪种结构方式，都要注意先后有序，主次分明，详略得当，联系紧密，层层深入，更好地表现主题。

主体部分的表述，应注意以下几个问题：

（1）用事实说话，观点统帅材料，材料支撑观点。这一点上文已述，这里从略。

（2）要善于运用不同的材料，从比较中说明问题、阐明观点。比如，好的典型同差的典型对比；正面材料同反面材料对比；历史材料同现实材料对比；点上的情况同面上的情况对比。这样可以更具有说服力。

（3）要善于运用数字来说明问题，阐明观点，这叫“数量分析法”。善于动用数字，能使数字具有很强的概括力和表现力。有的问题、有的观点，用很多议论也难以表述清楚，而用一个数字、一个百分比，就可以使人们对事物的面貌和问题的实质一目了然。常用的数字有绝对数、平均数、对比数、百分数等。

（三）结尾

调查报告的结尾，又叫作“结论”，是调查报告的结束语。结尾的写法要根据报告的实际内容来定：

（1）研究性、论证性的调查报告。宜在结尾概括地说明全篇的主要观点，以进一步深化主题，增强报告的说服力和感染力。

（2）典型性调查报告。宜在结尾由点到面，作出展望，指出方向，从更高的角度、更广阔的背景上来说明所调查问题的实际意义，深化主题。

（3）揭露性的调查报告。宜在结尾对调查的情况和问题提出解决的办法、措施、意见和建议。

（4）反映新生事物的调查报告。宜在结尾用具有号召性和鼓舞性的语句激发情感，增强渲染力。

三、具名和日期

具名和日期是落款，是调查报告的一个组成部分，不容忽略。

具名，就是写作者的名。如果是调查组，要写明是什么调查组，体现出权威性；如果是个人，也要写上姓名，必要时需注明是什么人，以示负责。具名的位置一般在正文末尾下一行右侧，有时也可以在标题之下。日期是指成文年月日，写明日期以示时效。

附：

写作调查报告的基本功训练

要想写好调查报告，必须从以下几方面训练基本功：

1. 首先要有好的选题。因此，必须进行选题训练。选题应来自实践的需要：或上级布置了任务，或领导有了指示，或本单位的工作遇到了什么问题，情况是复杂的，但是，不管情况如何，写调查报告的目的是为了解决工作上存在的问题。例如，工厂或商店要将某产品（商品）推销出去，或要推出新产品，这就需要进行调查，弄清该产品适合什么区域、什么单位或什么层次的消费者需要，产品质量是否符合消费者要求，价格能否被消费者接受；或者发现某一产品质量有问题，需要从哪方面予以改进，要听听群众意见。只有找到症结，才能对症下药。

2. 确定了选题之后，参照《教程》关于“做好调查前的准备”的有关要求，拟出一个行动方案，诸如先学习与选题有关的理论、法规、政策或有关业务知识，明确调查目的、要求，然后运用学来的知识拟写调查内容（要逐一列出），然后按要求拟出调查提纲（方案或问卷或调查表格）。

3. 进行调查。要订出调查实施计划，然后按照计划执行。

发出调查表格或问卷，深入收集有关材料，做好记录。材料必须有事实，有数据。

4. 按自己的计划收集到材料之后进行材料整理。要按“去粗取精、去伪存真”的要求，核实材料的事件真相并校对数据。

将经过核实的材料抄录在卡片纸上。要求一个问题一张纸，分别过录。

将一张一张的卡片纸进行分类。将同一类事物归在一起，通过概括其类别、意义，从中发现自己的认识体会——观点性或规律性的认识。

将材料中的数据进行换算。有原始数、计划数、实际数，然后对照计划算出完成百分比，同上期的对比数，同先进单位比的对比数，或其他需要的换算数据。

5. 认真分析研究材料，要求做到“由表及里，由此及彼”。“由表及里”就是找出事物的本质、规律，发现其意义、价值。“由此及彼”就是运用推理的方法，从这个问题上找到另一个问题上的对策。要求形成两个方面的观点：一是对调查对象的认识，得出正确结论；另一个是由此而产生的解决问题的办法。

6. 在观点统帅下，再对材料进行分类、比较、排队、选取，写成调查报告，送原单位验证，以检验自己写的调查报告有多大的参考意义。

【思考与练习】

导语：学习写作调查报告，不是重在写作上，而必须重在调查、研究、分析、判断等方面，而这些方面的基本功，必须自己扎扎实实去培养训练。

一、概念题

掌握下列名词术语。

原始数　计划数　实际数　对比数　百分比　换算数据　去粗取精　去伪存真　由此及彼　由表及里　对策　定量分析　定性分析　凭借事实说话　针对性　观点与材料统一

二、阅读题

1. 阅读调查报告例文。

2. 通过例文认识调查报告的情（况）、因（原因）、策（对策）三个部分，为今后撰写调查报告明确方向。

三、训练题

请结合自己的专业或工作，对某工厂（商店）作一次模拟调查，拟出若干选题，然后在教师指导下逐条评析，选出一个最合适又有价值的选题。

第五章　述职报告

撰写述职报告，诚恳地向相关部门述职，这是新的用人制度对每一个领导干部的要求。因此，学习撰写述职报告是未来工作的需要。

第一节　例文学习

【例文】

广东省九届人大常委会
第三十五次会议文件（24）

述 职 报 告

广东省人事厅厅长　谭璋球

（2002 年 7 月 22 日）

主任、各位副主任、秘书长、各位委员：

省人大常委会对我进行述职评议，这是对我履行职责依法监督的有效途径，也是对我本人的爱护和支持，必将促进我依法行政、强化公仆意识和服务意识，从而进一步推动我省人事人才工作的发展。在此，我表示衷心的感谢！下面，我就 2000 年 2 月接任省人事厅厅长以来履行职责的情况作述职报告。

一、履行职责的情况

两年多来，我按照省政府赋予省人事厅的职责，在省委、省政府的领导下，在省人大的关心指导下，团结带领厅领导班子成员和全体干部职工，坚持以邓小平理论和江泽民同志“三个代表”重要思想为指导，认真贯彻党的十五大和省八次党代会精神，以“改革、创新、发展”为主题，以人为本，解放思想，更新观念，扎实工作，努力推进我省人事人才工作。

（一）加强学习和调查研究，明确人事人才工作思路

面对新的工作环境和新的职责，我首先抓了两点：一是学习；二是调研。

1. 认真学习

我注重把学习马列主义、毛泽东思想、邓小平理论特别是人事人才理论、江泽民同志“三个代表”重要思想，以及党的路线、方针、政策作为一项重要任务，当作自己履行职责的前提和根本保证。坚持党组中心组学习制度，我带头学习理论，做读书笔记，作辅导

报告。学习中努力发扬理论联系实际的马克思主义学风，把学习理论与解决实际问题紧密结合起来，收效较好。2000 年厅党组学习中心组被评为省直机关先进党组学习中心组，我本人被评为优秀个人。

2. 深入调研

在到任后的较短时间内，我通过各种形式，首先对厅机关及直属事业单位，然后是对全省各地级市及部分县（市）作了广泛的调查研究，逐步熟悉人事工作的规律，从而充实和丰富我对全省人事人才事业发展状况的认识。

我在学习调研中提出了“人才资源开发是人事人才工作永恒的主题”“营造人才生态环境”等观点，受到了国家人事部的好评，两次被人事部张学忠部长邀请参加国际人力资源开发论坛和 APEC 人力资源能力建设高峰会。

新世纪广东人事人才工作既面临着机遇，又面临挑战。一方面，党中央、国务院和省委、省政府对人事人才工作非常重视，首次把人才问题提升为国家发展战略，专列一章写入国民经济和社会发展“十五”规划，人事制度改革和人才资源开发进入了重要的发展时期。另一方面，我省人才的数量和质量仍满足不了经济社会发展的需要，任务很艰巨。新世纪人事人才工作定位在哪里？目标是什么？发展思路是什么？针对这些亟待解决的问题，我多次组织专项调研，并带专门小组到兄弟省市学习，把调研成果转化为我省人事人才工作的发展思路。这就是：坚持以邓小平理论特别是邓小平人事人才理论和江泽民同志“三个代表”重要思想为指导，以人才战略为统揽，以发展为主题，以队伍建设为主体，以改革创新为动力，以人才结构调整为主线，以高层次和急需人才培养引进为重点，以为经济社会发展和为人民服务为目的，深化人事制度改革，加大人才资源开发力度，提高人才资源配置的市场化程度，改变地区间、产业间人才布局状况，努力建设一支宏大的、高素质的人才队伍，把广东建成人才强省，为广东经济持续稳定健康发展和社会全面进步提供强有力的人才智力支撑。

通过加强学习和调研，我较快地实现了从市委书记到厅长的岗位角色转换和思维方式的转变，以敬业爱岗的刻苦精神，较快地熟悉人事工作的基本业务知识。

（二）实施人才战略，人才资源开发工作迈上新台阶

广东率先基本实现社会主义现代化，关键在人才。我接任省人事厅厅长后，努力贯彻落实中共广东省委、广东省人民政府《关于依靠科技进步推动产业结构优化升级的决定》（粤发〔1998〕16 号），把有关精神落实到新时期人事人才工作中。我明确以实施人才战略总揽工作全局，把它作为实现人才强省的核心任务和履行岗位职责的重点，积极营造优良的人才成长与创业综合环境，认真做好人才的选拔、培养、引进和使用工作，使人才资源开发工作迈上了一个新台阶。

1. 主持编制人才发展规划蓝图

组织国内专家学者认真开展广东省人才资源和人才队伍的分析研究，对“十五”时期至 2015 年的人才需求作科学预测，制定了《广东省“十五”人事人才发展规划》，提出我省实施人才战略的八大类 25 项目标举措和人才强省的指标体系。在内容上，突出人才结构调整和提高素质。在安排布局上，做到当前与长远相结合，把握好全局与局部的关系。这个规划受到人事部领导和兄弟省同行及有关专家的好评。

2. 高层次急需人才的培养、引进力度进一步加大，专业技术人才队伍建设摆上了突出位置

我主持制定了我省实施“新世纪百千万人才工程”的具体措施，按照多元化发展的工作思路，加强博士后工作，完善专家管理制度，对急需的高层次人才实行滚动式培养。2000、2001 年全省新设立 5 家博士后流动站和 17 家企业博士后工作站，使全省博士后流动站和企业博士后工作站分别由原来的 21 家、13 家增加到现在的 26 家、30 家，年招收规模从原来不足 100 名增加到现在的 180 名。改革了留学人员科研项目择优资助办法，为海外留学人员以各种形式回国服务、来粤工作进一步敞开了方便之门，提供更加有利的条件。发挥职称在构筑人才“高地”中的独特作用，启动了我省教授级高级工程师申报评审工作，评出了首批 185 名教授级高级工程师。按照李长春书记的批示要求，通过调查研究，提出了关于加强我省专业技术人才队伍建设的“更具吸引力”的政策意见，已经省政府常务会议审定，报省委拟以“决定”的形式颁布实施。实行人才引进刚性、柔性并举，两年多全省共引进各类人才 60163 名，60% 以上是具有中级以上职称的人才，其中新增两院院士 8 名（调进 2 名，新当选 1 名，聘任 5 名）。

3. 公务员培训和专业技术人员继续教育工作进一步加强

制定了我省公务员培训、专业技术人员继续教育“十五”规划纲要。认真开展公务员“四类培训”，尤其是加强依法行政、WTO 知识、计算机、英语的培训，开展公务员学法活动和公共管理硕士（MPA）专业学位教育，提高公务员依法行政、宏观决策和工作创新能力。开展高新技术领域继续教育，提高专业技术人员投身经济建设主战场的适应能力、实施科教兴粤战略的实践能力和推动科技进步的自主创新能力。两年多共组织了公务员各类培训 10.2 万人次，实施专业技术人员继续教育 47 万人次。

4. 开拓做好人事人才领域对外交流与合作，引进国外智力工作取得显著成效

两年多共争取国家资助的出国培训项目 16 项 300 人，省计划立项出国培训项目 45 项 968 人，接待来访团组 50 批，完成“蒋氏基金香港培训班”预培班 23 期 1037 人。经国家统计局、国家外国专家局认可，2000 年一年来粤工作境外专家 16 万人次。经省人民政府批准，2001 年授予 17 名优秀外国专家“南粤友谊奖”称号。经国家外国专家局批准，我省获聘请外国专家项目 103 项、农业引智成果推广项目 2 项。

5. 人才结构调整有了较好的进展，区域间人才交流有了新的改善

6. 人才评价体系进一步健全

加强对执业资格制度的综合管理，启动了注册工程师执业资格制度。改革专业技术职务聘任制度，推进专业技术职务系列分类分级管理，逐步规范专业技术工作秩序。不断完善人才素质测评标准、技术、手段和服务体系，并应用于会选干部和招录公务员工作中，提高了考试的信度和效度。

（三）以体制创新为动力，人事管理制度和用人机制改革取得新进展

我力主通过思维创新、观念更新带动制度创新、工作创新，深化人事制度改革。

1. 公务员制度建设进一步深化

从过去主要抓制度的推行，转向制度建设与公务员能力建设并举，明确加强公务员能力建设和制度建设的思路。结合新一轮机构改革，大力推行竞争上岗和岗位交流制度，按

政策规定稳妥地组织实施机构改革人员的分流，在干部能上能下、能进能出的管理体制上取得新突破。切实贯彻1997年省政府第26号令发布的《广东省国家公务员录用实施办法》，改革了公务员录用考试的内容、方法和组织形式，严把“入口”关，新录用公务员1.3万人。进一步改革了考核、奖惩等其他制度的实施。

2. 事业单位人事制度改革稳妥推进

按照“试点开路、分类指导、分步实施、行业推进”的思路，选择了30个各类型事业单位进行改革试点，推行聘用制，变身份管理为岗位管理，探索建立按需设岗、按岗竞聘的用人新机制。

3. 工资分配制度改革有了新进展

改进了机关事业单位统发工资工作。按照人事部的统一部署，主持制订我省切实可行的方案，先后三次提高了机关和部分事业单位工作人员工资标准，并相应增加离退休人员的离退休费。调整了部分特殊岗位人员津贴。会同有关部门对深化公务员工资制度改革问题进行了深入调研，总结佛山、广州市的实践经验，提出了统一岗位津贴改革的方案报省委、省政府审定。

4. 军转干安置制度改革迈出实质性步伐

去年按照党中央颁布的《军队转业干部安置暂行办法》，打破军转干部全部由国家统一计划安置的传统做法，首次采用计划安置与自主择业相结合的新方式安置军转干部。制定了我省《关于自主择业的军队转业干部安置管理的意见（试行）》，积极构建计划保底和双向选择的军转干部安置体系。两年来完成了计划安置军转干部6672名（其中师团职1669名）的任务，另有304名转业干部选择了自主择业。以高度政治责任感掌握我省在企业工作的军转干部的动态，会同有关部门切实解决他们生活上的实际困难，化解矛盾，维护了社会政治稳定。

5. 人才资源市场化配置的机制逐步建立

按照党的十五大关于建立“机制健全、运行规范、服务周到、指导监督有力的人才市场体系，促进人才合理流动”的要求，提高人才市场信息化水平，加强人才市场的管理和监督，加快人才资源市场化配置进程。尤其是重点抓好省人才市场、中国南方人才市场和深圳人才大市场的建设，带动和促进全省人才市场规范、健康发展。两年来，全省各级人事部门所属人才流动机构增加9家，行业性人才交流机构增加14家；经过清理整顿，关闭了22家资质不全或非法经营的人才交流机构，使民办人才市场得到健康发展，由2000年年初的25家发展到今天的53家，增加了28家；农村人才服务站增加109个；参加人才交流会求职的人员达225万人次，到人才市场网络访问的达2807万人次，通过市场实现流动的达53万人。

6. 加强宏观计划管理，严格控制机关事业单位人员增长

认真做好清理机关事业单位编外人员和临时人员工作，为市县、乡镇机构改革创造良好环境。会同有关部门积极开展非公企业人才资源调查，基本摸清非公经济组织人才资源状况。到2000年年底，我省非公经济组织各类人才达201万人。

（四）按中央和省委、省政府部署，稳妥有序地推进机构改革

两年多来，在省委、省政府、省编委的正确领导下，我以积极负责的态度，克服困

难，扎实工作，组织实施了这次省、市、县、乡镇机构改革。

1. 精心组织实施

制订周密的工作计划，明确各阶段工作重点、实施步骤和时间安排等，使改革稳步地推进。坚决按照中央和省的政策规定，严格审核各部门“三定”规定和各市改革方案，坚持原则，严格把关，不搞变通，从源头上保证了机构改革不走样、不变调。突出政府职能转变为机构改革的重中之重，推进政企分开、政事分开、政社分开。结合干部人事制度改革，做过细的思想政治工作，积极稳妥地做好人员分流工作。

2. 加强协调工作

对机构改革过程中遇到的诸如职能调整、机构撤并、编制精简、领导职数配备、人员分流等各种矛盾和问题，我都毫不回避，以积极的态度，认真做好协调工作。有的问题多次与部门协商、沟通，反复听取意见，取得理解和谅解。对争议比较大的问题，召开相关部门参加的座谈会，集思广益，研究解决办法。

3. 加强检查指导

市县、乡镇机构改革方案实施前，组织3个小组到各市指导起草方案和配套措施。各市改革方案批复后，又多次到市县指导和检查，其中2001年6月至11月我陪同钟启权副省长10次深入15个市检查指导机构改革工作，2001年8月底至9月初组织4个小组分赴16个贫困县了解和检查机构改革情况，2002年3月再次组织了对16个贫困县机构改革的检查。通过检查指导，及时发现执行中的问题，纠正工作偏差和违反政策的做法。至2002年5月，除省级人大、政协、群团机关机构改革工作正按中央的部署加紧进行外，我省各级党政机关机构改革工作已完成，政府职能转变取得新进展，职责关系得到进一步理顺，人员平稳分流，精简机构编制实现了预期目标。省政府工作机构减少13个，精简22.8%；市县党政工作机构减少1071个，精简20%；乡镇机构减少4153个，精简30%。省政府行政编制精简了49.4%，分流人员2200多人；市县乡镇行政编制精简了20%，分流人员7万多人。这次机构改革，中央编办检查时给予了较高的评价。

（五）加强人事法制建设，坚持依法行政

两年多来，我作为厅执法责任制第一责任人，把贯彻依法治省方略、落实执法责任制、坚持依法行政作为履行职责的重要标尺，严格要求自己。主要做了如下工作。

1. 积极推进人事法制建设

一是深入开展人事法制宣传教育，提高人事干部队伍的法制意识和法制水平。除了组织好共同类法律、法规的学习外；重点抓好人事专业“三五”普法教育，组织了全省人事专业“三五”普法考试。对“四五”普法工作做了全面部署。我带头学法用法，省人大、省普法办组织的每一场领导干部法制讲座，我都按要求参加。2001年，我厅被中宣部、司法部评为全国“三五”普法教育先进单位。

二是认真做好人事法规的制定工作，加快人事立法步伐。我主持起草的《广东省人才市场管理条例》草稿几经修改完善，已列入省人大今年的立法计划。《广东省人事争议仲裁规定》和《广东省事业单位聘用制规定》修改稿已报省政府法制办审定。

三是大力加强人事执法工作。完善人事执法责任制，明确执法的依据、权限和责任，把人事执法任务落实到部门、岗位和具体的责任人。把省八届人大常委会第三次会议通过的《广东省科学技术人员继续教育规定》和省九届人大常委会第十九次会议通过的《广东省行政机构设置和编制管理条例》列入执法检查的内容，督促抓好落实。正面教育引导各级人事部门自觉守法，强化守法意识。开展严肃干部人事工作纪律专项教育活动，对违规录用、以工代干转干、人事考试违纪等现象严肃查处，纠正行业不正之风。先后对云浮、汕尾、潮州、揭东、肇庆、茂名等6个市、县违反人事纪律的有关案件进行了严肃处理，共清退违规录用干部或过渡为公务员的人员117人，对有违规行为的市人事局和相关责任人在全省人事部门进行通报。

四是建立健全法律监督机制。除抓好日常执法监督外，每年年底均采取有效方式开展人事执法大检查，检查情况及时报省人大、省政府。在去年的执法检查中，我厅在新闻媒体上公布了举报电话，干部群众对此反应热烈。

完善人事行政复议制度，依法、及时地纠正违法或不当的具体人事管理行为。两年来，我厅共收到5件行政复议申请，对每一件申请，我们都认真研究，给予申请人书面答复，说明理由和法律依据，告知解决问题的有效渠道。健全人事争议仲裁制度，及时查处、裁决平等主体间的人事争议，两年来省政府人事部门受理人事争议仲裁案418件，维护了用人单位和人才的合法权益。

2. 做好人事政策法规清理工作

根据省政府的部署，今年3月，我厅成立了由我任组长的“人事系统政府规章和规范性文件清理领导小组”，制订了工作实施方案，对不利于转变政府职能的规章和不符合WTO规则的文件作出修订。目前已清理政府规章13件，其中已废止1件，拟废止3件，拟修订4件，拟保留5件；已清理政府规范性文件11件，其中拟废止5件，拟修订2件，拟保留4件；我厅成立以来印发的298件规范性文件的清理仍在进行之中。整个清理工作将于7月底全部完成。

3. 规范行政审批事项

对被取消的8个行政审批项目令行禁止，对保留的22个审批、审核、核准项目，制定了相配套的细化职责规定和办事程序规范，使各项业务工作有法可依、有章可循，成为我厅办理业务的“基本法”。去年年底以来，根据省政府关于深化政府部门行政审批制度改革的意见，对第一轮行政审批制度改革保留的项目再次进行了认真的审查和清理，目前方案已报省审批制度改革联审办。

4. 认真办好人大代表议案、建议和政协委员提案，做好群众来访来信的工作

我继续抓好省八届人大三次会议代表提出的《关于强化人才宏观管理、加强人才资源开发力度议案》（第1号）的实施，在省人大、省政府的指导下，会同各会办单位高度重视1号议案的结案工作，到市、县认真检查5年来实施1号议案的情况，牵头主持草拟出结案报告，实事求是地肯定成绩，找出不足，提出巩固和扩大议案成果的具体措施。这一报告已经省九届人大常委会第33次会议审议通过。高度重视每年省人大、政协交由我厅办理的人大代表议案、建议和政协委员提案，做到件件有落实，事事有回音，让代表们满意。我亲自督办重要的议案、建议和提案。如对省九届人大纪是安等代表提出的《韶关市工商局录用公务员问题上舞弊》的建议，收到建议的当天我们就与省工商局成立了联合调查组。经过深入调查核实，纠正了韶关市工商局的错误做法，对此，纪是安代表赞扬我厅

办理人大代表建议实事求是，雷厉风行。2000、2001两年我厅主办或会办了9件人大代表议案、建议和26件政协委员提案，答复满意率达100%。2001年我厅被评为承办政协提案工作先进单位。今年省人大、政协交办的19件议案、建议和提案办理情况良好，已办毕的答复满意率达100%。对群众的来访，我能热情接待，耐心倾听意见，坚持以有关的法律、法规做好说明解释。对群众来信基本上做到件件有复函。

（六）注重加强队伍自身建设

（略）

（七）切实加强党风廉政建设

我切实担负起我厅廉政建设第一责任人的职责，把廉政建设放在重要位置加以落实。（略）

二、今后的努力方向

我要把这一次省人大常委会对我的述职评议作为更好履行职责的鼓舞和鞭策，继续团结厅领导班子成员，在省委、省人大、省政府的正确领导下，忠于职守，认真从以下几个方面抓好整改。

（一）加强学习，进一步提高自身素质

要大力加强政治理论、政策法规和业务技能的学习，不断拓展自己的知识面。要结合人事人才工作实际，学习好、贯彻好、落实好江泽民同志“5·13”讲话和省九次党代会精神。要坚持学以致用，把加强学习与提高自身素质结合起来，与提高解决实际问题的能力结合起来，与推动人才战略的实施结合起来。

（二）加强调查研究，深入了解真情实况

要工作重心下移，深入基层，调查人事人才工作的新情况新问题，尤其是经济欠发达地区人事人才工作的热点和焦点问题。要研究人事工作发展中具有前瞻性的重大理论和实践问题，总结实践经验，探索工作规律，促进科学决策。调研既要广泛深入，掌握客观情况，又要突出针对性，增强实效性，加强对人才工作的分类指导。

（三）加强法治观念，不断提高依法行政的能力和水平

要坚持以法律法规为准绳，规范人事行政管理行为，做到依法行使职权，权责统一，运作规范。要加强普法教育和执法教育，健全执法责任制，坚决纠正和克服有法不依、执法不严、违法不究的现象，坚决查处人事违纪行为，营造良好的人事法制环境。要加强内部管理，建设廉洁、勤政、务实、高效的人事行政管理机关，造就政治强、业务精、作风正、纪律严、靠得住的人事干部队伍。

（四）抓住机遇，加快实施人才战略的步伐

要贯彻落实《2002—2005年全国人才队伍建设规划纲要》，继续把人才资源开发作为人事人才工作的永恒主题，树立人才是第一资源、人才资源开发、人才资源配置市场化、人才资源管理法制化和人才竞争国际化“五个”新理念，全面加强人才队伍、人事制度、人才市场、人事法制和人事队伍“五个”建设。当前尤其要根据省九次党代会所确定的目标和任务，突出抓好以下几项工作：

（1）加强对WTO知识人才的培养和引进工作。要确立人才结构调整、人才国际化和人才区域协调发展战略，抓紧培养和吸引一大批我省紧缺的精通世贸组织规则的国际通用

型专业人才。

（2）努力建设有利于人才成长和创业的综合环境。要以优化人才环境为立足点，营造公开、公平、公正的人才“生态环境”和创业平台。要进一步完善人才市场功能和结构体系，规范人才市场运作。逐步建立起机关工作人员规范的薪酬分配、激励制度。

（3）大力加强专业技术人才尤其是高层次急需人才和经济欠发达地区人才工作。要尽早做好省委、省政府即将出台的《关于进一步加强专业技术人才队伍建设的决定》配套措施的准备工作。要争取设立省级人才资源开发专项资金，落实人才培训经费、引进国外人才工作经费纳入同级政府财政预算。要正确处理好培养、引进、使用人才三者的关系，切实用好现有人才。

（4）采取得力措施，落实好省九届人大第33次会议审议通过的《广东省人民代表大会常务委员会关于强化人才宏观管理、加大人才资源开发力度议案办理结果的决议》。

主任、各位副主任、秘书长、各位委员，我虽然对这次述职报告做了认真准备，但仍会有不足之处，恳请各位领导和同志们提出评议意见，我一定虚心接受，坚决整改，在省委、省人大和省政府的领导、支持、监督下，尽职尽责，努力工作，增创人才新优势，为广东率先基本实现社会主义现代化作出新的贡献！

以上报告，请予评议。

（选自广东省九届人大常委会第35次会议文件，经本人同意收作例文，因篇幅有限，选用时省略了部分内容）

这是一篇向人大述职的《述职报告》。哪一级人大决定任命的干部就要定期向该级人大述职，报告自己在任期内履职的情况。

广东省人事厅厅长是由省人大决定任命的，所以谭璋球厅长须向省人大述职，这是他当时在会上口述的文稿。

这篇述职报告结构完整，格式规范。标题由文种、题注（省九届……第……会议文件）、报告人、日期等部分组成；抬头（即本文的主送对象）分别列出述职报告的审议人，没有遗漏；主体部分分“履行职责情况”和“今后的努力方向”两大部分分条列项陈述，将“德、能、勤、绩”融合在七项履职工作中表现；最后用了一段恳切的表白，并请求审议作结。

依例，述职人的领导部门要对述职人的述职进行述职评议，写出评议意见或评议报告，对述职人的履职情况和他的《述职报告》下结论。

所谓述职评议，并非只对《述职报告》进行评议，而是要组织专门力量对述职人的履职实际情况进行调查、访问，广泛听取相关领导、属下、群众、各相关部门的意见，对其德、能、勤、绩各方面作综合考察、考核。然后，在这一基础上对述职人的《述职报告》进行是否真实、是否恰当的审议。

广东省人大常委会对述职人的《述职报告》是十分严肃认真的，不仅要听取述职人的述职报告，还要深入进行调查研究，倾听各有关方面的意见，作出述职评议。

广东省九届人大常委会第35次会议对谭厅长述职报告的审议，先由省人大常委选举联络人事任免工作委员会作《关于对省人事厅谭璋球厅长述职评议意见的报告》（以下简称《报告》），之后，再由大会审议通过，最后才作评议结论。

据《报告》称，省人大常委会选举联络人事任免工作委员会，早在谭厅长述职前两个多月（5月）便开始了对其述职进行充分的评议准备工作：召开了省人事厅全体干部以及下属事业单位主要负责人的动员大会。会后，围绕谭璋球任现职以来履行职务、依法行政、廉洁自律的情况，分别听取分管副省长、省政府分工联系的副秘书长、省人事厅领导班子成员和省人事厅各内设机构、所属事业单位主要负责人的意见，听取省直有关单位和部分市、县人事局的意见。在比较广泛地了解情况、听取意见的基础上，进行了初步评议，然后对照其《报告》进行评议并提出意见，并将该意见形成会议文件。

评议指出："谭璋球同志对这次述职评议思想重视，态度端正，准备认真，述职报告是实事求是的，既肯定了成绩，又找出了存在问题，还提出了改进工作的设想，我委同意其述职报告。"

总的评价是："谭璋球同志2000年2月任省人事厅厅长以来，在省委、省政府的领导下，团结带领班子成员和全厅干部，认真贯彻执行人事人才工作的政策和有关法律、法规，紧紧围绕我省率先基本实现社会主义现代化的总目标和实施人才战略的要求，坚持依法行政，认真履行职责，努力推动我省人事人才工作不断向前发展。谭璋球同志努力学习，开拓进取，具有较高的政治素质和业务水平，驾驭全局能力和决策能力比较强；能坚持民主集中制原则，民主作风好，平易近人，处事公正；事业心强，工作扎实，廉洁自律，受到人事系统干部的好评。谭璋球同志2000年被评为省直机关政治理论学习优秀个人，2001年被评为省直机关优秀党员。"

评议分别从四个方面列举了谭厅长履职的主要成绩，也从四个方面提出了对今后工作的建议。

第二节　述职报告概述

一、述职报告的含义

述职报告是党政机关、人民团体、企事业单位的干部，向当地党委或人大常委会，或主管领导部门、人事部门，或选区的选民，或本单位的职工群众，陈述自己在一定时期内的工作实绩、问题和设想的自我述评性的报告文书。这是选用干部的一种人事考核形式，是组织、人事部门正确选拔任用干部、考核干部，克服用人、看人上的主观主义、官僚主义，提高干部的政策、思想水平的有效工具，也是促进和监督干部忠于职守的有效手段。

党管干部的原则不变。组织、人事部门对全体干部进行各种形式的考核，这是搞好人事管理的重要环节。随着民主法制建设进程的加快和人民代表大会制度的不断完善，人大常委会要求其任命的干部在任职一段时间后作述职报告，并进行述职评议，这已成为人大人事任免监督的一种形式和手段。

人事考核有广义和狭义之分。狭义的人事考核是指对工作人员在管理活动中表现出来的思想品德、工作态度、工作业绩（包含完成工作的质量、数量、效率和方式手段）进行的考查和评估，是评估工作人员对本岗位工作胜任度的重要尺度。广义的人事考核是指对工作人员的政治素质、文化素质、心理素质、生理素质、能力水平、工作成绩进行的综合考查和评价，是人事管理活动中任用、调配、培训的依据。

采用述职报告的形式考核干部，将自评、领导审查、群众评议三者结合，能更广泛地听取意见，收到更好的效果。目前，仅是人大对其任命的干部、党政机关对主要领导干部采用述职报告的形式进行干部考察和评议，而对其他干部仍使用传统的干部考察方式。

二、述职报告的内容

述职报告，最初曾以“总结”或“汇报”的形式出现，经过一段时间的使用，逐步形成了内容和形式独具特色的新体式。

述职报告的内容，主要是述职人陈述其在该岗位上德、能、勤、绩四个方面的表现。

（一）德

德主要指政治思想素质，是对工作人员政治上和世界观方面的要求，也就是我们常讲的革命化。它是工作人员干不干社会主义和采取什么态度去干的决定性因素，因此是考核中最重要的内容。

一般来说，德由以下几个方面构成：

1. **政治品德**。是指辩证唯物主义与历史唯物主义世界观，以及建立在这个世界观基础之上的政治立场，代表无产阶级的先进思想，等等。具体表现为共产主义世界观、爱国主义、坚持四项基本原则等。

2. **伦理道德**。是指在处理个人与社会集体之间、人与人之间关系时所表现出来的思想情操和道德品质。包括大公无私、牺牲精神、相容性等。

3. **职业道德**。是指在从事本职工作中，用共产主义道德指导职业活动的具体实践。具体指原则性、事业心、责任感、纪律性、政策性等。

4. **个性心理品质**。是指个性心理倾向、动机、兴趣、理想等。具体表现为行为动机、性格特征、兴趣爱好等。

以上四个方面，政治品德是最重要的，它是决定工作人员的成长及发展方向的根本因素。政治品德是核心，它对整个社会的发展方向起作用；伦理道德对交往对象产生作用；职业道德对社会生产劳动起作用；个性心理品质对个人成长起作用。因此要十分重视被考查人的思想政治品德。

（二）能

能即才能，通常指完成一定活动的本领。能力是有效地认识、改造和控制客观世界的综合力量，是对用人对象才识和技能方面的要求，它决定工作人员干得怎样。

工作能力由两方面组成：①一般能力。指各类工作人员完成一切活动都必须具备的能力。它包括分析判断能力（准确性、周密性、敏感性、预见性、果断性、条理性、灵活性、系统性）、一般工作能力（口头表达能力、文字表达能力、说服能力、启迪能力、感染能力、自学能力、激励能力、归纳能力等）。②特殊能力。指与一定活动联系在一起、为适应一定活动需要而形成的具有专业性和综合特征的能力。它包括组织领导能力（决策能力、用人能力、组织能力、协调能力、解决问题的能力、计划能力等）、创造能力（管理工作及高层次职位人选尤其要具备创造能力）。经验是指在管理实践中培养出来的能力，它是能力的一种表现形式，也是一项很重要的考核内容。

能力具有如下特点：①能力是潜在的，只有在工作中才能表现出来，它不能离开一定的社会环境和社会实践而孤立存在；②能力是不断发展变化的；③能力是一种合力，有综合性特征。

（三）勤

勤由组织纪律性、责任感、工作积极性、出勤率等各方面构成。勤与工作态度即责任心有关系，勤是考核中的态度指标，它与德有密切的关系。

（四）绩

绩是业绩，也可称为工作成绩或政绩。绩是在管理过程中表现出来的改造客观世界的物质或精神的成果，是能力的物化或个化形式。

1. **绩的构成**。绩，一般由以下四个方面构成：①工作指标，即完成工作的数量和质量；②工作效率，即完成工作过程中体现的组织效率、管理效率和机械效率；③工作效益，即所完成任务的经济效益、社会效益和时间效益；④工作方法，即采取什么样的方法、什么样的手段完成工作任务。

2. **绩的特点**。

（1）成绩大小与品德、能力成正相关关系。

（2）不同层次、不同性质和不同类别的工作岗位，绩的表现形式不同。

（3）影响业绩的客观因素复杂多样，主要有：①社会政治环境因素，即政策条件、政治气候、原来的工作基础等。②经济环境因素。如自然地理位置、资源条件、物质基础等。③人际环境因素。如上级的支持情况、班子的结构和配合状况、下级素质及对领导支持状况等。

这些环境因素以不同程度、不同方式，从不同途径影响着工作业绩。因此，在考绩中，应剔除这些客观因素对业绩的影响，真实评价自己的才干和作用。

德、勤、能、绩构成了考核的全部内容，在四项考核内容中，政治素质和品德要素是核心；能力是从事工作的本领，是考核的主要内容；工作成绩是德和能力的物化表现形式，是考核的重点。四项考核内容之间的关系如下：首先，勤是工作态度，严格说是隶属于德的一项考核内容。其次，德和能力是统帅与被统帅之间的关系。可以这样说，才（能力）者德之资也，德者才之帅也。最后，工作成绩是在和能力相互作用的情况下、在改造客观世界中获得的物质和精神的成果。应该强调的是，在四项考核内容中，工作成绩在任何情况下都是考核的重点。

三、述职报告的文体特点

（一）自述性

自述性，就是要求报告人述说自己在一定时期内履行职责的情况，因此，必须使用第一人称，采用自述的方式，向有关方面报告自己的工作实绩。这里的所谓实绩，是指报告人在一定时期内，按照岗位规范的要求，把为国家做了些什么事情，完成了什么指标，取得了什么效益，有些什么成就和贡献，工作责任心如何，工作效率怎样，实实在在地反映出来。但是，要特别强调的是，述职报告内容必须真实，是实实在在已经进行了的工作和活动，事实确凿无误，切忌弄虚作假。

（二）自评性

自评性，就是要求报告人依据岗位规范和职责目标，对任期内的德、能、勤、绩等方面的情况，作自我评估、自我鉴定、自我定性。述职人必须持严肃、认真、慎重的态度，既要对自己负责，也要对组织负责、对群众负责。对工作的走向、前因后果，要叙述清楚，评价恰当；所叙述的事情，要概述，让人一目了然，并从中引出自评。切忌浮泛的空绩，切勿引经据典地论证，定性分析必须在定量证明的基础上进行。

（三）报告性

报告性，就是要求报告人放下官架子，以接受评议、监督的人民公仆的身份，履行职责做报告，以被考核。要认识到，自己是在向上级汇报工作，是严肃的、庄重的、正式的汇报，是让组织了解自己、评审自己工作的过程。因此，述职报告内容必须实在、准确，而且要用叙述的方式，将来龙去脉交代清楚。语言必须得体，应有礼貌、谦逊、诚恳、朴实，掌握分寸，切不可傲慢、盛气凌人，亦不可夸夸其谈、浮华夸饰。

四、述职报告的种类

掌握了述职报告的分类，写作述职报告时才能有针对性。述职报告的分类可以从几个不同的角度进行划分，因而存在着交叉现象。

（一）从内容上划分

1. **综合性述职报告**。指报告内容是一个时期所做工作的全面、综合反映。

2. **专题性述职报告**。指报告内容是对某一方面工作的专题反映。

3. **单项工作述职报告**。指报告内容是对某项具体工作的汇报，往往既是临时性的工作，又是专项性的工作。

（二）从时间上划分

1. **任期述职报告**。是指对任现职以来的总体工作进行报告。一般来说，时间较长，涉及面较广，要求写出一届任期的情况。例文就是任期述职报告。

如果是离任，则称为离任述职报告，同样要求从任职以来述起，重点放在最近任期内的情况反映上。

2. **年度述职报告**。是指一年一度的述职报告，写本年度的履职情况。

3. **临时性述职报告**。是指对担任某一项临时性职务任职情况的报告。比如，负责一期的招生工作，或主持一项科学实验，或组织一项体育竞赛，写出其履职情况。

（三）从表达形式上划分

1. **口头述职报告**。是指向党委会、人大常委会、选区选民或向本单位职工群众述职时，用口语化语言写成的述职报告。

2. **书面述职报告**。是指向上级领导机关或人事部门报告的书面述职报告。

无论是口头述职报告还是书面述职报告，都要注意将工作总结同述职报告区别开来。工作总结，可以是单位的、集体的，也可以是个人的，其写作角度是全方位的，即凡属重大的工作业绩、出现的问题、经验教训、今后工作设想等都可以写。而述职报告不同，它要求侧重写个人执行职守的情况，往往不与本部门、本单位的总体业绩、问题相掺杂。

第三节　述职报告的写作

一、述职报告的写作要求

（一）要正确分清述职报告与总结的文体区别

述职报告是从总结演化而来的。但是，从述职报告的目的来看，其文体毕竟不同于总结。总结是为了吸取经验教训，使自己在今后的工作中少犯或不犯错误，得出规律性的认识。它重在写事和理，即在展现工作的过程中揭示理（规律性的认识），所写的内容能给人以启发，因此，总结是供人学习、参考的。述职报告则不然。述职报告是述职人为了让有关领导、部门、员工了解自己任职期间的德、能、勤、绩的情况，让他们审议是否称职，能否晋升。因此，述职报告的重点是讲人，即“我”这个人是怎样履职的；报告的内容是述职人履行岗位职责的情况。评价、审议的人也是依据述职人的岗位职责来衡量他的工作。

（二）要充分反映任期内的工作实绩和问题

述职是民主考评干部的重要一环，也是干部自觉接受组织和群众监督的一种有效形式。干部作述职报告，是为了让组织和群众了解和掌握干部德才状况与履行职责的情况。因此，述职报告应该充分反映自己任期内的工作实绩和问题，即为国家和人民办了什么实事，结果怎么样，有哪些贡献，还有哪些不足，包括工作效率、完成任务的指标、取得的效益等。工作实绩如何是检验干部称职与否的主要标志，述职人要充分认识到这一点，实事求是地把自己的工作实绩和问题反映出来。

（三）要实事求是地评价自己

述职报告中对自己的评价要实事求是，不夸大，不缩小，要准确恰当，有分寸，不说过头话、大话、假话、套话、空话。要做到这些，应注意处理以下几个关系：

（1）处理好成绩和问题的关系。就是理直气壮摆成绩，诚恳大胆讲失误。

（2）处理好集体与个人的关系。不能把集体之功归于个人，也不要抹杀个人的作用，必须分清个人实绩和集体实绩。

（3）在表述上要处理好叙和议的关系。以叙述为主，把自己做过的工作实绩写出来，不要大发议论，旁征博引，议论也只是对照岗位规范，根据叙述的事实，引出评价，不能拔高。

（四）要抓住重点，突出个性

述职报告，如果用口头报告表述，时间一般宜30分钟，如果用书面报告表述，一般在3000字以内为宜。因此，表述的内容应抓住重点，将最能显示工作实绩的大事件或关键事实写入述职报告。凡重点工作、经验、体会或问题等，一定要有理有据、充实具体，而对一般性、事务性工作，宜概括说明，不必面面俱到。抓住重点，突出中心，还应突出自己的特色、自己独有的气质、独有的风格、独有的贡献，让人能分辨出自己在具体工作中所起的作用。

二、述职报告的结构与写法

述职报告没有固定的写作模式，根据不同类型和主旨，可灵活安排结构。述职报告一般由标题、抬头、正文、落款四部分组成。

（一）标题

述职报告的标题，常用的有三种写法：

1. **文称式标题**。只写“述职报告”这一文称，如例文。

2. **公文式标题**。公文式标题有两种：一种是姓名＋时限＋事由＋文种名称，如《×××2000至2001年试聘期述职报告》《×××2001年至2002年任商业局局长职务的述职报告》；另一种是职务名称＋姓名＋事由＋文种名称，如《省人大内司委主任×××关于2000年任职情况的述职报告》。

3. **文章式标题**。用正题或正副题配合，如《2000年述职报告》《思想政治工作要结合经济工作一起抓——××造纸厂厂长王××的述职报告》《2000年任职情况的述职报告——省人大内司委主任×××》。

（二）抬头

1. **书面报告的抬头**。写主送单位名称。如“××党委”“×委组织部”或“××人事处”。

2. **口述报告的抬头**。对到会的领导人以职务称呼。如人大常委会主任、副主任，各委主任，各位委员，各位代表，或“各位领导同志们”（注意，要将参加审议的各领导人均按职务称呼道明）。

（三）正文

述职报告的正文由开头、主体、结尾三部分组成。

1. **开头**。开头，又叫导语、引语，一般交代自己任职的情况，包括何时任何职、变动情况及背景；岗位职责和考核期内的目标任务情况；个人对自己工作的整体评价，确定述职范围和基调。这部分要写得简明扼要，能给听者以总体上的印象（参阅例文）。

2. **主体**。主体是述职报告的中心内容，主要写自己的工作实绩、做法、经验、体会或教训、问题（参阅例文）。

要写好以下几个方面：

（1）对党和国家的路线方针政策、法纪和指示的贯彻执行情况。

（2）对上级交办事项的完成情况。

（3）对分管工作任务的完成情况。

（4）在工作中出了哪些主意，采取了哪些措施，作出了哪些决策，解决了哪些实际问题，纠正了哪些偏差，做了哪些实际工作，取得了哪些业绩。

（5）个人的思想意识、职业道德、工作态度与作风、同群众的关系等情况。

（6）写出存在的主要问题，并分析问题产生的原因，提出今后改进的意见和措施。这部分要写得具体、充分、有理有据、条理清楚。由于这部分内容涉及面广、量多，所以宜分条列项写出。“条”“项”要注意内在逻辑关系，安排好结构。例文做了很好的示范，请仔细阅读，吸取其长。

3. **结尾**。结尾一般写结束语。用“以上报告，请审阅”“以上报告，请审查”“特此报告，请审查”“以上报告，请领导、同志们批评指正”等作结（参阅例文）。

（四）落款

述职报告的落款，写上述职人姓名和述职日期或成文日期。署名可放在标题之下（参阅例文），也可以放在文尾。

【思考与练习】

导语：写作述职报告是干部特别是领导干部必须具备的能力，其重点无疑是自己履职过程中在德、能、勤、绩诸方面的实践，没有实践便没有可述之处。但是，领导机关、用人单位选取人才，还是需要审视述职报告的。因此，述职报告的写作是干部必备的写作技能之一，建议同学们切实掌握好述职报告的应用与写作。

一、概念题

掌握下列名词术语。

述职报告　履行职责情况　德、能、勤、绩　述职评议　廉洁自律　选拔任用干部　考核干部　人事考核　政治素质　心理素质　生理素质　领导审查　群众评议　政治品德

伦理道德　廉洁奉公　严于律己　事业心　责任感　纪律性　决策能力　用人能力　协调能力　计划能力　自述性　自评性　报告性

二、阅读题

1. 阅读述职报告例文。

2. 通过例文和例文导读介绍的情况，了解述职报告的进行程序，以严肃认真的态度对待述职报告。

三、简答题

请依据述职报告的文体特点，说说它同工作总结的区别。

四、训练题

1. 写作述职报告必须首先明确自己的岗位职责，并对照职责规范叙述自己的履职实践，如分别在德、能、勤、绩诸方面做了哪些工作，怎样去做的，效果如何。请你认真阅读例文，试分析作者是怎样对照自己的职责规范分述其履职实践的。

2. 依据自己的岗位，写一篇述职报告。要求体现出述职报告的特点，符合写作要求。

第三编　机关和机关各职能部门的专业业务文书

专业业务文书概述

一、专业业务文书的概念

专业业务文书，就是机关和机关的业务部门为处理专业业务工作而形成的记录专业业务工作、反映专业业务内容、办理业务事项、办理业务往来的专用文书。这些文书在经过无数次的社会实践之后形成了约定俗成的、本行业所认同、能够表述行业内业务往来内容的文字、符号、图表等书写形式，这种书写形式比较固定、规范，其语言文字、符号、图表往往使用较多的行规、行话（专业术语），业内人士容易明白其内容，并且不会产生歧义。现在，其业务工作和文书的应用均由专项的法律、法规或规章进行规范。

专业业务文书包含两个方面的含义，一是从国家的层面上说，构成管理国家的机构，即执政党机关、人大机关（也是立法机关）、行政机关（国务院和各级人民政府）、人民检察院机关（法律监督机关和公诉机关）、人民法院机关（审判机关）、人民解放军机关和人民政协机关，是由国家宪法赋予职能的国家机构，其职能范围内所使用的、体现其职能专业性的文书便是专业业务文书。二是行政机关设立主管各种专业业务的工作部门，又称职能部门。如国务院的外交、国防、财政、税务、司法、商务、计划、统计、银行、公安、教育等部门处理专业业务所使用的文书都是专业文书。

简言之，专业业务文书，就是机关和机关的业务部门为处理专业业务工作而形成的成文有效的文书，而且，大的专业又会套着若干小的专业、更小的专业。

由于专业业务文书众多，《教程》受篇幅所限，只能另书介绍，这里仅作概述，希望以此引领自学。

二、专业业务文书的类别

专业业务文书产生于各个专业，各具特点，为该专业所适用。社会上有什么专业业务，便形成什么专业文书，大的专业包含许多分工更细的专业，又形成更为专业的专业业务文书。可以说，专业业务文书举不胜举、数不胜数。有人在论著中称专业业务文书为“专用公文”，这无益于人们对公务文书的认识，还会造成对“公文”与“专业业务文书”概念和应用上的混淆，不利于公务文书的规范化、科学化。

专业业务工作，是一个国家在政治、经济、技术以及其他各个领域促使国家发展、进步不可或缺的手段。因此，宪法赋予各类国家机关以职能使命，国家机关或机关的职能部门分别承担着不同性质的专业业务工作，也就形成了与之相适用的专业业务文书，即国家机关的专业业务文书和国家机关职能部门的专业业务文书。

（一）国家机关的专业业务文书

国家机关所形成的专业业务文书，是国家机关在国家宪法和法律所赋予的职能范围内，在专门法律或专门法规的规范下所开展的专业性业务工作及其相适用的业务文书。

1. 执政党机关的专业业务文书

执政党的各级组织需开展党的各项工作，形成了一套具有特色的党务工作专业文书。如党的章程、党的纪律文书、党的组织文书、党建文书、干部管理文书等。

2. 人大机关的专业业务文书

人大机关工作包括人民代表大会工作、人大常委会的工作、人大代表团及人大代表的工作等。人大机关在其履行职能时，依据各个专门的法律法规所形成的业务文书即为人大专业业务文书。如“决议”“决定”“议案”“代表建议、批评和意见”以及立法工作的一系列的文书、履行人大四大职权（立法权、监督权、决定权、任免权）的特定文书，等等。

3. 国家主席机关专业业务文书

国家主席是我国国家机构的重要组成部分，是一个相对独立的国家机关，同全国人大常委会结合行使国家元首职权。中华人民共和国主席对外代表国家。中华人民共和国主席、副主席由全国人民代表大会选举。根据宪法规定，我国国家主席的职权主要有：根据全国人大及其常委会的决定，公布法律；任免国务院总理、副总理，国务委员，各部部长，各委员会主任，审计长，秘书长；授予国家勋章和荣誉称号；发布特赦令、戒严令，宣布战争状态，发布动员令；代表国家接见外国使节；根据全国人大常委会决定，派遣和召回驻外全权代表；批准和废除同外国缔结的条约和重要协定。

4. 国家行政机关专业业务文书

国家行政机关专业业务文书主要是指向人大机关的“报告”。这“报告”不是机关公文的“报告”，而是专业业务文书的“报告”，如以政府首长名义向同级人大所作的《政府工作报告》，以政府的名义向同人大报告工作的报告和向同级人大提请的议案。

5. 政协机关的专用文书政协提案

政协机关的主要职能是政治协商、民主监督、参政议政。这三项主要职能是各党派团体、各族各界人士在中国政治体制中参与国是、发挥作用的重要内容和基本形式。参政议政是对政治、经济、文化和社会生活中的重要问题以及人民群众普遍关心的问题，开展调查研究，反映社情民意，进行协商讨论。依据《政协提案条例》，通过调研报告、提案、建议案或其他形式，向中国共产党和国家机关提出意见和建议。

6. 军队机关的军事专业文书

军事指挥机关、指挥员用于指挥军事活动的专业文书，由军事法规进行规范。

7. 司法机关专业业务文书

我国的司法机关不是一个机关，而是由三类工作性质相同而系列不同的国家机关组合而成的。一是人民法院机关，是为国家审判机关；二是人民检察院机关，是为国家公诉机关；三是国家行政机关中的公安机关、国安机关、监狱和劳改机关，以及司法公证机关、仲裁机关。这些机关合称“司法机关”，它们在法律的规范下分工合作，使用各自系统的机关公文①，在涉及司法工作业务时，则使用各自的司法专业业务文书。

与司法工作相适应的法律文书（规范全社会、全国全员的规范性文书，宪法、法律、法规）和司法专业业务文书，是我国司法机关（含公安机关、国家安全机关、检察院、法院、监狱或劳改机关以及公证机关、仲裁机关）依法制作、处理各类诉讼案件以及案件当事人、律师及律师事务所自书或代书的具有法律效力或法律意义的文书，如公安机关的治安管理处罚裁决书、现场勘查笔录、立案报告、预审终结报告等；检察机关的公诉词、抗诉词检察建议书等；人民法院的起诉书、答辩状、判决书、上诉书、民事调解书等；公证机关的公证书等。

司法文书不能称为司法公文，因为司法机关并未发布司法公文。

（二）机关职能部门的专业业务文书

政府职能部门的专业业务文书是指机关设立主管各种专业业务的工作部门，又称职能部门的专业文书。如国务院的外交、国防、财政、税务、司法、商务、计划、统计、银行、公安、教育等，是机关工作的重要组成部分，这些部门在机关的工作中占着十分重要的位置；社会有什么行业业务，反映在我们的国家机关里，便有那么多的专业业务。省、地市、县市、乡镇分别设置除国防、外交以外的对口部门开展专业业务工作，在专业法律法规的规范下开展各项业务工作，使用相适应的专业文书。

1. **外交工作专业文书。**国务院设置外交部以及与外事工作相关的机构。外交部是中华人民共和国政府的外交机关，是中华人民共和国国务院内主管外交事务的组成部门，负责处理中华人民共和国政府与世界其他国家政府及政府间国际组织的外交事务。凡与外交外事务相关的机构为“外事口”，如外贸部、对外友协、外事办、外交学会、外交学院、驻外使团，等等。

外事口各机关使用党政机关公文，涉外处理公务时使用与外交工作相适应的专业业务文书。

外交专业业务文书是与国外的机构交往的凭借，处理问题时必须以文书为凭借，所以又可称外交文书为外交文件。“文件”是“重要的公务文书”之意，处理某问题时需要以它为凭借，故为重要。所以，外交文书可称为外交文件，但不可称为外交公文。因为公文是具策令性的文书，对国外机构不能有指令性。“文件即公文”的说法是误传，必须澄清。

外交文书仅限于国家及其外交机关、派出机构、外交代表与他国及其外交主管机关之

① 司法机关的机关公文——人民法院机关使用人民法院机关公文，人民检察院机关使用人民检察院机关公文，公安机关、国家安全机关、监狱和劳改机关以及公证机关、仲裁机关使用党政机关公文。但是，在涉及专业业务时则分别使各自的专业业务文书。

间使用。国家与联合国等国际组织之间亦使用外交文书。

常用的外交文书约有二三十种，包括公约、条约、协定、议定书，外交声明、公报、宣言，照会、备忘录，外交信函、电报，国书、颂词、答词，全权证书、批准书、委托书、领事任命书、领事证书，护照、签证，等等。

最常用的外交文书有照会、备忘录、函件三类。

2. **科技工作专业文书**。国务院设立科技部，全称“中华人民共和国科学技术部”，是政府管理全国科学技术工作的职能部门。

科协、科委、科学院、研究院、科研所、科学院校等，归“科技口”。凡其对外处理公务，使用党政机关公文。

涉及科技领域业务时，使用与科技工作相适应的科技文书，如科技实验报告、科技调查报告、科研进度报告、设计说明书、专家鉴定书、科研成果报告书、专利申请书、科研论文、学术论文等。

其他系统的科技单位，如国防、军工的科研机构在对外机关处理公务时使用本系统机关公文——军队机关公文，在涉及科技业务时使用科技业务文书。

这本来就是泾渭分明的文书分类，不应产生怀疑。

3. **新闻出版工作专业文书**。国务院设置国家新闻出版广电总局，是新闻、出版、广播、电影和电视领域的国家管理部门。凡“广电口”机关、单位、企业均使用党政机关公文处理公务，涉及本专业业务则使用与新闻出版工作、广播、电影和电视领域相适应的文书，如新闻、通讯、特写、专访、社论、评论、政论、编者按、选题计划、审稿意见、出版合同、发刊词、序等。

4. **经济工作专业文书**。经济工作是指社会物质生产、流通、交换等活动。国务院设置有经济工作管理部门，全称“中华人民共和国国家经济贸易委员会”，简称“国家经贸委”。从中央到地方，对口设置，所辖机构称“经贸口”。既然是政府部门，经贸口各机关、单位、企业均使用党政机关公文处理公务，当涉及本专业业务时使用专业业务文书。

经济工作专业业务文书十分广泛，总称为经济文书，有外贸经济文书、内贸经济文书。其下各可依不同标准再予分类。具体的文书如合同、市场调查、市场预测、经济活动分析、经济论文、招标书、投标书、商业广告、可行性研究报告，银行专用的系列文书、保险行业专用文书、财税专用文书、工商行政管理专用文书等可分别另行分类。情况虽然复杂，但是划分清楚、分类井然，不会产生疑问。

5. **文教卫生工作专业文书**。文化、教育、卫生，国务院分别设置有文化部、教育部、卫生部，分别归口管理全国的文化、教育和卫生防疫医疗等事业。行政上属政府部门，机关对外处理公务则使用党政机关公文，凡涉及各专业的工作则使用与文化、教育、卫生各专业工作相适用的文书。如招生工作章程、招生简章、教学计划、课程表、教案、教学论文、学术论文、毕业论文、学生操行评语、鉴定、医生处方及病历、检验报告书、诊断书等。

总之，各行各业都有各自的专业性很强的、适应于本专业的文书。

这些专业业务文书均由本专业工作相关的法律法规所规范、制约；我们对其中某一文书的应用与写作，必须在其相关的法律法规或规章规范性文件的规定内运作。凡违规运作，均会被判为无效，有的甚至要受到法律的追究。这些专业文书数量之大令人无法估量，各个不同专业的从业人员，并非必须掌握全部的专业文书，只需依据自己所选择的专业，抓住与本专业关系最为密切的专业文书，结合自己的实际专业工作，边实践，边探索，边应用，并且从应用中熟悉业务、提高业务能力。

6. **非外交系统的涉外文书。**涉外文书是我国与其他国家和地区的交际往来中产生的文书，包括涉外交往的涉外企业文书、外贸市场信息与预测文书、外贸出口业务文书、涉外贸易信函、经销协议和代理协议、涉外承包文书、外贸合同文书、涉外工作文书、涉外交往文书、涉外劳务文书、涉外旅游文书、涉外科教文书、涉外法律文书、许可证贸易协议、涉外函电文书、涉外广告、商务谈判文书、涉外会计文书、海关管理文书等方方面面的文书。

专业业务文书数不胜数，这里不一一介绍。在实际生活中遇上了新的专业业务文书，要找寻这类专业业务的法纪规范，循着规范去理清其性质、功能、用途、用法，对照实际事物，弄清来龙去脉，即可把握该业务文书。

三、专业业务文书的文体特点

专业业务文书在长期的实践中形成了它在文体上的特点，表现在如下几方面：

（1）专业业务文书是在专业业务工作中所形成的记录专业业务工作的文书；专业业务工作受国家专门法律法规所规范，形成专业性很强的专用文书。由专业业务所形成，为本专业服务，受专门法律法规约束。

（2）专业业务文书仅为本专业业务服务，其规范自成体系，只规范本专业，对非本专业则无效。

（3）大量使用专业术语、行话、行规、图表、账册、票证辅以表述，使表述更为准确、得体、生动。

四、专业文书的写作要求

（一）使用专业业务文书，要与其他文书相区别

使用本专业业务文书，要与机关公文、机关事务文书、法纪规范文书和日常应用文正确区分开来；公文是机关对外处理公务的文书，机关事务文书是机关对内处理公务的文书，专业业务文书则是各机关和机关各部门为处理各个专业工作、为本专业业务服务的公务文书。

（二）注意专业规范

使用专业业务文书，必须注意约定俗成的规范或由法律法规所进行的规范，要体现出专业性、规范性。

随着依法治国、依法行政建设的日臻完善，我国各个行业内凡重要的专业文书，均已经由国家机关用法律或法规进行了规范。如合同，有《中华人民共和国合同法》进行规范；招标与投标，有《中华人民共和国招标与投标法》进行规范；广告，有《中华人民

共和国广告法》进行规范；还有如《商标法》《会计法》《审计法》《公司法》《证券法》《计量法》《继承法》《统计法》等法律法规对各行各业的业务工作和专业文书进行了规范。有的由国家机关的职能部门用规章或规范性文件进行规范，如电报格式，信封格式，合同格式，银行账户、表册的格式，财务账簿的格式，票证、票据的格式，等等。

（三）注意使用行规行话

各专业业务都有自己的专业术语，在使用专业业务文书时，必须使用本专业术语，即使用该行业的术语、行话、行规，展示出其专业业务本色。

五、怎样掌握专业业务文书

专业业务文书门类十分广泛，一个人无法要求全部通晓。怎样学习、掌握自己所需要使用的专业文书呢？下面提示几种自学专业文书的方法。

（1）熟悉自己的业务工作。从起始到结尾的整个过程分多少个运作环节，各个环节是怎样运作的。

（2）了解与自己业务工作相关的机关、单位的相互关系。比如要清楚自己的上级机关、管理机关、业务往来机关、友邻单位、下级单位等，并知道业务往来的运作程序和方法。

（3）熟悉自己业务工作范畴的法律、法规、规章的规定（最好能收集起来编成“汇编”备查）。

（4）在不熟悉情况、不熟悉业务的情况下，可以从计划、总结入手（从档案或资料库中找到上年或前年的业务工作计划、总结），通过旧资料亦可学到自己不清楚的东西。

（5）订出自己的业务工作计划，试写出业务工作总结，通过亲身经历计划、总结的过程，发现自己的业务工作有哪些最常用的、最实用的业务专业文书，列出所有需要自己掌握的专业文书名称，并排好次序，依次学习、研究解决。

（6）采用“各个击破”的方法，集中精力打歼灭战：①确定学习、研究的对象（某一专业文书）；②收集该文书的样品（本单位原有的、曾经在实际工作中使用过的、书店里有售的相关书籍或杂志登出来的专著）；③将自己所要做的业务工作摆进去，确立自己所需要解决的业务问题；④寻找解决问题的方案，解决自己的业务工作问题，从研究中找出解决方案；⑤解决问题（凡能解决问题的学习，都是成功的，反之便要重新探索，直到解决问题）。

【思考与练习】

导语：学习专业业务文书，很大程度上是靠自己自学、摸索、探究。概述是介绍“总的情况”，“指出应注意的地方”，“训练自学能力”。

一、概念题

掌握下列名词术语。

专业业务文书　业务的工作部门　职能部门　行规　行话　专业文书由各个专业所形

成　外交文书　外交文件　司法文书　具有法律效力的文书　不直接发生法律效力但对执行法律有切实保证作用的文书　代表国家意志　执行上具有强制性　合同　劳动合同　广告　市场调查　招标与投标书

二、简答题

1. 什么是专业业务文书？

2. 为什么不能将外交文书称为“外交公文”？为什么可以称之为“外交文件”？

3. 为什么说“司法公文”是不存在的概念？

4. 有人将在经济领域的机关公文按分属领域，分别称为“经济公文”“财经公文”“财税公文”“银行公文”等，为什么说这是欠妥的？

5. 你怎样理解专业文书在写作上的要求。

6. 专业文书数量庞大，当你遇到没有学过的专业文书时，应采取什么办法去应对呢？

三、训练题

请将你所知道的专业业务文书抄录下来，体会其数量之多。

第四编　法纪规范性文书

法纪规范性文书概述

法纪规范性文书是指以书面形式或成文形式所表现，以一定社会主体的强制力保证实行，为人们的行为提供标准、指明方向，成为社会规范的应用文体，它包括国家宪法、法律、法规、规章，政党、社团、经济组织的章程，行政机关、人民团体、企事业单位的一般制度、规范、须知、公约等。

也就是说，法纪规范性文书，是指用法律、纪律①、规范②所组成，对全党、全国、全社会、全组织、全机关、全团体、全单位、全体人员进行法纪规范的文书。是全社会适用的律己文书，也是全员行动准则文书。

我们日常说的“党纪国法”，就是指党的法规、纪律和国家宪法、法律。实质上指的就是包括国家宪法、法律、法规、规章，政党、社团、经济组织的章程，以及行政机关、人民团体、企事业单位的制度规范在内的法纪规范性文书所表述的规范。

法纪规范性文书是统称，包括党纪、国法、行政纪律三个部分。

（1）党纪。党的纪律简称“党纪”，是执政党按照民主集中制的原则，根据党的性质、纲领和实现党的路线、方针、政策所需而确立的各种党规党矩的总称，是对全体共产党员的约束规范。

（2）国法。是指具有立法权的国家机关，依照《立法法》规定的立法程序，在自己职权范围内制定的国家法律、法规、规章的总称。

（3）行政纪律。是指以《公务员法》《行政监察法》为代表的法律条文所规定的行政纪律和各机关、团体、企事业单位为进行内部管理所制定的各种制度规范。

各级机关对全员进行规范的工作，是立法、建章立制工作，必须依照各个不同机关的职能和责权范围，依照宪法和相关法律的规定制定相适用的法纪规范文书。

---

① 纪律，指党纪和政纪。党纪，是指执政党中国共产党以《中国共产党章程》《中国共产党廉洁自律准则》为代表的党内纪律。政纪，是指以《公务员法》《行政监察法》为代表的法律条文所规定的行政纪律。

② 规范，是指“制度规范”，即各级各类组织由宪法和法律赋予的职能，在其权力范围内制定的各种规范性文件和制度规范。

第一章　法律性文书

法律性文书，是拥有立法权限的国家机关，经过法定的程序制定和公布的各种法律、法规、规章等文书的统称，它包括宪法、法律（各种法的统称）、行政法规、地方法规、部门规章和地方政府规章。

法律性文书也是司法部门执法办案的依据，是保护人民、打击敌人的有力武器。

第一节　例文学习

法纪规范性文书，对学生来说比较生疏，学习起来将会遇到不少困难。但是，法纪规范性文书却是我们把握好应用写作的关键。我们现在学习应用写作是为了在将来能自如地运用应用写作；要能自如地运用应用写作，就必须认识、掌握法纪规范性文书。只要我们遵循由感性认识上升到理性认识的认识规律，从学习法律性文件入手，首先具有感性认识，了解一定量的法纪内容，就会为法纪内容所激励，增强求知欲，越学越爱学，更上一层楼。

《教程》向读者郑重推荐阅读如下法律文件：

（1）《中华人民共和国宪法》

（2）《中华人民共和国立法法》

（3）《中华人民共和国全国人民代表大会和地方人民代表大会选举法》

（4）《中华人民共和国全国人民代表大会组织法》

（5）《中华人民共和国地方各级人民代表大会和地方各级人民政府组织法》

（6）《中华人民共和国国务院组织法》

（7）《中华人民共和国人民法院组织法》

（8）《中华人民共和国人民检察院组织法》

（9）《中华人民共和国各级人民代表大会常务委员会监督法》

（10）《行政法规制定程序条例》（2001 年 11 月 16 日 321 号国务院令公布）

（11）《规章制定程序条例》（2001 年 11 月 16 日 322 号国务院令公布）

（12）《中华人民共和国公务员法》

（13）《中华人民共和国行政复议法》

（14）《中华人民共和国行政处罚法》

（15）《中华人民共和国行政许可法》

（16）《中华人民共和国行政诉讼法》

（17）《中华人民共和国国家赔偿法》

（18）《中华人民共和国行政监察法》

（19）《中华人民共和国普通语言文字法》

“法理相通”，这些法律文件是引领我们入门学习的工具。我们阅读、学习了一定量的法律性文件之后，基础性的法理知识便具备了，然后进入法纪规范性文书的学习便能“顺理成章”，“水到渠成”。其中有的文书是基础性、工具性的，必须认真阅读、领会、理解并牢牢掌握。我们只有在掌握了一定量的法律性文件内容之后，才能理解应用写作与法律法规的关系，才能理解应用写作为什么必须遵循法律法规和规章的规定。

《教程》限于篇幅，不可能附录这么多的文件，请同学们自行到书店购买，或者在互联网上阅读（最好是下载到文件夹或打印出来）。

第二节　法律性文书的性质、特点和作用

一、法律性文书的性质

法律性文书是指以书面形式或成文形式所表现，以一定社会主体的强制力保证实行，为人们的行为提供标准、指明方向，成为社会规范的一种应用文体。

如果说，军队、警察、法庭、监狱是管理国家的一个重要工具，那么，法纪法规性文书也是管理好国家的另一种重要的工具。

我国的政治制度是人民代表大会制。人民按照民主集中制选举出代表，组成国家机关（包括权力机关、行政机关、审判机关、法律监督机关），统一行使国家权力。中华人民共和国的公民享有充分的人民民主和自由，但是也有一定的义务。为了保障这种权利与义务，具有立法权的机关，依照法定的权限，依据法定的程序，制定出包括国家宪法、法律、法规、规章在内的强制性规范文书，这些依法制定的文书，以其法律地位，称为法律性文书。从事应用写作的人员，学习和掌握法律性文书十分必要。依法行政，不仅是执法机关、行政机关的事，就是普通群众也要知道执法者及其所执之法是否合法，其执法程序是否合法。当我们在处理公私事务时，也应当知道怎样去依法、据法、用法等。因此，我们学习应用写作首先应当学法、懂法，依法、用法。

二、法律性文书的特点

法律性文书同其他文书相比较，有很大的不同，主要表现在制定机关、文书内容、表达方式、文书语言、文书的执行诸方面。

（一）制发上具有法定性

法律性文书制定的法定性，必须具备三个“合法”条件：一是立法机关必须合法，即依照《中华人民共和国宪法》和《中华人民共和国立法法》的规定，具备立法主体资格，而且其立法内容是在本机关权限之内；二是立法程序合法，即依照《中华人民共和国立法法》（以下简称《立法法》）、《行政法规制定程序条例》或《规章制定程序条例》，从立项到起草、审议、通过等一系列过程都合乎规定；三是公布合法，即依照上述法律法规的

规定签署、公布。这三者缺一不可，否则便是违法、非法，就会受到上级机关或同级人大的撤销或被宣布为无效。

（二）内容上具有周密性

法律性文书在内容上有一个很明显的特点，就是面面俱到，没有遗漏，具有周密性。它从严肃性与严密性出发，对它所涉及对象的有关方面都要作出相应的规定，应该怎样，不应该怎样，都必须一条条写明，甚至为什么要这样，规定后又如何实施，也要在前或在后交代一笔。

（三）表达上具有条款性

法律性文书在文字表述的篇章结构上独树一帜，采用独特的“章条式结构”，即以分章列条的形式表述，或章断条连式，或逐条贯通式。分“章”“节”“条”“款”“项”“目”，把应该规定的事项列出，用条分缕析的方法一一说明，以使内容鲜明、具体，条文准确、规范。

（四）文字表述规范准确

法律性文书在文字表述上，十分注意规范、准确，无歧义、严密，符合逻辑性，无懈可击。

（五）执行上具有强制性

法律性文书是法律，是社会规则，所规定的当事人权利和义务具有普遍约束力，由国家强制力（即军队、警察、法庭、监狱等）保证实施，因此，一旦正式公布，就要求有关方面及人员必须遵照执行。

三、法律性文书的作用

随着依法治国、依法行政的逐步深入和发展，法律性文书将会依据社会实践的需要而不断增加，所依的法会更加完善，各种法律法规将在规范人们的行为、教育人们、制裁违法、维护人民利益诸方面起到更有力的作用。

从学习应用写作的角度考虑，掌握法律性文书的相关知识，其意义在于应用法律性文书，正确处理应用写作中需要依法行政的各个环节。在日常的公务活动中，无论是司法实践，还是行政管理，往往会出现法律之间、法律与法规之间、行政法规与地方法规之间、法规与规章之间对同一事项的个别规定、对个别适用的理解不一致的现象，当这种现象出现时，唯一正确的方法就是依法按程序处理。这就需要我们掌握法律性文书知识，运用法律性文书知识，因此，法律性文书又是我们正确处理应用写作的基本工具。

根据我国现行规定，法律、法规、规章之间发生适用不一致的情况，应当按以下方式处理：

一是宪法具有最高的法律效力。一切法律、行政法规、地方性法规、自治条例和单行条例、规章都不得同宪法相抵触。法律的效力高于行政法规、地方性法规、规章。行政法规的效力高于地方性法规、规章。

二是同一机关制定的法律、法规、规章、特别规定与一般规定不一致的，适用特别规定；新规定与旧规定不一致的，适用新规定；新的一般规定与旧的特别规定不一致的，由制定机关裁决。

三是地方性法规与部门规章对同一事项规定不一致的，由国务院提出意见，国务院认为应当适用地方性法规的，应当作出适用地方性法规的规定；认为应当适用部门规章的，应当提请全国人大常委会裁决。

四是地方人民政府规章同国务院部门规章之间或者国务院部门规章之间有矛盾的，由国务院法制办协调；经协调不能取得一致意见的，由国务院法制办提出意见，报国务院裁决。

对行政法规某一具体规定执行不一致时，按照《国务院办公厅关于行政法规解释权限和程序问题的通知》（国办发〔1993〕12号文件）办理。这类立法性的解释，由国务院法制办按照法规草案审查提出意见，报国务院同意后，根据不同情况，由国务院发布或者由国务院授权有关行政主管部门发布。属于行政工作中具体应用行政法规的问题，由有关行政主管部门负责解释；有关行政主管部门解释有困难或者其他有关部门对其作出的解释有不同意见的，提请国务院解释，由国务院法制办提出答复意见，报国务院同意后，直接答复有关行政主管部门，同时抄送其他有关部门。

五是对不适当的法律、法规、规章的处理。全国人民代表大会有权改变或者撤销其常委会制定和批准的不适当的法律与适当的自治条例、单行条例；全国人大常委会有权撤销同宪法和法律相抵触的行政法规、地方性法规、自治条例和单行条例；国务院有权改变或者撤销不适当的部门规章和政府规章；省人民代表大会有权改变或者撤销其常委会制定和批准的不适当的地方性法规；地方人大常委会有权撤销本级人民政府制定的不适当的规章；省、自治区人民政府有权改变或者撤销下一级人民政府制定的不适当的规章。

掌握以上原则，对我们应用法律性文书、做好依法行政、得当处理公务将发挥更大的作用。

第三节　法律性文书的种类

我国的法律规范性文书有六类：一是宪法；二是法律；三是行政法规；四是地方性法规；五是部门规章；六是地方政府规章。

一、宪法

宪法是具有最高法律效力的根本大法。它规定了我国的国体、经济制度、国家形式、公民的权利和义务、国家机关活动的基本原则等国家生活中的原则和制度等，集中地表现了我国广大人民群众的意志和利益，使人民民主制度法律化，对规范国家权力，促进法制的完备和健全、统一，确立确保公民的基本权利和自由都起着保障作用。

宪法的规定具有最高的法律效力，制定法律、行政法规、地方性法规、自治条例和单行条例、规章，都不得同宪法相抵触。

作为中华人民共和国的公民，无论什么民族，文化程度如何，身处哪一个地方，从事何种职业，都必须学习宪法、懂得宪法、服从宪法、遵守宪法。

二、法律

法律，是一个国家所有立法文书的统称，单篇则称为“法”。由全国人民代表大会及其常务委员会制定，其地位和效力低于宪法而高于其他所有法规、规章，是我国法律形式体系中的二级大法。根据《立法法》第 7 条的规定：“全国人民代表大会和全国人民代表大会常务委员会行使国家立法权。全国人民代表大会制定和修改刑事、民事、国家机构的和其他的基本法律。全国人民代表大会常务委员会制定和修改除应当由全国人民代表大会制定的法律以外的其他法律；在全国人民代表大会闭会期间，对全国人民代表大会制定的法律进行部分补充和修改，但是不得同该法律的基本原则相抵触。”法一经颁行便具有普遍约束力，国家将以强制力保障实施。

法具有指引、评价、预测、教育和强制等规范作用。通过法律，人们知道什么是国家赞成的，可以做；什么是国家反对的，不能做。通过法律，可以判断、衡量人们的行为是否规范，制裁违法行为，捍卫合法权益，从而维护社会正常秩序。

法的制定和施行，有严格的法定权限和法定的程序。一切立法都不得有违宪法，否则就是无效之法，就要废除或撤销。没有立法权的机关不能立法，违规立法便是非法。有立法权的机关立法，也必须遵守立法程序，违反了立法程序也属违法，其立法便为无效之法。

法，可以分为基本法律和其他法律两类。基本法律又称为法典，由全国人民代表大会制定和修改，如刑法、民法、婚姻法、诉讼法等；其他法律由全国人大常委会制定和修改，如环境保护法、税收征收管理法、商标法、文物保护法等。

三、行政法规

行政法规，是国务院根据宪法和法律制定的规范性文件的总称。国务院是国家最高权力机关的执行机关，是国家最高行政机关，负责全国的行政管理工作。行政法规是宪法和法律的具体化，在全国范围内适用，它也是制定地方性法规和规章的依据之一，其效力高于国务院部门制定的部门规章和地方人大、政府制定的地方法规和政府规章。

根据《立法法》第 56 条规定：“国务院根据宪法和法律，制定行政法规。行政法规可以就下列事项作出规定：（一）为执行法律的规定需要制定行政法规的事项；（二）《宪法》第 89 条规定的国务院行政管理职权的事项。应当由全国人民代表大会及其常务委员会制定法律的事项，国务院根据全国人民代表大会及其常务委员会的授权决定先制定的行政法规，经过实践检验，制定法律的条件成熟时，国务院应当及时提请全国人民代表大会及其常务委员会制定法律。”

行政法规使用的文种名称有“条例”“规定”“办法”。如《公安机关组织管理条例》（2006 年 11 月 1 日国务院第 154 次常务会议通过，2006 年 11 月 13 日中华人民共和国国务院第 479 号令发布）；《国务院关于国家行政机关和企业事业单位社会团体印章管理的规定》（国发〔1999〕25 号）；《全国年节及纪念日放假办法》（1949 年 12 月 23 日政务院发布，1999 年 9 月 18 日国务院修订发布）。

（一）条例

适用于国务院和有权立法的地方人大及其常委会依法制定的，对某一方面的事项作全面、系统规定的法规。如《中华人民共和国治安管理处罚条例》《广东省地方立法条例》等。

国务院以令发布的《行政法规制定程序条例》中强调指出："国务院各部门和地方人民政府制定的规章不得称'条例'。"

国务院制定的条例，以国务院令的形式颁行。如 2002 年 3 月 13 日经国务院第 56 次常务会议讨论通过的《人工影响天气管理条例》，便以国务院总理朱镕基名义以第 348 号令公布施行。

条例是法规文书的专用文称，根据相关法规规定，党的中央组织制定规范党组织的工作、活动和党员行为的规章制度可以用条例，如《中国共产党纪律处分条例》；各省、自治区、直辖市人大制定的地方法规可以用条例。但是，省人民政府制定的政府规章不得称"条例"。社会上有一般单位在制定规章制度时用"条例"文称的，更是错误的。

（二）规定

规定是对某一方面的行政工作作部分的规定。比如国务院颁布的《法规、规章备案规定》。

规定在内容上较具体化，允许做的，可做到什么程度；不允许做的，做了该怎么处理，都有具体而明确的规定。

"规定"作为文种名称，只适用于法规、规章和规范性文件，一般单位的管理制度不宜滥用"规定"这一文称。

（三）办法

"办法"是对某一项行政工作作比较具体的规定，它是政策性措施的具体化、条文化。同条例、规定比较，办法是"对某一项行政工作"而不是"对某一方面的行政工作"，是"作比较具体的规定"，而不是"作比较全面、系统的规定"。这就是说，办法的对象范围要比条例、规定小得多，条款项目要比条例、规定具体。如《国家机关行政公文处理办法》。

但是要注意，办法是适用于法规、规章、规范性文件的文种名称，一般的管理制度不宜滥用。

此外，行政法规还可以使用"规则""细则"等名称。

行政法规，只有国务院才有权制定。其发布形式是以国务院令的形式，以总理名义直接发布（党内法规在《教程》"章程"一章介绍）。

四、地方性法规

地方性法规，是省、自治区、直辖市和较大的市的人民代表大会及其常务委员会，为在本行政区域内实施宪法、法律和行政法规，根据本地方具体情况和实际需要，在不与宪法、法律、行政法规相抵触的情况下制定的规范性文书。如，《广东省各级人民代表大会常务委员会监督条例》（1994 年 2 月 26 日广东省第八届人民代表大会第二次会议通过）；《广东省各级人民代表大会常务委员会评议工作规定》（1996 年 7 月 12 日广东省第八届人民代表大会常务委员会第二十三次会议通过）；《广东省各级人民代表大会常务委员会人事任免办法》（1995 年 11 月 21 日广东省第八届人民代表大会常务委员会第十八次会议通过）。

省、自治区、直辖市人民代表大会及其常务委员会制定的地方性法规在本省、自治区、直辖市范围内适用，效力高于本省、自治区、直辖市人民政府制定的规章，省会市和较大的市的人民政府是本级权力机关的执行机关，省会市和较大的市的人民代表大会及其常务委员会制定的地方性法规在本区域范围内有效，效力高于本级人民政府制定的规章。其文种名称可以使用“条例”“决定”“规定”“办法”等。

省、自治区、直辖市的人民代表大会制定的地方性法规由大会主席团发布公告予以公布；省、自治区、直辖市的人民代表大会常务委员会制定的地方性法规由常务委员会发布公告予以公布；较大的市的人民代表大会及其常务委员会制定的地方性法规报经批准后，由较大的市的人民代表大会常务委员会发布公告予以公布。

五、部门规章

这里所称部门规章是指国务院所属各部门依法(《规章制定程序条例》）制定的，在该部门、该系统有效的法规性文书。如，《新录用国家公务员任职定级暂行规定》（1997 年 3 月 28 日人发〔1997〕23 号）；《国家公务员录用培训暂行办法》（2001 年 6 月 28 日人发〔2001〕65 号）。

根据《立法法》第 71 条第 2 款的规定：“部门规章规定的事项应当属于执行法律或者国务院的行政法规、决定、命令的事项。”根据这一规定，部门规章规定的事项主要是根据法律或者行政法规的授权进行立法活动，也可以为执行法律、行政法规或本系统自身建设的需要而进行的立法。

部门规章必须依照《规章制定程序条例》的规定制定，并经部务会议、全体会议或常务会议通过，以部长令公布。

部门规章不得称“条例”，可以使用“规定”“办法”“实施细则”“规则”“规程”等名称。

六、地方政府规章

根据《立法法》第 73 条规定：“省、自治区、直辖市和较大的市的人民政府，可以根据法律、行政法规和本省、自治区、直辖市的地方性法规，制定规章。”但是，必须严格遵照《规章制定程序条例》。

地方政府规章可以就下列事项作出规定：①为执行法律、行政法规、地方性法规的规定需要制定规章的事项；②属于本行政区域的具体行政管理事项，如《广东省各级人民政府实施行政处罚规定》（1997 年 8 月 11 日广东省人民政府令第 23 号发布）；《广东省行政处罚听证程序实施办法》（1999 年 11 月 15 日广东省人民政府令第 54 号发布）。

自治条例、单行条例、特区法规在民族自治区域、特区辖区内适用。

地方政府规章应当经政府常务会议或者全体会议决定，由省长、自治区主席、市长签署命令以予公布。

地方政府规章不得称“条例”，可以使用“规定”“办法”“制度”“规则”等文种名称。

第四节　法律性文书的制定、批准和公布

一、制定法律性文书的主体资格

法纪规范性文书的制定，必须做到三个“合法”：①立法的机关必须合法，没有立法权的机关不能立法。②立法的程序必须合法，即严格依照相关法律的规定办理，违反立法程序也是违法。③法律法规的公布施行要合法，即须按照法定的签署、公布，并按法定的施行日期执行；组织章程的制定必须合法。章程是政党、团体、学会、协会、经济组织等，对本组织的性质、宗旨、任务、组织原则、成员条件及义务、权利、机构设置、职权范围、活动规则、纪律措施等作出明确规定的一种纲领性文书。一般需经代表大会通过才能成为该组织的有效文件，一经生效，便是该组织的根本法，具有很强的规范性和约束力。

在我国，享有法律、法规性文件立法主体资格的机关是：

（1）全国人民代表大会及其常务委员会。它可以制定、修改包括宪法在内的法律，解释法律。

（2）国务院。根据宪法和法律，可以制定行政法规。

（3）省、自治区、直辖市的人民代表大会及其常务委员会。在不与宪法、法律、行政法规相抵触的前提下，可以制定地方法规。

（4）较大的市的人民代表大会及其常务委员会。在不同宪法、法律、行政法规和本省、自治区的地方性法规相抵触的前提下，可以制定地方性法规。

（5）民族自治地方的人民代表大会。有权依照当地民族的政治、经济和文化的特点，制定自治条例和单行条例。

（6）国务院各部委、委员会、中国人民银行、审计署和具有行政管理职能的直属机构。可以根据法律和国务院的行政法规、决定、命令，在本部门的权限范围内，制定规章。

（7）省、自治区、直辖市和较大的市的人民政府。可以根据法律、行政法规和本省、自治区、直辖市的地方性法规，制定地方政府规章。

执政党中国共产党的党内法规，只有党的中央机关才具有制定党内法规的立法权。

二、法律性文书制定、批准、公布程序

不同的法律法规，有不同的立项、起草、审查、批准、公布的法律程序。

宪法，它在整个法律、法规性文件形式中居于最高地位，是国家的一级大法和根本大法。它由全国人民代表大会制定并通过，其制定和修改的程序更为严格，一般由专门的宪法起草委员会提供宪法草案，或者由专门的宪法修改委员会提出宪法修改草案，然后由享有最高立法权的国家机关以特殊多数（通常是全国人民代表大会全体代表 2/3 以上多数）通过，是其他法律的立法依据和基础。其他法律大都应当是直接、间接地依据宪法并为执行宪法而制定、修改、补充或废止的，它们的内容或精神必须符合根本大法的规定或精神，否则无效。宪法依法通过后，由全国人大以公告公布。

法律，依照《中华人民共和国立法法》的立法程序规定，首先由有提议案资格的机关、代表团，或 30 个代表联名，向全国人民代表大会提出法律案，由主席团决定是否列入会议议程或者先交有关的专门委员会审议、提出是否列入会议议程的意见。列入全国人民代表大会议程的法律案，由法律委员会根据各代表团和有关的专门委员会的审议意见，对法律案进行统一审议，向主席团提出审议结果报告和法律案修改稿。法律案修改稿经各代表团审议，提出表决稿，经表决通过，最后由国家主席签署主席令予以公布。

行政法规，依照《行政法规制定程序条例》的规定，有立项、起草、审查、决定、公布等法定程序。其程序大致是：首先由国务院有关部门提出立项申请，国务院法制机构进行研究、汇总，拟订出立法工作计划，报国务院审批，经批准的立项，由国务院组织起草，草案由国务院法制机构负责审查，经报国务院同意或经国务院常务会议审议，最后由总理签署国务院令，向社会公布施行。仅限于一个行业而又不设行政处罚的行政法规，也可以用通知发布施行。

地方法规，依照《宪法》《立法法》的规定，省（省会市、较大的市）人民代表大会及其常务委员会可以制定适用于本地方的地方法规，其立法程序由各省制定的《地方法规立法程序条例》进行规定。首先由有提议资格的机关、代表团或 10 名以上代表联名提出立法案，依照立法程序和步骤，经审议列入议程，再经讨论或征求社会意见召开立法听证会，经会议表决，过半数人同意为通过。最后以人大公告公布施行。

部门规章，依照《规章制定程序条例》的规定，部门规章的制定有立项、起草、审查、决定、公布等法定程序。首先由部门内设机构向该部门报请立项，该部门的法制机构进行汇总研究，拟定本部门规章制定工作计划，报本部门批准；由部门组织起草，在起草规章时，应深入调查研究，广泛听取有关方面的意见，或举行座谈会、论证会、听证会等；规章送审稿由法制机构统一审查；经部务会议或者委员会会议决定；报请本部门首长签署命令予以公布。

地方政府规章，同样依照《规章制定程序条例》的规定，依立项、起草、审查、决定、公布等法定程序进行。规章经省人民政府常务会议或全体会议决定后，由省长签署政府令公布。

第五节　法律性文书写作

一、法律性文书的结构

法律性文书的结构是指法律性文书在文章表述上的结构方式。它的结构方式与一般文章不同，与一般的公文也不同。其结构比较独特，即采用章条式结构进行表述，分为形式结构和内容结构两种。所谓形式结构，就是将要表述的法典、法规内容以合理排列的顺序、科学的方式，一般分为章、节、条、款、项、目进行表述。所谓内容结构，就是指将具有相同性质的内容安排在同一部分，一般包括序言、总纲、正文、特殊规定和附则等。

法律性文书的名称有宪法、法、条例、规定、办法、实施细则等。

二、法律性文书的写法

所谓法律性文书的写法，是指组成法律性文书的各个结构部位应该怎样去表述。

（一）标题

一般由内容（即被规范的对象）、文种两部分组成，如《国家行政机关公文处理办法》。必要时在内容前写明作者名称，在文种前后写明“暂行”“试行”“实施”“补充”等限定词。

（二）题注

题注是指发布或通过、批准的日期，标注于标题之下，用圆括号括入。

（三）正文

正文即规范的具体内容。一般包括：

1. **总则**。通常用于阐明制定目的、依据、适用范围、有关定义、主管部门（指对文件的执行或监督执行负有直接和主要责任的部门）。

上述内容依次排列在文件的首部，若分章表述时，总则为第一章，每章必须设两条以上的条文。

2. **分则**。用以阐明具体的规范内容，即明确规定支持、保护、发展什么，限制、禁止和取缔什么，规定机关团体和其他社会组织以及有关人员的作为和不作为。

表述奖惩办法的条文可作为分则中最后的条文，也可单独构成“罚则”或称“法律责任”“奖励与处罚”等。

3. **附则**。用以阐明施行程序与方式、施行日期、有关说明事项。

正文内容多以条文形式表达，即按章、节、条、款、项、目等层次组织，以条为基本单位。

【思考与练习】

导语：学习本章，最重要的就是使我们认识到要重视对国家宪法的学习，懂得我们国家的性质、国家机器的运作、依法治国的方略，以及国家的法律法规、规章的层次，树立牢固的依法行政的观念。

一、概念题

掌握下列名词术语。

社会主体的强制力　人民代表大会制　国家机关　权力机关　行政机关　审判机关　法律监督机关　法律　法规　规章　规范性文件　具有立法权的机关　没有立法权的机关　制裁违法　分章列条　省会市　较大的市

二、阅读题

阅读“例文学习”中列出的法律、法规、规章例文，并达到如下基本要求：

（1）领会宪法、立法法的基本精神。

（2）懂得我国的法律法规的体系、层次（也即种类）；懂得立法的主体资格以及各种不同法律法规规章的立法程序。

（3）掌握一定的法律、法规、规章的实际内容。

三、简答题

请说说我国法律法规的立法必须同时具备哪“三个合法”。

四、训练题

1. 请认真阅读下面这篇短文，然后回答问题。

我们要实行“依法行政”。但是，不少执法者尚不清楚自己所执的“法”是什么法，这个“法”合不合法，是否应该执这个“法”。一个民警持着枪，他是依法持枪，这枪，是给他维持社会秩序的；他持枪了，因为他要执法；但是他却不知道他应该执什么法，怎样去执行。某地有一个派出所副所长，居然拔出枪来，指着群众说：“不听我说，就毙了你！”“我说的就是法！”显然，他是不懂法。

2004年4月7日，《广州日报》在A27版刊登了一篇报道，题目是：《电动自行车车主告交警一审败诉》，其副标题为《地方文件不能作执法依据　法院撤销交警扣罚电动自行车决定》。

电动自行车车主告交警一审胜诉

——地方文件不能作执罚依据　法院撤销交警扣罚电动自行车决定

本报惠州讯（记者秦仲阳）　省内首宗因电动自行车上路引发的官司（见本版2月18日报道）有了下文，惠城区法院昨天判决市民张建豪状告惠州交警扣罚其电动自行车案原告胜诉：地方政府和部门的文件规定不能作为执罚依据，惠州交警要退回已收缴张建豪的罚款200元、停车费45元。

参照滑板车管理办法扣罚

去年10月23日，张建豪骑着电动自行车上班被江北交警大队云山中队民警拦住扣罚，电动自行车被扣，张建豪缴纳了200元的罚款，还交了45元的停车费。随后，张建豪向惠州市交警支队申请行政复议被驳回，于是他把惠州交警告上法庭。

惠城区法院庭审时，被告方提交的证据是“惠州市人民政府令（第18号）”和“广东省公安厅交警总队〔2002〕92号文以及47号文”。这三个文件中的有关规定指出，电动自行车的属性（属于机动车还是非机动车）尚在论证中，故对电动自行车不予发牌不让上路，同时参照对电动滑板车的管理办法予以扣罚。原告律师称，上述三个依据都不属于法律、法规或规章范畴，因此，不可作为行政处罚的依据，被告所作出的行政处罚是无效的，应予撤销。

《交通安全法》将减少纠纷

据悉，电动自行车到底是机动车还是非机动车，能否上路，一直以来在国内都有争议。5月1日即将生效的《交通安全法》就正式界定电动自行车为“非机动车”，长期笼罩在电动自行车头上的“黑户”阴影终于要去除了。然而，依据《交通安全法》，电动自行车能否真正上路还得由省政府说了算。兼之离5月1日尚差时日，故而引发了这场官司。

惠城区法院认为，《立法法》第73条规定：“省、自治区、直辖市和较大的市人民政府，可以根据法律、行政法规和省、自治区、直辖市的地方性法规，制定规章。”而广东省公安厅及惠州市人民政府都没有立法权。

法院一审判交警败诉

因此，法院认为，广东公安厅及惠州市人民政府文件不属于法律、法规和规章的范畴，不能作为行政处罚的依据。目前全国人民代表大会、国务院和广东省人民政府都没有任何法律、法规和规章禁止电动自行车上路行驶。被告依据省交警总队和惠州市政府令向原告作出处罚没有法律依据，应予撤销。原告要求被告返还罚款和停车费的请求理由充分，应予支持。

几位惠州的电动车总经销商昨天接受记者采访时说，这个案子起诉时引起全体经销商的关注，虽然交警还可以上诉，终审结果不好说，但经销商还是对审判结果感到高兴。

（1）文中的那位派出所所长拔出枪指着群众，并说了一番话，请你从依法行政的角度评论其所作所为。

（2）怎样才能够真正做到依法行政呢？

（3）请你说说惠城区法院的判决依据是什么，为什么说服力这么强。

（4）请再次阅读“参照滑板车管理办法扣罚”一段文字，然后思考，被告方提交的证据是哪三个依据？

（5）原告律师称，上述三个依据都不属于法律、法规或规章范畴，因此不可作为行政处罚的依据。为什么三个依据都不属于法律、法规或规章范畴，你能说出依据吗？“能说出”或“不能说出”的原因是什么？对你有什么启迪？

2. 电动自行车是一种比较简便而又具有较强动力的交通工具，有利有弊，在农村不失为一种好工具，可是在繁华闹市却存在严重的安全隐患。请阅读下面这则资料，然后回答问题。

> 2006年1月18日，《广东省道路交通安全条例》经省人大常委会通过，规定电动自行车、残疾人机动轮椅车等安装有动力装置的非机动车实行登记制度，经公安机关交通管理部门登记后，方可上道路行驶。地级以上市人民政府在本行政区域内对电动自行车和其他安装有动力装置的非机动车不予登记、不准上道路行驶作出规定的，应当公开征求意见，报省人民政府批准。
>
> 广州市依据本市道路交通管理实际情况，主张禁止电动自行车上路行驶。2006年6月5日至12日，广州市公安局连续召开三次征求意见座谈会，邀请各方人士对电动自行车的去留展开讨论，广州市城市社会经济调查队也为此开展了专项民意调查。广州市府形成了电动自行车管理的意见，正式报省政府批准。经省人民政府批准后，2006年11月6日，广州市人民政府发出公文正式出台广州市范围内（含从化市、增城市）对电动自行车和其他安装有动力装置的非机动车（残疾人机动轮椅车除外）不予登记、不准上道路行驶的有关规定。

（1）假如你是湛江市或汕头市或梅州市的市长，将会怎样考虑这个问题呢？

（2）我们应当从禁止电动自行车上路这件事情的处理上得到很好的启发：怎样去依法行政？要做好依法行政，必须具备什么条件？

（3）广州市人民政府禁止电动自行车上路的规定，依据了什么法规？经过了哪些立法程序？

第二章　纪律性文书

加强纪律性，革命无不胜。无论革命战争年代，还是建设与改革时期，党团结带领全国人民克服种种艰难险阻，从小到大，由弱变强，从胜利走向胜利，靠的就是铁的纪律。今天，在新的历史起点上坚持和发展中国特色社会主义，实现“两个一百年”和民族复兴中国梦的奋斗目标，任务艰巨而繁重，“就越要加强纪律建设，越要维护党的团结统一，确保全党统一意志、统一行动、步调一致前进”。

第一节　例文学习

遵纪守法是一个共和国公民最起码的责任。如果你是一个党员、是一名干部，就必须有一个党员的担当、一名干部的担当。

本章推荐学习如下例文：

（1）《中国共产党章程》

（2）《关于党内政治生活的若干准则》

（3）《中国共产党纪律处分条例》

（4）《中国共产党党内法规制定条例》

（5）《中华人民共和国行政监察法》

（6）《中华人民共和国公务员法》

（7）《中华人民共和国法官法》

（8）《中华人民共和国检察官法》

（9）《中华人民共和国人民警察法》

这些都是党内法规和国家法律。为什么要作为例文要求学习呢？这是党纪、政纪之源。我们必须清楚地了解到，党纪和政纪都是党的文件和国家法律明文记载着的。只有学习了这些文件，才能心里亮堂，才能律己律人理直气壮，才能在处理公私事务时法纪分明。

第二节　纪律性文书的性质、特点

一、纪律性文书的性质

纪律性文书是指一个组织用于对其内部组织及其全体成员进行约束的行为规范，有党的纪律文书和行政纪律文书两类。

中国共产党是执政党，有很多党员分别在各个国家机关的领导岗位上任职，他们在实施党的路线、方针、政策方面起着关键性作用。因此，党对党的各个组织和每一个党员都必须严格要求、严格规范。

党的纪律简称“党纪”，是执政党按照民主集中制的原则，根据党的性质、纲领和实现党的路线、方针、政策所需而确立的各种党规党矩的总称，是党的组织和党员必须遵守的行为规则，是维护党的团结统一、完成党的任务的保证。

党的一切组织必须严格执行和维护党的纪律，党员必须自觉接受党的纪律所约束。

在十八届中央纪委五次全会上，习近平总书记强调指出，要“严明政治纪律和政治规矩”，“加强纪律建设，把守纪律讲规矩摆在更加重要的位置”，并且明确提出了遵守政治纪律和政治规矩的“五个必须”要求：

必须维护党中央权威，在任何时候任何情况下都要在思想上政治上行动上同党中央保持高度一致；

必须维护党的团结，坚持五湖四海，团结一切忠实于党的同志；

必须遵循组织程序，重大问题该请示的请示，该汇报的汇报，不允许超越权限办事；

必须服从组织决定，决不允许搞非组织活动，不得违背组织决定；

必须管好亲属和身边工作人员，不得默许他们利用特殊身份谋取非法利益。

这“五个必须”，深刻阐明了遵守党的政治纪律和政治规矩的重要性，为加强党的政治纪律和政治规矩建设指明了方向。

党的纪律和党内规矩是党的各级组织和全体党员必须遵守的行为规范和规则，是党的生命线。严守党的纪律和规矩，是从严治党的中心环节。没有规矩，不成方圆；没有规矩，不成政党，更不成其为马克思主义政党。我们党是靠革命理想和铁的纪律组织起来的马克思主义政党，纪律严明是党的光荣传统和独特优势。

党的纪律和规矩是多方面的、有机统一的。纪律是成文的、刚性的规矩，一些未明文列入纪律的规矩是不成文的、自我约束的纪律。遵守党的纪律和规矩，既要遵守成文的刚性的纪律，也要遵守那些经过实践检验、约定俗成、行之有效的不成文的自我约束的规矩。

在党的所有纪律和规矩中，第一位的是政治纪律和政治规矩，它是全党在政治方向、政治立场、政治言论、政治行动方面必须遵守的刚性约束，也是最重要、最根本、最关键的纪律和规矩。遵守党的纪律和规矩，首要的就是严守党的政治纪律和政治规矩，它是遵守党的全部纪律和规矩的重要基础。

党的纪律是执行党的路线、方针、政策和决议，维护党的团结统一，巩固党同群众的密切联系，提高党的战斗力的重要保证。每个党员必须自觉地用党的纪律约束自己，并接受党组织和人民群众的监督。要实行在党的纪律面前人人平等的原则，所有党员，不论职务高低都必须遵守党的纪律，党内不允许有凌驾于党的纪律之上的特殊党员。

依据党章的规定，中共中央专门设置了纪律检查委员会，负责执行和维护党的纪律。

二、纪律性文书的特点

纪律性文书的特点，是指党纪政纪的各种文书所体现出来的共同特点，是同法律文书、制度规范文书相比较显示出来的特性。如《中国共产党章程》《关于党内政治生活的若干准则》《中国共产党纪律处分条例》《中华人民共和国行政监察法》《中华人民共和国公务员法》《中华人民共和国法官法》等党纪国法文书，所形成的基本特点主要表现在如下的四个方面。

（一）法纪性

纪律的法纪性，表现为党纪政纪的内容、违反纪律的标准、调查处理的程序、处理的依据都必须由法律法规来明确规定（由党纪文书、政纪文书明文规定。凡规定应当做的则是责任，凡规定不准做的则是纪律。党纪纪律由党纪文书明示，政纪纪律由法律文书明示）。法律法规规定不得违反的纪律，一旦有公务员、党员违反了，就必须受到党纪政纪追究；法律法规没有明确规定为纪律的，不得以之为理由追究责任。

（二）普遍性

纪律的普遍性，是指法律规定的纪律制度和纪律措施对全体公务员、党员都具有约束力，在全体公务员、党员中普遍适用。公务员、党员应当一体遵循，无一例外。遵守党纪政纪是不区分职务、级别而区别对待的，任何公务员、党员违反了纪律都要依法受到惩处。

（三）强制性

党纪政纪的强制性是公务员、党员纪律严肃性的必然要求。违法违纪应当承担的纪律责任是法定的，对公务员、党员实施处分是由国家和执政党的强制力保证的。

（四）全面性

公务员、党员与一般公民最大的区别就在于行使公共权力，他一方面是普通的民事主体，另一方面又是国家权力的执行者。公务员、党员在工作生活中的一切行为都直接关系到国家的形象和声誉，也在社会生活中起到示范作用。如果只对公务员、党员的工作进行纪律约束，而不对其日常生活的行为予以一定的约束，则不利于公务员、党员提高自己的道德水平，不利于公务员、党员发挥社会表率的作用。

第三节　纪律性文书的种类

纪律性文书有党纪文书和政纪文书两种。

一、党纪文书

党纪文书，是指执政党的党内纪律文件。

建党 90 多年来，随着党的队伍的不断壮大，党的纪律建设也在不断发展，现在已经形成了以《中国共产党章程》《关于党内政治生活的若干准则》为核心的、具有中国共产党特点的比较完整的纪律体系。《中国共产党章程》是党的最高法规。

根据《中国共产党纪律处分条例》对违纪行为的分类，可以将党的纪律分为政治纪律、组织人事纪律、工作纪律、廉政纪律、道德纪律、军事纪律以及其他纪律，其内容均为党章、各种条例、准则、决议、规定所记载。

（一）党的政治纪律

党的政治纪律是党根据不同历史时期政治任务的要求，对各级党组织和党员的政治活动和政治行为确定的基本规范，是各级党组织和党员在政治生活中必须遵循的行为准则。它要求各级党组织和党员，必须在政治方向、政治立场、政治观点上同党中央保持高度一致，在重大政治斗争中要立场坚定，在重大原则问题上要旗帜鲜明，在贯彻党的路线、方针、政策时要坚定不移。我们讲政治纪律，首要的一条，就是要坚持党的基本理论和基本路线不动摇，坚持马克思列宁主义、毛泽东思想不动摇。党员对于党的决定有不同意见，可以向党的上级组织直至中央提出，也可以保留，但必须在行动上服从，决不允许公开发表同中央的决定相反的言论。

中国共产党从成立之日起就十分重视政治纪律，要求每个党员和每个要求入党的人都必须“承认党的纲领和章程”，拥护党的政治主张。1927 年党的五大关于《组织问题议决案》中第一次明确地提出了“政治纪律”这个概念，议决案的第三条指出，党内纪律非常重要，但“宜重视政治纪律”。

1980 年 2 月党的十一届五中全会通过的《关于党内政治生活的若干准则》，第一条就具体规定了党的政治纪律，强调“坚持党的政治路线和思想路线，是党内政治生活准则中最根本的一条”。以后，党的十二大以来的党章都把保持全党在思想上政治上的高度一致，作为新时期加强党的建设的根本要求。党的十四大、十五大、十六大报告也都对全党政治上的统一做了强调。2007 年，党的十七大报告再次明确指出：“全党同志要坚决维护党的集中统一，自觉遵守党的政治纪律，始终同党中央保持一致，坚决维护中央权威，切实保证政令畅通。”

（二）党的组织纪律

党的组织纪律是党的各级组织和党员必须遵循的维护党在组织上团结统一的行为准则。

民主集中制是我们党的根本组织制度和领导制度，也是根本的组织纪律。

党的组织纪律的核心是：党员个人服从党的组织、少数服从多数、下级组织服从上级组织、全党各级党组织和全体党员服从党的全国代表大会和中央委员会。“四个服从”，最重要的是全党服从中央。另外，党组织为了贯彻民主集中制而制定的一些具体制度和规定，如集体领导制度、选举制度、请示报告制度、罢免制度、监督制度、交纳党费制度等，都是党的组织纪律。

各级党委都必须认真执行党委会的工作规则，做到集体领导、民主集中、个别酝酿、会议决定。不论什么人，不管其职位高低，都不允许搞独断专行，或者拒绝组织的调遣和监督，把自己凌驾于党组织之上。要坚决反对拉帮结派，搞团团伙伙。

严肃党的组织纪律，必须全面贯彻干部“革命化、年轻化、知识化、专业化”方针和德才兼备原则，坚持任人唯贤，反对任人唯亲，选拔任用干部，要严格按照《党政领导干部选拔任用工作条例》规定的原则和程序来进行，坚持做到多数人不赞成的不提名，未经组织人事部门认真考核的不讨论，集体讨论干部提拔任用时多数人不同意的不通过。

（三）党的群众工作纪律

党的群众工作纪律是指党组织和党员在群众工作中必须遵循的规范和准则。

党的群众工作纪律，是密切党同人民群众关系的重要保证。它要求各级党组织和每个党员，必须坚持党的全心全意为人民服务的宗旨，随时随地维护人民群众的利益，不允许以任何借口、任何形式侵占和损害人民群众的利益。

（四）党的经济工作纪律

党的经济工作纪律是党的各级组织、党员和党的干部在经济工作中必须遵循的规范和准则。

所有从事经济工作的党员和干部都必须严格按照制度办事。各级党政领导机关和领导干部，都要严格遵守经济工作制度特别是财政金融工作制度，不得超越职权规定插手这些工作。

（五）党的保密工作纪律

党的保密工作纪律就是保守党和国家秘密的规定。严格保守党和国家的秘密，坚决保卫党和国家利益，是每一个共产党员应尽的义务。对违反党和国家保密规定的党员、干部要根据情节予以处理。违者免职，并受到应有的处罚。

（六）党的宣传纪律

党的宣传纪律指党对从事报刊、新闻、广播、电视、出版等宣传工作的各级党组织和党员规定的工作准则和对宣传工作的要求。

党章规定："党的各级组织的报刊和其他宣传工具，必须宣传党的路线、方针、政策和决议。"《关于党内政治生活的若干准则》也规定："党的报刊必须无条件地宣传党的路线、方针、政策和政治观点。对于中央已经做出决定的这种有重大政治性的理论和政策问题，党员如有意见，可以经过一定的组织程序提出，但是绝对不允许在报刊、广播的公开宣传中发表同中央的决定相反的言论；也不得在群众中散布与党的路线、方针、政策和决议相反的意见。"这是党的纪律。

（七）党的组织人事纪律

党的组织人事纪律指党的关于干部选拔任用原则和程序的规定。组织人事纪律是党的纪律的重要组成部分，具体要求是：①干部的选拔和任用，必须坚持德才兼备、任人唯贤的原则，不能搞任人唯亲，不许利用职权拉帮结派；②干部的任免、调动和对犯错误干部的处置，必须经过党组织的集体讨论，不能个人或少数人说了算；③干部的任免升降，必须按规定程序办事，不能临时动议，仓促决定提拔任职；④不许泄露人事机密，讨好个人；⑤不许违反编制规定，擅自增设机构和增加职数。

（八）党的外事纪律

党的外事纪律是共产党员在外事活动中必须遵守的行为准则。国务院1981年10月20日转发的《涉外人员守则》，对所有涉外人员包括党员规定了10条外事纪律。

二、政纪文书

政纪文书是指国家以立法的形式，在《中华人民共和国行政监察法》《中华人民共和国公务员法》《中华人民共和国法官法》《中华人民共和国检察官法》《中华人民共和国人民警察法》为代表的各种法律文书中所规定、对各种国家机关工作人员的行政纪律规范。凡指出应当做的是责任，凡指出不应当做的便是纪律。

（一）政纪

“政纪”，就是指行政纪律[1]，是国家以法律的形式设定、对国家机关工作人员进行规范的、具有强力约束力的行政纪律。

（二）国家机关工作人员

国家机关工作人员是指以“公务员[2]”称谓为代表的下列工作人员：

（1）中国共产党机关的工作人员。

（2）人民代表大会机构的工作人员。

（3）行政机关的工作人员。

（4）政协机关的工作人员。

（5）审判机关的工作人员。

（6）检察机关的工作人员。

（7）民主党派机关的工作人员。

此外，《中华人民共和国公务员法》根据我国的实际情况保留了“参照管理”的形式，即法律、法规授权的具有公共事务管理职能的事业单位中，除工勤人员以外的工作人员，即符合“依法履行公职，纳入国家行政编制，由国家财政负担工资福利”三个条件的所有工作人员。

---

① 行政纪律，是指以法律形式规定的指导、调整、约束、规范行为的准则，是公务员的行为规范，用于保障公务员按其职责履行公务，保障行政工作的正常进行。对于有违纪行为、尚未构成犯罪的，或者虽然构成犯罪但是依法不追究刑事责任的国家公务员，要给予行政处分；如果违纪行为情节轻微，经过批评教育后改正的，也可以免予行政处分。

② 《公务员法》规定，“确定初任法官、初任检察官的任职人选，可以面向社会，从通过国家统一司法考试取得资格的人员中公开选拔”。法官、检察官的任用与公务员录用不是一回事。法官、检察官的任用有从事法律工作年限等特别要求；法官、检察官的职务都是副科级以上的层次，其任命机关是人大常委会而不是政府机关；初任法官、检察官也没有试用期的规定。

三、政纪的内容

公务员必须遵守纪律，不得有下列行为：

（1）散布有损国家声誉的言论，组织或者参加旨在反对国家的集会、游行、示威等活动。

（2）组织或者参加非法组织，组织或者参加罢工。

（3）玩忽职守，贻误工作。

（4）拒绝执行上级依法作出的决定和命令。

（5）压制批评，打击报复。

（6）弄虚作假，误导、欺骗领导和公众。

（7）贪污、行贿、受贿，利用职务之便为自己或者他人谋取私利。

（8）违反财经纪律，浪费国家资财。

（9）滥用职权，侵害公民、法人或者其他组织的合法权益。

（10）泄露国家秘密或者工作秘密。

（11）在对外交往中损害国家荣誉和利益。

（12）参与或者支持色情、吸毒、赌博、迷信等活动。

（13）违反职业道德、社会公德。

（14）从事或者参与营利性活动，在企业或者其他营利性组织中兼任职务。

（15）旷工或者因公外出、请假期满无正当理由逾期不归。

（16）违反纪律的其他行为。

服从和执行上级依法作出的决定和命令是公务员的基本义务，不得拒绝执行上级依法作出的决定或者命令是公务员的纪律。这是保证令行禁止、政令畅通和机关效能的要求。

第四节　纪律性文书的制定、公布

纪律性文书的制定、公布由纪律性文书的性质所决定。

一、党内法规

党内法规是党的中央组织以及中央纪律检查委员会、中央各部门和省、自治区、直辖市党委制定的规范党组织的工作、活动和党员行为的党内规章制度的总称。

党章是最根本的党内法规，是制定其他党内法规的基础和依据，由党的全国代表大会修订、公布。

党的中央组织制定的党内法规称为中央党内法规。下列事项应当由中央党内法规规定：

（1）党的性质和宗旨、路线和纲领、指导思想和奋斗目标。

（2）党的各级组织的产生、组成和职权。

（3）党员义务和权利方面的基本制度。

（4）党的各方面工作的基本制度。

（5）涉及党的重大问题的事项。

（6）其他应当由中央党内法规规定的事项。

中央纪律检查委员会、中央各部门和省、自治区、直辖市党委就其职权范围内有关事项制定党内法规。

党内法规的名称为党章、准则、条例、规则、规定、办法、细则。

党章对党的性质和宗旨、路线和纲领、指导思想和奋斗目标、组织原则和组织机构、党员义务和权利以及党的纪律等作出根本规定。

准则对全党政治生活、组织生活和全体党员行为作出基本规定。

条例对党的某一领域重要关系或者某一方面重要工作作出全面规定。

规则、规定、办法、细则对党的某一方面重要工作或者事项作出具体规定。

中央纪律检查委员会、中央各部门和省、自治区、直辖市党委制定的党内法规，称为规则、规定、办法、细则。

党内法规的内容应当用条款形式表述，不同于一般不用条款形式表述的决议、决定、意见、通知等规范性文件。

制定党内法规在中央统一领导下进行。制定党内法规的日常工作由中央书记处负责。

中央办公厅承担党内法规制定的统筹协调工作，其所属法规工作机构承办具体事务。

中央纪律检查委员会、中央各部门和省、自治区、直辖市党委负责职权范围内的党内法规制定工作，其所属负责法规工作的机构承办具体事务。

制定党内法规应当遵循下列原则：

（1）从党的事业发展需要和党的建设实际出发。

（2）以党章为根本依据，贯彻党的理论和路线、方针、政策。

（3）遵守党必须在宪法和法律范围内活动的规定。

（4）符合科学执政、民主执政、依法执政的要求。

（5）有利于推进党的建设制度化、规范化、程序化。

（6）坚持民主集中制，充分发扬党内民主，维护党的集中统一。

（7）维护党内法规制度体系的统一性和权威性。

（8）注重简明实用，防止烦琐重复。

二、行政纪律文书

行政纪律是由《中华人民共和国行政监察法》《中华人民共和国公务员法》《中华人民共和国法官法》《中华人民共和国检察官法》《中华人民共和国人民警察法》等多部法律所规定，由全国人大常委会依《中华人民共和国立法法》制定，由国家主席以主席令公布施行。该内容在本编第一章内已述，这里不再重复。

第五节　纪律性文书的结构与写法

纪律性文书的行政纪律文书，是以法律文书所规定的，而法律文书在本编第一章已介绍过，参阅法律文书的结构与写法即可。

党的纪律文书，有章程、条例、规定、准则等文种。条例、规定、准则等法规的结构与写法，同法规的结构与写法，参阅本编第一章即可。

由于党章是章程类文书，凡政党、团体、社会组织、企业，其组织宗旨、形式、管理制度等均必须由章程表述，所以学习者需要了解学习章程的有关知识。《教程》将以附录的形式对《章程》加以介绍，以供学习参考。

附：

章　　程

章程是一个政党、一个组织、一个企业依法对其内部进行管理或工作规范的工具，也是该政党、该组织内部的最高法规。我们要通过对各种章程例文的学习，充分认识章程的管理效能以及章程怎样去获得法定性。

过去，有些人对章程的学习很不以为然，认为自己一辈子也不会去写作章程，与己无关，或者说是学了也无用。其实这是很片面的看法。

一个政党、一个组织、一个企业进行内部管理必须运用章程这个工具。比如，我们要创业，要组建一个公司，首先就要有一个公司章程，这是确定公司权利和义务的最基本的法律文件，是内部经营管理的规范文件。

制定公司章程是设立公司的重要环节，公司章程由全体出资者在自愿协商的基础上制定，经全体出资者同意，股东应当在公司章程上签名、盖章。

公司的组建需报经当地工商行政管理部门审批，报批材料中，章程是一份主材料，公司经批准后便按经批准的章程执行。章程即为公司管理的基本工具。

机关单位或各组织有时为了推进重要工作的顺利开展，往往运用工作章程将整个工作规定得严密无隙，要求严格按章程办事。因为章程是法规性文书，所以要对不按章程办事的人执行以纪律。如《水政监察工作章程》《××大学招生工作章程》。

我们学习章程正是为了能够正确、熟练地应用章程这个“进行内部管理的工具”。

一、例文学习

《教程》向读者推荐阅读：①《中国共产党党章》；②《中国共产主义青年团团章》；③《有限责任公司章程》；④《水政监察工作章程》；⑤《中山大学招生工作章程》（请在网上查阅）。

我们通过对章程例文的学习，促使自己对章程的性质、作用、运作规律等进行探索和研究，从而有所心得，以便将来在工作中能熟练驾驭章程这一有效管理工具。

二、章程的性质和作用

（一）章程的性质

章程是政党、团体、学会、协会、经济组织或其他组织等，为了规范本组织的成员或工作，依据法律法规，制定对本组织的性质、宗旨、任务、组织原则、成员条件及义务、权利、机构设置、职权范围、活动规则、纪律措施等规定的一种法规性文书。

章程一般须经该组织的代表大会通过才能成为该组织的有效文件，一经生效，便是该组织的根本法，具有很强的规范性和约束力，如《中国共产党章程》。有的章程，除国家规定免予登记的团体以外，必须上报法定的登记机关批准、登记，一经批准，该组织便成为法定组织、该章程也便成为该组织的内部法规，如《中国科学技术协会章程》《中国银行章程》《国家电力公司章程》《广东省中南公司章程》《广州市家用电器联合企业公司章程》；有的要经有制定法规规章权限的上级主管机关批准，如《水政监察工作章程》《广州港口章程》《广东省著名商标评审委员会章程》；等等。

一个政党和团体的章程就是该政党和团体的根本法规。该组织的所有成员都必须按照章程规定的条文和精神规范自己的行为，其条文具有很强的约束力；违背章程的规定，就要受到组织的谴责或处分，乃至开除出该组织。

章程的内容具有相对稳定性。章程一经代表大会通过并经法定机关批准，在一定时间内不能随意更改，任何人，包括该组织、团体、企业的领导者个人都无权擅自更改章程内容，如果需要修订，必须经代表大会讨论通过或经法定机关批准。因此，章程的效力也是相对稳定的，只要章程存在，不管其组织的领导或成员如何更换增补，章程依然发生效力。

（二）章程的作用

章程对于党派组织、社会团体、学术机构来讲，可以对本组织的性质、宗旨、任务、组织、权利与义务等原则性问题作出规定，是全体成员行动的准则；组织通过章程统一其成员的思想、行为，要求所有成员按照章程履行自己的职责；而其组织的成员，也可以章程为依据，对组织的工作进行监督，从而保证该组织各项活动的正常开展。

对于经济组织来讲，其章程便是一部“法典”，它规定了本组织、本公司、本企业的宗旨、组织原则、性质、机构设置、经营管理等事项，对其成员具有确定原则、统一思想、明确职责、协调工作、维护秩序的作用。经济组织依据章程实施经营管理，能够有效保障本企业管理机制的正常运行。

随着社会的进步、法制的健全、社会活动的活跃，章程的使用将会越来越普遍，特别是在经济领域更是必需。一些具有法据性的工作，为防止不当操作，应以章程作出规范，如《中山大学招生工作章程》《广州港口章程》等。学习章程，不仅要了解章程的制定过程、方法以及撰写格式，更要通过多读例文，研究社会现象，把握章程制定的精髓，应用章程管理组织、管理企业的精髓。

国家行政机关及其职能部门不用章程。

三、章程的分类

根据制发的主体不同，章程可以分为政党、社团的组织章程，经济组织的章程和工作章程三种。

（一）政党、社团组织章程

政党、社团组织章程，是由该政党、社团组织的代表大会，对其组织的性质、宗旨、任务、成员、组织机构、原则、纪律、活动以及权利和义务等作出规范，要求其全体成员共同遵守而制定的纲领性文书。如《中国共产党章程》《广州市书法家协会章程》《中国写作学会章程》《××市科学技术协会章程》等。

政党、社团组织章程，应随同《政党、社团成立申请登记》一起，送法定机关民政部门批准登记。一经批准，便成为合法组织，该章程便具有法定性。经法定机关批准的章程不能随便更改，如有更改，必须经该组织代表大会讨论通过并报请批准机关重新批准。

未经法定机关批准的组织便是非法组织，将会依法取缔。

（二）经济组织章程

经济组织章程是各类型经济组织，如银行、保险公司、基金会、工商企业的各种公司等，用来规定企业的性质、组织原则、机构设置和经营管理等事项的规定性、规范性文书。

这一类章程，根据制作主体的不同，又可以分为企业章程、公司章程、中外合营企业章程等。在企业章程中，又可以分为企业集团章程、国有企业章程等。公司章程又可以分为国有公司章程、股份有限公司章程等。

章程，必须经该经济组织的董事会讨论通过，并随同《企业法人申请开业登记注册书》一起，报请法定机关工商行政管理部门批准企业注册、发给营业执照等。经法定机关批准后，该组织便成为合法的经济组织，企业便按业已批准的章程办事。未经法定机关批准的企业，不得开业，否则便是非法经营，将会受到工商执法部门的查处。

（三）工作、业务章程

某机构为了规范办事法则、程序，制定出办事规则，也用章程，称为规范章程或工作章程、业务章程，如《中山大学招生章程》是中山大学用来规范招生工作的，《招标章程》是用来规范招投标活动的；还有如《甲种钱币存款章程》《××奖学金章程》《上市公司章程》（中国证券监督管理委员会）、《水政监察工作章程》（水利部2000年5月15日第13号发布）、《广东省著名商标评审委员会章程》等。

四、章程的写作要求

章程的写作，不能仅从语言文字、篇章结构的方面去考虑，根本的问题在于使章程具有合法性、法定性和规范性。

（一）合法性

章程是政党、社团、经济组织的行为规范，是该政党、该社团、该组织的内部法规，将会在社会上产生一定的影响。因此，必须依据宪法和相关法律的规定，不得抵触，不得相悖。只有遵守宪法、法律、法规，符合党和国家的方针、政策的规定，才能成为合法的组织。

工作章程，不仅对内部工作进行规范，也为外界对本单位的工作程序、工作内容增加了透明度，更能争取到外部的信任与支持。

章程允许制定内部的管理罚则，但是只限于在该组织内部实施权限范围之内，如警告、严重警告、记过、开除出组织。对触犯国家刑律者则应送交国家司法机关处理。

（二）法定性

章程要具有法定性，有两个方面的条件：一是章程起草后，必须经过代表大会或董事会讨论通过。只有经过组织成员公认、认可、接受的章程，他们才会接受章程的规范、约束。二是必须报请法定机关批准方能生效。经法定机关批准后，该章程才具有法定性。

工作章程须经有立法权限的机关依法定程序制定、审查、批准、公布。

（三）规范性

章程要成为本组织的规范，在表述上必须实现文字上的规范。组织将依据章程规范本组织成员，而组织的成员也将章程作为规范来监督本组织的工作。因此，撰写章程，必须对本组织、本企业或相关工作业务十分熟悉（不熟悉者必须深入调研），抓住组织的纲领、运作规律、工作程序，层次分明、顺序合理地安排条文。在文字表述上必须只有一种统一的解释，绝不能产生歧义。所以，要把握格式，设章分条，注意语言准确、严密。章程的写作不同于其他文书，其篇章结构比较特殊，采用设章分条的结构方式。其语言要求准确、鲜明、严密、简洁。

五、章程的写法

（一）结构

章程的结构，由形式结构和内容结构两个部分组成。其形式，采用章、条、款、项，有的也可以设目来表述；其内容结构由标题、签署、正文（总则、分则、附则）组成。

（二）写法

章程的写法与其他法规类文书的写法相类似。

章程正文的格式为条款式。但章程使用的条款式与公文的条款式有所不同，是章断条连式。其具体内容因其宗旨、活动内容、组织机构、权利与义务、纪律等不同而有所差异。

分章列条法的写法是：全文分若干章，每章列条，各章条数前后相连，通常叫它“章断条连式”。一般以“条”为基本单位，每条通常包括一个独立的规定。条的顺序要用中文数字来表示，并明确称为“第×条”。条下还可分款，条下的款单独编项，条连款不连。款一般不用数字表明顺序，只要每款另起一行即可。

分章列条法的正文，一般由三个部分组成：

（1）一般规则部分。又叫作“总则”“总纲”或“序言”，通常说明制定本规章制度的依据、目的、任务、原则和要求等。有的还要说明组织的名称、指导思想或组织本身的建设要求。一般第一章为“总则”。

（2）基本规则部分。又叫作“分则”“主体”“实质”部分，它具体规定本规章支持、保护、发展什么，限制、禁止、取缔什么，以及对违章的处罚，等等。这部分内容较多，要全面考虑，合理分章，使各章内容相互独立，不能交叉，同时先后位置安排有序，一般要说明该组织的组成人员、组织结构及其他问题。安排顺序从成员到组织，自上至下，由内到外，先主后次，一条一款，清楚分明。这一部分也可以有几章，每章可安上小标题。

（3）最后的条款部分，又叫作“附则”，一般最后一章为附则，写上需要采取的措施、本规章与其他法规文件的关系、解释机关以及生效时间等内容。总之，附则要与前面的总则相照应。

【思考与练习】

导语：学习本章最重要的是懂得章程是一个政党、社团、企业或组织对自己内部进行管理的重要工具，或者是指导工作的规范，其法律效力同等于规章。此外，章程也是我们了解一个政党、组织或企业的入门向导，章程可以使我们快速地了解该组织的宗旨、性质、组织结构、运作体系、制度规范等，从而使自己能对该组织作出正确的判断。

一、概念题

掌握下列名词术语。

章程　政党章程　社会团体　学术机构　经济组织　分章列条法　章断条连　总则　总纲　分则　附则　条款　草案

二、阅读题

1. 阅读章程例文，体会什么是章程，章程同国家法律法规有什么关系。

2. 通过对例文的阅读，体会章程的语言特点。

三、简答题

1. 一个章程，应当表述清楚哪些内容？为什么章程能成为对内部进行管理的工具？

2. 设想自己来到一家企业工作，人地生疏，业务不熟悉，你将怎样应用该企业章程和员工手册去熟悉企业和它的运作制度，以使自己尽快适应新环境、新工作？

3. 不具法定性的章程是无效的文稿，请说说章程的生效必须具备哪两个条件，为什么。

4. 有人说，我们没有必要学习章程，因为用不上。但是，也有人说，学习章程，懂得章程制定的各个环节，掌握撰写格式，了解如何应用章程，等等，很有必要。你能说说理由吗？

四、训练题

1. 阅读下面的文字，请将这些错综复杂的情况弄清楚，然后按此内容写一篇学习心得。

“法纪规范性文书”一说，能否取得人们的共识，尚待检验。但“规范性文书”却已成说，我们将党纪文书归入，谓之“法纪规范性文书”。将其分为“法律性文书”（法律、法规、规章）、“纪律性文书”（党和国家的法规、法律所规定的党纪、政纪）、“制度规范”（各机关、企事业单位自己制定的制度规范）三类。

“法律性文书”（法律、法规、规章）已有《立法法》规定。“纪律性文书”，《教程》将党纪政纪归入一起，其共同点都是在“纪律”范畴内，尚未触犯国法，无需司法追责者。

但是，是否“触犯”，不是由哪一机关或个人说了算，而必须是由党纪和国家法律明文规定。凡党内法规和国家法律明文要求去做的是责任，凡党内法规和国家法律明文要求不能去做的则是纪律。触犯纪律的，分别由党纪政纪追责，触犯党规的由党的纪律委员会追究，触犯政纪的由行政监察部门和本单位行政追究。凡越过纪律底线触犯法律的，则移交司部门追责。至于本机团、本企业、本单位的制度规范，则是“家规”，重在教导人们应该怎样去工作、学习、生活，不应该违反什么，让人们避免做错，是内部管理的工具。干部、员工一本守则在手，样样工作上手，遵规守纪、有条不紊，实现内部管理制度化、规范化、科学化、高效化！

2. 请你进行社会调查（在互联网上也可以了解），列出当地经济组织使用了哪些章程。比如，阅读《中山大学招生工作章程》，了解其工作程序，多了解他人的工作程序有助于累积自己的工作经验和工作方法。

3. 请列出章程篇章结构的各个部位，写出其名称，然后理解其含义。

4. 假如你发起组建一个学术研究团体，需要起草一份章程，你会将重点放在什么部位？又如何把它写得很具鼓舞性、鼓动性？

第三章　制度规范文书

制度规范，以前习惯称为“规章制度”。当时的规章制度是将行政法规和行政规章都包括在内，连同其他管理制度、纪律约束的规范等合称为规章制度的。现在情况发生了很大的变化：2000 年 7 月 1 日起，《中华人民共和国立法法》（以下简称《立法法》）正式生效施行。依照《立法法》的规定，法规和规章已纳入法律范畴，而制度、规则、规范等则属于纪律范畴，不属于法律范畴。法律是可以设置财产罚没、限制人身自由等刑罚条款的，而纪律是不得设置这些处罚条款的，换句话说，法律范畴的案件由司法部门依法审理判决，而纪律只是在组织内部以政纪处理，政纪最高处分是开除。两者相距甚远，如果现在仍将两者合在一起称谓的话，便容易混淆法纪界限。因此，为了维护《立法法》的尊严，分清法纪界限，我们不应再将“法规、规章”同“制度”混合。不少机关已将法规、规章归入法律范畴，将制度、规则、规程等则划入制度规范类，取名为“制度规范”。因此，《教程》采用此法，不再以“规章制度”称谓，而改以“制度规范”称之。

制度规范，是指机关、团体、企事业单位，包括具有主体立法权限的机关，为了对内部进行管理而制定出对其干部、职工进行规范约束的制度、纪律、规则、规程、规范等的条文规定。

第一节　例文学习

制度规范是使用十分广泛的规范性文书，其写作在应用写作中也是属于比较高层次的，要求应用恰当，表达准确、严密，写作过程中既要懂得更多的法律法规规章和规范性文件的实际内容，又能结合本部的实际需要。

《教程》所选例文，旨在引导初学者入门，在应用方面、表述方面均可以借鉴。建议同学们借助本校的《学生手册》或《员工手册》（《××机关工作手册》）之类的文本，结合起来学习、研讨。

要特别强调对工作制度和员工手册的学习和应用，并掌握其写法，这在未来的工作中必然应用得上。

【例文一】

门卫管理制度

一、门卫是本厂精神文明的窗口。门卫工作人员在值班时间务须衣饰整洁，对来访者以礼相待，态度和蔼。

二、门卫工作人员坚守工作岗位，做好安全保卫工作。

三、传达室内除正常工作人员及外来联系工作人员以外，任何人不准在室内谈天闲坐。外来联系工作人员必须出示介绍信，并进行来访登记，然后方可进厂。

四、上班时间谢绝会客。凡私人电话除急事外一般不传呼。集体参观必须持有上级主管部门介绍信，并事先与本厂有关部门联系同意后才能参观。个别参观、照相一律谢绝。

五、凡本厂职工上班一律不准带小孩，不准带零食，不准穿拖鞋，进厂时必须衣冠端正，佩戴厂徽（佩戴在左胸上方），未佩戴者登记上报。外包工、临时工、外来学习培训人员应出示临时工作证。

六、凡本厂职工迟到者必须登记，在上班时间因公外出者，应持有出厂证，凡批准病假、事假、调休等人员应持有准假证；喂奶者必须持有喂奶证；所有持证人员必须在门卫登记后才能出厂。无证出厂者，门卫有权登记并及时上报人保科，一律以旷工考核。

七、凡厂内的原辅材料、生产设备、工具零件、成品、半成品等一切物资，一律凭成品物资出厂单，或实物现金发票出厂联出厂，凡私人拎包等物出厂要主动向门卫打招呼。对不符合手续出厂的物品，门卫有权询问、检查或滞留。

八、各种车辆按指定地点停放，未经批准不准进入厂内。

××市××化工厂
一九××年×月×日

这是一家工厂自身制定的制度。工厂为了管理的需要，在自己的权限范围内制定门卫管理制度或称门卫工作制度，其法定效力是本厂行政职权范围内全员必须遵守的制度。由厂办公部门拟定，厂领导议定公布，具行政效能。

本制度采用逐条贯通法写成，其标题由事由和文种组成，全文共八条，不分章。各条序数用汉字书写，其内容按一定的顺序排列。落款放正文后右下侧，写上单位名称和成文日期。

门卫是单位的门面与窗口，通过门卫管理制度，可以看出这个单位的风貌、风格：单位的安全制度是否落实、有序，管理是否科学、严格，对人是否文明礼貌，工作环境是否协调和谐。因此，应重视对门卫管理制度的制订，制订要科学、合理，执行要严肃、认真，还要有监督、检查，防止流于形式。

【例文二】

××办公室文秘人员校对工作制度

一、校对工作程序

（一）稿件发排前，要做好三项工作

1. 卷面处理。将稿件仔细阅读一遍，凡发现字迹、修改标志不够清楚的，应视具体情况，进行誊清或重新加注修改标志等处理，务必使发排的稿件字迹清晰、卷面整洁。

2. 行文规范处理。检查稿件的版头大小、标题、主送抄送机关、主题词、数字用法、落款等是否规范，如有不当的应立即改正，然后填上文件的文号、签发日期、印刷份数，确定密级及年限和缓急程度。

3. 登记发排。将稿件的文号、标题、份数、签发人、签发时间登记在《发文登记簿》上。

（二）稿样排出清样之后必须坚持“三校”

1. 头校。这是减少错漏的重要环节。要忠于原稿，逐字（包括标点符号）逐段读校，力求把与原稿不符的漏段、漏字、错字全部校出来。

2. 二校。除了继续校核错漏的文字外，还要检查有无不准确的提法或不通顺的句子。发现文理不通或明显笔误的地方，应立即提出意见，经起草人或领导同意后，作文字上的修改。

3. 三校。这是付印前的最后一次把关，着重检查文稿版面的字体、间隔、标题排列等格式合不合规范，校对改动的文字和标志是否清晰无误。经全面核对认为符合要求，方可填写印发日期，并在《付印文件通知书》上签名付印。如是电脑排印的文件，稿件经校对准确无误、排出激光文件样板后，要最后检查一遍后方可付印。文件付印后将文件底稿注明发出日期送往存档。

（三）印前检查

文件印好发出前，要再检查一遍，如发现错漏，立即向领导汇报，以采取有效补救措施。

二、校对工作的要求

1. 要切实保证校对工作的质量。校对文稿，要集中精神，原则上由两人共同完成，先读校一遍，然后分别再认真看一遍，并由一人作最后的总把关。力求校对差错率全年不超过三万分之一。

2. 要提高校对排印工作的效率。凡是印发的文件，从接到稿件送厂发排、印刷厂通知校对清样、校对完毕送厂印刷等三个环节，都必须一环紧扣一环，绝不能中间脱节贻误时间。一般的稿件，从发排到印好发出，应掌握在三天内。如属急件，在发排和付印时都要反复向印刷厂或打字室讲清发出日期，并密切配合，及时校对和送印，保证按要求依时发出。

3. 文件印好发出前，再进行一次检查，确认无误后方可盖印、封装、发出。

这是一则由某机关办公部门制订的文秘校对员应该遵守的工作制度，属职责类工作规程的制度。其内容是依据实际工作流程，对每一重要环节进行规范，让校对人员如此操作，可有效防止差错，提高工作效率。

该制度采用贯通式写法，将工作规范、程序、要求等，分条列项地作出规定，条、款、目十分明确。

【例文三】

广东省××××学校领导成员廉政自律规范

为贯彻落实党中央关于治理整顿、深化改革、惩治腐败的战略决策，我校领导成员依据上级有关规定精神，特制定以下廉政自律规定，各自严格遵守：

一、严禁凭借手中权力谋取私利，在住房、调资、提干、职称评定、招生及奖金分配诸方面，必须通过有关办事部门按政策和有关规定执行，提高透明度，主动接受教代会及群众监督。

……

这是一个单位的领导班子集体，自觉地依据上级有关精神制定出的带公约性的、班子内部自我约束的纪律性规定。

这种规章制度的订立，有利于促使领导班子成员更加自觉地在歪风邪气中严于律己，更好地促进班子的团结、进取，不失为自我警醒的好工具。

【例文四】

高等学校学生行为准则
（教育部颁发）

一、志存高远，坚定信念。努力学习马克思列宁主义、毛泽东思想、邓小平理论和“三个代表”重要思想，面向世界，了解国情，确立在中国共产党领导下走社会主义道路、实现中华民族伟大复兴的共同理想和坚定信念，努力成为有理想、有道德、有文化、有纪律的社会主义新人。

二、热爱祖国，服务人民。弘扬民族精神，维护国家利益和民族团结。不参与违反四项基本原则、影响国家统一和社会稳定的活动。培养同人民群众的深厚感情，正确处理国家、集体和个人三者利益关系，增强社会责任感，甘愿为祖国为人民奉献。

三、勤奋学习，自强不息。追求真理，崇尚科学；刻苦钻研，严谨求实；积极实践，勇于创新；珍惜时间，学业有成。

四、遵纪守法，弘扬正气。遵守宪法、法律法规，遵守校纪校规；正确行使权利，依法履行义务；敬廉崇洁，公道正派；敢于并善于同各种违法违纪行为作斗争。

五、诚实守信，严于律己。履约践诺，知行统一；遵从学术规范，恪守学术道德，不作弊，不剽窃；自尊自爱，自省自律；文明使用互联网，自觉抵制黄、赌、毒等不良诱惑。

六、明礼修身，团结友爱。弘扬传统美德，遵守社会公德，男女交往文明；关心集体，爱护公物，热心公益；尊敬师长，友爱同学，团结合作；仪表整洁，待人礼貌；豁达宽容，积极向上。

七、勤俭节约，艰苦奋斗。热爱劳动，珍惜他人和社会劳动成果；生活俭朴，杜绝浪费；不追求超越自身和家庭实际的物质享受。

八、强健体魄，热爱生活。积极参加文体活动，提高身体素质，保持心理健康；磨砺意志，不怕挫折，提高适应能力；增强安全意识，防止意外事故；关爱自然，爱护环境，珍惜资源。

2005 年 3 月

这是教育部制定、颁发的要求大学生自觉遵守的日常行为规范准则，属部门规范性文件的规章制度。全国的大学生都必须遵守。

教育部作为教育领导部门，针对社会状况，对大学生提出行为规范准则，是对大学生的殷切希望。其内容既有针对性，又深含国家、民族对当代大学生的热切期望。

【例文五】

广东省××××学校
干部述职报告制度

第一章　总则

第一条　干部作述职报告，是为了让组织和群众了解和掌握干部德才状况和履行职责的情况、让干部自觉接受组织和群众监督的一种有效形式。述职报告是自我述评性的报告文书，是正确选拔任用干部、考核干部，克服用人、看人上的主观主义、官僚主义，提高干部的政策、思想水平的有效工具，也是促进和监督干部忠于职守的有效手段。为加强干部队伍建设，提高干部素质，促使每一个干部都能认真履行岗位职责，确保完成本职工作任务，根据上级有关干部考核的规定，制定本制度。……

第二章　述职报告的内容

第三条　述职考核工作在学校党委领导下进行。

第三章　述职报告进行程序

……

第四章　等次和标准

第八条　……

第五章　附　则

第十三条　……

这是一所学校自行制定的干部述职报告制度。各个机关、企事业单位，为了本机关、本企业、本单位能有秩序地工作、学习，提高人员素质和办事能力，需要建立和健全各种规章制度。本述职报告制度的建立，有利于对干部进行激励，是一项以人为本的基本建设。

本制度采用章断条连的结构方式，将制度内容分总则、分则、附则概括起来，使比较复杂的内容明晰化。但其述职及评议等措施仍有待于进一步完善、深化。

【例文六】

首都人民文明公约

为发扬共产主义精神，树立新的道德风尚，特制定本公约：

一、热爱祖国，热爱中国共产党，热爱社会主义制度，热爱首都，热爱本职工作，同心同德建设“两个文明”。

二、文明礼貌，敬老爱幼，邻里和睦，不说脏话，不耍态度。

三、讲究卫生，不随地吐痰，不乱扔脏物。

四、遵纪守法，维护公共秩序，不起哄，不打架，不赌博，不酗酒。

五、爱护公共财物、山水林木、文物古迹、珍禽益鸟，植树栽花，美化首都。

六、勤俭节约，婚丧简办，晚恋晚婚，计划生育。

七、开展健康的文体活动，抵制淫秽书画及录音、录像，反对资本主义思想腐蚀。

八、对待外国友人，热情友好，不卑不亢，落落大方。

本公约公布后，首都人民要共同遵守，互相监督，自觉执行。

公约是人民群众为了某种共同的目的，在自愿的基础上经协商讨论，形成共识，订立共同遵守、属道德行为的规范。

本公约是首都人民群众制定出来规范自己言行的条文。拟就条文后，经北京市人民代表大会通过。

标题，由事由和文种组成。正文有简短的前言和后语（相当于附则），主体部分分八条列出具体内容。

第二节　制度规范的性质、作用和特点

一、制度规范的性质

制度规范是指党政机关、社会团体、企事业单位和人民群众，依照法律、法令、政策，对行政管理、生产操作、学习和生活等方面制定出要求大家共同遵守的、带强制性和约束力的各种规约文书的总称。具体的文种称谓可以分别按不同情况使用制度、规则、守则、准则、规程、规范、标准、须知、注意事项、公约等。它同法律、法规和规章有着密

切的联系，可以说是法规和规章的延伸，其贯彻实施由政纪保障，是政纪强制力保障实施的规范。

然而，制度规范毕竟与法规、规章有区别。法规、规章是法律范畴，触犯者由司法部门立案处置；制度规范则是行政纪律范畴，触犯者由本机关依据行政纪律进行追究。法规、规章的立法，必须依照《立法法》《行政法规制定程序条例》《地方法规制定程序条例》《规章制定程序条例》执行。而制度规范的制定则是由本机关、本单位依据自身的职权范围制定。

现在的一些机关单位、厂矿企业以至学校，都习惯将本单位制定的各种管理制度汇编成小册子，称之为“制度”或“手册”，如《××市人民政府机关大院管理制度》《××委员会工作制度汇编》《××学校学生手册》《××工厂员工手册》《××公司员工手册》之类，其实就是将本机关、本企业全体人员必须遵守的制度规范汇集在一起。

下面是一个机关的《工作制度汇编》，其内容大体如下：

(1) 会议制度，包括党组会议制度、书记办公会议制度、常委会会议制度、全委会会议制度、机关大会制度；

(2) 文书制度，包括机关公文处理办法，督办工作办法，文电办理制度，领导同志出席活动、讲话或题词的规定，机关打印复印文件规定，机关印章介绍信（证明）工作证使用管理规定；

(3) 行政管理制度，包括财务管理规定、固定资产管理办法、接待工作办法、后勤管理制度；

(4) 人事管理制度，包括人事工作管理办法、干部培训办法、党组织生活制度、作风建设制度、外出工作制度、工作人员请假休假制度；还有外事工作制度、宣传工作制度、保密工作制度、档案管理办法、机关保密工作规则、机关密码通信专网使用管理规定、学习制度等。

二、制度规范的作用

要管理好一个机关或企业，就必须建立一套类似上述的制度规范（在企业即称为《员工手册》）。

有了如此缜密的工作制度，就可以使本机关、本企业的每一个工作人员“循规蹈矩”、依章办事，所以说，制度规范是保证人们正常进行各项活动的重要手段，是党政机关、社会团体、企事业单位进行内部管理的工具。随着社会的逐步现代化，对办事的效率提出了更高的要求，这就需要用制度规范定出一套完整的应该遵守的事项、职责范围或要求达到的标准等，以保证工作、生产、学习、生活等正常协调地进行。一个机关、一个团体、一个单位、一个企业，必须重视内部有效的管理工作，而有效的管理工具就是制定出各种完善的制度规范。因此，我们学习制度规范，不仅是学习应用写作的问题，更重要的还在于掌握本机关、本团体、本单位、本企业内部的管理和对制度规范正确应用的问题。

比如，一个机关必须就本机关的职能，设置合理的工作部门，并依据其职责范围制定出岗位责任、工作规范、职业道德规范、考勤制度、考核制度、奖惩规定、办事程序、汇报请示制度、会议制度、管理制度、财务制度、后勤保障制度等。

又比如，一个企业必须根据本企业的经营活动，制定出一系列的诸如公司章程、企业生产经营责任制、岗位经济责任制、企业合同管理规定、企业商品购销管理制度、企业标准化管理制度、企业技术管理制度、企业质量管理制度、企业物资管理制度、企业财务管理制度、企业人事管理制度、考勤制度、企业职工奖惩规定、劳动保护制度等。

只有建立和健全各项制度规范，才能让本机关、本企业的全体员工有规可依、有章可循，才能使他们明确知道自己在岗位上应该做什么，怎样去做，做到怎样的程度，才能正确、得当地履行自己的职责，做好工作。这样，制度规范就不仅对人们的行为具有约束力，也同时具有了做好工作的推动力。只要制度规范制定得科学、合理，能被人们所掌握、所拥护，便能约束人们不当的行为，从而激发人的积极性和创造性，化为神奇的力量，创造出奇迹。

三、制度规范的特点

制度规范，主要规定人们办事的手续及标准、治事的定章及程序、行为的规范及准则，因此，它具有以下三个方面的特点。

（一）执行上具有强制性

制度规范是依照有关法律、法令、政策制定的，可以说是法律、法令、政策的延伸或具体化，因此，一旦正式公布，就要求有关方面及人员必须遵照执行。制度规范一般都订有内部的罚则，对违章的给予相应的处罚（如批评、教育、警告、记过、开除，但是不得设置限制人身自由、体罚、罚款等内容，对触犯刑律的应扭送公安机关处理）；即使违反公约，也要受到程度不同的批评或处罚。

（二）内容上具有周密性

制度规范在内容上有一个很明显的特点，就是面面俱到，具有周密性。它从严肃性与严密性出发，对它所涉及对象的有关方面都要作出相应的规定：应该怎样，不应该怎样，都必须一条条写明，甚至为什么要这样，以及如何实施，也要在前或在后交代清楚。

（三）表达上具有条款性

制度规范在表达上都采用条理分明的条款式结构，分章、条、款、目，把应该规定的事项列出，用条分缕析的方法一一说明，以使内容鲜明、具体，条文准确、规范。

第三节　制度规范的种类

制度规范有许多不同的体式，掌握其不同的分类方法，有利于正确应用不同体式为工作需要服务，更好地把握其写作方法，得体得当地使用各种规章制度文种。

从适用对象、范围来划分，制度规范有日常事务管理制度、人事管理制度、财务管理制度、业务管理制度等。

从制度规范的作用来划分，有职责类制度（如岗位职责、科长职责、业务员职责、班主任职责等）、业务标准类制度（如打字员工作标准、营业员接待顾客规范、操作规程、业务工作程序及其规范等）、奖惩类制度（如岗位纪律、奖励办法、惩戒办法等）。

从制度规范的内容来划分，有办公室管理制度（如接待制度、信访制度、印章管理规定、值班规则等）、文书档案管理规则（办文制度、收发制度、归档制度、文书档案管理制度等）、总务管理制度（生活管理制度、房产管理制度、车辆管理制度、物品管理制度、环境管理制度、经费管理制度、医疗管理制度等）。

我们学习应用和写作制度规范，宜从文种入手，即首先认识制度规范中的各个文种，理解其功能、特点、用法，进而体会出各文种之间的相互关系，从而把握得体得当地应用各文种的界限。

制度规范的文种有以下几种。

一、制度

制度一般由机关、团体、企事业单位，根据实际需要，制定用于规定所属成员或有关人员必须共同遵守的事项。使用的名称，可以用“制度”（如资金管理制度、考勤制度、岗位责任制度等），也可以根据内容与作用的不同，使用“规则”“规程”“守则”“准则”“标准”“规范”“纪律”等不同的名称。

制度设置处罚，必须明文依据法律法规或规章的规定，设置本机关内部的除限制人身自由、侵犯人权、触犯刑律等以外的某些罚则，如批评、警告、记过、察看、开除等处罚。

（一）岗位责任制

岗位责任制是指按工作岗位划分职责任务的制度。以零售企业为例，岗位责任制是指根据经理、管理人员、营业组长、柜台负责人以及每个营业员的不同岗位，分别规定他们各自应该做什么、达到什么标准的职务条文。

（二）规则

规则是社会团体、企业单位，为了维护劳动纪律，维护公共利益，制定出一些要求大家遵守的条规，如图书馆借书规则、考试规则、各项体育竞赛规则等。这种规则，因制定单位的权限不同、涉及的范围和影响不同，其具体的措施、办法、处理原则等也就不同；但其对执行要求是强烈的，因此都订有罚则。

（三）守则

守则是机关、团体、企事业单位要求它的成员必须遵守的行为准则。它是在一定的范围内为一定的社会成员简明规定的工作职守或学习要求，是一种道德规范和行为准则。

守则是群众自我教育的公约性规定，如《全国职工守则》《国务院工作人员守则》《中学生守则》等。

（四）规程

规程是工作时要求遵循的方法，一般指在专业技术的操作中对操作程序的规定。如配电室规程、微电脑操作规程等。

二、须知

须知是有关单位、部门为了维护秩序，搞好某项具体活动而制订的具有指导性、规定性的守则。如车站、码头、旅馆等规定的旅客须知，公园张贴的游园须知，纪念馆、展览馆制定的参观须知，特殊专业部门或操作生产技术部门公布的消防须知、消毒须知、操作须知，还有会议须知，等等。

注意事项也是须知的一种。

三、公约

公约是人民群众为了维护劳动纪律和公共秩序，保护公共利益，保证学习、生产、工作任务的顺利完成，经过协议，把约定要做的事情或不应当做的事情、应该宣传的事情或必须反对的事情明确地写成条文，作为共同遵守的规则。如广州市人民文明公约、爱国卫生公约、拥军优属公约、学习公约等。

公约一般没有罚则，但也具有一定的约束性，一经公布，应自觉遵守。对违约者，订约单位的群众应对其进行劝说、批评、教育，以保持公约的权威性。

第四节　制度规范的制定与写作要求

一、“上有所依，下有所系”

所谓“上有所依”，是指要充分依据国家的法律、法规和规章；所谓“下有所系”，是指要密切联系本机关、本单位、本企业的实际，充分考虑在现实条件下执行的可能性和在一定时期内的稳定性，根据实际需要，从各个环节上周密考虑。

制定制度规范必须充分考虑可行性。可行性就是行得通，能贯彻执行，群众拥护，具有执行的积极性。凡法律、法规、规章有规定的，不能与之相悖，一切制度规范都必须符合党的方针政策和国家法律、法规、规章的规定，必须切合本部门实际情况，防止主观臆造，脱离实际。这就要发动群众参与讨论，从以往的实践中总结出可行、能行的办法。还要注意留有空间，灵活机动地辩证看待、处理问题，以激励人们的积极性和创造性。

必须充分考虑制度规范的历史成因，能承上启下，开拓未来。同时要注意与“左邻右舍”的关系，保持与平级单位之间大体一致，防止群众在执行中互相攀比、责难，甚至出现甲单位的制度规范中有指责乙单位的条文，或者乙单位的制度规范中有指责甲单位的条文。

一个机关要制定制度规范，一个学校要制定学生手册，一个企业要制定员工手册，等等，其目的是为了帮助干部、师生、员工熟悉本机关、本单位、本学校、本企业各个管理环节上的运作规范规程，使其有章可循、有规可依，依手册行事而无误，照章办事而能成，便要从各个不同环节立规立矩。但是要注意，所立之规都是内部之规，不得超越制定制度规范的权限，也不能与法规、规章相抵触。凡设有处罚项目的，要符合法律法规规定，并明确写出所依据的法律法规名称、款项。对限制人身自由、刑罚、体罚、侵犯公民权利的款项不能设立。

二、正确选用文种

正确选用文种，有两个方面的要求：一是所定制度规范的内容要与文种名称相一致。二是不得套用法规、规章的文种名称。比如“条例”是法规名称，国务院明文规定“国务院各部门和地方人民政府制定的规章不得称‘条例’”。一个基层单位、企业，找出任何理由来套用“条例”名称都是错误的，因此，基层单位和企业的制度规范绝对不能使用“条例”来作为自己企业的制度名称。使用“规定”“办法”等文称也要慎用，如果该制度的内容是本机关、本企业的最高决策而又事关全局，可以使用“规定”“办法”等文称，但也不要滥用，不如选用更贴切的如“规程”“规则”“规范”“标准”“制度”等文称。

三、正确使用语言

制度规范是用来规范人们行为的，在语言上必须严肃、规范，鲜明、朴实，准确、严密、无懈可击。

（一）严肃、规范

制度规范的语言，要求使用规范的书面语，不用方言土语，不用诙谐、幽默语，以体现法规规章的规范性和严肃性。

（二）鲜明、朴实

制度规范必须观点鲜明、态度明朗、是非分明，因此，在语言使用上，必须做到反对什么、提倡什么，要解决什么问题，用什么思想来指导，达到什么目的，等等，要直接在文中表达出来。要注意使用“筋条型”语言，不多加修饰，只作某些限制，使表意直接、明了。

（三）准确、严密、无懈可击

制度规范的语言，必须是反映客观事物方面的事理，没有漏洞，前后不矛盾，用词准确，没有歧义。每一章节、每一条款甚至每句话、每个词都必须有肯定的属性，含义明确，有固有的质的规定性，使人们对每一条款、每一词句只能有一种理解。

第五节　制度规范的写法

一、制度规范的结构

制度规范的结构由形式结构和内容结构两个部分组成，其形式采用章、条、款、项，有的也可以设目来表述；其内容结构由标题、签署、正文（总则、分则、附则）组成。在表述时，可以采用两种不同的形式，即章断条连式（分章列条法）和逐条贯通式（不分章而只分条列项）。

二、制度规范的写法

制度规范的格式分为标题、日期、正文三个部分。

（一）标题

标题应该注意规范化。一般有两种写法：

（1）由单位名称、事由、文种三部分组成，这是完整的标题。如《××化工厂生产经营责任制》《××公司目标经营和目标管理责任制》。

（2）由事由、文种两部分组成。基层组织、企事业单位普遍使用这种标题。这是省略制文单位的标题，如《企业人事管理制度》《企业职工奖惩规定》。使用这种省略制文单位名称的标题，要注意得当。一般的机关单位制定的规章制度，如果在标题中不写单位名称，便要在正文之后、日期之前写上单位名称。

标题中的事由要注意概括准确、提纲挈领、简明扼要。

（二）日期

日期写在标题下面的正中部位，用圆括号括住。如由什么会议通过或什么部门批准也写在这个括号内。有的规章也可以将日期放在正文的右下角。

（三）正文

正文有两种格式和写法。

1. **分章列条法**。这种写法在《教程》第四编第二章中已有介绍，这里从略。

2. **逐条贯通法**。逐条贯通法的写法是：全文从头到尾不分章节，而以分条分款作为基本格式，贯穿全文。有的也可以在分条之前写上简短的前言，说明制定本规章的目的、依据，最后一条说明生效时间或执行规定。

各条要用汉字标示条文序码。条内如果需要分款，则另起一行，不必使用序码标示。

这种写法一般适用于内容比较简单的制度规范。

【思考与练习】

导语：学习本章要使自己有一个明确的认识：我们必须懂得制度规范的应用与写作，

这是未来工作或创业的需要，是自己业务能力提升的需要。

一、概念题

掌握下列名词术语。

类规章　制度规范　规则　守则　规程　规范　准则　标准　须知　公约　条例　规定　办法　章条款目　条款式结构　逐条贯通

二、阅读题

1. 阅读制度规范各篇例文。

2. 通过阅读例文，从中领会出制度与规章的同异之处。

三、简答题

国家工商行政管理总局制定了《工商行政管理所食品安全监督管理工作规范》，2005年5月23日以工商消字〔2005〕71号通知下发全国各工商行政管理部门。请你说说，其作为规范性文件和制度规范的依据分别是什么。

四、训练题

1. 依据下面提供的材料，谈谈你对制度规范制定需要注意的问题。

1986年，苏北某市一家服装厂，鉴于外贸产品交货期迫近，部分职工劳动纪律松弛、出勤率不高等情况，厂长与部分职代会代表研究后就作出“规定”：“长期病假重新办理请假手续；连续病假一个月以上、六个月以内的工资发40%，六个月以上的停发工资，超过一年的予以除名。”这一“规定”在厂内引起极大反响。后由市总工会向市委反映，市委领导作出了批示：“服装厂自立的这些规定要符合国务院的现行规定。违背的要妥善更正。”于是，该厂自立的同国家劳保条例有抵触的规定最终被废除。

信宜市人大纠正一起违法处罚

本报信宜讯　信宜市北界镇结坡管理区梁某因偷鸡受不公平处罚一事，近日在该市人大的监督下，已得到公正处理。

年初，梁某到本村一养鸡场偷走一只母鸡，被鸡主发现告到管理区。由于梁某平时得罪过村民，不少人要求从重处理梁某，并提出要梁某给大家派红包。最后，管理区干部发出罚款通知书，责令梁某赔偿鸡主200元，支付民兵费620元、电影费500元、车辆看守费280元，罚款200元，共计1800元。梁某接到通知后不服，反映到镇和市有关部门。

经查，梁某偷鸡的事实基本清楚，管理区处罚的依据是“乡规民约”。市人大常委会认为，梁某偷鸡应当处罚，但不能超乎《中华人民共和国治安管理处罚条例》的规定，“乡规民约”也不能违反国家的法律法规；另外，《中华人民共和国行政处罚法》规定，管理区一级没有处罚权，更没有处罚项目的设定权。因此，认定结坡管理区擅自立项并扩大处罚数额既违法又失公平，应予纠正。

（载《广州日报》1997年7月11日）

2. 某学校在校内修建了一个小花园，买来铺地锦、剑兰、墨兰及别的一些花木种在园内，给校园增添了别致的景色。但是，有不少同学不爱惜，随意进园践踏、打球、嬉耍，或乱扔杂物，甚至将垃圾倒入园内。为此，学校爱国卫生委员会制定了《草坪规则》。请对该规则进行修改，使内容切合要求，并对修改的主要处，如标题、罚则、格式等作简要说明。

草坪规则

1. 绿化校园，人人有责。
2. 爱护花草，禁止践踏。
3. 禁止往草坪丢杂物，倒垃圾。
4. 禁止在草坪内打球。
5. 违反2、3、4条，每人罚款10元，并视其情节轻重给予纪律处分。

×××××学校爱委会

3. 修改下面由××学校图书馆起草的一份“规则”。

阅览室规则

一、阅览室须凭借书证方可入室阅览（教工除外），出门退回借书证。室内的报刊、图书，只限存馆内阅览，不得外借。

二、取阅图书、报刊，阅后必须自动放回原处，违者予以批评教育，视态度和情节另予追究。

三、要爱护图书、杂志，不得涂污撕毁，不得在书上“眉批”或“书评”，损坏者，按原价三倍罚款；偷窃图书、杂志者，除纪律处分外，并照书价五倍罚款。

四、保持阅览室内肃静，不得吸烟、吐痰、乱丢纸屑；不得在室内吃东西，要保持室内整洁。

五、不得携带手袋、挂包进入阅览室。

六、违反以上规则者，按情节轻重，适当处分。

××××××××学校图书馆

一九××年×月×日

4. 假如你是某企业办公室的骨干文员，根据企业加强内部管理的需要，由你拟订建立相适应的制度——“员工手册”计划（草案）。请认真参阅附录《关于员工手册》，试列出你所构想的本企业员工必须知道并严格遵守的《员工手册》中各种规定、规则、守则、规范、制度、须知、公约等的制度规范名称。

5. 在有条件的情况下，利用某个假期，组成三人小组前往某企业进行调查：该企业在内部管理上制定了哪些制度规范，该企业怎样利用制度规范管理员工，而员工又怎样利用制度规范来指导自己的工作，它们在生产的哪些环节上制定了什么内容的制度规范，然后将收集到的制度规范全部汇集起来进行研究，依据其生产流程，分析其制度规范的优点和缺点，写出分析文章。

附：

关于员工手册

一、什么是员工手册

员工手册是企业管理的文书，而不是经济文书；

员工手册是反映本企业意志的系列文书，而不是一篇文章；

员工手册是编辑而成的，而不是“写作”出来的；

员工手册是集体的“作品”，而不是一个人的“杰作”；

员工手册的主编可以是一般员工，也可以是企业高层人士，但他所编辑出来的册子必须体现该企业的意图，是经该企业领导层会议正式通过的；

员工手册是企业章程和守则的结合，除了用于规范企业自身性质、宗旨、任务、组成成员及其权利和义务以外，还必须针对企业员工聘用、晋升、福利、培训、医保等具体问题作出的制度规范。

员工手册应该是多种文体的集合，比如有企业形象广告，有政府相关规章，有本企业各项制度、守则、规定、规范、规则、标准、须知、公约，还有企业情况介绍、产品介绍，更有需要弘扬的企业精神，有的还有本企业的口号、标语、宣言、歌曲，等等。

二、员工手册的写作要求

1. 内容全面，具体可行。员工手册的内容涉及企业工作人员的权利和义务，具体到企业团队理念、价值观等抽象概念的表述，以及录用、工作、级别和待遇、福利、休假与加班、请假、奖惩、差旅费用开支、培训、离职、保险、医疗、抚恤、退休等各个具体工作环节的规定，因此，写作员工手册，绝不仅仅是动笔的问题，它更要求对企业的长远规划、目前现状有宏观清楚的了解，要求对如何保持员工利益与企业利益的平衡作出冷静的思索。

2. 虚实结合，有章可循。员工手册既要表现抽象的企业文化、团队精神；也要把制度的制定落到实处，必须预先考虑到所有可能发生的情况，以便有章可循。只虚不实，会大而无当，流于空泛；只实不虚，则琐碎拘泥，失之灵活机动。

第五编　机关日常事务文书

机关日常事务文书概述

机关日常事务文书，就是机关在处理日常生活事务需要与外界联系时所使用的，简便而具有惯用格式的，能办理实事的文书，如条据、启事、海报、书信、便函、电报、社交礼仪等。这部分文书多为机关的生活保障部门、物资供应部门、后勤部门使用。为了避免与机关工作事务文书相混淆，故又称为日常应用文。

机关工作事务文书和机关日常事务文书的根本分界线是“对内”“对外”；凡仅适用于机关对内处理公务的为机关工作事务文书，简称机关事务文书，也可称为内部文件；凡机关与外界联系处理日常生活事务的则为机关日常应用文，又称机关日常事务文书，简称为日常应用文。此外还有一种现象，就是这类文书也可以用作个人处理私务使用，凡用于个人事务时则为私务文书，其“文书”称谓不变。

机关日常应用文书主要有如下类型：

1. **社交礼仪类文书**。主要包括欢迎词、祝辞、欢送词、邀请信、请柬、慰问信、表扬信、感谢信、贺信、贺电、题词、赠言等。

2. **告启海报类文书**。是指那些可以张贴在公共场合或通过媒介公开播放、刊登的广告、海报、启事之类的事务性文书。这类文书使用广泛，如征稿启事、征婚启事、征订启事、婚姻启事、开业启事、寻人启事、寻物启事、招聘启事、招生启事、海报，等等。

3. **条据契约类文书**。涉事双方当事人在事务交流中出具给对方作为凭证或说明某些问题的文书。如借据、欠条、收条、领条、请假条、便条、托事条、馈赠条、留言条等。

账本，指用于记载经济往来额数及金额的记录。

4. **书信类文书**。有一般书信和专用书信两种。

（1）一般书信有两种类型：一是与家人之间的通信，称为“家书”；二是与其他亲友的通信，叫“社交书信”。

（2）专用书信类是具有书信的格式、发文对象或者使用目的特定的一类应用文。一般来讲，这类书信可以分许多种，如咨询信、介绍信、证明信、推荐信、求职信、聘书、履历、说明书、报捷书、保证书、倡议书、申请书、建议书、悔过书等。

5. **治丧类文书**。这类应用文包括讣告、唁电、追悼会仪式、治丧名单、悼词等。

还有一些其他称谓的文书，这里不一一列举。

机关日常应用文书的特点是，与外界联系、为处理机关日常生活所需事务、使用简便文书（不使用公文文种、不使用公文格式、不用经过公文制发程序）。

第一章　书信类日用文书

书信是团体或个人运用书面文字，和收信人通报情况、联络友谊、处理事务等社会交往的交际工具，是使用广泛的应用文之一。用于亲友、同事、同学之间交流思想、互通情况、联络感情、商洽问题、处理事务的称为“一般书信”，即私人书信；用于单位之间联系工作或处理事务的称为“公务书信”（另外还有专用书信，也是处理公务用的）。

第一节　一般书信

一、一般书信的特点

（1）写信人与收信人之间有一种特定的关系，而这种关系又影响着书信行文的语言体式，如对长辈的恭敬，对晚辈的关怀，对平辈的谦让，等等。

（2）阅读对象较少，一般是一个人或少数人，这个因素也影响着书信内容的表述，如根据具体的阅读对象决定写什么内容等。

（3）信件内容不宜公开发表。

（4）具有同一般文章不同的格式。

二、一般书信的结构和写法

一般书信由七个部分组成：称谓、问候语、正文、敬勉语、具名、日期、信封。有些信函正文言犹未尽，还另写“附言”或“又及”以补充。

（一）称谓

写在首行顶格位置，单独占一行，后边加上冒号，以示领起下文。完整的称谓由姓名、称呼和修饰语三部分组成。具体写称谓时，应根据同收信人的关系、收信人的身份慎重选择，要注意礼貌得体。如与同志、朋友通信，对关系十分密切的，可以在姓氏之前加上“老”或“小”，或直呼其名；对关系一般的，可以在名字之后加上称呼，如“××同志”或“××兄”；如果关系不密切，则往往把姓名写全，再加上“同志”，显得庄重些。越亲密，称谓越简单。再如，要根据对方的身份、习惯、住地等有选择地使用“先生”“同志”“女士”“小姐”或职务等称呼，做到既同双方的关系相适应，又尊重对方。

（二）问候语

问候语写在称谓的下一行前空两格的位置，单独成段，以示礼貌。信件中不一定都写问候语，给不常在一处、不常见面交谈的人写信，先问候一声很有必要。选择问候语，要根据收信人的具体情况而言，如对同学可问学习，对长辈年老的可问健康，都要写得亲切、恰当。

（三）正文

正文是书信的主要部分，可以分为起缘语、主体文和结束语三部分。

1. **起缘语**。是开头应酬语，用来提起话题的，不一定每封信都写。不过，有了它，正文开头方便自然一些（参见例文）。

2. **主体文**。是书信中最主要的部分，用以体现写信的目的。写时要注意表达清楚、简洁，条理分明。

3. **结束语**。最后还可有结束语，用作询问对方情况、再联系的事务，或总结一下全信内容，使收信人加深印象。如果没有可写的，也可以不写，意尽言尽，戛然而止。

（四）敬勉语

正文写完后，应根据收信人的情况，写上一些表示敬意、祝贺或勉励的话，作为信的结束。敬勉语有多种多样，应根据不同的对象选择适当的词语，也可以不写敬勉语。

敬勉语分两截，一般是前一截连接正文，或另起一段空两格；后一截另起一行，顶格写，以示尊敬、有礼。

（五）具名

具名的位置在敬勉语之后，另起一行，写在信的右下方。应考虑同收信人的关系而定具名办法，完整的具名是修饰语或身份再加上姓名。

（六）日期

日期可以写在具名的下一行稍靠后一点。日期不要省掉，以免事后造成麻烦。

（七）信封

这里介绍两种信封的写法：

1. **国内标准信封**。从 2004 年 6 月 1 日起，新的国家标准信封投入使用。

信封样式如图 1 – 1 所示：

邮政编码：□□□□□□	帖邮 票处
收信人地址：________________	
收信人姓名：________________	
寄信人地址：________________	
寄信人姓名：________________	

图 1－1　国内标准信封样式

2. **国际通用信封。**

信封样式如图 1－2 所示：

寄件人姓名 地　　址 城市（省）名 国　　名	邮票
	收件人姓名 地　　址 城市名称 国（地区）名

图 1－2　国际通用信封样式

按国际规定，寄往国外的书信，收信人姓名、地址要写在信封的右下角，寄信人姓名、地址要写在信封的左上角或写在信封背面的上半部。同时，信封要用英文、法文或对方国家通用的文字书写，并用中文注明对方国家的国名和地名。如果不用英文、法文书写，也应用英文、法文注明对方的国名和地名。但是，寄往日本、朝鲜和蒙古的书信，封面可以用中文书写。还必须强调指出的是，寄往国外的信，必须写明收信人和寄信人的国家、地区、城市、街道名称和门牌号码。

家书

【例文一】

陈毅给父母亲的信*

父母亲大人膝下[①]：

二月十九日手谕奉悉[②]。知大人移居后情况，甚为喜慰，儿于三月六日赴闽，三月卅日返沪。在闽廿余日巡视各地，不幸感冒并患肠胃炎，于返沪即入医院治疗。经过十余日，感冒和肠炎已完全好了。本可以出院照常工作，奈又发现肝内有肝蛭吸虫潜伏，医者言不治疗目前并无大妨碍，但恐日久生变，有演化为黄胆病水肿病的可能，甚至可能变为孙中山式的肝癌云云。经同志多人考虑，且得中央批准，决心治疗。于本日下药，拟定二十天为一阶段，如奏效即可出院，否则尚需延长时间。医者言治此病在室内可自由坐卧，并无痛苦，不过用药后头晕和精神不爽，则需多睡眠也。儿思几十年来，戎马倥偬，得此小休，亦属幸运，故祈[③]大人勿念。张茜已到北京俄专学习，定今年底结业。彼能完成俄文修业，此后即可担任俄校教务和通译，学有专长，立身有道，甚可喜也。本来她在革命阵营服务已近十五年，历任科员、科长、政治协理员等职，并又任上海俄校教务副主任。她如果继续工作是不成问题，如果评薪水亦将得团级待遇，可得月薪四百单位。但仍主张其再学一年，养成专门俄语人才，才更能切实可靠，有巩固的发展前途。因此不能不让她远去京门一个时期。这是新中国为人作事基于各有专长的根本原则，望双亲本此意转告儿弟兄姐妹并及下辈。中国人人人如此，何愁不富强！如果一仍旧贯，不依赖即寄生剥削[④]，于己于国，皆非了局。重坤妹已卒业，在市卫生局化验所任见习化验员。现尚有困难不能独立化验，必须见习半年，才能正式担任工作。她现系包干制，每月可余数万元[⑤]。她进步快，身体好。她现住在崔部长家，在湖南路儿旧住处斜对门，地方很好，崔部长照料甚周。崔并言重坤进步快、德行好，才干逐步可以锻炼。现准其每周来院看一次。儿已多方教训她进步，她很高兴，认为前次不回川是对的。此事请双亲放心。另儿家移南京，湖南路住宅已交公。小丹小侉小羊三个小儿读书有进步，小侉已能写数百字的文章。他们即在儿住处隔壁的小学内读书，往来甚便。孙女儿姗姗已八个月，呀呀学语，相貌象重坤妹，又肥又壮，专请一个人待她。一切请无念。

另外有一件事，即桃娃子被谋害事，可要大爷具报，向乐至县府要求昭雪，这是应办的，请双亲考虑，唐家心科、心和两老表跑到剑阁，屡来信求教，请孟熙写信要他们回家

---

* 陈毅（1907—1972），字仲弘，四川乐至人，我国无产阶级革命家、军事家，十大元帅之一。此信写于1951年4月16日。

① 膝下，意为儿女如同在父母身边。

② 奉悉，敬词。意为来信收到，并了解了信的内容。

③ 祈，请求。含敬请之意。

④ 这里是劝告不要依赖，不要做寄生虫，而要自立自强之意。

⑤ 万元，1955年币制改革前，人民币1万元等于改革后的1元。

为好。他们不是恶霸，何必远走，自讨苦吃。

杨仲赤甥来信已收到，证明思想进步，望努力。请转告杨三姐要宽心服从土改，土改后过劳动生活，实应分也。对裴先生陈凤梧弟柳叔谌表叔（恨未能一见，后会有期）及其他亲友亦均恳代致意问候。他们来沪，公家只能按例招待。儿为一工作人员，更不可破格办事。这方面均要求知我谅我，不以为罪。实际上是很优厚了。昨天百老汇把前后招待费用算了一个账，要儿过目，数目很大，已转请报销去了。昔诗曰“谁知盘中餐，粒粒皆辛苦”，此确为实情。又韦应物诗“身多疾病思田里，邑有流亡愧俸钱”，又曰“所惭居位崇，未睹期民康”。一切均从民出发，儿窃愿①勿愧于此，故不得不反复言之。

今年双亲以在渝居住为宜。千斯门住地，热天不大宜，可商请乡居，不必要在城市。可与李处长静一商量，能住下即住下，免多麻烦。

近日住院摆脱事务，故写此长信禀报，请双亲宽心。

此请

万福金安

二儿世俊②

四月十六日

另：张茜③开车伤牙已补好。请母亲放心。

孟熙大哥：你三月廿三日信收到。忆南泉已读了，甚好。不过我希望你把名士派收起，切实做人民服务工作。你血压高，主要要减食，多运动。请你同意我的建议，谅不以为忤。仲弘又及。

（选自《社交书信大全》，鹭江出版社1986年版）

陈毅给父母的信，是一封给长辈家书的范文，充满尊敬、挚爱、亲切之情，行文流畅，条理清晰，层次分明。

写家书，要分清不同对象。给长辈写信要恭敬，忌轻佻，宜多用问候语；给平辈写信，须诚恳，注意词微义婉；给晚辈写信，要和悦，多作积极的鼓励和指导，少作消极的指责。写作上应真挚、质朴、自然。“家书抵万金”，贵在诉自肺腑，可使收信人如见其人，如闻其声。

这封家书能给我们以启迪，细细领会、品味，悟出其真谛。

---

① 窃愿，自谦词，指自己的心愿。

② 世俊，陈毅的乳名。

③ 张茜，陈毅的妻子。茜，音 qiàn。

社交书信

【例文二】

致老同学潘志沐

志沐学兄：你好！

你寄来的大作《潘志沐行草书法集》收到了。十分高兴你的大作问世，真情地祝贺你！

我们的同学中，你是坚强刚毅、矢志不渝的典范，我打心眼里敬佩你。

我读了你的“求和诗”《拙作行草书法集问世有感》，亦心潮翻滚、思绪万千，虽然我不谙诗道，也献上一首七律，请你这位大诗人赐教：

七律·尚学人

——和潘志沐老同学诗

六七寒暑不计辛，伏枥老骥奉于民。

历艰度险紧抓笔，芳菲桃李献真情。

年年寒暑等闲过，岁岁夏秋瘦三斤。

效仿叶帅黄昏颂，满目青山尚学人。

最近，我同他人合作，出了一本《会议文书写作》，是《应用写作教程》的姊妹篇，也是由中山大学出版社出版。现奉上一册，请斧正。

愿老同学硕果累累，身体健康。

祝合家安泰！

老同学　×××

2003 年 11 月 5 日

【例文三】

廖承志致蒋经国先生信

经国吾弟：

咫尺之隔，竟成海天之遥。南京匆匆一晤，瞬逾三十六载。幼时同袍，苏京把晤，往事历历在目。惟长年未通音问，此诚憾事。近闻政躬违和，深为悬念。人过七旬，多有病痛，至盼善自珍摄。

三年以来，我党一再倡议贵我两党举行谈判，同捐前嫌，共竟祖国统一大业。惟弟一再声言“不接触，不谈判，不妥协”。余期期以为不可。世交深情，于公于私，理当进言，敬希诠察。

祖国和平统一，乃千秋功业。台湾终必回归祖国，早日解决对各方有利。台湾同胞可安居乐业，两岸各族人民可解骨肉分离之痛，在台诸前辈及大陆去台人员亦可各得其所，且有利于亚太地区局势稳定和世界和平。吾弟尝以“计利当计天下利，求名应求万世名”自勉，倘于吾弟手中成此伟业，必为举国尊敬，世人推崇，功在国家，名留青史。所谓“罪人”之说，实相悖谬。局促东隅，终非久计。明若吾弟，自当了然。如迁延不决，或委之异日，不仅徒生困扰，吾弟亦将难辞其咎。再者，和平统一纯属内政。外人巧言令色，意在图我台湾，此世人所共知者。当断不断，必受其乱。愿弟慎思。

孙先生手创之中国国民党，历尽艰辛，无数先烈前仆后继，终于推翻帝制，建立民国。光辉业迹，已成定论。国共两度合作，均对国家民族作出巨大贡献。首次合作，孙先生领导，吾辈虽幼，亦知一二。再次合作，老先生主其事，吾辈身在其中，应知梗概。事虽经纬万端，但纵观全局，合则对国家有利，分则必伤民族元气。今日吾弟在台主政，三次合作，大责难谢。双方领导，同窗挚友，彼此相知，谈之更易。所谓“投降”、“屈事”、“吃亏”、“上当”之说，实难苟同。评价历史，展望未来，应天下为公；以国家民族利益为最高准则，何发党私之论！至于“以三民主义统一中国”云云，识者皆以为太不现实，未免自欺欺人。三民主义之真谛，吾辈深知，毋须争辩。所谓台湾“经济繁荣，社会民主，民生乐利”等等，在台诸公，心中有数，亦毋庸赘言。试为贵党计，如能依时顺势，负起历史责任，毅然和谈，达成国家统一，则两党长期共存，互相监督，共图振兴中华之大业。否则，偏安之局，焉能自保。有识之士，虑已及此。事关国民党兴亡绝续，望弟再思。

近读大作，有“切望父灵能回到家园与先人同在”之语，不胜感慨系之。今老先生仍厝于慈湖，统一之后，即当迁安故土，或奉化，或南京，或庐山，以了吾弟孝心。吾弟近曾有言：“要把孝顺的心，扩大为民族感情，去敬爱民族，奉献于国家。”旨哉斯言，盍不实践于统一大业！就国家民族而论，蒋氏两代对历史有所交代；就吾弟个人而言，可谓忠孝两全。否则，吾弟身后事何以自了。尚望三思。

吾弟一生坎坷，决非命运安排，一切操之在己。千秋功罪，系于一念之间。当今国际风云变幻莫测，台湾上下众议纷纭。岁月不居，来日苦短，夜长梦多，时不我与。盼弟善为抉择，未雨绸缪。“寥廓海天，不归何待？”

人到高年，愈加怀旧，如弟方便，余当束装就道，前往台北探望，并面聆诸长辈教益。“度尽劫波兄弟在，相逢一笑泯恩仇”。遥望南天，不禁神驰，书不尽言，诸希珍重，伫候复音。

老夫人前请代为问安。方良、纬国及诸侄不一。

顺祝

近祺！

廖承志

一九八二年七月二十四日

第二节　专用书信

专用书信是指在某一特定范围内专门用于某种事务联系的书信。它的种类很多，常用的有介绍信、证明信、申请书、决心书、倡议书、挑战书、应战书、慰问信、感谢信、表扬信、祝贺信、聘书、请柬、喜报等。

专用书信的写法跟一般书信差不多，同样具有称谓、正文、结尾、具名、日期这五个部分。它跟一般书信的区别在于：常有标明性质的标题写在第一行中间，正文的内容比较单一，有的具名处要加盖公章。

一、介绍信

介绍信一般是机关、团体介绍本单位人员到另一单位、团体联系工作使用的书信。现在大多数单位都有印好的空白介绍信，只要填写即可。介绍信要注意写明接洽单位的名称、被介绍人姓名、接洽事项和要求等；印好的介绍信还要填写有效期限，并在介绍单位名称和骑缝的地方盖上公章。

【例文一】

介 绍 信

××市百货公司：

兹介绍我校×××等两位同志前往贵公司联系有关学生毕业实习事宜，请接洽。

此致

敬礼！

××市商业学校（章）

××××年×月×日

【例文二】

×××市第二商业局介绍信

二商介字〔199×年〕第×号

兹介绍我局××同志（中共党员、科长）前往贵局联系工作，请接洽。

此致

××××（单位）

××市工商行政管理局（章）

一九九×年×月××日

（有效期×天）

二、证明信

证明信用于为某些人证明身份、经历、学历，以及说明突发事件的真实情况，等等。

【例文三】

证 明 信

××百货公司：

你公司×××同志，原系我大楼锦缎柜营业员。该同志积极上进，业务能力较强，2001 年曾获我公司技术能手称号。

特此证明。

××市纺织品公司（章）

二〇〇×年×月×日

三、申请书

申请书是单位或个人因某种需要，向有关部门提出某种请求的专用书信。申请书的格式跟一般书信基本相同。标题可以只写《申请书》，也可以根据申请书的内容，标明具体名称，如《出国留学申请书》。写申请书时要把申请的事情和理由、要求写清楚。

【例文四】

申 请 书

××县工商局：

我是待业青年，1988年高中毕业后一直在家闲居。两年来，我抓紧时间刻苦钻研无线电知识和修理技术，现已基本掌握了修理国产和进口电视机、收音机、录音机技术。通过考核，我已取得了家用电器维修上岗合格证（见附件）。

为了给社会作点贡献，改变依靠父母抚养的状况，拟在文昌街323号开办个体家电维修部。为此，特向贵局申请开业。

开业单位名称：××县××家电维修部

企业性质：个体

注册资金：5000元

经营方式：技术维修

地址：文昌街323号地下

敬请给予办理营业执照。

附件：上岗合格证、待业证

申请人：文昌街323号居民梁××

一九××年×月××日

这是一则开业申请书。根据当事人的实际情况写出申请目的、开业性质、资金、经营方式等，让有关人员一看便能明白。

【例文五】

入党申请书

敬爱的党支部：

自从党的十八大以来，党领导全国人民为实现“四个全面”而奋斗，大家越干越有信心。随着实践的深入，使我不断地加深了对党和共产主义的认识。我坚信：只有社会主义才能救中国，唯有共产党才能领导中国实现四个现代化、带领全国人民奔向共产主义远大目标。

我参加工作以来，在领导和同志们的教育帮助下，在思想政治上有了较大的提高，学政治，学技术，我下决心要像革命前辈那样，像本单位的那些模范共产党员那样，为党的事业任劳任怨，贡献出自己的力量。

因此，我申请加入中国共产党。

诚然，我距离一个共产党员的条件还相差很远，但是，我决心不断努力，事事以共产党员的标准衡量自己，事事向模范共产党员看齐，努力克服缺点，努力学习先进，缩短差距，使自己成为一个合格的共产党员。请求党组织考验我、帮助我。

我拥护党的纲领和党的章程，决心认真学习，努力实践。

请党组织考验我的申请。

此致

共产主义的崇高敬礼！

申请人 李××

2016年×月×日

这是一份入党申请书。文字简短，但分别写清楚了自己对党的认识，说明了入党动机，明确提出申请入党的请求，写出了自己希望得到组织考验、帮助的愿望，表明自己的态度，体现了入党申请书的特点。

四、决心书

决心书是个人、集体为了响应某一号召或为了完成某项任务时，向有关领导或组织表示自己的决心，提出自己的保证，用书面表达出来的一种书信形式。决心书一般包括下列内容：交代写决心书的原因，说明决心做什么事情、达到什么要求，以及完成任务的措施和时间。决心书所写的措施必须是扎实的，一定要说到做到。集体的决心书应经大家讨论，并且一致通过，以便协调动作、积极行动。

决心书可以直接交给有关组织，也可以张贴在公共场所。

【例文六】

决心书

当“非典”这场罕见的灾难降临到我们国家的时候，我们医院所面临的压力与困难，真是史无前例。“救死扶伤”是我们医务人员的天职。当人民的健康、生命受到威胁的时候，每一位医务工作者都有责任、有义务站出来。我们医院已经有很多的医生、护士英勇地站在抗击“非典”的第一线，为我们做出了很好的表率。现在，医院党委传达了省委、省政府有关“抗击‘非典’”斗争的指示精神，并发出了号召，因此，我请求医院领导安排我到抗击“非典”的最前线去。记得刚入行时，我们曾经庄严宣誓：无论何时何地，唯一目的就是为病人解除痛楚。虽然我一直从事救死扶伤的工作，但直到今天，我才领悟到这一誓言的深刻含义。在这场没有硝烟的战争中，我们中有许多人勇敢地站在战斗的最前线，他们把危险留给自己，用自己的健康去换回更多人的健康，当那么多的医者变成患者时，我才深深明白，救死扶伤这种职业道德，就是无私的奉献。我决心学习这种精神，把它融入我的血液之中去。

我坚信：有党和政府的领导，有白衣战士的英勇和智慧，有全社会的同仇敌忾，我们一定能战胜“非典”。

决心人　外科刘××

2003年4月29日

2003年春，“非典”在我国一些地区流行。广大医务人员发扬了“救死扶伤”的革命人道主义精神，英勇抗击“非典”。这是中山大学附属第二医院外科护士刘××要求去抗击“非典”前线的决心书。在这份决心书中，我们可以看到广大医务工作者在抗击“非典”斗争中的崇高精神。

五、倡议书

倡议书是人们在一定范围内公开提出某种建议，希望大家一起响应，以共同完成某种任务或开展某种公益活动的专用书信。它不单是对一个人、一个集体或一个单位，而往往是对一个部门、一个地区甚至全国发出倡议。倡议书有个人发起与集体发起两种，要合乎身份地写明在什么情况下，为了什么目的，发出什么倡议，希望别人怎么做，自己打算怎么做，等等，其内容必须是大家关心的事情，又是经大家努力可以做到的。末尾要写明发起单位或个人的姓名与日期。

【例文七】

倡 议 书

尊敬的广州市民：

广州是一座拥有两千多年历史的文化名城，生活在这里的人民，历来有团结、友爱、求实、进取的精神。人类已跨入新的世纪，国内生产总值超过3000亿元、人均国内生产总值突破5000美元的新广州，正在贯彻落实党的十六大、省九大、市八大的精神，精心打造经济中心、文化名城和山水之都，建设带动全省、辐射华南、影响东南亚的现代化大都市；勤劳勇敢的广州人，也面临前所未有的历史机遇。我们向广大市民发出倡议，大力弘扬敢为人先、奋发向上、团结友爱、自强不息的广州人精神，化“广州人精神”为强大的动力，投身到现代化大都市的建设中去。

倡议人：尹捷、罗爱萍、周国城、谢卓佳等18名市人大代表

（载《广州日报》2003年3月27日）

六、请柬

请柬，又称邀请书或请帖，是为邀请某人参与某事而发出的通知书。要注意写明什么

时间、到什么地点、有什么活动。其封面要写明“请柬”字样，内文的抬头要顶格写被邀请人的姓名和称呼（如受邀者为单位，写名称）；结尾写“敬请光临”或“敬请莅临”；落款处写明邀请者的名称和发出邀请的日期。

为了表示欢庆的气氛和情绪，请柬宜用红纸书写。现在流行使用事先印制好的精美请柬，可视合用者选用。

【例文八】请柬

（正面）

请　　柬

（内文）

××先生：

定于11月1日上午9时，在本厂礼堂召开××厂建厂50周年座谈会。

敬请

光临

××厂

××××年×月×日

七、邀请信

邀请信，又叫邀请书，是邀请收信人前来参加某项活动的一种应用文书，其性质与作用同请柬相近似，但邀请信的内容较请柬详备，例如，可写出活动的指导思想、活动内容，对被邀人的要求和希望，等等。行文语言要恳切、热情、朴实，注意礼节礼貌。

【例文九】

邀 请 书

×××先生：

为纪念鲁迅先生100周年诞辰，我会定于××××年×月×日至×月×日在××市×

×宾馆举行鲁迅作品学术研讨会。您对鲁迅作品素有研究，望届时光临赐教。

恭候回音。

鲁迅作品学术研究会（印章）

××××年×月×日

八、感谢信

感谢信是为表示感谢对方的关怀、支持或帮助，以叙事、议论、抒情相结合的方法，将自己的感谢之情、表彰之意，用热情而礼貌的语言所写就的简短书信。

（1）标题。直接写出“感谢信”字样。

（2）受文对象。在标题之下、正文之前顶格写明被感谢对象的单位名称或个人姓名。个人姓名后面加上“先生”“同志”等相应的称呼。然后加上冒号，引出正文。

（3）正文。首先写明在什么时候得到对方的关心、支持和帮助，对此表示感谢；然后简述对方予以的关心、支持和帮助有什么效果，或陈述这种帮助在今后将起什么作用，最后再次向对方表示感谢。

（4）结尾。写上表示感激、敬意的话。

（5）签署。感谢信的最后签上写感谢信的单位名称或个人姓名，同时签上年月日。

【例文十】

感 谢 信

××公司：

×月×日下午我公司业务员××到市百货公司购买物品，不慎丢失皮包一个。内有人民币5000余元、工作证一个及发票单据若干张。当我们发现后正在焦急寻找时，贵公司职工×××主动将拾到的皮包送到我公司。我们再三感谢并表示要赠送纪念品，×××同志却说：“这是我应当做的”，一再表示不能接受纪念品。她这种拾金不昧的高尚品德，对我们全体工作人员是一次很好的教育。在此特致函贵公司，深表谢意，并建议对×××的高尚行为予以表扬。

××公司

××××年×月×日

九、求职信、应聘信

求职信，是求职人主动向用人单位自我介绍、谋求职业的书信。应聘信，是求职人根据用人单位招聘人员的条件，向用人单位自我介绍、谋求职业的书信。

（一）求职信、应聘信的特点

求职信、应聘信不同于一般书信，具有三个明显的特点，写作时必须把握住这些特点，才能有的放矢，引起招聘单位的重视。其特点是：

1. **针对性**。写求职信、应聘信必须针对实际（用人单位的实际、自己条件的实际），针对读信人的心理，针对自己的求职目标。

2. **自荐性**。写信人和读信人不熟悉，必须由写信人毛遂自荐，因而要恰如其分地介绍自己。

3. **竞争性**。择业择人是双向选择，求职就是竞争。要在竞争中取胜，必须突出自己的优势。

什么是自己的优势？在写求职信之前必须十分了解。如果没有优势，就会失去竞争力。因此，要在求职前努力创造自己的优势。这些优势，不是自己凭空编撰出来的，而是通过实践中得到考验、验证的，并有证明书可以佐证。在求职时，可将它复印作为求职信的附件（如科研成果、学术论文、获奖证书、学历证书、英语等级证书、秘书考证证书、会计考证证书、报刊发表文章复印件、重大比赛参赛证书、参加重大工程项目证书等）。

（二）求职信、应聘信的构成

求职信、应聘信，一般由称呼（称谓）、引语、正文、结尾、附件、署名和日期六个部分组成。

1. **称呼**。这是对读信人的称谓。由于读信人一般是用人单位的负责人，求职者不知其名，故可直呼其为“××单位负责同志”“××厂厂长（经理）”“××公司经理先生”。如果是应聘信，在招聘启事中已告知了联系人姓名，则可以写上姓名，称“××先生”“××小姐”。

要注意，阅读求职信、应聘信的人，不是一般读者而是负责考核的人，所以态度必须尊重有礼，不亢不卑，内容必须实事求是，用词得体。

2. **引语**。信的开头，首先写求职、应聘的缘由。如例文十一是一封求职信，是作者在没有招聘启事的情况下，自己到企业去求职的。开头便写明写信的缘由，表明写信的目的。例文十二是应聘信，是作者看了报上的招聘启事之后写的，所以采用启事为引子，自然导入正文。

3. **正文**。这是信的重点部分，应写出个人背景，申述自己的志向、兴趣、性格和适合有关职位的情况，介绍自己的学历、经验、希望和信心，写清应聘的工种、职位和待遇要求等。

在信中，突出自己的技术专长，展示自己的业绩与能力，这是很有必要的。但是，要注意不宜渲染与所求职位无关的才能。写应聘信则应依据招聘条件，如实地逐条作答，不可偏离对方提出的条件，泛泛地介绍自己。

4. **结尾**。主要以诚恳的态度提出自己的愿望与要求。比如，希望能给自己一个面试的机会、盼望答复、静候回音等，然后以“此致敬礼”作结束语。对“三资”企业、民营企业，可套用惯用语，如“恭祝大安”“即颂春安”（夏天用“夏安”，秋天用

“秋安”等）。

5. **附件**。在信后附上有关资料，如简历表和其他证件的复印件等。简历表项目有：姓名、性别、籍贯（或出生地）、年龄、民族、免冠近照、住址、电话、邮政编码、婚姻状况、学历、学位、工作简历、外语水平、特长、爱好、兴趣、工作职务（或者曾任职务）。证件复印件有：学历证书、身份证、工作证、户口本、健康证、待业证、商调证明、职业资格证、技术等级证以及能证明自己优势的有关材料等。

6. **署名和日期**。这是信的落款，写信人应工整地写上姓名，并用“敬上”或“谨上”以示礼貌和谦逊。然后在姓名下写上年月日。

为方便联系，可在信末写上通讯地址、邮政编码、联系电话、电子邮箱。

求职信

【例文十一】

求 职 信

尊敬的总经理：

我是广东省商业技工学校××级家电维修专业班的学生，今年18岁，于××××年秋入学，修业三年，按国家规定学完了全部课程，将于××××年7月毕业。

三年来，我的学业经考试、考查全部合格，并经等级考核被评定为三级技工，取得了家用电器维修上岗证。

我对电冰箱维修和抽油烟机、全自动洗衣机的维修有较多钻研，除学完学校开设的“电冰箱维修”课之外，我还到各大商场收集了各式冰箱的使用说明书，比较和研究了各式冰箱的特点，对各种型号冰箱的维修技术均有较专深的研究。从去年到今春，我在省华侨公司家电维修部实习，曾独立操作维修过17台冰箱，经质检合格，用户满意。

本人身体健康，有事业心、上进心。特向您提出求职申请，经面试、考核，录用为贵公司的一名家电维修工。

现附上学校发给的《推荐表》一份，省华侨公司家电维修部实习鉴定一份。

恳切希望能给我一次面试的机会。

附件：1.《广东省商业技工学校毕业生推荐表》一份；

2.《广东省华侨公司家电维修部实习鉴定》一份；

3.《广东省劳动技能考核证书》复印件一份。

求职人　苏××谨上

××××年×月×日

通讯地址：××市×路×号　邮政编码：××××××

联系电话：×××××××××

这是一封中职技校毕业生写的求职信。求职人针对求职目标叙述自己的特点、基本条件，表达自己的求职愿望，并附上附件给收信人参考。语言得体，态度诚恳，介绍得当。不同层次的求职人，应依据自己的不同特点，展示自己的特长，供用人单位择用。

应聘信

【例文十二】

应聘信

广州市东山百货大楼
尊敬的总经理：

我从×月×日的《羊城晚报》上，看到了贵公司招聘员工的启事，我有意应聘其中橱窗装潢设计员一职。

我叫陈明，男，今年25岁，本市人，于××××年毕业于××美术学院工艺美术系。我专攻包装装潢设计，在校时各科成绩良好。毕业后供职于×××××厂，由于专业不对口，所学所长无法发挥，十分羡慕那些专业对口、英雄有用武之地的人士。今见贵公司需要我所学专业人员，觉得这是我施展所学所长的大好机会。可能应聘者大有人在，但我愿意凭借自己的实力去争取，希望能给我一个面试的机会。经考核，如蒙录用，我将会竭尽全力搞好本职工作，做一个合格的“东百人”。

附件：1.《××美院毕业证》复印件
　　　2. 橱窗设计作品三幅

敬祝
大安

求职人　陈　明　上
二〇〇三年×月×日

联系地址：本市××路××号
联系电话：××××××××

这是一则根据招聘启事写的应聘信。开头交代写信缘由，直陈应聘事宜。接着便紧扣应聘有关事项，陈述理由，表示态度。语言恳切、得体，提供的附件有助于证明应聘条件。

【思考与练习】

一、阅读题

认真阅读《陈毅给父母的信》，体会作者在信中是怎样流露感情的，然后试写一封家书，叙述你入学以来的学习生活和你对亲人的真挚感情。

二、训练题

1. ××学校的采购员×××同志于2000年×月×日在××市利民劳保用品商店购买

劳保服装 8 套，每套 30 元，棉纱手套 40 双，每双 2 元，商店已开了发票。×××同志不慎丢失了原发票，利民劳保用品商店经查发票存根后同意写出一张证明。请你据上述情况代为出具一份证明。

2. 南方公司拟于×月×日为公司成立 10 周年大庆日，请代该公司写请柬。时间、地点、活动形式等可以模拟酌定，要求同时拟出请柬的封面与里页。

3. 依据本班专业实际，模拟对口工厂，拟出招聘条件，让学生拟写求职信或应聘信。

4. 试分析下面这篇求职信的不足之处，然后提出修改意见。

尊敬的经理先生：

据悉贵公司正筹备扩大业务，招聘新人，特冒昧自荐。

我叫张小伟，男，20 岁，本市人。我是××××××学校××专业班的学生，再有一个月就毕业，结束学习生活。我在校成绩一直很好，如经理能给我这个机会，我保证竭尽所学，为公司效力。

兹奉上学习成绩表、操行评定表、履历表、近照等资料，供贵公司参考，殷切地等候贵公司回复。

此致

敬礼

张小伟　上

一九九三年六月五日

通讯地址：××市××路××号

邮政编码：××××××

5. 根据自己在校学习期满毕业需要向社会求职的实际情况，写出一封求职信文稿。要求思想认识真实、感情真实、使用的材料真实。

第二章　社交礼仪类日用文书

随着社会的发展进步，人与人之间的接触越来越多，各种礼仪、礼节也愈来愈被重视。很多交际场合，如会议、宴请、喜庆、婚嫁、迎送等，都会应用到各种礼仪、礼节。而社交礼仪文书乃是人们交往中的一种特殊的精神工具。以礼待人，能化干戈为玉帛；仗势傲物，会导致交恶以致兵戎相见。因此，讲究礼节礼仪实为交际大要。

社交礼仪文书的文体特点主要体现在礼貌上的尊敬性、感情上的真挚性、表态的委婉性、篇幅的简短性等几个方面。

迎来送往是出于礼仪的需要，使用致辞是为了使双方处于更为亲切和谐的气氛中，因此要特别注意礼貌，根据不同对象，做切合实际的表达，措辞要严谨、慎重、委婉。还要注意尊重对方的风俗习惯，不讲对方忌讳的内容。迎来送往主要是出于礼节上的需要，不允许长篇大论，应注意简练、明快、热情友好、谦和礼貌。

社交礼仪文书的种类主要有：①迎送类致辞，包括欢迎词、欢送词、答谢词、告别词、祝酒词等；②欢庆类致辞，包括祝词、贺词、贺信等；③表敬类文书，包括致敬信、慰问信等。④殡仪丧葬类文书，包括讣告、挽联、唁电（函）、悼词等。

社交礼仪文书的写作要求是由其文体的特殊性所决定的。要求做到注重礼节，讲究礼貌；感情真挚，态度友善；把握分寸，注意委婉含蓄；所表述的内容要与场合、身份、语境相符，符合交往礼仪礼节的需要。

第一节　欢迎词

欢迎词是社交礼仪演讲词的一种。党政机关、社会团体、企事业单位，在迎接宾客来访，欢迎领导视察，欢迎各种重要活动、论坛、会议、展览、学术交流、考察等的参加者，欢迎新成员（新学员、新员工、新教师、新领导）到位举行的集会、欢迎仪式上，主办方的领导人对欢迎对象的来临表示热烈欢迎时，使用这种讲话稿。

欢迎词的使用频率很高，无论单位大小，迎来送往总是少不了的。从重大的国事交往到单位之间的参观、交流，为了对来宾表示欢迎和尊重，表达友好交往，增强交流与合作的心愿，创造和强化友好和谐的社交气氛，在欢迎场合都少不了要用到欢迎词。

欢迎词具有应对性，一般来说，主人致欢迎词后，宾客即致答词。

一、写作方法

欢迎词的结构一般分为三部分：标题、称呼、正文。

（一）标题

标题一般要标明谁在什么会上（场合）的致辞，如《×××在欢迎×××仪式上的致辞》，或《××××团来访的欢迎仪式上×××的欢迎词》，或《×××在机场迎接×××时的致辞》。

（二）称呼

对内宾的称谓按习惯，对外宾的称谓要事先了解他们的身份、头衔，有的要在头衔前边加上“尊敬的”一类修饰语。在男宾、女宾的排列顺序方面，有的“女士”在前，“先生”在后。内文涉及彼此单位，前边应分别冠以“贵”字、“敝”字，如“贵公司”“敝公司”，不宜称“你公司”“我公司”。按照对方特定的规矩、习惯称呼，能更好地体现待人时的礼貌。

称呼应顶格书写，重要宾客可单独成行按职位高低排列。

（三）正文

欢迎词的正文一般由开头、主体、结尾三部分组成。

1. **开头**。先用简洁的语言对宾客的来临表示热烈欢迎之意，迅速给宾朋一种“宾至如归”“温暖如春”的感觉。

2. **主体**。可以因人因事制宜，灵活多样：或首先说明宾客来临的背景，介绍和赞颂宾客的业绩和品格；或回顾历史上双方友好交往、愉快合作所取得的成果，说明这些成果的意义、面临的任务，表示完成任务、增进交往、加强合作的信心；或赞美友情，或对这次来访、聚会、活动作出评价，使对方认清合作的重要意义和光明前景；或介绍对方的身份、业绩，进而缩短距离，融洽关系；也可以就东道主一方的事业发展、政策走向作扼要说明，帮助宾朋解难释疑，以便进一步发展友谊，加强合作。

3. **结尾**。用简短的语句，向宾客表示良好的祝愿，如祝宾客愉快，祝宾客成功，或祝宾客健康，等等。

二、写作欢迎词的注意事项

（一）要有的放矢

依据不同对象，做切合实际的表达。这就要求先做好调查研究工作，不仅要了解欢迎对象所在国家、地区的基本情况，还要了解其文化背景、风俗习惯，甚至于个人的兴趣爱好，等等，这样才能做到对宾客的赞颂和评价热情而中肯，尊重对方的风俗习惯，不涉及对方忌讳的内容。

（二）话题要有分寸

致辞中，既要表示友好，又不能丧失自己的原则立场。因此，措辞要特别注意严谨、慎重、委婉、含蓄，把握分寸，不能随心所欲、信口开河。如来宾与东道主在观点、意见并不很一致时，欢迎词应多说共同点，少谈或不谈分歧，可恰当使用委婉的能求同存异的语句，以营造友好和谐的气氛。

（三）要注意礼貌

除讲究礼节、礼仪之外，语言上要朴实、热情、简洁、平易，语气要亲切、诚恳，感情要真挚，宜多用短句，言辞应力求格调高雅。回顾以往的叙述要简洁，议论不要过多，力求精当。既要热情，又要自尊自重，分寸适度。

（四）篇幅要短小

要注重宾主的背景介绍，突出强调二者的合作关系及合作前途。

【例文一】

在集团公司成立10周年庆祝大会上的欢迎词

各位来宾：

在新千年的第一个春天，今天，我们迎来了我集团公司成立10周年的喜庆日子。我谨代表我集团公司全体员工向各位嘉宾、各位同仁致以最热烈的欢迎。

10年来，我们集团公司在艰苦创业的前进道路上经历了许多艰难曲折，承蒙有关机关、金融机构、科研部门以及兄弟企业的各位领导和各位同仁，给我们许多宝贵的指导和帮助，使我们公司从初创伊始的中小型企业逐步发展到今天这样宏大的规模。饮水思源，我们谨向帮助过我们的所有单位的领导和同仁表示衷心的感谢。今后，我们将一如既往，勤勤恳恳，在21世纪同兄弟企业携手同进，为祖国经济建设作出我们的应有贡献。

最后，我代表×董事长和我集团公司的全体员工衷心祝愿在座的各位嘉宾身体健康，祝愿我们从事的事业繁荣昌盛！

本篇欢迎词，欢迎对象十分明确，并以本单位与来宾的相互关系为话题，以表谢忱为中心内容，语言简短而含意长远，能使来宾感受到主人的盛情。

【例文二】

在洛阳市第九届牡丹花会开幕式上的致词

洛阳市代理市长　鲁茂升

各位来宾、各位朋友：

“春来谁做韶华主，总领群英是牡丹”，在春风送暖、百花吐艳的时节，古都洛阳迎来了第九届牡丹花会。热情好客的古都人民，诚挚地欢迎外国朋友、港澳台同胞和来自祖国各地的客人光临洛阳！

花，是社会文明的标志，也是一个地方繁荣昌盛的象征。自古以来，我国人民就有养花、种花的优良传统。特别是党的十一届三中全会以来，随着人民生活水平的提高，养花、护花、赏花更是蔚成风气，已成为人们生活的有机组成部分。我市自1983年举办首届牡丹花会以来，吸引了众多的国际友人和国内游客，起到了以花为媒、广交朋友、宣传洛阳、发展经济、促进两个文明建设的作用。今年花会期间，我市将举办中国盆景插花根艺石玩展、洛阳首届民俗文化庙会、洛阳牡丹花会灯会、洛阳牡丹书市等，给广大游客提供了进一步了解洛阳的好机会。中国第一古刹白马寺、我国三大石刻艺术宝库之一的龙门石窟、我国三大关帝庙之一的关林、洛阳古墓博物馆等旅游景点面貌一新，盛装欢迎中外宾客。在花会期间举办的1991洛阳经济技术洽谈会、物资交易会、商品订货会、全国名优产品展销会、学术研讨会等，是开展经济协作、技术开发、贸易往来，加强横向联系、学术交流的良机，对促进洛阳经济的发展将起到重要作用。

年年岁岁花相似，岁岁年年"会"不同。愿洛阳牡丹花会在中外友人的关注和全市人民的共同努力下，愈办愈好！

祝各位来宾在洛阳期间精神愉快，身体健康！

（引自《演讲与口才》）

这是洛阳市代理市长在该市第九届牡丹花会开幕式上的致辞。这篇欢迎词的欢迎对象就是前来洛阳游览的游客，所以紧紧抓住"花"来做文章，并用导游式的简介、得体的语言把游客带进了花会，激发其游览洛阳名胜的热情。

第二节　欢送词

欢送词是在欢送集会或欢送仪式上，对某人或某些人的离去表示欢送、惜别和祝愿的致辞。

当来访贵宾访问成功即将离去的时候，当学者、科研工作者学习或工作任务完成即将离去的时候，当某同事因工作需要调离的时候，当优秀青年光荣当兵入伍的时候，当毕业学生将离校跨入社会的时候，当亲友、同事出国留学的时候……开个欢送会，根据欢送对象的不同，采用与欢送内容相适应的言语和内容致辞，表示欢送、惜别、赞美、鼓励、希望之情，营造出一种热情、热烈的气氛，能给人留下深刻难忘的印象，令人倍受鼓舞。

欢送词同欢迎词一样，具有一定的应对性，即主人致欢送词后，被欢送者即致答词。

一、写作方法

欢送词一般分为三部分：标题、称呼、正文。

（一）标题

一般要标明谁在什么会上的欢送词。外交场合，特别是重要外事活动中的欢送词，一般均采用《×××在欢送×××的会上致辞》这样完整的标题。一般社交场合中的欢送词，标题可省去演讲者，只标明在什么会上的欢送词。

（二）称呼

外交活动中的欢送词，对主宾的称呼用全称，即姓名后加职位、职称，以示尊重。一般社交场合中的欢送词，对主宾的称呼一般不提职位、职务，以示亲密友好，有时在被欢送者的姓名前加上“亲爱的”“尊敬的”等修饰语。

（三）正文

欢送词的正文由开头、主体、结尾三部分内容构成。

1. **开头**。直接表达欢送之情意，有时也可对被欢送者表示祝福。

2. **主体**。或对来宾访问成功和会谈成功表示祝贺与感谢，评价来宾访问与会谈的意义和影响；或回顾友好交往、合作的以往，评价被欢送者的工作、学习成绩和个人品格，表达惜别之情；或说明被欢送者即将开始的新的工作、学习的意义；等等。

3. **结尾**。向被欢送者表示祝愿。

二、写作欢送词的注意事项

欢送词的写作要注重以情动人，多采用富有感情色彩的词语。语言应朴实、简洁，篇幅不要过长。致辞中，演讲者可根据自己与被欢送者的关系、自己的身份和地位，向被欢送者提出勉励之词或共勉之词。

【例文】

欢 送 词

同志们、朋友们：

刚好在两个星期以前我们愉快地在这里欢聚一堂，热烈欢迎琼斯博士。今天，在琼斯博士访问了我国的许多地方之后，我们再次欢聚一起，感到特别亲切高兴。琼斯博士将于明天回国。

琼斯博士的访问虽然短暂，然而是极其成功的。在北京期间，他会晤了有关方面的领导同志，参观了工厂、农村、学校，与各界人士进行了谈话，并认真研究了我国的政治、经济、文化和教育。

在向琼斯博士告别之际，我们真诚地希望琼斯博士给我们提出批评、指导和宝贵意见，以便我们改进工作。同时，我们想借此机会请求转达我们对贵国人民的深厚友谊，转达我们对他们的亲切问候和敬意。

祝琼斯博士一路平安，身体健康！

这是欢送外国客人、表示友好愿望的致辞。话题紧紧围绕被送别的客人，简述他的访问活动并暗示出他的活动能力强，访问取得成功，紧接着提出希望、祝愿。言辞恳切，友好愿望自然表露，显示出一片真诚。

欢送词不宜太长，应长话短说，点到即止。

第三节　答谢词

答谢词是指为表示感谢而发表的致词。在欢迎会、欢送会、庆功宴会、授奖大会等场合，主持人或主人致词以后，受迎、受送、受邀、受奖的当事人，为表示感谢，对自己被欢迎、欢送、受邀、受奖，说出自己诚心的谢意，叫答谢，所说的话语就为答谢词。

有时，告别词和答谢词可以互用。宾客在访问即将结束而举行的告别宴会上，对主人的盛情表示感谢的致词，是告别词，也可叫答谢词。

一、答谢词的写法

答谢词由标题、称呼、正文三部分组成。标题和称呼的写法与欢迎词、欢送词基本相同。

（一）标题

答谢词的标题，可以用事由 + 文种组成，也可以由致词人 + 事由 + 文种组成。例如，《在毕业典礼上的答谢词》《江泽民总书记在墨西哥总统塞迪略举行的国宴上的答谢词》。

（二）称呼

答谢词的称呼同欢迎词、欢送词一样。

（三）正文

正文由开头、主体内容、结尾三部分组成。

1. **开头**。开门见山地向有关方面表示感谢。

2. **主体内容**。正文的主体内容，因不同类型的答谢词而有所不同。

（1）答谢主人的盛情邀请和款待，其主体内容就应该对主人的热情款待表示诚挚的谢意，对宾主之间的友谊进行简要的回顾，对主人的未来表示良好的祝愿。

（2）授奖仪式或毕业典礼上的答谢，其主体内容就应该叙说组织、母校对自己的关怀、教育、培养、帮助的主要而具体的事实，以及产生的效果，热情赞颂组织、母校的可贵精神，并加以致谢，再说说自己将怎么做。

（3）答谢他人对自己工作的支持和帮助，其主体内容就应该叙说支持和帮助的作用，总结支持和帮助的具体事实，最后表示感谢。

3. **结尾**。依据场合而不同。

（1）宴会上答谢，应提议干杯。

（2）一般仪式上答谢，宜用祝愿式或表示自己的决心的方式。

二、答谢词的写作要求

（1）答谢词是为感谢东道主的欢迎或欢送而写的，因此，尤其要有针对性。开头表示感谢，最好把东道主组织迎送活动的内容、形式以及相处过程中的具体关照择要列举出来，显示你对他们的关心、情意的感受。

（2）概述来访期间留下的美好印象，以加深友谊。

（3）提出进一步发展友谊和合作的愿望、建议。

（4）再一次表示谢意，以此表明友谊与合作之路正在不断向前延伸。

【例文一】

答 谢 词

亲爱的朋友们：

首先，请允许我感谢你们盛情邀请我出席今天的晚会。我非常荣幸再次有机会访问了你们伟大的国家，会见了许多人士。这次观光旅行所见所闻非常有趣，这里的一切都给予我深刻的印象，我参观了工厂、学校和文化团体，与工人、政府工作人员、科学家、艺术家、教师和学生进行过交谈，并与他们交了朋友。我们在一起谈论了工作、学习和生活，在短暂的日子里，我在这里学到了很多的东西，这使我对贵国及贵国人民有了更好的了解。……

我借此机会再一次地向大家表示衷心的感谢。

祝我们两国人民之间的友好关系进一步发展和巩固。

答谢词的关键是要抓住“谢”字。谢什么？怎么谢？要得体、恰当。要言出由衷，真诚自然，不过头，点到即止。本谢词是外国客人在我政府举行的晚会上所致的答谢词，就参加晚会、有机会访问、会见、观光、参观、交谈等表示谢意，其答谢词概括得当、得体，有分寸。

【例文二】

在欢迎宴会上的答谢词

×××董事长，×××总经理，

××集团公司的同志们：

今天我们初到××集团公司，刚下飞机，就受到了你们的热情接待。×××总经理刚才简要介绍了集团公司的情况和经验，并对我们的参观活动进行了周密的安排，使我们感到就像回到了自己家里一样亲切、温暖。在这里，我谨代表参观团的全体同志向你们并通过你们向集团公司的全体员工致以衷心的感谢！

××集团公司是国家的大型企业，在改革开放的形势下，你们艰苦奋斗，解放思想，团结拼搏，锐意进取，积极摸索建立现代企业制度，通过制度抓管理，通过管理要效益，使集团公司的产品不但在国内占领了一定市场，而且在国际市场拥有了一席之地。我们这次远道慕名而来，就是要学习你们改革开放的新思想、新观念和生产管理的宝贵经验。刚才×××总经理介绍的经验使我们感到耳目一新。在两天的参观学习中，我们一定能够学到更多的宝贵经验，我们将把这些经验带回去，用于我们的企业建设，相信它将产生极大的推动力！

最后我祝愿××集团公司在新千年里锦上添花，再创新的辉煌！

再次感谢你们的盛情！

谢谢！

这是来访客人在欢迎宴会上代表自己的来访集体所致的答谢词。谢什么？谢受到的热情接待，这是当然的，但是，如果仅谢接待便远远不够了。来访目的是什么？能实现访问目的，这才是最重要的。

本谢词紧紧扣住来访目的，热情洋溢地赞颂对方的成就，坦诚说出自己的来意，表示自己的参观学习意愿，热情、礼貌，“谢”到了点子上。最后三句谢语，流露了“谢”的真诚。

【例文三】

诗人公刘在联邦德国海姆陀市
市长接见仪式上的致辞

尊敬的市长先生：

尊敬的S基金会理事先生：

女士们、先生们：

由于景慕海姆陀的大名——我们早就从优美的德国民间故事里熟悉她了——中国作家代表团提前半小时到达贵市。

在进入这座市政大厅之前，我们已经漫游过广场，在街心露天咖啡馆喝了饮料，并且欣赏过几乎任何商店橱窗全都陈列着的大大小小的米老鼠，棕黄色，安了胡髭，既像是皮革缝制的，又像是泥巴捏成的可爱的老鼠。最重要的是，我第一个发现了那位花衣吹笛人（这使我不禁有点得意了），于是我赶紧挎着照相机过去同他攀谈，同他合影留念。（全场活跃，笑声）

我和花衣吹笛人谈了一些什么呢？没有什么需要保密的，完全可以公开（笑声）。首先我招呼他，“哈罗！穿花衣服的先生，您好哇！原来，您藏在人群中，叫我好找！”他似乎抱歉地耸了耸肩（笑声），接着，我对他自我介绍：“我是中国一个作家，在那遥远的东方。我读过你们德国作家写的关于您的书。我了解您，您是一位本领高强的魔法大师，您有一支魔笛，这会儿，它就捏在您的手中，不是吗？”可是，花衣吹笛人既不点头，也不走开，只是一个劲儿地瞅着我，眼珠子眨也不眨，仿佛在打量我说的到底是不是真话。（笑声）我不管这么多，便开始求告他，“喂，伙计！自打我来到联邦德国，就听到人们在抱怨，说是如今有不少德国青年，只顾个人轻松快活，不愿结婚成家，因此……（全场活跃，交头接耳）儿童越来越少了，人口结构也出现了老化的趋势……（热烈鼓掌，欢呼，跺脚）我很同情德国人，喂，先生，您听明白了没有？我很同情德国人，先生，请您再不要把海姆陀的孩子带走了，行吗？”（热烈鼓掌，欢呼，跺脚）我见这位魔法大师动了心，便又趁热打铁，对他解释：“过去统治海姆陀的那帮该死的贵族老爷早就完蛋了！他们说话不算数，又愚蠢，又小气。如今的海姆陀市长先生和他的同僚先生们，可是一些信守诺言的好人！（欢呼，鼓掌）假如他们应许了您什么，只管伸手向他们要好了！他们会给的，一定会给的，我知道，现在的德国人有的是钱……（哄堂大笑，鼓掌）因为，联邦德国是一个工业发达的国家。”不过，听了我的这一番话，花衣吹笛人是怎样考虑的，我可来不及讨个回音。因为接见的时候到了。我们的司机 Uwe Laue 先生催我上车了，我只来得及最后大喊一声：“行行好吧，先生！”（大笑、跺脚，热烈鼓掌）便直奔这座大厅。

上面这一席话，可以当作我们中国作家代表团对海姆陀建城一千年庆典的贺词，也是我本人和我的同事们对诸位如此热情动人的欢迎仪式的报答！（热烈鼓掌）

这是诗人公刘于 1987 年 4 月随中国作家代表团访问联邦德国时，访问海姆陀市的答谢词。由于公刘的致辞十分成功，给当地市民留下了深刻而难忘的印象。

公刘致辞的成功要诀在哪里？最重要的是他抓住了“因地制宜”“因时制宜”“因人制宜”以及他用语上的含蓄、精炼、幽默、生动。因此，写作谢词也要事先了解对方，抓住对方的特点，才能因地、因时、因人而制宜。

第四节　告别词

告别词是访问结束前或调离工作岗位前，告别者在告别仪式或告别宴会上表示惜别的致辞。

一般地说，重要的访问，在即将离开某一国家、地区、城市、单位时，告别者出于礼仪上的需要，以自己的名义举行一个告别宴会或告别仪式；有一定社会影响的人士（或知名度较高者）因工作调动、任务完成或接受新任务而离开某一单位、集体时，也常常会以个人的名义举行告别宴会或告别仪式，以表示发展友谊、加强合作的意愿。虽然举办者是以个人名义致辞，实际上是代表了一方的单位或组织。有些人调离单位，由原单位组织的宴会或仪式，不叫作“告别”，而是“欢送会”或“欢送宴会”，离去者的致词不叫作“告别词”，而是“答谢词”。

一、告别词的写作方法

告别词的结构可分为三部分：标题、称呼、正文。

（一）标题

告别词的标题同欢送词的标题基本相同。

（二）称呼

告别词的称呼同欢送词的称呼。

（三）正文

告别词的正文与欢送词相似，不过由于演讲者处于送和别的不同角度，两者也有区别：欢送词除了表达依依惜别之情外，主要是向被欢送者表示祝贺，提出勉励、希望；而告别词除了表达依依惜别之情外，主要是向告别对象表示感谢，或追述友谊，或表达自己决不辜负送别者的期望和意愿。

二、告别词的写作要求

告别词的写作强调以情动人，语言朴实，感情真诚，叙述、议论和说明均带有感情。

【例文】

蒙哥马利将军在第八集团军告别会上的告别演讲

（1943 年 12 月 30 日）

我不得不遗憾地告诉你们，我离开第八集团军的时刻来到了。我受命去指挥在英国的英国军队，他们将在最高统帅艾森豪威尔的领导下作战。

我实在很难把离别之情适当地向你们表达出来。我就要离开曾经和我一起战斗的战友。在艰苦作战与赢得胜利的岁月中，你们忠于职守的勇敢与献身精神，永远令我钦佩。我觉得，在这支伟大的军队中，我有许多朋友。我不知道你们是否会想念我，但我对你们的思念，特别是回忆起那些个人的接触，以及路上相遇时愉快致意的情景，实非言语所能表达。

我们共同作战，从未失败过。我们共同所做的每件事，总是成功的。

我知道，这是由于每个官兵忠于职守、全心全意合作的结果，而不是我一人之力所能做到的。

正因为这样，你们和我彼此建立了信任。司令官与他的部队之间的相互信任是无价之宝。

与沙漠空军部队告别，我也依依不舍。在第八集团军整个胜利作战的过程中，这支出色的空中打击力量一直同我们并肩作战。第八集团军的每名士兵引以为荣地承认，这支强有力的空军的支援是取得胜利的极其重要的因素。对于盟国空军，尤其是对于沙漠空军的大力支援，我们将永志不忘。

临别依依，我要向你们说些什么呢？

我激动得说不出话，但我还是同你们说：

第八集团军之有今天，是你们的功劳，是你们，使得它在全世界家喻户晓。因此，你们一定要维护它的良好名声和它的传统。

请你们以对我一贯的忠诚和献身精神同样地对待我的接任者。

再见吧！

希望不久再见面，希望在这次大战的最后阶段，会再次并肩作战。

这是一篇很著名的告别词。当年，蒙哥马利作为第二次世界大战盟军军事代表，前来中国的解放区同八路军合作抗日，后来调任离开，八路军军部为之饯行欢送，他在告别会上发表了这篇著名的告别词。

这不是一般的话别，而是战友之情的真情流露，蒙哥马利在同八路军共同作战中结下了战斗友谊，现在要告别了，是那样的依依不舍，但是却又不能不舍，所以他选取了他所以会“不舍的原因”来做话题，从而揭示出了八路军忠于职守、勇敢献身、全心全意合作等品质，彼此建立的信任是无价之宝，是取得胜利的极其重要的因素，令人永志不忘。

这种真情流露的告别词，自然成了人们传颂的典范。

第五节　祝酒词

祝酒词实际上就是在欢迎宴会上的致词。祝酒，这是人们交往中的一种祝愿的形式。宾客初至，设宴洗尘，它象征着友好，“有朋自远方来，不亦乐乎?”宴会起始，主人致辞祝酒，洋溢着主客双方的友好往来的接待气氛，这种气氛有益于促进主客双方的感情交流。加上一篇好的祝酒词，更会使人耳目一新，从中得到教益和激励。因此，在较为隆重的接待中，往往会设宴招待并致祝酒词。

祝酒词的文体特点就是要体现出出席宴会各方的情谊，制造欢快、热烈、友好的气氛。在结尾处要说明为什么而干杯。如果省略了这种结尾的祝语，就不像祝酒词。祝语既要突出代表人物，又要兼顾所有的参加者。主人借酒发挥，向到来的宾客致以美好的祝愿。

在宴会上也不适于讨论严肃的问题，因此祝酒词一定要写得简短。

一、祝酒词的写法

祝酒词由标题、称呼、正文三部分组成。

（一）标题

祝酒词的标题可以用以下几种方式：

（1）仅用文种名称，如《祝酒词》。

（2）事由＋文种，如《在×××欢迎酒会上的祝酒词》。

（3）致词人＋事由＋文种，如《×××在×××宴会上的祝酒词》。

（二）称呼

祝酒词的称呼同欢迎词的称呼。

（三）正文

祝酒词的正文，首先，对前来参加宴会的宾客表示热烈的欢迎，对己方以往所受到的帮助、关怀表示感谢，对双方以往的交往、合作表示肯定；然后，对未来的协作进行展望；最后提议为合作、友谊、健康等干杯。

二、撰写祝酒词的要求

（一）要有针对性

祝酒词是针对参加宴会的主要宾客讲的，所讲内容，无论是以往的或是未来的，都必须是与这些人有密切关系的问题。

（二）要热情、诚恳

举办酒会、宴会是为了创造友好气氛，增进友谊，只有表现出热情、诚恳，才能感染对方，起到沟通、理解和互相支持的作用。

（三）措辞要庄重、谨慎

为避免说一些失礼的话，使对方听来不高兴，必须预先准备好讲话稿，起码要打好腹稿，使致辞准确无误，庄重得体。

【例文】

在欢迎尼克松总统访华宴会上周恩来总理的祝酒词

（1972 年 2 月 21 日）

总统先生，尼克松夫人：
女士们，先生们：
同志们，朋友们：

首先，我高兴地代表毛泽东主席和中国政府，向尼克松总统和夫人，以及其他的美国客人们，表示欢迎。

同时，我也想利用这个机会，代表中国人民向远在大洋彼岸的美国人民致以亲切的问候。

尼克松总统应中国政府的邀请，前来我国访问，使两国领导人有机会直接会晤，谋求两国关系正常化，并就共同关心的问题交换意见，这是符合中美两国人民愿望的积极行动，这在中美两国关系史上是一个创举。

美国人民是伟大的人民，中国人民是伟大的人民，我们两国人民一向是友好的。由于大家都知道的原因，两国人民之间的来往中断了 20 多年。现在，经过中美双方的共同努力，友好来往的大门终于打开了。目前，促使两国关系正常化，争取和缓紧张局势，已成为中美两国人民强烈的愿望。人民，只有人民，才是创造世界历史的动力。我们相信，我们两国人民这种共同愿望，总有一天是要实现的。

中美两国的社会制度根本不同，在中美两国政府之间存在着巨大的分歧。但是，这种分歧不应当妨碍中美两国在互相尊重主权和领土完整、互不侵犯、互不干涉内政、平等互利和和平共处五项原则的基础上建立正常的国家关系，更不应该导致战争。中国政府早在1955年就公开声明，中国人民不要同美国打仗，中国政府愿意坐下来同美国政府谈判，这是我们一贯奉行的方针。我们注意到尼克松总统在来华前的讲话中也谈到："我们必须做的事情是寻找某种办法，使我们可以有分歧而又不成为战争中的敌人。"我们希望，通过双方坦率地交换意见，弄清楚彼此之间的分歧，努力寻找共同点，使我们两国的关系能够有一个新的开始。

最后，我建议：

为尼克松总统和夫人的健康，

为其他美国客人的健康，

为在座的所有朋友们和同志们的健康，

为中美两国人民之间的友谊，

干杯！

祝酒词就是举杯祝愿的话。宾客光临，自己在欢迎宾客的宴会上应该祝愿什么呢？应该用什么态度去祝愿呢？祝愿词应该怎样表述呢？认真学习这篇祝酒词，可以得到圆满的答案。

得体的称呼之后，首先表示欢迎，并出于礼仪的需要，致以对美国人民的问候，接着介绍贵宾及其使命，并予评价。

为什么要欢迎？就是贵宾身负使命，他的这个使命对双方是有利的，因此，贵宾的使命便是祝酒词的话题。

应该说些什么？要选双方乐意听的、又是同使命相关的内容。

在语言运用上朴实无华，显示出外交场合的得体性和分寸感。

请细细品味，定能得益匪浅。

【思考与练习】

一、阅读题

1. 礼仪文书的使用频率很高，各机关、单位、企业在迎来送往的社交活动中，常常要应用到这些文书。初学者往往会以为是文字功夫，简单得很，其实不然。要写好礼仪文书，要注意"礼"字和"情"字。要使两者融合，既符合礼仪礼节，又合乎情理，表现出应有的热情。因此，请认真阅读《教程》所选例文，深入体会它们是怎样将"礼"和"情"融合在一起的。

2. 礼仪文书在写作上、运用上必须得当得体。为了切实掌握好礼仪文书，初学者必须多读例文，从中体会出写作的要领。请从报刊上另行收集各种各样的礼仪文书作为自己学习的例文，并进行分类思考。

二、训练题

试分别结合自己的机遇，写出欢迎词、欢送词、致答词、告别词、祝酒词、祝寿词、贺信等，然后同类似的致辞比较，发现自己的不足，提高社交礼仪文书的写作水平。

第三章　治丧类文书

毛泽东同志在追悼张思德同志的大会上说过："人固有一死。或重于泰山，或轻于鸿毛。为人民的利益而死，则重如泰山。"

治丧活动是不可避免的。为对人民作出过贡献的老同志治丧，是我们义不容辞的责任。作为从事文秘工作的人员，掌握治丧活动规则，撰写得体得当的治丧文书，乃责任的担当。

治丧类文书是同治丧活动紧密联系在一起的。要撰写治丧类文书，必须懂得治丧活动的程序和内容。

治丧活动包括五个程序：①发布讣告。②向遗体告别或瞻仰遗容。③送火葬场火化。④举行追悼会（死者的骨灰盒安放在参加追悼会人员的正面。骨灰盒正上方悬挂死者的遗像，两侧放花圈。主持追悼会的同志首先应带领大家向死者遗像三鞠躬，然后介绍单位领导的致悼词）。⑤追悼会结束。追悼会结束后，由治丧委员会负责人和死者亲属护送骨灰盒到安葬处。

治丧活动，又称吊唁活动，以表对死者的哀悼怀念之情，即通过一定的吊唁程序及各种不同的文书形式来寄托哀思，如讣告、祭文、挽词、悼词、挽联、花圈、碑文等。

第一节　讣　　告

讣告是由治丧委员会或者死者的工作单位或者相关的人士报丧时所使用的告知性文书。送发形式多样，可以张贴、登报，也可以通过广播、电视播发。

讣告的主要特点是庄重、肃穆，可分别采用公告式、新闻报道式或张贴式。公告式讣告多用于党和国家领导人及较高级别的干部或知名人士的报丧，新闻报道式讣告多用于有一定级别、地位或社会影响的人物的报丧，一般干部、职工的报丧多采用张贴式讣告。

新闻报道式讣告，由标题和正文两部分组成。标题一般写为文种名称《讣告》，但也有的新闻稿以《×××同志逝世》为题进行报道。正文通常只有一个段落，简要介绍死者姓名、身份、职务、职称、主要经历，并说明死亡原因、死亡日期、死亡地点、终年岁数等项内容。

张贴式讣告一般由标题、正文和尾部组成。标题，一般直接写为《讣告》，或由治丧委员会的名称加文种构成，如《×××同志（先生或女士）治丧委员会讣告》。正文一般有三项内容：一是死者简介，包括姓名、身份、职务、职称、死亡原因、死亡日期、死亡地点、终年岁数等；二是通知有关吊唁和追悼会事宜，写明具体时间和地点；三是结束语，一般写为"特此讣告"，其后不用标点符号。尾部为署名和时间，署名为发讣告的单位或治丧委员会名称，有的将治丧委员会的人员名单缀于其下，署名下面写明年月日期。

张贴式讣告应当用白纸、墨汁书写，有的将其用墨汁画上黑框框住。文字要严肃、简练。

【例文】

讣　告

原××省人大常委会副主任×××同志，因病医治无效，不幸于××××年×月×日上午×时×分在××医院逝世，享年83岁。定于××××年×月××日上午九时三十分在××公墓殡仪馆举行追悼会。

特此讣告

×××同志治丧委员会

××××年×月×日

第二节　唁电和唁函

唁电或唁函通常有两种形式，一种是以单位名义向死者单位或亲属发出的，另一种是以个人名义发的。

以单位名义发的唁电，致哀对象一般是原单位的重要领导人或在工作中有过突出贡献的人。由于发唁电单位与死者相距较远，来不及前往悼念，因而以唁电形式来表示哀悼，这种唁电的写法是：标题用“唁电”两个字。开头写收唁电单位或逝世者家属姓名和称呼。正文内容包括：①用一两句话直抒对死者逝世的悲痛心情；②简述死者生前的功绩和优良品德；③向死者家属表示亲切的慰问。结尾写“特电慰问”“肃此电达”之类的话。最后署名并写明年月日。

如果是以个人名义发的唁电，往往是发唁电者同死者生前关系密切，在获悉噩耗后十分悲痛，以这种形式表示悼念。这种唁电的写法是：标题为“唁电”两个字。开头写逝世者家属的姓名、称呼或死者单位。正文内容包括：①表达自己获悉噩耗后的悲伤之情；②简略概括同死者的交往，表现死者的美德和难能可贵的精神；③表达致哀者化悲痛为力量的决心。结尾向死者家属表示亲切的问候。最后署名并写明年月日。

写唁电语言要精练，文字要简洁，行文要深沉，切忌滥用修饰语。

【例文】

唁　电

本焕长老治丧委员会：

惊悉中国佛教协会名誉会长、佛门泰斗本焕长老圆寂，不胜惋惜，谨致深切悼念。

本焕长老一生爱国爱教，拥护党和政府的领导，始终坚持“出家而不厌世、出世不忘救世”的佛教精神，坚定践行“不为自己求安乐、但愿众生得离苦”的修行准则，积极贯彻落实宗教政策法规，大力推动社会慈善公益事业发展，道心坚定、勤修精进，心忧天下、护国利民，建寺安僧、培育僧才，慈悲为怀、弘法利生，为我省乃至全国佛教事业发展和社会和谐作出了卓越贡献。他的圆寂是当今佛教界的重大损失。

长老虽已驾鹤西归，但他爱国爱教、慈悲济世、精进不息的崇高精神和高僧风范将永留人间。希望佛教界高僧大德与四众弟子，继承和发扬本焕长老的优秀品质，弘扬佛教优良传统，践行“人间佛教”的理念，关注民生、造福社会，为促进我省佛教事业健康发展和建设幸福广东作出新的贡献。

广东省省长　朱小丹

二〇一二年四月四日

第三节　悼　　词

悼词是在追悼会或遗体告别仪式上，由单位负责人或追悼会主办人宣读对死者表示深切哀悼和怀念的文稿。其结构由标题、正文、结尾三个部分组成：①标题。一般使用《在×××同志追悼会上的悼词》，有时见报时使用《×××同志在×××同志追悼会上的悼词》。②正文。主要由三部分组成：一是悼念者的心情，即表示深切悲痛和哀悼；二是死者的生平概况、简历、主要功绩等；三是勉励人们向死者学习。③结尾。多用哀悼结尾，如“×××同志永垂不朽”，具有记叙性、议论性、抒情性的特点。既叙述死者生平、功绩、贡献，对死者的评价和赞扬，也有回顾交往情谊、抒发哀悼之情的表述。

【例文】

弗·恩格斯在马克思墓前的讲话

（1883 年 3 月 17 日）

3 月 14 日下午两点三刻，当代最伟大的思想家停止思想了。让他一个人留在房里总共不过两分钟，等我们再进去的时候，便发现他在安乐椅上安静地睡着了——但已经是永远地睡着了。

这个人的逝世，对于欧美战斗着的无产阶级，对于历史科学，都是不可估量的损失。这位巨人逝世以后所形成的空白，在不久的将来就会使人感觉到。

正像达尔文发现有机界的发展规律一样，马克思发现了人类历史的发展规律，即历来为繁茂芜杂的意识形态所掩盖着的一个简单事实：人们首先必须吃、喝、住、穿，然后才能从事政治、科学、艺术、宗教等等；所以，直接的物质的生活资料的生产，因而一个民族或一个时代的一定的经济发展阶段，便构成为基础，人们的国家制度、法的观点、艺术以至宗教观念，就是从这个基础上发展起来的，因而，也必须由这个基础来解释，而不是像过去那样做得相反。

不仅如此。马克思还发现了现代资本主义生产方式和它所产生的资产阶级社会的特殊的运动规律。由于剩余价值的发现，这里就豁然开朗了，而先前无论资产阶级经济学家或者社会主义批评家所做的一切研究都只是在黑暗中摸索。

一生中能有这样两个发现，该是很够了。甚至只要能作出一个这样的发现，也已经是幸福的了。但是马克思在他所研究的每一个领域（甚至在数学领域）都有独到的发现，这样的领域是很多的，而且其中任何一个领域他都不是肤浅地研究的。

这位科学巨匠就是这样。但是这在他身上远不是主要的。在马克思看来，科学是一种在历史上起推动作用的、革命的力量。任何一门理论科学中的每一个新发现，即使它的实际应用甚至还无法预见，都使马克思感到衷心喜悦，但是当有了立即会对工业、对一般历史发展产生革命影响的发现的时候，他的喜悦就完全不同了。例如，他曾经密切地注意电学方面各种发现的发展情况，不久以前，他还注意了马赛尔·德普勒的发现。

因为马克思首先是一个革命家。以某种方式参加推翻资本主义社会及其所建立的国家制度的事业，参加赖有他才第一次意识到本身地位和要求，意识到本身解放条件的现代无产阶级的解放事业，——这实际上就是他毕生的使命。斗争是他得心应手的事情。而他进行斗争的热烈、顽强和卓有成效，是很少见的。最早的《莱茵报》（1842 年），巴黎的《前进报》（1844 年），《德意志—布鲁塞尔报》（1847 年），《新莱茵报》（1848—1849 年），《纽约每日论坛报》（1852—1861 年），以及许多富有战斗性的小册子，在巴黎、布鲁塞尔和伦敦各组织中的工作，最后是创立伟大的国际工人协会，作为这一切工作的完成——老实说，协会的这位创始人即使别的什么也没有做，也可以拿这一成果引以自豪。

正因为这样，所以马克思是当代最遭嫉恨和最受诬蔑的人。各国政府——无论专制政府或共和政府——都驱逐他；资产者——无论保守派或极端民主派——都纷纷争先恐后地诽谤他、诅咒他。他对这一切毫不在意，把它们当作蛛丝一样轻轻抹去，只是在万分必要时才给予答复。现在他逝世了，在整个欧洲和美洲，从西伯利亚矿井到加利福尼亚，千百万革命战友无不对他表示尊敬、爱戴和悼念，而我敢大胆地说：他可能有过许多敌人，但未必有一个私敌。

他的英名和事业将永垂不朽！

这是一篇经典的悼词。言简意赅，抓住了精华。这篇悼词激励过千千万万的有志者走上革命道路。